La francophonie ontarienne :
bilan et perspectives de recherche

La francophonie ontarienne :
bilan et perspectives de recherche

sous la direction de
Jacques Cotnam, Yves Frenette et Agnès Whitfield

Le Nordir

Les Éditions du Nordir ont été fondées
au Collège universitaire de Hearst en 1988

Depuis 1989 :
Département des lettres françaises
Université d'Ottawa
60, rue Université
Ottawa (Ontario)
K1N 6N5
Téléphone : (819) 243-1253
Télécopieur : (819) 243-6201

Mise en pages : Robert Yergeau
Correction des épreuves : Jacques Côté

Les Éditions du Nordir sont subventionnées par le Conseil des Arts du Canada,
par le Bureau franco-ontarien du Conseil des Arts de l'Ontario
et par la Municipalité régionale d'Ottawa-Carleton

Les Éditions du Nordir remercient le Collège universitaire de Hearst
et le Département des lettres françaises de l'Université d'Ottawa de leur appui

Agent commercial du Regroupement des éditeurs canadiens
de langue française : Éric Phaneuf
Téléphone : (514) 662-8397
Télécopieur : (514) 662-2153

Distribution : Diffusion Prologue Inc.
1650, boul. Lionel-Bertrand
Boisbriand (Québec) J7H 1N7
Téléphone : (514) 434-0306

Dépôt légal : quatrième trimestre de 1995
Bibliothèque nationale du Canada
© Les Éditions du Nordir, 1995

Données de catalogage avant publication (Canada)
La francophonie ontarienne : bilan et perspectives de recherche
Références bibliographiques et index
ISBN 2-921365-45-6
1. Canadiens français - Ontario I. Cotnam, Jacques II. Frenette, Yves
III. Whitfield, Agnès
FC3100.F85F73   1995   971.3'004114   C95-900820-9
F1059.7.F83F73   1995

Remerciements

Nous tenons à remercier toutes les personnes qui, de près ou de loin, nous ont permis de réaliser notre projet et, en tout premier lieu, les membres de la Fondation Gerstein, grâce à qui il nous a été possible d'organiser le séminaire de recherche à l'origine de ce livre. Dyane Adam, principale du Collège universitaire Glendon, David Leyton-Brown, doyen de la Faculté des études supérieures, et Joan Wick Pelletier, vice-rectrice adjointe à la recherche, nous ont été d'un précieux secours et nous leur sommes reconnaissants de la confiance qu'ils nous ont témoignée.

À Corinne Chénier, qui nous a rendu de nombreux services pendant le séminaire ; à Nathalie Dufour, qui a travaillé à la préparation du manuscrit ; à Myriam Hazan et à Aileen Rakocevic, qui ont veillé à la bonne administration du projet, nous exprimons notre gratitude. À l'équipe du Nordir enfin, nous disons merci de nous avoir guidés dans la préparation de notre manuscrit.

Introduction

C'est à la suite de conversations nombreuses que nous avons eu l'idée d'un livre qui ferait le point sur la recherche universitaire ayant pour objet la francophonie ontarienne. Certes, *Situation de la recherche sur la vie française en Ontario*[1] demeure un instrument de travail précieux ; reste que le colloque dont cet ouvrage recueille les actes eut lieu en 1974, c'est-à-dire il y a plus de vingt ans déjà. Le livre de Linda Cardinal, Jean Lapointe et J. Yvon Thériault[2], en 1994, de même que les *États généraux de la recherche sur la francophonie à l'extérieur du Québec*, ouvrage préparé sous la direction de Yolande Grisé et publié en 1995, ont apporté depuis un utile complément d'information. Ces deux ouvrages, toutefois, ne sont pas consacrés exclusivement à l'Ontario français.

Ainsi qu'en font foi de façon éloquente les textes qui suivent, nombreux sont pourtant, depuis une vingtaine d'années, les chercheurs qui, appartenant à des disciplines diverses, s'intéressent à l'Ontario français. Fréquemment alimentées par de nouvelles problématiques, leurs recherches ont donné lieu à des thèses, à des livres, à des articles et à des communications. Nous ne prétendons aucunement dresser un inventaire exhaustif de ces recherches. En posant quelques jalons et en repérant quelques balises, nous désirons cartographier le chemin parcouru, non pas tant pour nous y complaire que pour découvrir de nouvelles perspectives et chercher de nouvelles voies. Nous aimerions ainsi jouer un rôle de catalyseur et encourager l'essor des études franco-ontariennes. Tout comme le firent, dans leur domaine respectif, le colloque sur la situation de la recherche sur le Canada français[3], en 1962, et celui sur la situation de la recherche sur la Franco-Américanie[4], en 1980, nous osons espérer que notre livre favorisera cet essor.

C'est dans cette intention que, pendant l'année universitaire 1994-1995, nous avons réuni au Collège universitaire Glendon un groupe d'universitaires appartenant à huit disciplines (sociologie, éducation, science politique, histoire, science économique, linguistique, ethnologie, littérature) et œuvrant dans six universités différentes et un organisme fédéral. Certains de ces collègues poursuivent des recherches dans le domaine des études franco-ontariennes depuis longtemps ; pour d'autres, il s'agit d'un premier forage.

Dans la première section du livre, Françoise Boudreau, Normand Frenette et Sylvie Arend font le point sur leurs domaines respectifs d'expertise, soit la sociologie, l'insertion scolaire et les études sur la condition des femmes. Le bilan de Françoise Boudreau couvre, dans une perspective sociologique, « la francophonie ontarienne au passé, au présent et au futur ». Il met tout particulièrement en lumière le rôle de « l'acteur/actrice franco-ontarien/ne comme stratège et décideur rationnel de ses choix de vie ». Dans son étude sur l'égalité des chances dans le monde de l'éducation, Normand Frenette avance une hypothèse à l'effet que les choix des jeunes francophones ontariens témoignent d'une « rationalité minoritaire se déployant en quatre dimensions [...] une stratégie certes économique mais partielle, une stratégie de rentabilisation de son capital culturel, une stratégie de reproduction culturelle et une stratégie de méfiance envers les études en anglais ». Quant à Sylvie d'Augerot-Arend, elle examine le chemin parcouru dans ce domaine depuis le début du siècle ; elle montre que la recherche sur les femmes francophones a connu une véritable implosion au cours des vingt dernières années. De « l'unicité patriarcale », nous sommes passés à la « multiplicité des réalités ».

La section « histoire, science politique, économie » s'ouvre sur un texte de Gaétan Gervais. Ce dernier soutient que de la mutation profonde qu'a connue l'Ontario français depuis trente-cinq ans est née une historiographie franco-ontarienne, soucieuse de se réapproprier l'Ontario français et ses écrits depuis le début du XVIIe siècle. C'est à une autre tradition historiographique, beaucoup plus jeune, que fait appel Fernand Ouellet pour étudier l'urbanisation des francophones ontariens entre 1851 et 1911. Cette tradition est celle de l'histoire sociale, qui s'appuie notamment sur les séries statistiques, pour retracer les grands mouvements d'une société. Lui-même pionnier de cette approche au Canada, Ouellet décortique les chiffres pour saisir le processus d'urbanisation de l'Ontario français, qu'il compare à celui du Québec. Historien de formation mais aussi praticien de la science politique, Marcel Martel, pour sa part, répond par un non nuancé à la question « La science politique boude-t-elle la francophonie ontarienne ? ». Il est vrai, constate-t-il, qu'il y a peu d'écrits sur le sujet, mais il en existe. Il ne faut pas réinventer la roue, une roue que certains ont poussée à quelques reprises. « Cependant, nuance Martel, la distance parcourue n'est peut-être pas aussi importante que nous le souhaiterions, et surtout, ce chemin n'est pas aussi clairement balisé que nous le désirerions. » De leur côté, Georges Hénault, Paul Laurent et Gilles Paquet font table rase des explications traditionnelles pour proposer une « socioéconomie spectrale de l'Ontario français » qui s'appuie sur le symbolique. Ils soutiennent que dans la restructuration économique qui a cours les petits acteurs peuvent « se construire des niches sur mesure », à condition d'évacuer les vieilles idéologies et de s'appuyer sur le « soubassement communautaire », qu'il faut reconstruire par le biais des réseaux.

La section suivante, la plus longue du recueil, porte sur la langue et la culture. D'abord, Raymond Mougeon présente une « perspective sociolinguistique sur le comportement langagier de la communauté franco-ontarienne » en étudiant les conditions du maintien de la langue maternelle, les modalités de son acquisition, l'avancement du bilinguisme et l'utilisation du français dans les différents domaines de la société. Il présente en outre une synthèse des recherches sur le français parlé et identifie certaines questions qui pourraient être abordées avec profit dans l'avenir. Les propos de l'auteur sont illustrés par des extraits d'entrevues. Jean-Pierre Pichette, quant à lui, nous entraîne dans le monde fascinant de l'ethnologie en rappelant les grandes étapes de la recherche en ce domaine et en explorant ses principales caractéristiques. Il termine son intervention en formulant le projet d'une *Encyclopédie des traditions populaires de l'Amérique française*. C'est, par ailleurs, à l'enseigne de la diachronie que se situe le bilan littéraire de François Paré. Reprenant une idée de Marc Haentjens[5], il explique que « l'imaginaire franco-ontarien [...] découlerait d'une plus grande saisie des rapports étroits et complexes entre le présent et le passé ». Il faut faire de cette saisie une priorité, « car on ne peut guère imaginer une description du présent et de notre présence à la parole sans mise en cause des lieux d'oppression, de solidarité et de marginalité qui jalonnent notre histoire propre et celle de nos rapports avec les autres ». Cette altérité est aussi centrale dans l'analyse que nous livrent Greg Nielsen et Stéphan Larose de l'histoire de la création et de l'évolution des médias en Ontario français. Entremêlant axiomes théoriques et faits concrets, les deux sociologues plongent au cœur de l'identité franco-ontarienne pour en révéler les mutations dans une critique à la fois de la pratique médiatique et d'une certaine idéologie de la survivance ethnique. Finalement, Lucie Tardif-Carpentier explore l'image du Québec dans le quotidien *Le Droit* depuis 1967. Ce n'est pas le moindre intérêt de cet article que d'exposer la loyauté partagée, voire déchirée parfois, d'un journal qui compte des lecteurs des deux côtés de la rivière des Outaouais.

Dans ses « Réflexions critiques d'un chercheur », Roger Bernard pose des questions percutantes quant au caractère scientifique des recherches sur la francophonie ontarienne et canadienne, en interrogeant, en particulier, certains bilans récents. En fait, la critique de Bernard est sans doute valable pour plusieurs des articles qui constituent notre propre bilan. À cet égard, son texte prend pour nous valeur d'autocritique. Dans la deuxième partie de sa réflexion, le sociologue explique la genèse d'une idée, celle de l'émergence d'une identité bilingue en Ontario français, sa propagation et les résistances qu'elle a rencontrées et continue de susciter. À travers cette étude de cas, c'est toute la question de la recherche en milieu minoritaire francophone qui est débattue.

Nous n'avons pas cru nécessaire de reprendre à la fin du volume les nombreuses références bibliographiques données à la fin de chaque texte. Toutefois, nous publions une recension inédite des thèses universitaires portant sur la francophonie ontarienne, fruit des efforts de Jean Yves Pelletier. Il s'agit d'un outil essentiel pour quiconque effectuera des recherches dans ce domaine. Cette bibliographie est, en elle-même, intéressante par ce qu'elle révèle de l'évolution des études franco-ontariennes. L'index qui l'accompagne permettra de s'y référer rapidement.

Nous l'avons dit plus haut, nous souhaitons que ce recueil serve de catalyseur. Nous espérons que les chercheurs, quelle que soit leur discipline ou leur affiliation, qu'ils travaillent seuls ou en équipe, y trouveront matière à réflexion et à discussion. Pour notre part, nous aimerions faire ressortir quatre thèmes qui se sont dégagés de notre séminaire et qui devraient, croyons-nous, faire l'objet de recherches ultérieures.

LES INVENTAIRES

Dresser des bilans, c'est par définition inventorier des concepts, des approches, des méthodologies et des ressources. Ces inventaires sont précieux ; ils sont susceptibles d'orienter l'analyse et la réflexion critique. Ils sont donc nécessaires. Encore faut-il les connaître et les faire connaître ! Des ouvrages, tel celui de Paul-François Sylvestre, sont extrêmement utiles, car ils rendent de grands services aux chercheurs[6]. Certains projets sont en marche ou sont sur le point de l'être. Paul Aubin et ses partenaires franco-ontariens, par exemple, ont commencé des recherches en vue de dresser une bibliographie générale de la francophonie ontarienne. Les fondations de ce projet ont été jetées, entre autres, par Benjamin Fortin et Jean-Pierre Gaboury, par le Centre franco-ontarien de ressources pédagogiques et par Alain Baudot, directeur du GREF[7]. Il convient d'applaudir également les efforts de nos collègues de l'Université Laurentienne qui préparent actuellement un *Dictionnaire des écrits de l'Ontario français* et une *Encyclopédie des traditions populaires de l'Amérique française*, projets décrits plus loin par Gaétan Gervais et Jean-Pierre Pichette.

Il ne suffit pas, toutefois, de dresser des inventaires documentaires. Dans son article, Fernand Ouellet en donne un exemple éloquent en établissant des taux d'urbanisation par région et, dans une certaine mesure, par localité. En fait, on connaît mal les caractéristiques de la francophonie ontarienne à différentes époques. Pour le XIXe siècle, il faudrait faire une utilisation systématique des fiches manuscrites des recensements décennaux canadiens[8]. Les intervenants sociaux et politiques ont besoin d'outils pour mieux cerner, décrire et analyser la situation des francophones ontariens du tournant du millénaire, particulièrement dans le grand centre multiethnique qu'est Toronto[9].

LES RELATIONS AVEC LE QUÉBEC

Mère patrie de générations de francophones ontariens, longtemps centre du Canada français, le Québec est devenu depuis la décennie de 1960 un partenaire avec lequel l'Ontario français doit compter. De tout temps, il a constitué un élément central de l'identité des francophones ontariens. Il ne faut donc pas se surprendre qu'on le trouve comme point de référence, implicite ou explicite, dans les textes qui suivent. Pourtant, à y regarder de plus près et malgré la synthèse fouillée de Pierre Savard, nous en savons, somme toute, assez peu sur les relations entre le Québec et l'Ontario français[10]. En effet, de grands points d'ombre demeurent, notamment sur les courants migratoires et les transferts culturels qui les accompagnent[11], ainsi que sur les relations institutionnelles du Québec et de l'Ontario français jusqu'à la Deuxième Guerre mondiale[12], et leurs représentations mutuelles. Quant aux relations littéraires, on commence à peine à les étudier, ainsi que le souligne François Paré[13].

LES RÉSEAUX

Les relations avec le Québec renvoient au concept de réseau. Les migrants avaient, entre eux et avec ceux qu'ils laissaient derrière, un enchevêtrement de liens économiques, sociaux et culturels qui influençaient le choix d'une destination en Ontario. Dans le présent recueil, le thème n'est présent que dans le chapitre de Georges Hénault, Paul Laurent et Gilles Paquet, qui en font un élément central de leur hypothèse, mais on le retrouve en filigrane dans plusieurs autres, notamment dans celui de Françoise Boudreau, lorsqu'elle discute des recherches socio-historiques sur la migration, et de François Paré, qui étudie l'institution littéraire franco-ontarienne.

L'étude des réseaux et de leur évolution serait une fenêtre ouverte pour comprendre la constitution de l'élite qui, au tournant du XXe siècle, se déclara le porte-parole officiel de l'Ontario français. Elle permettrait aussi d'entrer dans le monde des institutions mises sur pied par l'Église ; elle jetterait en outre un éclairage nouveau sur les allégeances politiques des Franco-Ontariens. Il serait facile de multiplier les applications possibles.

L'IDENTITÉ

Dernier thème retenu, mais non le moindre : celui de l'identité. Il est présent dans tous les textes du recueil, sans exception, qu'il s'agisse d'identité canadienne-française, d'identité franco-ontarienne, d'identité bilingue, d'identité virtuelle ou d'identité collective. Ce besoin qu'on éprouve de se nommer et de se différencier est presque une obsession.

Il a des répercussions non seulement sur la recherche en milieu minoritaire, mais aussi sur notre vécu de minoritaire, les décisions que nous devons prendre quotidiennement et nos frustrations.

Comme les textes qui suivent en font foi, nous sommes redevables à nos collègues sociologues d'avoir, les premiers, mis en exergue et étudié cette question. Le moment semble maintenant venu de lancer la recherche dans de nouvelles directions. Il faudrait être beaucoup plus sensible qu'on ne l'a été jusqu'ici à la diversité de la francophonie ontarienne, souvent présentée comme monolithique. Diversité dans le temps d'abord. Que signifie être francophone en Ontario en 1825, en 1875, en 1915, en 1945, en 1995 ? Et, à ces époques, a-t-on vécu sa francité de la même façon ? A-t-on cultivé les mêmes représentations de soi et des autres à Casselman, à Saint-Joseph et à Sturgeon Falls ? À ces endroits, partageait-on les mêmes sensibilités, la même ferveur patriotique si on était homme ou femme, ouvrier, contremaître, épicier ou médecin ? Si on venait d'émigrer du Québec ou d'ailleurs en Ontario ? Dans la veine des travaux de Monica Heller[14], ne devrions-nous pas aussi nous pencher sur les mutations identitaires provoquées par l'arrivée constante, ces dernières décennies, de francophones des quatre coins du monde ?

Il va de soi que ces thèmes, que nous avons distingués les uns des autres, entretiennent entre eux des rapports étroits, ainsi que notre recueil l'illustre abondamment. Puisse celui-ci contribuer à l'essor des recherches dans ces domaines et dans d'autres et ouvrir des perspectives nouvelles ! Tel est notre vœu le plus cher.

*NOTES*_____

[1] *Situation de la recherche sur la vie française en Ontario* (Ottawa, Centre de recherche en civilisation canadienne-française [CRCCF], ACFAS, 1975, 277 p.).

[2] D'ailleurs, l'exercice a récemment été effectué à deux reprises pour la francophonie hors Québec dans son ensemble. Voir Linda Cardinal, Jean Lapointe et J. Yvon Thériault, *État de la recherche sur les communautés francophones hors Québec, 1980-1990* (Ottawa, CRCCF, 1994, 198 p.) ; Yolande Grisé, *États généraux de la recherche sur la francophonie à l'extérieur du Québec* (Ottawa, PUO, 1995).

[3] Fernand Dumont et Yves Martin (s. la dir. de), *Situation de la recherche sur le Canada français* (Québec, PUL, 1962, 296 p.).

[4] Claire Quintal (s. la dir. de), *Situation de la recherche sur la Franco-Américanie* (Québec, Conseil de la vie française en Amérique, 1980, 100 p.). Depuis lors, neuf autres colloques, portant sur des sujets particuliers, ont eu

lieu. Les actes de ces colloques ont été publiés. L'éclosion intellectuelle sur la Franco-Américanie fut telle que nous avons maintenant à notre disposition quatre synthèses : Gérard J. Brault, *The French-Canadian Heritage in New England* (Hanover, NH, University Press of New England, 1986, 282 p.) ; François Weil, *Les Franco-Américains de la Nouvelle-Angleterre, 1776-1930* (Sillery, Septentrion, 1990, 434 p.) ; Armand Chartier, *Histoire des Franco-Américains de la Nouvelle-Angleterre, 1775-1990* (Sillery, Septentrion, 1991, 436 p.). En comparaison, il n'existe pas de synthèse sur la francophonie ontarienne. Le recueil publié récemment sous la direction de Cornelius J. Jaenen *(Les Franco-Ontariens,* Ottawa, PUO, 1993, 443 p.) ne saurait remplacer une synthèse.

⁵ Marc Haentjens, « Récit d'un voyage naïf. À la recherche de l'imaginaire franco-ontarien », *Liaison,* n⁰ 48, septembre 1988, p. 33-35.

⁶ Paul-François Sylvestre, *Nos parlementaires* (Ottawa, Éditions L'Interligne, 1986, 131 p.) ; *Répertoire des écrivains franco-ontariens* (Sudbury, Prise de Parole, 1987, 111 p.) ; *Le discours franco-ontarien* (Ottawa, Éditions L'Interligne, 1985, 114 p.) ; *Les journaux de l'Ontario français, 1858-1983* (Sudbury, Société historique du Nouvel-Ontario, 1984, 59 p.) ; *Penetang : l'école de la résistance* (Sudbury, Prise de Parole, 1980, 105 p.) ; *Répertoire des écrivains franco-ontariens* (Sudbury, Prise de Parole, 1987, 111 p.).

⁷ Benjamin Fortin et Jean-Pierre Gaboury, *Bibliographie analytique de l'Ontario français* (Ottawa, Éditions de l'Université d'Ottawa, 1975, 236 p.) ; Jean-Yves Pelletier, *Bibliographie sélective de l'Ontario français* (Ottawa, Centre franco-ontarien de ressources pédagogiques, 1989, 66 p.) ; Alain Baudot, *La francophonie ontarienne. Documentation de base* (Toronto, Éditions du GREF, 1989, 15 p.).

⁸ En somme, réaliser l'équivalent de ce qu'a fait le géographe Ralph Vicero pour la Nouvelle-Angleterre, *Immigration of French Canadians to New England, 1840-1900. A Geographical Analysis*, thèse de doctorat, University of Wisconsin, 1968, 449 p.

⁹ À titre d'exemple d'exercice qu'il faudrait multiplier : Anne Gilbert, *Les francophones tels qu'ils sont* (Ottawa, ACFO, 1985, 40 p.).

¹⁰ Pierre Savard, « Relations avec le Québec », dans Cornelius J. Jaenen (s. la dir. de), *Les Franco-Ontariens,* p. 231-263.

¹¹ Il faut plus de travaux de la trempe de ceux de Roger Bernard et de Chad Gaffield, respectivement : *Le travail et l'espoir : migrations, développement économique et mobilité sociale Québec/Ontario, 1900-1985* (Hearst, Le Nordir, 1991, 396 p.) ; *Aux origines de l'identité franco-ontarienne. Éducation, culture, économie* (Ottawa, PUO, 1993, 284 p.).

¹² Pour la période contemporaine, nous bénéficions des recherches doctorales de Marcel Martel, encore inédites, *Les relations entre le Québec et les francophones de l'Ontario. De la survivance aux dead ducks, 1937-1969,* thèse de doctorat, Université York, 1994, 320 p. Quoique de façon beaucoup plus restreinte, Lucie Tardif étudie, dans le présent recueil, les relations Ontario français/Québec depuis 1967. Notons aussi les recherches en cours de Linda Cardinal sur le même sujet.

¹³ François Paré, *Les littératures de l'exiguïté* (Hearst, Le Nordir, 1992, 176 p.) ; *Théories de la fragilité* (Hearst, Le Nordir, 1994, 158 p.).

[14] Parmi la production abondante de cette auteure, contentons-nous de mentionner son dernier ouvrage, *Crossroads : Language, Education and Ethnicity in French Ontario* (Berlin, Mouton de Gruyter, 1994, 252 p.).

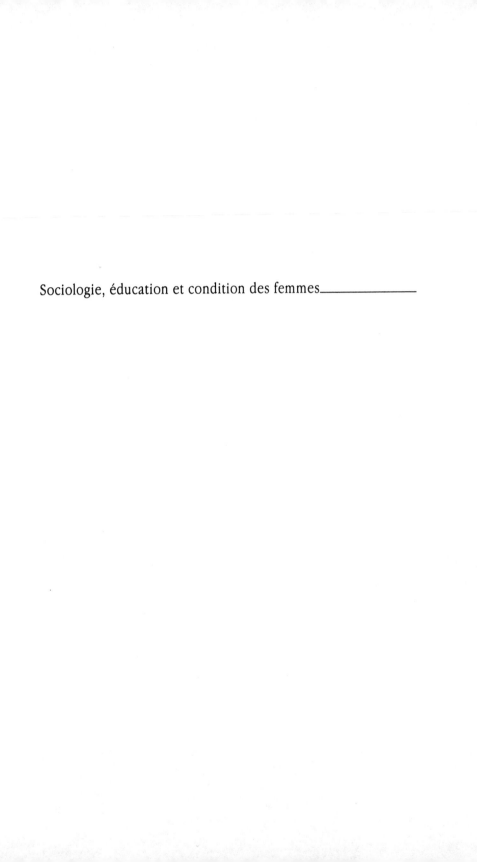

Sociologie, éducation et condition des femmes

La francophonie ontarienne au passé, au présent et au futur : un bilan sociologique

Françoise Boudreau
Département de sociologie
Collège universitaire Glendon, Université York

INTRODUCTION

Je ne suis pas la première à tenter de faire un compte rendu de l'état de la recherche en sociologie sur la francophonie ontarienne. En 1974, Danielle Juteau et Jean Lapointe ont fait à ce sujet une courte présentation dans un colloque sur *La situation de la recherche sur la vie française en Ontario*[1]. Leur diagnostic, peu encourageant il faut l'admettre, se résume en quelques lignes : études surtout descriptives qui ne débouchent pas sur l'analyse ; distribution inégale de l'intérêt entre les différents domaines de la vie sociale : culture, économie, politique et écologie ; descriptions assez nombreuses d'activités folkloriques et artistiques et des centres culturels qui leur sont attachés ; langue et religion fortement soulignées, mais sans tentative d'analyse systématique des différentes formes prises selon les régions ; études de la vie culturelle toutes tournées vers la préservation des valeurs traditionnelles et constamment colorées par la menace de l'assimilation linguistique et la recherche de moyens pour assurer la survivance ; prédominance du domaine de l'éducation et des études soulignant l'importance de la langue, de la religion et de la reconnaissance des droits et de l'établissement d'institutions ; concentration des études sur l'activité des élites autour des questions d'éducation, sans toutefois d'analyses sur les types d'élite favorisés ou exclus, ni sur les rapports entre élites et populations ; une sociologie politique négligée et une sociologie économique presque inexistante ; finalement, des études démographiques qui n'exploitent que partiellement les données du recensement.

Leur conclusion globale ? Une sociologie fragmentée, surtout descriptive et historique, et dont les apports théoriques sont minces. En cela, Juteau et Lapointe rejoignent le diagnostic établi par J. Yvon Thériault, vingt ans plus tard, sur le corpus d'études touchant la francophonie minoritaire canadienne dans sa globalité : il s'agit d'une sociologie marquée, dit-il, par le sous-développement institutionnel et une fragmentation tant de

ses méthodes que de ses objets[2]. Devons-nous en déduire que ce qui serait
vrai aujourd'hui de la gamme d'études sociologiques ayant pour objet les
francophonies minoritaires canadiennes et acadiennes en général, le serait
d'autant plus pour celle dont l'objet n'en constitue qu'une parcelle, la
francophonie ontarienne ? Comment qualifier les vingt années de production sociologique qui ont séparé le diagnostic de Thériault de celui de
Juteau et Lapointe ? Dans un article publié en 1993, Danielle Juteau, en
collaboration avec Lise Séguin-Kimpton, constate qu'il y a eu depuis 1970
une prolifération d'études sur la collectivité franco-ontarienne. « Les études, alors presque inexistantes, se multiplient et se complexifient[3] » ; toutes deux laissent cependant à d'autres le soin d'en faire un bilan. Comment
qualifier aujourd'hui dans son ensemble le corpus d'études qui posent leur
regard sociologique sur les réalités franco-ontariennes ?   Qui en sont les
auteurs ? Quelles en sont les œuvres ? Quels sont les construits théoriques
dominants, les thèmes privilégiés et les questions maîtresses ? Quels sont
les débats qui ont fait et font toujours vibrer cette sociologie ? Le tour
d'horizon quelque peu téméraire que vous trouverez ci-dessous tentera de
répondre à ces questions. Le premier pas dans toute démarche du genre est
d'identifier les œuvres et leurs auteurs, tout en différenciant ce que l'on
peut qualifier de « sociologique » de ce qui ne l'est pas. Ce processus
d'identification et de triage révélant l'amplitude du corpus à examiner
n'est pas sans complication.

CORPUS D'ÉTUDES ET PRODUCTIONS SOCIOLOGIQUES

Les auteurs qui posent un regard sociologique sur la francophonie ontarienne
sont d'abord des sociologues affiliés à une variété d'institutions universitaires tant francophones qu'anglophones, ontariennes, françaises et
québécoises. Ils sont professeurs, chercheurs ou même étudiants de maîtrise ou de doctorat aux Universités d'Ottawa, de Toronto, de Montréal, de
Windsor, York, Concordia, Laurentienne, etc. Là où les choses se com-
pliquent pour toute sociologue qui voudrait circonscrire ce corpus et en
identifier les lignes de fond, c'est qu'il y a aussi une grande variété de
spécialistes en éducation, en histoire, en sociolinguistique, en démographie, en littérature, en géographie sociale et en sciences politiques et économiques qui ont produit des études de nature sociologique sur l'Ontario
francophone. Tous contribuent à la production d'un savoir où l'historique
se fait sociologique et le sociologique parle d'histoire, de démographie, de
politique et d'économique. Il y a entre ces disciplines une certaine
pollinisation des questionnements, des savoirs et des propos. Et que dire
des journalistes dont les livres à teneur sociologique sont cités par les
sociologues et utilisés comme références crédibles et légitimantes pour
leurs propres propos ! Je pense entre autres au livre de Sheila McLeod
Arnopoulos, *Voices from French Ontario*, traduit plus tard sous le titre

Hors du Québec, point de salut ?, qui tente de percer l'énigme qui entoure la survie des francophones de Sudbury et du Nouvel-Ontario[4].

Pour rendre la tâche encore plus délicate, bon nombre d'articles de nature sociologique publiés dans certaines revues multidisciplinaires, telles que la *Revue du Nouvel-Ontario,* et même dans des revues d'actualité (*Liaison*), ne mentionnent pas la discipline scientifique des auteurs, ni les affiliations départementales ou institutionnelles. Parfois, on ne nous offre que le nom de l'association qui a commandité ou subventionné l'étude : que ce soit l'ACFO (Association canadienne-française de l'Ontario), la Fédération des francophones hors Québec (sous son ancien nom) ou une autre désignation. Il n'y a donc pas vraiment de place ici pour le purisme disciplinaire. La sociologie étant, de toute façon, multiple dans ses domaines d'intérêt, une attitude interdisciplinaire et pragmatique envers les écrits, les recherches et les analyses sociologiques n'est pas injustifiable. En fait, elle est inévitable.

La nature des productions varie grandement tout comme l'intention des auteurs. Il s'agit parfois d'enquêtes accompagnées d'analyses formelles ou non, ou encore d'études empiriques fondées sur un prisme d'analyse dérivant de Durkheim, de Weber, de Marx, de Touraine ou de Bourdieu. Il s'agit souvent de cogitations, remarques et réflexions, d'essais discursifs ou de commentaires critiques s'inspirant de modèles théoriques variés ou à la recherche d'un nouveau. En général, ces discours renvoient à des construits théoriques bien connus des analystes de la francophonie minoritaire canadienne : 1) les théories de la nation et de l'ethnicité ; 2) les théories du modernisme ; 3) les théories du pouvoir organisationnel et de la complétude institutionnelle ; 4) les théories des relations de pouvoir, des relations de classe et de dominance[5]. Il n'est pas rare que l'auteur s'identifie avec le NOUS franco-ontarien, garni ou non de prises de position nationalistes ou autonomistes. Certains, comme nous le verrons, se donnent en effet comme mission de produire une sociologie de l'action, partageant l'objectif d'autonomisation de cette francophonie à laquelle ils s'identifient et qui est leur objet d'étude. Ces auteurs démontrent ainsi ce que Linda Cardinal et Jean Lapointe appelaient « un parti-pris pour l'autonomie[6] ». On trouve aussi un certain nombre d'études de communauté, certaines effectuées par des universitaires et subventionnées par des conseils de recherche visant l'objectivité ou commanditées par un organisme de lobbying intéressé à poursuivre une visée spécifique ou à faire le point sur sa clientèle. On trouve aussi un certain nombre de thèses de maîtrise ou de doctorat, surtout en anglais, présentées aux Universités York, Concordia, de Toronto, de Windsor, etc.

C'est ainsi que, petit à petit, en consultant toutes les sources bibliographiques disponibles, allant de découverte en découverte, à ma grande surprise, je me suis retrouvée avec une bibliographie de plus de 150 titres pouvant faire partie de ce corpus d'études sociologiques à examiner[7].

Certains noms d'auteurs reviennent avec une assiduité remarquable ;
mon but n'est pas cependant de vous présenter une liste de noms à laquelle
serait accolée une série de titres de publications. Mon but n'est pas non
plus de faire une recension exhaustive ou un résumé détaillé de tous les
travaux théoriques et empiriques de nature sociologique ayant pour objet
la francophonie ontarienne. Sachant fort bien qu'il y a autant de dangers
que d'attraits dans ce désir d'exhaustivité, je me propose plutôt d'identifier
les thèmes privilégiés, les questions/idées clefs faisant l'objet de points de
vue parfois discordants et au sujet desquelles il y a eu ou pourrait y avoir
débat.

REGARDS SUR LE PASSÉ, LE PRÉSENT ET L'AVENIR

D'entrée de jeu, disons d'une façon générale que ces études et analyses
s'adressent au passé (plus ou moins éloigné), au présent et à l'avenir de la
francophonie ontarienne, parfois à l'un plus qu'à l'autre, parfois à l'un
pour arriver à l'autre, et parfois aux trois dans le même essai.

Le passé. Ici, il nous faut distinguer entre a) les études de type socio-
historique effectuées au cours des années 40, 50 et même 60 qui décrivent
le passé et tentent de l'expliquer tout en absorbant, et en faisant leur, le
discours de ce passé, et b) les études plus récentes, surtout depuis la fin des
années 80, qui revisitent le passé en essayant de le réinterpréter et en
déconstruisant les explications usuelles. Comme nous le verrons, ces travaux nous offrent une vision renouvelée du passé. On s'intéresse, dans les
deux cas, aux questions touchant la colonisation, les diverses vagues en
provenance du Québec, le système agro-forestier, le lien entre ruralité,
langue et foi, le rôle de l'Église, le passage du rural à l'urbain,
l'industrialisation et la mobilité sociale, les conflits scolaires et les relations anglophones-francophones, les relations communautaires et les
tentatives d'arriver à une complétude institutionnelle. Ici, les études les
plus anciennes s'inspirent des théories américaines sur l'assimilation structurelle, linguistique ou culturelle ; les études que je qualifierais de moyen
terme s'inspirent aussi d'une sociologie qui se veut objective et qui traite
soit de relations ethniques et de communauté, soit de dominance, de conflits ethniques et de classes sociales. Les analyses plus récentes remettent
en question toute approche déterministe ou strictement structuraliste et
retournent aux acteurs sociaux, à ces hommes et ces femmes, à ces
familles qui ont construit leur monde, par leur façon de penser, de sentir
et d'agir dans la vie concrète de tous les jours. Suivant la tradition de
Weber et de Giddens, ces acteurs sociaux francophones sont des « agents
autonomes », des décideurs qui ont modelé leur société et construit son
histoire. On nous révèle ainsi des Franco-Ontariens qui sont des
« membres fondateurs de la province ». On nous offre une nouvelle version de leur passé collectif et de leur parcours historique qui vise une

certaine forme d'émancipation ou d'affranchissement. Nous ne sommes donc pas loin de la thèse de Cardinal et Lapointe. Il y a, dans ces relectures de l'histoire, un parti pris pour l'autonomie, valeur privilégiée d'une sociologie qui s'identifie à son sujet.

Le présent. Les études et analyses qui scrutent le présent favorisent surtout une problématique communautaire et/ou identitaire, alliant à une tentative d'identification de critères soi-disant objectifs de l'identité, une reconnaissance de la subjectivité et de la relativité. Cette étude du « présent franco-ontarien » se penche sur une période qui débute lors de la décennie 1960-1970 — la révolution tranquille québécoise de même que les politiques fédérales sur le bilinguisme et le multiculturalisme ayant déclenché les débuts d'une crise d'identité collective chez les Franco-Ontariens, ainsi qu'un désir de redéfinition sociologique de leur expérience spécifique. L'accent est mis sur le « qui suis-je ? » et le « qui sommes-nous ? » suite à cette métamorphose du discours qui « nous » a fait passer du catholique canadien-français au Canadien français catholique, au Canadien français tout court, puis au Franco-Ontarien et même, pour certains, à l'Ontarois. On s'adresse aussi au processus d'identification et à celui de « production de l'ethnicité[8] » ; on s'adresse à la scission de cette symbiose culturelle entre langue et religion, remplacée par la réalité dure et crue du bilinguisme et du biculturalisme. Au sein de cette problématique identitaire, on s'intéresse aux femmes, à leur double ou triple statut de minoritaire, mais aussi à leur rôle premier dans le processus de socialisation et de production de l'identité ethnique[9]. Une telle approche suggère indirectement que les femmes étant responsables du processus de production de l'ethnicité, elles le seraient sans doute aussi du processus de déconstruction, donc de perte, de cette identité[10].

Dans les études de communauté, on essaie de découper le profil de la culture et d'identifier les balises de l'identité tant individuelle que collective. On s'intéresse aussi aux relations difficiles avec le Québec, dont on contraste l'unilinguisme français avec notre propre francité, subordonnée au bilinguisme. On conclut que c'est dans l'adoption d'une identité bilingue que l'on situe de plus en plus la spécificité franco-ontarienne[11].

L'avenir. Enfin, quelques auteurs interrogent l'avenir en tentant d'identifier, dans le présent le plus récent, les tendances dominantes et leur impact prévisible sur les Franco-Ontariens. Ici, l'enjeu principal est celui du pluralisme culturel grandissant au sein de la francophonie ontarienne. S'inspirant d'une problématique postmoderne, on parle d'un éclatement de la culture, de communauté écroulée, d'une métamorphose de la francophonie ontarienne qui n'a plus en commun que la langue et certains espaces, terme futuresque choisi pour remplacer celui de territoire, d'institution, de communauté et même de réseau. Roger Bernard nous dit que « la culture devient un " patchwork " mobile et émietté[12] », alors que Normand Frenette écrit qu'il faut maintenant distinguer entre Franco-Torontois et

Franco-Ontariens aux identités, cultures et vécus bien différents. Il souligne, de plus, la grande dissemblance entre Franco-Torontois du centre-
ville et Franco-Torontois des banlieues ; parmi les Franco-Torontois du
Centre, il distingue encore entre les vieux Franco-Torontois de la vieille
(anciens Acadiens, Franco-Ontariens de vieille souche, Québécois arrivés
de longue date) et les immigrants (Français, Haïtiens, Africains, etc.)[13].

C'est ainsi que, devant le pluralisme culturel et ethnique de la francophonie contemporaine, devant l'embrouillement grandissant des frontières
et la bilinguisation et l'anglicisation rampantes, devant la métamorphose
postmoderne à laquelle la société franco-ontarienne participe amplement,
on parle de fragmentation irréversible, de désagrégation des sentiments
d'appartenance, de périphérisation de la francité, de dépossession culturelle, donc d'une communauté franco-ontarienne « malade de sa culture[14] ». Sous la plume de certains auteurs, cet état d'être appelle au
pessimisme et presque à la démoralisation. En revanche, d'autres rugissent
d'optimisme et annoncent que la communauté franco-ontarienne est plus
forte que jamais, parce que plus autonome que jamais. Les solutions va-
rient, tout comme les définitions de la situation qui les inspirent. Enfin,
certains, comme Simon Laflamme, se disent plus réalistes et concluent que
la position francophone est un défi perpétuel et qu'elle le restera longtemps[15].

Pour faire suite à ce préambule assez long, mais qui me semblait
indispensable, je vais examiner certains des thèmes privilégiés dans ces
études sociologiques du passé, du présent et de l'avenir de la francophonie
ontarienne.

LE PASSÉ RECOMPOSÉ À L'IMAGE DE L'IDÉOLOGIE DU JOUR : L'ACTEUR AUTONOME ET RATIONNEL

Au sein du corpus d'études qui posent un regard sur le passé, trois thèmes
me semblent de première importance : 1) les mouvements, pratiques et
stratégies migratoires ; 2) l'économie agro-forestière, l'industrialisation et
l'urbanisation ; et 3) le rôle de l'Église catholique et le lien entre la langue
et la foi. Deux autres thèmes chevauchent les regards posés sur le passé et
sur le présent : l'étude des communautés locales à la recherche des traits
dominants de la communauté franco-ontarienne et les études qui se penchent sur les institutions et la complétude institutionnelle.

MOUVEMENTS, PRATIQUES ET STRATÉGIES MIGRATOIRES

La première question de nature sociologique qui s'impose à tout chercheur
s'intéressant à la problématique migratoire franco-ontarienne est la suivante : « Pourquoi des milliers de Canadiens français ont-ils émigré de la
province de Québec pour s'installer en Ontario ? » Comment donc

s'explique ce mouvement d'immigration de francophones du Québec aux XIXe et XXe siècles et ceci en plusieurs vagues ? Ici, les travaux d'Albert Faucher, de Gaétan Vallières, de Roger Bernard et de Fernand Ouellet sont fort intéressants[16].

Alors que l'exode rural des Québécois vers les États-Unis, à la fin du XIXe siècle et au début du XXe, est traditionnellement compris « comme manifestant un désintéressement de l'agriculture, une saignée québécoise qui conduit à l'effritement de la nation », en revanche, nous dit Roger Bernard, l'émigration vers les autres provinces a longtemps été définie comme « l'enracinement de la race canadienne-française catholique en sol canadien[17] ». En fait, l'analyse traditionnelle y voit une réponse pour enrayer cet exode massif et corrosif vers les centres industriels et urbains des États-Unis. Certaines régions du nord-est de l'Ontario sont conçues comme le prolongement naturel du Québec. Ainsi, pour L. Joubert en 1935, l'occupation du sol du Nouvel-Ontario par des francophones devait constituer l'anneau d'une chaîne qui relierait le Manitoba francophone au Québec. Cette perspective fait de la colonisation de l'Ontario, terre privilégiée hors Québec, un véritable projet collectif de consolidation et d'extension des bases territoriales de la nationalité canadienne-française et catholique au Canada[18]. Pour les analystes contemporains, cette explication, qui privilégie les motifs d'ordre idéologique pour rendre intelligible le peuplement de l'Ontario français, est bien insuffisante. Elle est imbibée de la propagande de l'époque et présente les colons à la remorque des visées clérico-nationalistes. Certes, les représentations sociales orientent et justifient les comportements, mais elles ne suffisent pas et agissent rarement seules. Albert Faucher, Roger Bernard et quelques autres offrent plutôt une explication matérialiste et actionaliste où les émigrants réagissent par des actions rationnelles à des contraintes démographiques et socio-économiques, donc à des facteurs objectifs de leur réalité vécue[19]. Leurs construits respectifs présentent ainsi la situation : l'émigration des Canadiens français vers les territoires situés à l'ouest du Québec fut déclenchée et alimentée par les pressions démographiques dans les campagnes québécoises, suite à un taux de natalité exponentiel, par la fréquence des crises dans l'économie forestière dans cette même province, par un mal-développement structurel et un retard économique dus surtout au faible rythme de l'industrialisation. Reliant l'explication économique à l'explication démographique, Fernand Ouellet conclut que le rythme d'industrialisation au Québec ne concordait pas avec l'expansion de la population.

La thèse du retard économique a fait l'objet de plusieurs critiques, dont celle de l'économiste André Raynauld qui soutient que les rythmes de croissance des industries ontarienne et québécoise sont tout à fait comparables et que ce sont les caractéristiques structurelles du développement de l'industrie au Québec qui ne permettaient pas l'intégration de toute la main-d'œuvre disponible[20]. Néanmoins, dans son étude sur les migrations, Roger Bernard propose un certain équilibre entre les modèles économiques et les modèles culturels : « si l'économique est au cœur du phénomène migratoire, le social le circonscrit et le balise[21] ».

Cette approche « rationaliste », digne d'une prise de décision autonome qu'on impute aux colons franco-ontariens, est privilégiée aussi dans l'examen que fait Chad Gaffield des modèles de colonisation dans la région de Prescott[22]. En réponse à la question « Par quels stratagèmes a-t-on pu convaincre les immigrants québécois qu'ils s'installeraient sur des terres riches qui pourraient largement suffire à leur besoin alors que ce n'était pas le cas ? », on ne nous dit plus que l'anglophone ayant pris les meilleures terres, c'est-à-dire les hautes terres, il ne restait plus que les basses terres argileuses et mouillées pour les pauvres francophones venus du Québec. Ici encore, le francophone se dépouille de toute mante de dupe et de victime. L'explication réside ailleurs : les anglophones et les francophones divergeaient d'opinion sur ce qu'ils considéraient comme une bonne terre, voire une terre arable. Les premiers préfèrent une terre sablonneuse qui doit être fertilisée, limitant au maximum le temps et l'effort nécessaires à la culture ; les seconds, ayant connu les mêmes conditions écologiques au Québec aux alentours du Saint-Laurent, préfèrent une terre mouillée potentiellement plus fertile, mais qui doit être drainée et demande beaucoup de travail préparatoire. Il s'agit donc, si on saisit bien le nouveau message, d'un choix délibéré, d'une stratégie voulue de colonisation. Gaffield ne dit cependant pas ce qui serait arrivé si un francophone avait essayé d'acquérir une de ces terres haut placées qu'il n'était pas censé convoiter !

Mais attention, il ne faut tout de même pas limiter la migration à la conquête du sol ontarien. Comme l'écrit Roger Bernard, « [l]'ensemble de la migration canadienne-française vers l'Ontario dépasse largement les cadres de la colonisation, mais malheureusement les études des réseaux migratoires urbains pour le démontrer sont encore à l'étape de l'élaboration préliminaire[23] ». Toute une gamme d'immigrants aux origines sociales modestes et prolétaires sont venus perpétuer en Ontario l'état individuel et collectif dans lequel ils se trouvaient au Québec, attirés non pas par les terres, mais par le développement industriel. L'analyse de ces migrations de prolétaires, travailleurs de mines, de manufactures et de chemin de fer reste encore à faire[24].

ÉCONOMIE AGRO-FORESTIÈRE, INDUSTRIALISATION ET URBANISATION

Lorsqu'il devint clair que bon nombre de terres, sur lesquelles les nouveaux colons des Pays d'en Haut étaient installés, ne pouvaient suffire à faire survivre une famille, ils s'adonnèrent au travail agro-forestier, décrit par David Welch comme la coexistence d'un secteur agricole et d'un secteur forestier, unis dans un même espace par des liens de complémentarité et même de dépendance du premier envers le deuxième[25]. Les recherches socio-historiques et socio-économiques récentes traitant de cette époque où, traditionnellement, on parlait de survivance héroïque de la francophonie catholique grâce à l'isolement et à cette symbiose dynamique entre foi et langue — l'une gardienne de l'autre — présentent dorénavant les Franco-Ontariens dans des termes sécularisés. Ceux-ci sont des membres fondateurs de la province, des acteurs sociaux rationnels et décideurs responsables de leur économie familiale. On essaie de rétablir un certain équilibre entre l'autonomie des acteurs et les forces contraignantes de l'environnement[26]. On semble s'être donné le mot pour exorciser le discours traditionnel et religieux, tout en endossant les valeurs autonomistes et séculières de notre temps. Cardinal et Lapointe y reconnaîtraient sûrement une confirmation additionnelle de leur raisonnement. Le « déjà vu » et « déjà connu » nous reviennent richement argumentés, développés, nouveaux. Ainsi, David Welch présente les Franco-Ontariens comme des participants actifs qui ont fait des choix économiques et il suggère que ces choix ont permis le maintien de la famille canadienne-française. Chad Gaffield parle, dans la même veine, d'une certaine symbiose entre les activités d'économie domestique poursuivies par la femme et le travail sur la terre et en forêt des hommes : « Ce type d'économie familiale laisse entrevoir pourquoi les producteurs étaient d'abord et avant tout attachés à la cellule familiale même si, en participant au système agro-forestier, ils étaient reliés à une structure économique internationale[27]. » Pour contrebalancer l'image de l'agriculteur, travailleur forestier coupé du monde extérieur et dont l'isolement dans une société profondément homogène est la cause même du maintien des valeurs religieuses et familiales traditionnelles, on propose donc celle de stratégistes et de décideurs rationnels, hommes, femmes et familles, dont le travail agro-forestier et industriel est imbriqué dans un réseau économique d'envergure internationale.

De son côté, adoptant une perspective économique et sociale, Fernand Ouellet remet en question ce qu'il appelle « le réductionnisme inséré dans l'image stéréotypée du Franco-Ontarien colon défricheur, travailleur forestier perdu aux confins nordiques du territoire ou simple manœuvre, victime de préjugés et d'abus de pouvoir de la majorité anglophone protestante et même catholique[28] ». Son but est de qualifier ce retard dont on a tant parlé à l'endroit des populations francophones de l'Ontario. Il fait ceci en examinant l'expérience des migrants urbains franco-ontariens, surtout ceux du sud-ouest et du centre de la province. Il conclut qu'il « paraît difficile de donner raison aux classes dirigeantes francophones, toujours disposées à projeter une vision rurale et agriculturiste de leur communauté, et aux intellectuels qui prétendirent que les Franco-Ontariens marquèrent une forte originalité en conservant leur double caractère paysan et campagnard jusqu'à la fin de la Seconde Guerre mondiale[29] ». Parmi ces intellectuels contre qui il s'élève, Ouellet mentionne Gaétan Gervais (1983), Raymond Breton (1985), Danielle Juteau-Lee (1985) ainsi que Jean Lapointe et J. Yvon Thériault (1982)[30]. Ces derniers, dit-il, avaient décrit les francophones comme — et là il cite Lapointe et Thériault — « intégrés dans un processus rapide de transition sociale où le système historique qui les définissait (la société paysanne, la " Folk Society ", le mode de production du petit producteur, etc.) s'est vu supplanté par une logique industrielle capitaliste[31] ». À ceci, il rétorque qu'un simple calcul des taux d'urbanisation démontre, au contraire, que les Franco-Ontariens, et à plus forte raison ceux du Sud-Ouest et du Centre, ont, depuis le XIXe siècle, de plus en plus vécu en des lieux où prédominaient les activités industrielles, à tel point qu'en 1971 la transition vers la société industrielle était, pour eux comme pour les autres Ontariens, un fait accompli.

Encore une fois, le Franco-Ontarien, la Franco-Ontarienne sont présentés sous un visage plus valorisant compte tenu des valeurs de notre temps. Ce que l'on trouve ici, c'est une sociologie qui cherche à réhabiliter le Franco-Ontarien, à l'affranchir de l'image traditionnelle. C'est une sociologie qui réinterroge l'histoire inspirée par ce désir de démystifier le discours idéologique des élites et des dirigeants, discours qui, selon Ouellet, est lui-même « intéressé et dominé par la prudence et la peur du changement[32] ». Ouellet fait une distinction très nette entre les définisseurs de situation francophones, pour qui le mouvement d'urbanisation et d'industrialisation aurait été plus douloureux, et les Franco-Ontariens ordinaires dont la réalité aurait été « plus dégagée et plus ferme[33] ». Ces propos de Ouellet en 1985 sont au cœur de ce virage paradigmatique qui fera de « l'autonomie » une préoccupation de même qu'un concept clef dans les nouvelles productions sociologiques. L'autonomie est une « maîtrise partielle de l'univers où l'on est plongé et, en particulier, de soi-même[34] » pour une francophonie vulnérable[35] ; c'est là une source d'inspiration offrant l'image tant désirée de pouvoir et de contrôle. C'est, sans vouloir exagérer ni caricaturer, une promesse d'avenir.

LE RÔLE DE L'ÉGLISE ET LE LIEN ENTRE LA LANGUE ET LA FOI

Dans la majeure partie des études socio-historiques sur l'Ontario français, le rôle incitatif et existentiel de l'Église est pris pour acquis. Il fait partie, parfois explicitement parfois implicitement, de tous les comptes rendus, de toutes les analyses de la migration, de l'implantation et de la survivance des francophones en Ontario. Rarement est-il remis en question. Dans ses écrits, Robert Choquette présente l'histoire de l'Église de l'Ontario français comme « celle d'une Église réussie[36] ». Reconnaissant que la religion était « le noyau dur de la culture et, par conséquent, le pivot de tout le processus de socialisation [des francophones catholiques][37] », tout bon sociologue des années 90 doit se demander : y a-t-il ici un ou des mythes à découvrir, des vérités à remettre en question ? Serait-il révélateur de procéder à une déconstruction sociologique de l'histoire du clergé dans l'Ontario français ? C'est, en somme, ce que Roger Bernard propose à diverses reprises. Et je cite: « Dans l'interprétation de l'histoire, il ne faut pas se laisser entraîner par les mythes migratoires qui ramènent souvent le peuplement de l'Ontario français à la colonisation orchestrée par le clergé[38]. » Et encore : « Le rôle que le clergé a joué au sein du peuplement canadien-français de l'Ontario est difficile à cerner avec précision, parce que les documents disponibles se retrouvent surtout dans les archives diocésaines, et qu'ils tendent à amplifier le rôle véritable du clergé lors de la migration des Québécois vers l'Ontario[39]. »

Le message est clair : il faut éviter les interprétations hâtives qui ne seraient pas conformes à l'expérience vécue par les immigrants. Ainsi, dans *Le travail et l'espoir,* lorsque Bernard se demande, fidèle à l'approche wébérienne qui s'intéresse au sens que l'acteur social donne à ses actions : « Mais comment s'est donc prise la décision individuelle de l'agriculteur québécois de se déraciner et de partir pour l'Ontario ? Et surtout, jusqu'à quel point le discours agriculturiste et religio-nationaliste de l'Église l'a-t-il motivé ? » Ici, ses conclusions, basées sur des entrevues avec des personnes qui ont émigré au début du siècle dans la région de Hearst, sont fascinantes :

> De fait, les prêtres colonisateurs n'ont pas joué un rôle si déterminant lors de la prise de décision de l'ensemble de ceux qui ont quitté le Québec et qui demeuraient encore à Hearst en 1985. En effet, seulement 11,8 % des migrants disent avoir obtenu des renseignements sur la région de Hearst par l'entremise des prêtres colonisateurs. Près de la moitié de ceux-là (46,5 %) ont émigré durant la crise économique, et un grand nombre arrive en 1934, année d'apogée de la migration vers Hearst[40].

Enfin, poursuit Bernard : « Si plusieurs sont très reconnaissants envers le clergé et les prêtres colonisateurs, d'autres, même après 40 ou 50 ans, ont gardé un sentiment d'amertume encore très vif. » L'image proposée était impressionnante, la réalité tout autre ! Encore une fois, on propose un Franco-Ontarien, une Franco-Ontarienne autonomes capables de décider par eux-mêmes de leur avenir, et même d'entretenir des sentiments négatifs envers l'Église. Il y a quelque temps, cela eût été impensable !

Roger Bernard suggère que les prêtres colonisateurs ont joué un rôle primordial, mais à « des moments précis de l'histoire des mouvements migratoires en provenance du Québec ». Il précise de plus qu'il n'est pas certain si ce rôle était celui « d'instigateur », ou celui « d'agent de cristallisation » d'une décision d'émigrer qui se serait avérée plutôt une réponse à des conditions économiques et sociales convaincantes. La question clef demeure : l'Église suit-elle les déplacements des migrants ou les initie-t-elle ? La réponse, selon Bernard, n'est pas du tout évidente. Chose

certaine, dit-il, c'est à la suite d'une « sélection arbitraire et idéologique »
que l'historiographie a placé les prêtres colonisateurs, « non seulement à
l'épicentre de la colonisation, mais à l'épicentre de la migration québécoise
vers le nord de l'Ontario[41] ». De plus, ajoute-t-il, aucune étude ne s'est
proposée, jusqu'ici, d'étudier le rôle joué par l'Église dans la migration
des travailleurs ; quel discours a-t-elle tenu à leur sujet, tout comme au
sujet de la migration interne des ruraux à la ville ? Le rôle et le discours de
l'Église prennent donc un sens particulier pour le migrant selon le moment
et selon les régions de destination. Le message est clair : il faut éviter de
généraliser. Et, encore une fois, le Franco-Ontarien n'est pas l'être docile
et malléable des stéréotypes.

Alors que, dans certaines constructions historiques et sociologiques,
l'Église reçoit peut-être trop de crédit, dans d'autres, elle devient presque
manipulatrice. Un discours bien connu avance ainsi que c'est pour accomplir ses desseins de catholicisation de l'univers canadien, que l'Église a
retenu trop longtemps ses fidèles dans la ruralité, dans des conditions de
vie difficiles et dans un mode de pensée qui les ont maintenus dans une
infériorité socio-économique dont ils ont peine à se départir. Encore une
fois, les écrits de Roger Bernard viennent tempérer ces affirmations. La
faible scolarité et l'infériorité du statut professionnel qui déterminent la
position du migrant lors de son dernier emploi au Québec, expliquent le
niveau social inférieur en Ontario. Bernard parle d'une certaine continuité
occupationnelle de l'individu et de ses qualifications personnelles. On était
cultivateur au Québec, on l'est encore en Ontario ; on était prolétaire au
Québec et on le reste dans la province d'accueil.

> Les conditions économiques qui induisent à la migration, les motivations
> mesurées, le milieu d'origine rural, pauvre et peu scolarisé, le bas niveau
> d'éducation des migrants et leur statut professionnel inférieur avant le dé-
> part, ainsi que la structure industrielle des régions de destination, concordent
> à expliquer la faible mobilité sociale des migrants. [...] [L]a mobilité sociale
> ne suit pas toujours la mobilité géographique[42].

De plus, cette mobilité atteint difficilement la deuxième génération. Encore une fois, ce sont les caractéristiques de l'acteur en question qui sont
déterminantes.

Bienfaitrice ou coupable, l'Église catholique est présente et ne laisse
personne indifférent. Elle crée des paroisses et s'implique passionnément
dans les luttes scolaires ; luttes, il faut le dire, qui l'engagent à prendre
position contre le système d'écoles publiques francophones. « Sa vision du
monde constitue un des éléments dominants de l'univers symbolique des
Canadiens français de l'Ontario[43]. » Champion de l'historiographie de
l'Église franco-ontarienne, Robert Choquette rappelle que « Mgr de
Charbonnel en 1856 avait inventé un nouveau péché mortel : celui des

parents catholiques qui inscrivent leurs enfants à l'école publique[44] ». Cette Église de survivance est aussi ultramontaine, c'est-à-dire « élitiste, absolutiste, méfiante à l'égard du monde moderne issu des révolutions américaines et françaises » et défensive à l'égard des « libéraux de tout acabit qui, selon elle, cherchent à saisir ses pouvoirs », surtout dans le domaine de l'éducation.

Cet ultramontanisme « défensif, mais aussi agressif » pour utiliser les termes de Choquette[45], a eu des conséquences inattendues. En fait, suivant l'adage dialectique marxiste, le processus de mise en œuvre du discours ultramontain pour sauver la catholicité de la nation franco-ontarienne contient à long terme les sources de sa destruction. C'est là le sujet de la thèse de doctorat de Lise Séguin-Kimpton : « La complexité et l'efficacité du discours ultramontain canadien-français [...] ont contribué involontairement à la transition [...] de Catholiques canadiens-français à Canadiens-Français catholiques et plus précisément à Franco-Ontariens[46].» Et la même auteure de renchérir :

> Le discours performatif des ultramontains canadiens-français a consolidé non seulement les fondements légitimes pour sanctionner la revendication linguistique en matière d'éducation mais il a aussi contribué, par l'entremise de la sacralisation de la langue française, à instituer les conditions de possibilité à sa propre transformation séculaire[47].

Nous n'avons pas vraiment d'études sociologiques sur ce que Choquette appelle la désagrégation de l'Église franco-ontarienne. Tensions et rivalités ethniques opposant catholiques francophones et Irlandais, évêques anglophones et francophobes aux prêtres et fidèles francophones, conflits de valeurs et d'aspirations, luttes intestines et discordes qui se manifestent au sein des établissements éducationnels, des diocèses et des curies font partie de son histoire[48], mais pas vraiment de son analyse sociologique. Le passage de l'Église-pouvoir, qui a connu des heures triomphalistes, à l'Église-service, telle qu'on la connaît aujourd'hui en Ontario comme ailleurs, est largement attribué à l'impact du nouveau monde engendré par la Seconde Guerre mondiale, à une reconceptualisation du rôle de l'État, au concile Vatican II et à une sécularisation généralisée de la société de consommation... Aujourd'hui, tous s'accordent à le dire, ce n'est plus la foi qui est gardienne de la langue, c'est la Charte des droits de 1982.

Comme l'écrivaient si bien Juteau et Séguin-Kimpton : « Vers les années 60, ce n'est plus l'Église mais l'État qui veille sur la nation et assume la direction de son destin. Cette transition entraînera une brusque rupture des modalités de régulation sociale de la collectivité francophone de l'Ontario[49]. » Ici, la sociologie doit se demander comment ce processus a été vécu en Ontario comparativement au Québec depuis 1960, tant par l'institution en soi que par les membres du clergé et par les fidèles. Ici, le déclin n'a pas été aussi profond ; malheureusement, il n'a pas été analysé. Le passé récent de l'Église franco-ontarienne mériterait beaucoup plus d'attention.

DU PASSÉ AU PRÉSENT :
LA COMMUNAUTÉ FRANCOPHONE ET LES COMMUNAUTÉS LOCALES

Qu'elles soient contemporaines ou qu'elles datent de dix ou vingt ans, les études ayant pour objet « la communauté francophone » dans son sens de conscience collective ou dans son sens de communauté locale vécue, s'intéressent généralement à la situation dite « présente » de la francophonie ontarienne. Elles sont cependant bien ancrées dans une étude d'un passé plus ou moins distant où elles puisent certains facteurs d'explication.

Le terme communauté, pour reprendre les mots du sociologue Donald Dennie, « véhicule une série d'images, de mythes et de représentations ». Ce terme offre, dans un premier temps, « la vision mentale d'un rassemblement homogène d'individus sur un territoire bien défini (localité, ville ou quartier) ». D'une façon plus abstraite, il se réfère « à une collectivité d'origine ethnoculturelle semblable et partageant une conscience collective, un soi homogène[50] ». C'est ainsi que certains ont parlé de communauté d'histoire, de culture et de destin[51].

Plusieurs études analysent « la communauté franco-ontarienne » pour en découvrir les traits distinctifs, de même que ce qui l'anime et la traverse. Pour ce faire, on théorise sur « la collectivité franco-ontarienne en tant que communauté ethnoculturelle[52] » ou en tant que conscience collective étayant un « esprit franco-ontarien » à définir[53], en tant qu'entité politique[54] ou, plus récemment, en tant qu'espace symbolique et politique[55]. On essaie de l'étudier dans ses caractéristiques objectives, traits démographiques, historiques, associatifs et culturels, sociologiques, économiques et politiques particuliers, et dans ses caractéristiques subjectives qui tiennent autant de la « conscience collective », de sa « personne idéologique[56] » que du processus de « communalisation » par lequel la communauté vit, se maintient et se modifie[57]. Retenons de tout ceci la représentation de la situation offerte par le sociologue Simon Laflamme dans ce qu'elle a de saillant, de saisissant et, il faut le dire, de troublant :

> La conscience franco-ontarienne se construirait ainsi autour de différents paradoxes : le premier est celui de l'adulation et de la crainte de l'anglophone et de sa langue ; le second est celui de la dépréciation et de l'estime de soi comme groupe politique et linguistique ; le troisième est celui de l'antipathie et du respect à l'égard des autres francophones et de leur langue ; le quatrième est celui du fatalisme mais aussi de l'intérêt autant en ce qui concerne l'avenir de la collectivité qu'en ce qui a trait aux individus ; le cinquième est celui de la méfiance mais aussi de la considération qui sont vouées à la religion[58].

D'autres se sont penchés sur des communautés locales. Toute communauté peut s'observer, comme le fait remarquer si bien Donald Dennie[59] : dans sa vie quotidienne, dans ses choix résidentiels, dans la physionomie de son réseau institutionnel, dans les formes de conflit développées ou rapports de solidarité déployés pour répondre à ces conflits, dans ses rapports de dominance, dans ses caractéristiques socio-économiques, dans les formes de leadership pratiquées par les élites, dans le degré d'acculturation atteint... Les possibilités sont énormes et devraient annoncer des pistes à suivre. Les choix de nos chercheurs, cependant, sont plus restreints et témoignent du type de sociologie pratiquée à l'époque où se fait l'étude. Il en va de même pour l'approche théorique qu'ils privilégient : théories de classes sociales, structuro-fonctionnalisme, théorie du pouvoir organisationnel et des relations de pouvoir. Certaines de ces études sont devenues des classiques. Ainsi, au début des années 70, S. D. Clarke a choisi d'analyser le rapport de dominance et le rapport de classe entre anglophones et francophones dans des petites communautés industrielles du nord de l'Ontario et du Québec. Selon Clark, les Franco-Ontariens constituaient des employés à bon marché et sans défense : « *A population made economically defenceless by years of struggle in farming in the North was now made economically defenceless by being pushed into marginal forms of employment in the northern industrial community. [...] What emerges is an exceedingly sharp division of social classes*[60] », l'une étant littéralement captive de l'autre et sans aucune chance d'avancement. La stabilité sociale dépendait du fait que les Franco-Ontariens nourrissaient des aspirations plus que modestes et que l'Église catholique s'opposait ouvertement au syndicalisme ouvrier.

En 1977, l'étude bien connue d'un étudiant de Clark, Thomas Maxwell (thèse doctorale dirigée par S. D. Clark et Oswald Hall et financée par la Commission du bilinguisme et du biculturalisme), ajoute de nouvelles connaissances à l'examen de la population franco-ontarienne. Maxwell est le premier à faire une analyse sociologique d'une communauté francophone toute particulière, celle du Toronto métropolitain : hétérogène d'origine et dispersée, sans concentration géographique véritable. Ici encore, l'accent est mis sur la stratification en classes sociales chez une population où, selon Maxwell, les valeurs économiques remplacent les valeurs culturelles. Le climat et les circonstances favorisent l'assimilation non seulement structurelle, mais linguistique et culturelle. Selon Maxwell, suite à une différenciation socio-économique de plus en plus grande entre francophones, une identification au niveau de la classe sociale a remplacé, surtout chez la classe moyenne, l'identification ethnique[61]. Dans un article publié en 1971, Maxwell avait tenté de démontrer que le lieu d'identification participationnelle de la majorité de la population d'origine française de l'agglomération torontoise, se situait à l'extérieur des limites ethniques et que cette situation avait favorisé la dissolution de l'identité ethnique française. L'auteur se permettait aussi une prédiction qui aujourd'hui paraît bien inspirée : l'arrêt ou le renversement de cette tendance sera relié à l'éveil d'un esprit nationaliste qui semble pointer chez certains membres de la classe moyenne, surtout chez les nouveaux arrivés. La conscience nationalitaire remplacerait alors la conscience de classe[62].

L'étude de John D. Jackson[63], sur la communauté de Tecumseh, est aussi fascinante. Jackson se penche sur le conflit institutionnalisé et fonctionnel entre anglophones et francophones, conflit dont l'ampleur contribue à développer des frontières très rigides entre les deux groupes et à intensifier le sentiment d'appartenance et d'identification de la part des Franco-Ontariens à leur groupe ethnique. Autrement dit, le comportement des francophones rendait plus crédible une hypothèse structuro-fonctionnaliste bien connue, selon laquelle plus la menace venant de l'extérieur est forte, plus la solidarité interne du groupe est intense.

Parmi les travaux des années 80 et 90, travaux employés à décrire les particularités sociales des communautés francophones dans un présent qui nous est plus contemporain, ainsi que les rapports de pouvoir qu'on y trouve, nous devons mentionner l'étude d'Andrew, Archibald, Caloren et Denis sur la ville d'Hawkesbury[64]. Les chercheurs ont profité d'une grève, événement qui a mobilisé les individus de cette collectivité composée à 90 pour cent de francophones, afin de saisir sur le vif les rapports de pouvoir, les alliances, les conflits et le leadership exercé au sein de la communauté. Cette recherche permet également « d'éclairer les conflits qui opposent les forces syndicales et patronales dans le contexte ontarien[65] ». On y retrouve une image globale de la communauté construite autour de son histoire et du développement des associations qui charpentent son tissu social. De leur côté, Cardinal, Lapointe et Thériault ont réalisé en 1988 une étude de la francophonie de Welland qui a pour but de faire ressortir les éléments de vitalité mais aussi les causes de la bilinguisation croissante de cette communauté[66]. Les auteurs présentent un profil socio-démographique, institutionnel et économique de cette population qui compte pour le tiers de la population de la ville. Ils étudient les modes de participation aux associations locales, ainsi que le type de leadership. Ils font ressortir l'importance de la paroisse et de l'école pour le maintien de cette communauté francophone. Il faut mentionner aussi l'étude en profondeur de la communauté d'Alexandria par David M. Rayside[67]. Basée sur une observation participante intensive, sur des données statistiques et sur plus de deux cents entrevues auprès de la population, l'étude souligne, documente et analyse les inégalités entre classes sociales, entre hommes et femmes, et surtout entre anglophones et francophones. Rayside conclut qu'Alexandria « *is a place where open conflict is unlikely, even in the face of substantial inequality* » et que « *the closeness of personal ties [...] reduces the visibility of social division and fragmentation, however severe the inequalities* », tout en soulignant que « *the fact that inequality comes to be seen in largely personalistic terms makes it seem more haphazard than it is, and this encourages a passive response to it* ». Il ressort finalement une « *reluctance to " rock the boat" in any way*[68] » typique de bien des petites communautés où anglophones, bilingues et francophones sont appelés à se côtoyer journalièrement.

Certaines études de communauté s'intéressent surtout à l'élite. Mentionnons l'étude de Gail Cuthbert-Brandt qui a analysé le fondement et les fonctions de l'élite laïque dans la communauté franco-ontarienne de Sudbury[69], et celle de Sylvie Guillaume, intitulée « Francophones et fiers de l'être : le pari des élites francophones de Toronto[70] ». Notons finalement les études de Savas[71] et de Tremblay[72] en 1988 qui donnent une vision des caractéristiques et tendances démographiques et sociologiques de la vie communautaire chez les Franco-Ontariens.

Presque toutes ces études plus récentes s'intéressent aux conditions nécessaires à la vitalité communautaire et sont construites autour ou font référence au concept de complétude institutionnelle jugé indispensable à la survie, à l'épanouissement et à l'autonomie des communautés francophones en Ontario.

LA COMPLÉTUDE INSTITUTIONNELLE : INSTRUMENT PRIVILÉGIÉ D'UNE AUTONOMISATION

La notion sociologique de « complétude institutionnelle » a été la grande découverte de la francophonie ontarienne, tant pour ses analystes que pour ses représentants et stratèges politiques. Cette contribution de Raymond Breton et de la sociologie des relations ethniques suggère que la création d'un réseau le plus complet possible d'institutions dirigées par un groupe ethnique, est une condition essentielle à sa survie et à son émancipation. Nous pouvons lire aussi : à son autonomisation, car cette complétude institutionnelle promet une plus grande maîtrise de son univers, de même qu'une capacité accrue de modifier « les effets des perturbations ou des injonctions en provenance de son environnement[73] ». Selon ce construit paradigmatique, l'autonomie d'une population minoritaire passe par le développement et le contrôle de ses institutions.

L'étude des institutions franco-ontariennes présente d'abord la famille, l'Église et l'école en tant que principales institutions de survie et d'épanouissement ethniques. C'est dans la famille, et surtout par la mère, que s'initie le processus « d'ethnicisation » décrit par Danielle Juteau[74], mais c'est à l'école qu'il se poursuit. C'est d'ailleurs dans le secteur de l'éducation qu'on retrouve le plus grand déploiement d'études sociologiques, cristallisées autour du règlement XVII et aussi autour des luttes pour l'obtention d'écoles françaises primaires, puis secondaires. L'éducation a su attirer l'attention des chercheurs d'hier comme ceux d'aujourd'hui : c'est le domaine clef pour la perpétuation de la langue, de la culture et de l'identité ; c'est l'enjeu dans de nombreux conflits anglophones-francophones pour l'acquisition et la reconnaissance de droits ; un lieu sans commune mesure avec les autres de mobilisation politique et d'implication communautaire[75] ; le baromètre de l'assimilation linguistique chez les jeunes ; le lieu par excellence où se vit de plus en plus l'expérience du bilinguisme, comme étape ou non vers l'anglicisation[76]. C'est enfin le lieu de rencontre où, de plus en plus, « une nouvelle et forte communauté multiculturelle s'affirme et, dans certains cas, refuse l'intégration avec les francophones de souche ontarienne[77] ». Notons que ce corpus d'études sur l'éducation offre dans son ensemble un certain aperçu des pratiques d'autonomisation déployées par la population francophone de l'Ontario dans le but de « s'inscrire dans l'avenir[79] ». Notons, cependant, que le concept de complétude institutionnelle ne se limite pas au système d'éducation, de la maternelle à l'université francophone[78]. Ceux et celles qui dans les milieux francophones réclament cette complétude parlent aussi de services de santé en français et de services sociaux, deux sujets largement ignorés par les chercheurs. On parle de centres communautaires, de maisons de la culture, d'aide juridique et policière, d'associations de toutes sortes, telle l'Association des femmes d'affaires, de théâtres, de clubs sociaux, de centres culturels, de maisons d'édition, de caisses populaires et de coopératives, de médias francophones. Dans ces domaines, les études sont rares, mais semblent indiquer que sauf en ce qui concerne les activités culturelles proprement dites qui captent une certaine classe moyenne, ces institutions n'attirent généralement pas une nombreuse clientèle[80]. Ceci semble vrai aussi pour les services gouvernementaux en français, qui sont sous-utilisés. L'intérêt de la population n'y est pas. La radio et la télévision en français, qui peuvent être synthonisées partout en Ontario, sont particulièrement ignorées par les jeunes, constatent Lapointe, Poulin et Thériault dans leur étude de la minorité francophone de Welland[81]. La plupart des jeunes n'ont pas atteint le stade du militantisme et de la participation à la communauté, observe Gaétan Vallières dans ses *Remarques sur la communauté franco-ontarienne comme entité politique*. « À quoi leur sert, en effet, d'obtenir un poste de radio de langue française, s'ils préfèrent écouter les émissions en provenance des États-Unis[82] ? » La conclusion de Roger Bernard est presque dévastatrice : « Tout compte fait, le réseau d'institutions ethniques propre aux francophones de l'Ontario est plus complet maintenant qu'il y a trois ou quatre décennies, mais il n'assure pas pour autant la survivance linguistique et culturelle de la communauté[83]. » La question qui s'impose est donc : pourquoi ?

Dans un article récent sur le bilinguisme, le transfert linguistique et les supports institutionnels pour les francophones, Raymond Mougeon et É. Beniak avancent qu'un taux de plus en plus élevé de mariages exogames met en péril la transmission de la langue française à la maison avec, en outre, des répercussions sur l'école. Là, les enfants dont l'anglais est la langue dominante contribuent à angliciser les autres et le milieu[84]. Monica Heller et Laurette Lévy, qui ont effectué une enquête auprès de femmes franco-ontariennes en situation de mariage mixte, concluent que celles-ci ne sont plus nécessairement gardiennes de la langue et de la foi[85]. En fait, comment « sont » les femmes franco-ontariennes ? Quelques études seulement viennent offrir des parcelles de réponses formulées à la lumière d'un cadre théorique féministe mettant l'accent sur la double infériorité de celles qui sont femmes et francophones[86] et même sur la triple minorisation de celles qui sont à la fois femmes, francophones et qui vivent dans le nord de l'Ontario[87]. En plus du travail déjà mentionné de Danielle Juteau sur le rôle des femmes dans le processus de socialisation des enfants, travail non rémunéré qui leur revient presque exclusivement, quelques récits de vie de femmes sont offerts par Jeannette Urbas dont on ne retiendra ici qu'une phrase fort révélatrice : « Elles ont enduré[88]. » Mentionnons, finalement, une étude fort pertinente de Cardinal et Coderre où les auteures, à l'aide de quelques données disponibles, tentent une lecture de la situation de double infériorité économique des femmes francophones depuis le début du siècle. Leur but est d'offrir des points de repère théoriques et empiriques pour une analyse plus exhaustive de cette situation. Retenons un point de repère clef : celui de la dévalorisation « afin de comprendre le phénomène de transfert de l'activité productrice des femmes à une activité de reproduction de la culture, des sexes et des classes[89] ». Dans un autre article, Cardinal lance un appel : il faut que l'on reconnaisse tout le potentiel des femmes en tant qu'« actrices et agentes de changement en vue d'une communauté pour qui l'équité devra dépasser la politique du groupe désigné pour devenir un véritable mode de vie[90] ». Ici, la sociologue, fidèle à sa conception d'une sociologie de l'action, n'hésite pas à s'engager en faveur d'une reconnaissance des femmes francophones, autonomes et engagées.

Nonobstant l'étude de Cardinal et Coderre sur les femmes et l'économie, un des domaines les plus ignorés par les chercheurs intéressés à la complétude institutionnelle est bien celui de l'économie[91]. Dans *Un espace économique à inventer*, la FFHQ soutient que la survie et le développement des communautés francophones ne pourront s'opérer sans une prise en main de l'économie, condition essentielle à une autonomie grandissante. Raymond Breton fait la même suggestion[92]. Une seule étude sociologique s'impose à nous ici, car elle nous mène à d'importantes réflexions. Jean-Charles Cachon a publié en 1990 les résultats d'une enquête sur la perception du rôle de leur caisse populaire auprès de soixante résidents de Sturgeon Falls, défini comme un milieu francophone homogène. Ce qui est intéressant, c'est que « malgré l'utilisation de l'anglais comme langue d'usage, les francophones continuent de privilégier la caisse populaire comme choix d'institution financière[93] ». À nous de poser la question logique et inévitable : est-ce que le maintien de la langue est essentiel au maintien de certains aspects de la culture et d'une identité franco-ontariennes ? Peut-on se dire et se penser Franco-Ontarien, choisir des institutions bancaires associées au fait français, tout en considérant que l'usage du français n'est pas nécessaire à la culture ou à l'identité individuelle, tout comme on peut se considérer Italo-Américain, Ukrainien ou Polonais canadien, fréquenter les clubs sociaux de son groupe ethnique et s'y sentir chez soi, sans parler la langue ? Roger Bernard parle déjà d'une francophonie sans francité. La complétude institutionnelle serait donc une condition nécessaire mais insuffisante à la survie du français. Le problème, de préciser Bernard, ne se situe pas uniquement au niveau des structures, mais au niveau du contenu, de la substance. « Après de longues luttes, nous pourrons probablement obtenir que le français devienne une langue officielle en Ontario, mais nous ne pouvons pas imposer politiquement des relations de communalisation et des sentiments subjectifs d'appartenance[94]. » Nous ne pouvons pas non plus imposer à qui que ce soit son identité.

UNE COMMUNAUTÉ D'HISTOIRE, DE CULTURE ET DE DESTIN OU LA CONSTRUCTION D'UNE IDENTITÉ FRANCO-ONTARIENNE

C'est Danielle Juteau qui offre les premières analyses sociologiques sur l'identité franco-ontarienne. Comme l'écrit si bien Linda Cardinal : « Ce moment constitue une première, puisque jusqu'alors la sociologie s'est surtout penchée sur le développement de la nation canadienne-française, du peuple acadien et du Québec et a pratiquement ignoré les francophones hors Québec, ceux de l'Ontario et de l'Ouest surtout, sinon pour évaluer leur disparition numérique[95]. » Juteau, donc, présente un cadre d'analyse où l'identité collective n'est pas un donné stable, mais bien un construit, le produit de rapports sociaux. Dans ses premières analyses comme dans ses plus récentes, Juteau prend soin d'affirmer qu'elle refuse toute approche « statique, essentialiste et/ou culturaliste[96] ». Dès ses premiers travaux, elle favorise une analyse centrée sur les rapports sociaux ethniques, s'intéressant à la fois aux facteurs externes et internes qui ont amené l'émergence de l'identité franco-ontarienne. Mettant d'abord l'accent sur les facteurs externes, Juteau[97] estime ainsi que l'identité collective d'une communauté ethnique est conditionnée par ses frontières. De Canadiens que nous étions tous en 1763, nous sommes devenus Canadiens français, en rapport avec l'autrui anglais, British et loyaliste. Puis, une autre fluctuation des frontières au sein de la francophonie canadienne, celle-ci au cours des années 60, fut provoquée par l'émergence de la nation-communauté québécoise[98]. La province de Québec devint l'État du Québec qui engendra à son tour la nation québécoise, modifiant à tout jamais ses relations avec l'Ontario français[99]. Ce mouvement (facteur externe), mais aussi l'industrialisation, l'urbanisation et la modernisation de la collectivité francophone en Ontario, ainsi que l'expansion du capitalisme (facteurs modifiant la réalité interne du groupe), ont déclenché un processus de différenciation-division au niveau de l'identité collective de la communauté francophone se redéfinissant comme franco-ontarienne. Alors que le terme « canadien-français » avait une connotation linguistique et culturelle, le choix du terme « franco-ontarien », dominant depuis 1976, relèverait d'une stratégie politique. L'apparition du « NOUS franco-ontarien » vient donc d'une prise de conscience du fait que les « batailles » devront se faire dorénavant au niveau provincial. Juteau et Séguin-Kimpton décrivent la métamorphose interne, au niveau du discours, des institutions politiques (dont l'ACFO), du domaine socioculturel, et de l'action politique instrumentale concrète, qui a accompagné cette prise de conscience stratégique et ces batailles et dont le but est de se créer des espaces symboliques et politiques structurés[100]. Enfin, le terme « Ontarois », inventé par Yolande Grisé en 1980, a été adopté, écrit Juteau, par une certaine élite plus audacieuse, afin d'indiquer une fois pour toutes son refus du statut subordonné de minoritaire[101]. Mais une fois le premier réflexe de fascination atténué, les Franco-Ontariens en général ne se sont pas identifiés à ce terme.

Denis Gratton retient cet aspect « symbolique, stratégiste et politique » relié à l'identité collective dans sa thèse de doctorat sur la *Production de la différence : le cas ontarios*[102]. « Il soutient, nous explique Marcel Martel, que l'identité franco-ontarienne, en soi peu enracinée dans son milieu, est de fait le fruit d'un processus sciemment pensé par un groupe de francophones de l'Ontario. » Ces fabricants de l'identité sont parvenus « à projeter dans l'imaginaire social le portrait d'une collectivité. Ils ont défini celle-ci par une double différenciation : d'une part, à l'égard des anglophones de l'Ontario, en faisant valoir la langue comme facteur saillant de démarcation et, d'autre part, par la territorialité pour ainsi se distinguer du Québec[103] ». On s'accorde à dire que cette identité émerge en grande partie en réaction à la nouvelle identité québécoise qui l'a exclue et qui questionne la viabilité des francophonies en dehors de son territoire. De dire Martel, cette stratégie « met en relief l'ébranlement de la certitude du groupe francophone quant à sa survivance[104] ». Dans sa propre étude du discours des dirigeants franco-ontariens de 1937 à 1967, Martel démontre que cette création des années 60 « remplace l'identité à caractère culturel et religieux [...] au profit d'une identité valorisant la dimension territoriale et linguistique[105] », et qui se loge à l'enseigne du provincialisme et de la minorisation. Un projet politique s'y rattache : le rejet de l'idée que les Franco-Ontariens constituent un groupe ethnique comme n'importe quel autre, et la reconnaissance juridique de la notion des deux nations fondatrices du Canada.

Donc, l'identité collective franco-ontarienne est une stratégie qui tiendrait d'une volonté d'être très ferme mais aussi, un tant soit peu, du mythe. Il s'agirait, en fait, d'une création. Ceci nous rapproche de Donald

Dennie, pour qui la société franco-ontarienne est elle-même une création :
« lorsqu'on tente de la saisir de façon empirique, on se bute à des obstacles majeurs qui laissent soupçonner que cette réalité est beaucoup plus
une représentation idéologique qu'un fait tangible[106] ». Cette représentation est celle d'une classe moyenne franco-ontarienne qui cherche à mobiliser les Franco-Ontariens qui constituent la base sociale de son pouvoir,
afin de justifier et de maintenir son propre pouvoir de classe ; cette fabrication ne correspond pas au monde vécu, mais aux intérêts d'une « fraction de classe » qui trouve de plus en plus son appui dans l'État-nation
canadien. Il serait donc plus utile, dit le sociologue, de son point de vue
matérialiste historique, « d'analyser le monde vécu par rapport à la structure des classes et au développement de la formation sociale capitaliste de
plus en plus géré par l'État[107] ».

Entre l'identité collective qui serait imprégnée dans la culture (modèle
traditionnel) et l'identité collective de la stratégie (modèle matérialiste
historique), il est fort difficile de faire le partage. Un nouveau discours sur
l'identité franco-ontarienne, collective mais aussi individuelle, s'impose
cependant avec une crédibilité grandissante : celui de l'identité franco-
ontarienne bilingue et même l'identité franco-ontarienne hors francité.

IDENTITÉ BILINGUE, IDENTITÉ IDIVIDUELLE NÉGOCIABLE

La conception de l'identité franco-ontarienne a franchi, au cours des années 90, un nouveau seuil. Selon Roger Bernard, la disparition de la société canadienne-française et l'étiolement de l'identité culturelle française
qui a suivi, ont favorisé la naissance d'une nouvelle culture bilingue et
« l'apparition d'un " je " biculturel qui fait partie de la nature intérieure de
la personne ». Bernard parle de « métissage identitaire », comme « étape
dans un processus de déculturation française et d'assimilation à la culture
anglaise » ou peut-être comme la manifestation d'une toute « nouvelle
identité[108] ».

C'est ainsi que « de Canadiens français, catholiques, nous sommes
devenus des francophones hors frontières, régionalisés, des francophones
hors Québec, et maintenant des francophones hors francité[109] ».
L'expression fait choc ; elle se veut franche car elle est bien fondée. Entre
autres, une enquête effectuée par Bernard auprès de 4 000 jeunes francophones hors Québec confirme que « malgré le discours, le français n'est
pas une valeur en soi ; il se rattache à un univers bilingue qui le marginalise
en prétendant lui donner une place de choix ». Plus ils sont minoritaires,
moins les jeunes utilisent le français. Conséquence : c'est « l'étiolement de
la langue maternelle et l'assimilation en passant par le français langue
seconde[110] ».

Bernard rappelle un grand principe, simple mais sérieux, qui sous-
tend la vie française : « pour vivre en français, il faut vivre avec des

Français[111] ». Ceci dit, il cite la phrase fort déconcertante de la jeune fille qui, en complétant son questionnaire sur l'usage du français, demande à son amie francophone : « When *we're together, we speak French, don't we*[112] ? » Le transfert linguistique, explique Bernard, « ne remet pas en cause leur identité individuelle parce que la francité ne représente pas une valeur de culture non négociable, mais plutôt un élément périphérique de l'identité individuelle, même s'il est au centre de l'identité collective des Franco-Ontariens[113] ».

Nous passons donc de « l'identité collective stratégie » à « l'identité personnelle négociable ». « On ne naît pas Franco-Ontarien, on le devient », disent tant Danielle Juteau que Roger Bernard et Raymond Breton. L'identité personnelle comme membre d'un groupe ethnique s'apprend et, comme l'identification avec ce groupe n'est pas toujours spontanée, elle se choisit, s'accepte ou se refuse ; elle n'est pas toujours fixe ou statique, elle est en mouvance, négociée au sein de toute une série de circonstances individuelles et collectives.

Il est donc fort difficile pour un grand nombre de francophones vivant en Ontario de se nommer et de nommer le groupe auquel ils/elles appartiennent. « À vrai dire, j'sais pas si mon nom est Michel ou Michael ! », me disait un étudiant franco-ontarien[114]. Quels sont donc chez les chercheurs et analystes de l'identité franco-ontarienne, les critères qui entrent en ligne de compte dans cette problématique « épineuse » de l'identité et de l'identification, tenant compte du fait que, loin d'être homogène, la réalité francophone de l'Ontario est multiple ? Plusieurs théoriciens et chercheurs de la francophonie ontarienne se sont bien rendu compte qu'il y a en fait plusieurs Ontario français, géographiquement, culturellement, ethniquement, et même linguistiquement.

Partant de son expérience personnelle, Normand Frenette souligne, en 1990, qu'il existe quatre éléments constitutifs de l'identité franco-ontarienne : un élément objectif, à savoir le lieu géographique ; un élément subjectif, à savoir le sentiment d'appartenance à un groupe ; un élément sélectif, car on peut ne pas vouloir faire partie du groupe ; et un élément linguistique, à savoir la langue française, même si elle est touchée, voire contaminée, par l'influence de l'anglais. Cette typologie s'inscrit très bien dans la ligne de pensée contemporaine sur l'identité et le processus d'identification. On y reconnaît aussi le Franco-Ontarien comme acteur et créateur de sa propre identité, selon les circonstances auxquelles il/elle doit faire face.

On sait très bien aujourd'hui que l'identification d'un individu à un groupe linguistique, culturel ou religieux, loin d'être le reflet de ses antécédents généalogiques ou biologiques, est plutôt activée par des circonstances précises. On devient ce que l'on vit et on devient ce qu'on croit avoir besoin d'être, en fonction des circonstances environnantes. On sait, rappelle l'historien Bruno Ramirez, que « l'individu social est capable d'exprimer une variété d'identités, résultat de la multiplicité des rapports et de la réalité conflictuelle qui caractérisent son existence ». « Ce qui frappe le plus lorsque l'on observe des processus identitaires », continue-t-il, « c'est leur dynamisme et leurs divers modes (souvent contradictoires) d'articulation dans le domaine public et privé, non pas l'homogénéité ontologique que les études " ethniques " ont obstinément attribuée à l'identité ethnique[115] ».

Pour Raymond Breton, le défi est de conceptualiser et éventuellement de décrire et d'analyser empiriquement les modalités d'appartenance à la francophonie locale, régionale et nationale, c'est-à-dire les divers types de relations que les individus établissent avec elles. Le défi étant d'autant plus grand en raison de la diversité des francophonies minoritaires quant à leur situation interne et à leur contexte social, légal et politique, et de la diver- sité des caractéristiques personnelles des francophones. Breton propose un modèle d'analyse basé sur la prémisse qu'il serait profitable d'étudier non seulement le degré d'identification et d'intégration de l'individu à la col- lectivité, mais également les modalités de l'identification et de l'apparte- nance[116].

Je crois qu'il y a là une excellente piste à suivre pour une meilleure compréhension du vécu franco-ontarien. Ce ne serait pas la première fois que les suggestions de Raymond Breton seraient prises au sérieux avec des résultats fort productifs pour l'avancement de notre savoir.

L'AVENIR ET LES SOLUTIONS D'AVENIR
POUR LA COMMUNAUTÉ FRANCO-ONTARIENNE

La vision d'avenir des chercheurs varie ; les sentiments qui y sont ratta- chés relèvent pour certains d'un pessimisme impossible à camoufler, pour d'autres d'un optimisme qu'on pourrait, par moments, qualifier d'exagéré. Qui aura raison ? Selon Roger Bernard, l'avenir, c'est l'embrouillement : les frontières ne sont plus géographiques, les barrières linguistiques et culturelles s'estompent. La famille, de plus en plus exogame, et l'école, de plus en plus hétérogène, pluraliste et interculturelle, ne peuvent plus agir efficacement comme un contrebalancier pour mettre en échec l'effet du milieu[117]. C'est donc la fragmentation irréversible, la désagrégation des sentiments d'appartenance, le métissage identitaire, la périphérisation de la francité, la dépossession culturelle ; pire, c'est la francophonie sans francité, c'est une communauté « qui risque de n'être que l'ombrage sur le mur de la caverne[118] » ; bref, c'est l'impasse ! Ou la disparition !

David Welch voit les choses d'un autre œil :

En dépit [des] prognostics pessimistes, la population franco-ontarienne se porte bien ; elle continue d'augmenter en nombre absolu et en diversité ; aujourd'hui de nombreuses études qualitatives prouvent le dynamisme de cette communauté qui délaisse son esprit de minoritaire, avec tout le négativisme et le pessimisme que cela implique. Aujourd'hui plus que jamais la communauté franco-ontarienne est en contrôle de son propre avenir[119].

Deux sociologues, deux points de vue diamétralement opposés.

Dans un article sur la métamorphose de la communauté franco-ontarienne publié en 1993, Fernan Carrière amplifie dans la même direction que Welch. À son avis, la communauté franco-ontarienne est « en voie de s'affirmer », après avoir « acquis son droit à l'existence » ; c'est une communauté qui « n'a pas choisi l'option dite assimilatrice », mais qui vivant « le choc d'une crise de civilisation » doit réévaluer ses stratégies[120].

Donc, on a les évidences qu'on veut bien avoir et celles de Roger Bernard ne sont pas celles de Fernan Carrière. Ce dernier décrit une communauté qui, « pas à pas, module par module, pièce par pièce, poursuit la construction de son édifice institutionnel ». Il conclut que « la communauté franco-ontarienne est désormais plus profondément enracinée sur son territoire d'adoption que ne l'a jamais été la forêt que nos ancêtres ont défrichée pour s'y établir[121] ». C'est beau, mais est-ce bien vrai ? Également pour tous ?

À ceci, Roger Bernard répondrait que pour bien comprendre l'Ontario français, il faut distinguer l'Ontario profond de l'Ontario du discours. « Si l'Ontario du discours se porte bien, l'autre se porte un peu moins bien[122]. » Ajoutons que pour toute personne qui veut faire un bilan des regards sociologiques sur cet Ontario, il est fort difficile de distinguer, chez les sociologues engagés, cet Ontario français qui tient du discours et du « *pep talk* » et cet Ontario français qui tient de la réalité.

LES SOLUTIONS PROPOSÉES : L'ESPRIT DE COMMUNALITÉ, L'AUTONOMIE INSTITUTIONNELLE OU LA CONCILIATION ?

Pour conclure ce tour d'horizon, on doit se demander, compte tenu de ces visions divergentes de la situation, quelles sont les solutions proposées. Trois sociologues représentent fort bien les trois options présentes dans les études à ce sujet. Qu'ont-ils à nous suggérer ?

Pour Roger Bernard, la solution, devant des perspectives d'avenir qui « ne sont pas reluisantes[123] », réside dans l'activation d'un esprit de communalité, pour reprendre le concept de Pierre Bourdieu.

Les individus sont de plus en plus marqués par les nouvelles valeurs d'actualisation de soi, de matérialisme, d'individualisme, de dégagement politique et ethnique, c'est-à-dire des valeurs centrées sur le rapport à l'environnement et au corps, qui entrent en contradiction avec certains aspects du développement d'une communauté franco-ontarienne. Les respon-

sables des institutions ethniques de socialisation devront trouver les disposi-
tions pour concilier les intérêts individuels et collectifs divergents[124].

La solution d'avenir de David Welch, comme de Linda Cardinal et Jean
Lapointe, c'est de poursuivre la recherche de notre autonomie. Pour ce
faire, Welch soutient qu'il faut considérer de nouveaux enjeux dans nos
relations avec l'État et au sein de notre communauté. Il faut s'assurer que
nous sommes dans « un rapport de force » et « créer nos propres règles
plutôt que de continuellement chercher à modifier les règles existantes ».
En somme, selon Welch, « il est temps peut-être de voir et de définir le
progrès autrement[125] ». Les suggestions de Simon Laflamme se font moins
engagées que celles de Roger Bernard, plus pondérées que celles de David
Welch, et parlent un langage qui se veut réaliste :

> La position francophone est un défi perpétuel et elle le restera longtemps
> [...]. La solution pour le Franco-Ontarien, si l'on veut, consiste à se persua-
> der qu'il n'y a pas de solution arrêtée, d'avenir enchanté pour la francopho-
> nie, mais plutôt une simple vie sociale faite de conciliations, de ruptures et
> de réconciliations au sein même de la collectivité francophone et dans la
> relation avec la collectivité anglophone[126].

Trois types de suggestions bien différentes qui émanent d'une sociologie
marquée de pessimisme pour l'un, d'optimisme pour l'autre et d'une quête
de réalisme pour le troisième. Bien que les prises de position qui les
inspirent diffèrent, il n'est pas du tout évident que les solutions proposées
doivent nécessairement s'exclure.

CONCLUSION

Le bilan de Danielle Juteau et Jean Lapointe en 1974 présentait une sociologie de la francophonie ontarienne fragmentée, surtout descriptive et historique, et dont les apports théoriques étaient minces. En 1993, cette production sociologique, écrit Danielle Juteau, s'est multipliée et complexifiée.
Et comment !
    Comment, en effet, qualifier ce que ce tour d'horizon a révélé ? Le
terme « fragmenté », repris en 1994 par J. Yvon Thériault pour qualifier la
production sociologique sur les francophonies minoritaires canadiennes et
acadiennes dans son ensemble, ne semble pas vraiment rendre justice à la
masse d'efforts théoriques et empiriques déployés par les analystes de la
société franco-ontarienne. Il est vrai qu'un premier coup d'œil donne
l'impression de chercheurs butinant un peu au hasard avec parfois plus et
parfois moins de rigueur analytique. Il n'est pas inexact de parler encore
de champs inexplorés ou de sous-développement et ce, dans certains domaines plus que d'autres : les études sociopolitiques et économiques sont
toujours négligées ; la sociologie de la religion semble en perte de souffle ;

la sociologie des femmes ne fait que démarrer ; on ne démontre aucun intérêt pour les domaines de la sociologie de la santé physique et mentale ; on ne parle pas de loisir et de style de vie, de consommation ou de comportements sportifs ; la sociologie du conflit a privilégié les conflits hors frontières (anglophones/francophones) et négligé les affrontements et ruptures internes ; la sociologie de la famille a besoin de se mettre à l'heure des familles divisées et reconstituées... Un examen serré et critique des méthodologies employées démontrerait toujours beaucoup d'inégalités. Mais alors que Juteau et Lapointe en 1974 se devaient de mettre l'accent prioritairement sur les lacunes, nous pouvons aujourd'hui faire valoir une sociologie qui se fait de plus en plus énergique et conceptuellement raffinée. Ses regards, tant sur le passé que sur le présent et l'avenir, témoignent d'un désir ferme de remettre en question les explications faciles et d'approfondir les savoirs à la lumière de cadres conceptuels le plus souvent bien définis, inspirés des théories de l'ethnicité, du modernisme, du féminisme, du matérialisme historique et des théories de classes sociales, du pouvoir organisationnel et de l'identité. Ses réflexions se font de plus en plus critiques et rejettent en grande partie les images unilatéralement idylliques ou dramatiquement victimisantes du vécu francophone minoritaire en Ontario.

Nous avons vu qu'il y a dans cette sociologie tout un travail de déconstruction et de reconstruction historique, dont le but est de faire ressortir « l'acteur » franco-ontarien, comme stratège et décideur rationnel de ses choix de vie. Cet acteur et négociateur est toujours présent lorsqu'on parle des processus d'identification, de communalisation et d'autonomisation. Une telle approche se révèle tout à fait conforme au souhait de Gilles Paquet, qui recommande aux sociologues de favoriser une « recherche décolonisée » qui se détacherait non seulement des « visions passéistes et folkloriques », mais aussi d'une idéologie du ressentiment « qui inciterait les francophones hors Québec à se replier timidement sur des réserves communautaires[127] ». C'est dans une sociologie de l'acteur social qui refuse le « statut d'impuissance de son " objet d'étude "[128] » qu'on semble avoir trouvé cette libération.

Certains vont plus loin et s'emploient consciemment à développer une sociologie personnellement engagée, une sociologie de l'action qu'on reconnaît sous forme d'exhortations à des politiques d'autonomie. Dès 1974, Danielle Juteau et Jean Lapointe ont vu dans la production sociologique franco-ontarienne une sociologie qui épouse assez bien les préoccupations des Franco-Ontariens dont l'action collective a été centrée sur les problèmes de survivance. Notre tour d'horizon révèle que la problématique d'aujourd'hui n'en est plus une que l'on dit de « survivance », mais bien « d'autonomie ». La question du devenir de la francophonie ne s'articule donc plus en fonction d'une fin désirée et surtout d'un mot qu'on n'ose plus prononcer, mais en fonction d'un moyen privilégié pour l'atteindre.

Ce « parti pris pour l'autonomie » n'est pas uniquement celui des idéologues et stratèges de la francophonie hors Québec, mais aussi celui de bon nombre de ses sociologues qui désirent s'insérer comme acteurs au sein du mouvement d'autonomie de la société qu'ils étudient.

Pour tout sociologue intéressé à ce processus, il importe d'examiner d'abord ce qu'on entend par autonomie. Celle-ci, selon Yves Barel, « n'est ni l'indépendance, ni la liberté, ni l'isolement, ni la toute-puissance[129] ». Mais qu'est-elle ? Démarginalisation ? Pouvoir ? Contrôle ? Territorialité ? Autogestion ? Capacité de modification de son environnement ? Maîtrise de son univers ? Respect de soi ? Peut-on être à la fois autonome et dominé ? Autonome et contraint par son milieu ? Autonome et en périphérie ? Autonome et en crise ? Autonome et en voie de disparition...

« Spectre, leurre ou ambition[130] », l'autonomie perçue comme moyen ou perçue comme solution, doit avant tout être conçue comme un problème et examinée avec toute la rigueur et même le pyrrhonisme que mérite tout mot d'ordre ou discours mobilisateur.

*NOTES*_____

[1] Danielle Juteau et Jean Lapointe, « État de la recherche en sociologie sur la vie des Franco-Ontariens », Actes du colloque *La situation de la recherche sur la vie française en Ontario*, tenu à l'Université d'Ottawa les 28 et 29 novembre 1974, organisé par le Centre de recherche en civilisation canadienne-française de l'Université d'Ottawa, publié en collaboration avec l'Association canadienne-française pour l'avancement des sciences, p. 128-141.

[2] J. Yvon Thériault, « Entre la nation et l'ethnie. Sociologie, société et communautés minoritaires francophones », *Sociologie et sociétés*, vol. XXVI, n⁰ 1, printemps 1994, p. 15-33.

[3] Danielle Juteau et Lise Séguin-Kimpton, « La collectivité franco-ontarienne : structuration d'un espace symbolique et politique », dans Cornelius J. Jaenen (s. la dir. de), *Les Franco-Ontariens* (Ottawa, PUO, 1993, 443 p.), p. 266.

[4] Sheila McLeod Arnopoulos, *Hors du Québec, point de salut ?*, traduction de *Voices from French Ontario* par Dominique Clift (Montréal, Libre Expression, 1982, 287 p.).

[5] Pour de bonnes discussions sur des modèles théoriques en rapport avec l'étude des francophonies ontariennes, canadiennes et acadiennes, voir J. Yvon Thériault, « Entre la nation et l'ethnie... » ; Roger Bernard, « L'Ontario français : pratiques ethniques et théories sociologiques », *Revue de l'Université d'Ottawa*, vol. LV, n⁰ 2, p. 137-150 ; Linda Cardinal et Jean Lapointe, « La sociologie des Francophones hors Québec : un parti pris pour l'autonomie », *Canadian Ethnic Studies*, vol. XXII, n⁰ 1, 1990, p. 47-66; Juteau et Séguin-Kimpton, « La collectivité franco-ontarienne... » .

[6] Linda Cardinal et Jean Lapointe, « La sociologie des Francophones hors Québec : un parti pris pour l'autonomie », p. 47.

[7] J'oublie les travaux avec « prise de position » émanant d'associations ou d'organismes porte-parole. J'exclus aussi les études spécifiquement démolinguistiques. J'ai délaissé aussi les domaines de l'ethnologie et de la sociolinguistique, qui sont clairement d'intérêt sociologique, parce que d'autres avaient cette responsabilité. Il en est de même pour les études qui s'intéressent spécifiquement aux femmes franco-ontariennes, ayant convenu de respecter une division stricte des tâches avec ma collègue Sylvie Arend.

[8] Voir Danielle Juteau, « La production de l'ethnicité ou la part réelle de l'idéel », *Sociologie et sociétés*, vol. XV, nº 2, p. 39-55 ainsi que Roger Bernard, *De Québécois à Ontarois. La communauté franco-ontarienne* (Hearst, Le Nordir, 1988, 185 p.) et « Les Franco-Ontariens : une communauté ethnoculturelle », Actes du colloque *Les voies de l'avenir franco-ontarien* (Association canadienne-française de l'Ontario, 1988), p. 9-14.

[9] Voir Danielle Juteau, « The Franco-Ontarian Collectivity : Symbolic Dimensions of its Minority Status », dans Raymond Breton et Pierre Savard (s. la dir. de), *The Québec and Acadian Diaspora in North America* (Toronto, Multicultural Society of Ontario, 1982, 199 p.). Voir aussi Linda Cardinal et Cécile Coderre, «Les francophones telles qu'elles sont : les Ontaroises et l'économie», *Revue du Nouvel-Ontario*, nº 12, 1990, p. 151-181.

[10] Voir surtout Roger Bernard, *Le choc des nombres : dossier statistique sur la francophonie canadienne, 1951-1986* (Fédération des jeunes Canadiens français, Ottawa, 1990, 311 p.).

[11] Voir surtout à ce sujet Roger Bernard, « Du social à l'individuel : naissance d'une identité bilingue », dans Jocelyn Létourneau (s. la dir. de) avec la collaboration de Roger Bernard, *La question identitaire au Canada francophone* (Sainte-Foy, PUL, 1994, 292 p.), p. 155-163.

[12] Roger Bernard, « Les Franco-Ontariens : une communauté ethnoculturelle », p. 12.

[13] Normand Frenette, « Franco-Torontois et Franco-Ontariens : cheminement individuel et collectif », *Revue de l'Université d'Ottawa*, vol. LV, nº 2, 1985, p. 151-156.

[14] Roger Bernard, « Les Franco-Ontariens : une communauté... », p. 12.

[15] Simon Laflamme, « Éléments pour une analyse de la conscience franco-ontarienne », *Revue du Nouvel-Ontario*, nº 11, p. 35-49.

[16] Albert Faucher, « Explication socio-économique des migrations dans l'histoire du Québec », dans Normand Séguin (s. la dir. de), *Agriculture et colonisation au Québec* (Montréal, Boréal Express, 1980, 220 p.), p. 141-157 ; Gaétan Vallières, « L'Ontario, terre privilégiée de colonisation hors Québec : une perception québécoise (1885-1930) », *Revue du Nouvel-Ontario*, nº 6, 1984, p. 25-37; Roger Bernard, *De Québécois à Ontarois...*, de même que *Le travail et l'espoir : migrations, développement économique et mobilité sociale Québec/Ontario, 1900-1985* (Hearst, Le Nordir, 1991, 396 p. ; Fernand Ouellet, « L'évolution de la présence francophone en Ontario : une perspective économique et sociale », dans Cornelius J. Jaenen (s. la dir. de), *Les Franco-Ontariens*, p. 127-201.

[17] Roger Bernard, *Le travail et l'espoir...*, p. 15.

[18] Tel que nous le dit Gaétan Vallières, « L'Ontario, terre privilégiée... », p. 26.

[19] L'étude du sentier migratoire des Québécois en Ontario repose sur deux sources originales de données : celles recueillies à l'aide d'un questionnaire com-

plété par 362 migrants québécois qui demeuraient dans la région de Hearst en 1984 et 1985 et des entrevues entre 1974 et 1980 avec 49 pionniers de la région Hearst-Kapuskasing. On y trouve des données historiques, économiques, démographiques et sociales relatives aux sociétés à l'origine et à la destination du sentier de migrations.

[20] Voir André Raynauld, *Croissance et structure économique de la province de Québec* (Québec, ministère de l'Industrie et du Commerce, 1961, 657 p.).

[21] Roger Bernard, *Le travail et l'espoir...*, p. 216.

[22] Chad Gaffield, *Aux origines de l'identité franco-ontarienne* (Ottawa, PUO, 1993, 284 p.).

[23] Roger Bernard, *De Québécois à Ontarois...*, p. 40-41.

[24] Plus nombreux sont les chercheurs, dont Gaétan Vallières, et surtout Roger Bernard, *Le travail et l'espoir...*, qui, chiffres à l'appui, se penchent sur la migration interne ou le cheminement intraprovincial des francophones. Laissant leurs terres, ceux-ci se sont acheminés vers les centres urbains et industriels, entraînant une véritable redistribution spatiale de la population francophone de l'Ontario, surtout entre les années 1941 et 1971. Voir entre autres Gaétan Vallières, *L'Ontario français par les documents* (Montréal, Éditions Études vivantes, 1980, 106 p.) ; « The Franco-Ontarian experience », dans Raymond Breton et Pierre Savard (s. la dir. de), *The Québec and Acadian Diaspora in North America*, p. 188-193 ; et Gaétan Vallières et J. Grimard, *Explorations et enracinements français en Ontario, 1610-1978* (Toronto, ministère de l'Éducation, Guide de ressources à l'usage des enseignants, 1981).

[25] Voir David Welch, « Early Franco-Ontarian Schooling as a Reflection and Creator of Community », *Ontario History*, vol. LXXXV, no 4, 1993, p. 321-347 ; « Formes socio-économiques et identité franco-ontarienne dans le Nord-Est de l'Ontario — Une étude socio-historique du développement économique », *Égalité*, no 34, 1994, p. 45-80 et aussi, du même auteur, « Les Franco-Ontariens : gagnants ou perdants ! », Actes du colloque *Partenariats dans l'action*, congrès de fondation du Regroupement des intervenantes et intervenants francophones en santé et services sociaux de l'Ontario (RIFSSSO) (Ottawa, 1994), p. 6-22.

[26] Je parle, entre autres travaux, de ceux de Fernand Ouellet (« L'évolution de la présence francophone en Ontario... »), de David Welch (« Formes socio-économiques et identité... ») et de Chad Gaffield (*Aux origines de l'identité...*).

[27] Chad Gaffield, *Aux origines de l'identité...*, p. 93.

[28] Voir Fernand Ouellet, « L'évolution de la présence francophone en Ontario... », p. 127, mais surtout « Économie et société minoritaires, propos incertains sur l'économie et la minorité francophone en Ontario : vers un nouveau regard sur le passé et le présent franco-ontariens », *Revue du Nouvel-Ontario*, no 8, 1986, p. 103-119.

[29] Fernand Ouellet, « L'évolution de la présence francophone en Ontario... », p. 147.

[30] *Ibid.*, p. 148. Il nous indique que ces auteurs sont cités dans Ouellet, 1986, p. 107. De Gaétan Gervais, il note l'article de 1983, « La stratégie de développement institutionnel de l'élite canadienne-française de Sudbury ou le triomphe de la continuité », *Revue du Nouvel-Ontario*, no 5, p. 66-73. Pour Breton, il mentionne en particulier « L'intégration des francophones hors Québec dans des communautés de langue française », *Revue de l'Université d'Ottawa*, 1985, p.

137 ; de Jean Lapointe et J. Yvon Thériault, il cite le texte miméographié « D'une question linguistique à un problème sociétal » (Département de sociologie, Université d'Ottawa, 1982).

31 Ouellet cite le texte miméographié de Jean Lapointe et J. Yvon Thériault, p. 10.

32 Fernand Ouellet, «Économie et société minoritaire...», p. 119.

33 *Loc. cit.*

34 Yves Barel, *La société du vide* (Paris, Seuil, 1984, 267 p), p. 19.

35 Employons le terme de J. Yvon Thériault dans *Entre la nation et l'ethnie*....

36 Robert Choquette, « L'Église de l'Ontario français », dans Cornelius J. Jaenen (s. la dir. de), *Les Franco-Ontariens*, p. 202.

37 Roger Bernard, *De Québécois à Ontarois...*, p. 56.

38 *Ibid.*, p. 49.

39 *Ibid.*, p. 48-49.

40 *Idem, Le travail et l'espoir...*, p. 64.

41 *Ibid.*, p. 64-65.

42 *Ibid.*, p. 218.

43 Danielle Juteau et Lise Séguin-Kimpton, « La collectivité franco-ontarienne : structuration d'un espace symbolique et politique », dans Cornelius J. Jaenen (s. la dir. de), *Les Franco-Ontariens*, p. 298.

44 Robert Choquette, « L'Église de l'Ontario français... », p. 215.

45 *Ibid.*, p. 213.

46 Lise Séguin-Kimpton, *La langue gardienne de la foi. Enjeux et stratégies derrière le souci de préserver la langue française minoritaire en Ontario (1890-1930)*, thèse de doctorat, Carleton University, 1991, 454 p., p. IV, XV et 19.

47 *Loc. cit.*

48 Voir en particulier les nombreux travaux historiques de Robert Choquette dont *Langue et religion : Histoire des conflits anglo-français en Ontario* (Ottawa, Les Éditions de l'Université d'Ottawa, 1977, 267 p.) et *La foi gardienne de la langue en Ontario (1900-1950)* (Montréal, Bellarmin, 1987, 282 p.).

49 Danielle Juteau et Lise Séguin-Kimpton, « La collectivité franco-ontarienne... », p. 268.

50 Donald Dennie, « De la difficulté d'être idéologue franco-ontarien », *Revue du Nouvel-Ontario*, n° 1, p. 72.

51 Voir la discussion de J. Yvon Thériault, «Entre la nation et l'ethnie...».

52 Voir Roger Bernard, « Les Franco-Ontariens: une communauté ethnoculturelle », p. 9-14.

53 Simon Laflamme, « Éléments pour une analyse de la conscience franco-ontarienne », *Revue du Nouvel-Ontario,* n° 11, 1989, p. 35-49.

54 René Guindon, « Remarques sur la communauté franco-ontarienne comme entité politique », *Revue du Nouvel-Ontario*, n° 6, 1984, p. 49-68.

55 Danielle Juteau et Lise Séguin-Kimpton, « La collectivité franco-ontarienne... ».

56 Simon Laflamme, « Éléments pour une analyse... ».

57 Donald Dennie, « De la difficulté d'être idéologue... ».

58 Simon Laflamme, « Éléments pour une analyse... », p. 42.

59 Donald Dennie, « De la difficulté d'être idéologue... » ; du même auteur, il faut aussi lire « L'étude des réalités franco-ontariennes : à la recherche d'un

nouveau modèle théorique », *Revue du Nouvel-Ontario*, n⁰ 11, 1989, p. 69-83 et « Le minoritaire franco-ontarien », *Revue du Nouvel-Ontario*, n⁰ 11, 1989, p. 181-185.

60 S. D. Clark, « The Position of French-Speaking Population in the Northern Industrial Community », dans Richard J. Ossenberg (s. la dir. de), *Canadian Society* (Scarborough, Prentice-Hall, 1971, 214 p.), p. 66.

61 Tom Maxwell, *The Invisible French, The French in Metropolitan Toronto* (Waterloo, Wilfrid Laurier University Press, 1977, 174 p.)

62 *Idem*, « La population d'origine française de l'agglomération métropolitaine de Toronto », *Recherches sociographiques*, n⁰ 12, 1971, p. 319-344.

63 Publiée d'abord en 1971 et 1975, puis republiée en 1988 : *Community and conflict : A study of French-English relations in Ontario* (Toronto, Canadian Scholars Press, 1988, 216 p.).

64 Caroline Andrew *et al.*, *Une communauté en colère* (Hull, Éditions Asticou, 1986, 286 p.).

65 Roger Bernard, *Le déclin d'une culture : recherche, analyse et bibliographie : francophonie hors Québec, 1980-1989* (Ottawa, Fédération des jeunes Canadiens français, 1990, 198 p.), p. 46.

66 Linda Cardinal, Jean Lapointe et J. Yvon Thériault, *La communauté francophone deWelland : la minorité francophone de Welland et ses rapports avec les institutions* (Ottawa, rapport d'étude présenté au Bureau du commissaire aux langues officielles, département de sociologie de l'Université d'Ottawa, 204 p.).

67 David M. Rayside, *A small town in modern times : Alexandria, Ontario* (Montréal and Kingston : McGill-Queen's University Press, 1991, 336 p.).

68 *Ibid.*, p. 192.

69 Voir Gail Cuthbert-Brandt, *J'y suis, j'y reste : The French Canadians in Sudbury, 1883-1913*, thèse de doctorat, Université York, 1976, 289 p. et « The foundations and functions of the French-Canadian lay elite in Sudbury, Ontario, 1883-1915 », Actes du colloque *La culture franco-ontarienne : Traditions et réalités nouvelles*, 28 et 29 octobre 1982 (Toronto, Collège universitaire Glendon, 1982), p. 23-35.

70 Sylvie Guillaume, « Francophones et fiers de l'être : le pari des élites francophones de Toronto », *Études canadiennes*, n⁰ 18, 1985, p. 17-26.

71 Daniel Savas, *Trends and Patterns in Franco-Ontarian Community Life*, Rapport I (Toronto, Office of Francophone Affairs, 1988, 60 p.) et *Profile of the Franco-Ontarian Community*, Rapport II (Toronto, Office of Francophone Affairs, 1988, 55 p.).

72 Daniel Tremblay, *Les enjeux juridiques et sociopolitiques des conflits linguistiques: le cas de l'Ontario* (Québec, Centre international de recherche sur le bilinguisme, 1988, 156 p.).

73 Yves Barel, *La société du vide...*, p. 19.

74 Danielle Juteau-Lee, « La production de l'ethnicité ou la part réelle de l'idéel », *Sociologie et sociétés*, vol. XV, n⁰ 2, 1983, p. 39-55.

75 Voir à ce sujet Monica Heller, « La sociolinguistique et l'éducation franco-ontarienne », *Sociologie et sociétés*, vol. XXVI, n⁰ 1, printemps 1994, p. 155-166.

76 Voir Mougeon et Beniak, « Bilingualism, language shift and institutional support for French : the Case of the Franco-Ontarians », *International Journal of the Sociology of Language*, n⁰s 105-106, 1994, p. 99-126.

77 Jacynthe Fraser, « Gestion scolaire, culture et développement : les Franco-Ontariens à Toronto », *Multiculturalisme*, vol. XII, no 3, 1989, p. 22.

78 Voir la pleine signification de ce terme dans le rapport de la FFHQ de 1981 : *Pour nous inscrire dans l'avenir,* Rapport du comité de la politique de développement global de la FFHQ (Ottawa, FFHQ, 1982, 119 p.).

79 Dans ce domaine, il faut consulter les Rapports du Centre de recherche en éducation franco-ontarienne (CRÉFO) rédigés par Normand Frenette, Monica Heller, Diane Gérin-Lajoie, Laurette Lévy...

80 Mentionnons les études de Jean Lapointe, R. Poulin et J. Yvon Thériault, *La minorité francophone de Welland et ses rapports avec les institutions,* Rapport soumis au Bureau du commissaire des langues officielles, Gouvernement du Canada, 1987 et l'article de Roger Bernard « Le rôle social des institutions ethniques », *Revue du Nouvel-Ontario*, no 12, 1986, p. 15-40.

81 Jean Lapointe, R. Poulin et J. Yvon Thériault, *La minorité francophone de Welland...*

82 Gaétan Vallières, « Remarques sur la communauté franco-ontarienne comme entité politique... », p. 53.

83 Roger Bernard, « Le rôle social des institutions... », p. 41.

84 Mougeon et Beniak, « Bilingualism, language shift and institutional support... ».

85 Monica Heller et Laurette Lévy, « Des femmes franco-ontariennes en situation de mariage mixte : vivre sur une frontière linguistique », dans Linda Cardinal (s. la dir. de), *Une langue qui pense : la recherche en milieu minoritaire francophone au Canada* (Ottawa, PUO, 1993, 182 p.), p. 11-27.

86 Linda Cardinal, « Théoriser la double spécificité des Franco-Ontariennes», texte présenté à « Relevons le défi : l'intervention féministe dans le nord-est de l'Ontario », 6, 7 et 8 février 1992, à Sudbury.

87 Danielle Coulombe, « Doublement ou triplement minoritaires », *Revue de l'Université d'Ottawa*, vol. LV, no 2, p. 131-136.

88 Jeannette Urbas, « La vie des femmes francophones au Nord de l'Ontario décrite par elles-mêmes », dans Linda Cardinal (s. la dir. de), *Une langue qui pense : la recherche en milieu minoritaire francophone au Canada*, p. 28-33.

89 Linda Cardinal et Cécile Coderre, « Les francophones telles qu'elles sont : les Ontaroises et l'économie », *Études ethniques canadiennes*, vol. XXII, no 1, 1990, p. 62.

90 Linda Cardinal, « Théoriser la double spécificité... », p. 17.

91 Une des grandes lacunes identifiées par Juteau en 1974 était la pauvreté des études touchant les institutions et la vie politiques franco-ontariennes. Voir à ce sujet le chapitre de Marcel Martel dans le présent recueil.

92 Raymond Breton, *The Governance of Ethnic Communities, Political structures and processes in Canada* (New York, Grenwood Press, 1991, 191 p.).

93 Jean-Charles Cachon, « Perception du rôle d'une caisse populaire dans un milieu francophone homogène : le cas de Sturgeon Falls, Ontario », *Revue du Nouvel-Ontario*, no 12, 1990, p. 214.

94 Roger Bernard, « Le rôle social des institutions ethniques... », p. 46.

95 Linda Cardinal, « Ruptures et fragmentations de l'identité francophone en milieu minoritaire : un bilan critique », *Sociologie et sociétés*, vol. XXVI, no 1, printemps 1994, p. 48.

96 Danielle Juteau et Lise Séguin-Kimpton, «La collectivité franco-onta-rienne... », p. 266.

97 Voir les travaux du début des années 1980 dont « Français d'Amérique, Canadiens, Canadiens français, Franco-Ontariens, Ontarois : qui sommes-nous ? », *Pluriel*, n⁰ 24, 1980, p. 21-34.

98 Ce processus de scission-division devint manifeste, nous disent Juteau et Séguin-Kimpton, « lors de la tenue des États généraux du Canada français en 1966, 1967 et 1969 » ; « La collectivité franco-ontarienne... », p. 268.

99 Voir à ce sujet Pierre Savard, « Relations avec le Québec », dans Corne-lius J. Jaenen (s. la dir. de), *Les Franco-Ontariens*, p. 231-265.

100 Danielle Juteau et Lise Séguin-Kimpton, « La collectivité franco-onta-rienne... ».

101 Ce terme fut proposé par Yolande Grisé en réponse au film de Paul La-pointe intitulé *J'ai besoin d'un nom*. Elle explique elle-même que ce nom indique « le point de départ d'une nouvelle conscience de soi et des autres, sans laquelle aucun avenir honorable ne paraît désormais possible pour la collectivité de l'Ontario français », « Ontarois : une prise de parole », *Revue du Nouvel-Ontario*, n⁰ 4, 1982, p. 82. Il ne s'agit surtout pas, dit-elle, d'une émulation du terme Québécois, comme certains ont pu le dire ; on est Ontarois comme on est Torontois, Hon-grois, Chinois, etc. «Ajoutons enfin, [...] que nos oreilles françaises savoureront, sans doute, davantage la noble finale de " rois " contenue dans le mot Ontarois que le vaste néant du " rien " accolé au mot " Franco-Ontarien ". » (p. 85)

102 Denis Gratton, « Production de la différence : le cas ontarois », thèse de doctorat, Université Laval, 1990, 255 p.

103 Marcel Martel, « De la certitude au doute : l'identité canadienne fran-çaise de l'Ontario de 1937 à 1967 », dans Linda Cardinal (s. la dir. de), *Une langue qui pense : la recherche en milieu minoritaire francophone au Canada*, p. 65.

104 *Loc. cit.*

105 *Loc. cit.*

106 Donald Dennie, « De la difficulté... », p. 79.

107 Donald Dennie, « L'étude des réalités franco-ontariennes : à la recherche d'un nouveau modèle théorique », *Revue du Nouvel-Ontario*, n⁰ 11, 1989, p. 79.

108 Roger Bernard, « Du social à l'individuel: naissance d'une identité bi-lingue... », p. 155, 156 et 157.

109 *Ibid.*, p. 162.

110 *Idem, Un avenir incertain. Comportements linguistiques et conscience culturelle des jeunes Canadiens français* (Ottawa, Fédération des jeunes Cana-diens français, 1991, 280 p.), p. 238.

111 *Loc. cit.*

112 *Ibid.*, p. 237.

113 Roger Bernard, «Le rôle social des institutions ethniques», *Revue du Nouvel-Ontario*, n⁰ 8, 1986, p. 46.

114 Voir à ce sujet Françoise Boudreau et Greg Marc Nielsen, « Présenta-tion : Francophonies minoritaires. Identités, stratégies et altérité », *Sociologie et sociétés*, vol. XXVI, n⁰ 1, printemps 1994, p. 3-14.

115 Bruno Ramirez, « Études ethniques et multiculturalisme », *Revue inter-nationale d'études canadiennes*, printemps 1991, p. 175.

116 Raymond Breton a suggéré une typologie des modes d'appartenance pour les francophones vivant en milieu minoritaire dans « Modalités d'appartenance

aux francophonies minoritaires. Essai de typologie », *Sociologie et sociétés*, vol. XXVI, n° 1, printemps 1994, p. 59-71.

[117] Roger Bernard, « Culture et identité franco-ontarienne », dans Jean-Pierre Pichette (s. la dir. de), Actes du colloque *L'œuvre de Germain Lemieux, s.j. Bilan de l'ethnologie en Ontario Français,* tenu à l'Université de Sudbury, les 31 octobre, 1er et 2 novembre 1991(Sudbury, Prise de Parole/Centre franco-ontarien de folklore, coll. Ancrages, 1994), p. 461.

[118] *Ibid.*, p. 462.

[119] David Welch, « Les Franco-Ontariens : gagnants ou perdants ! », Actes de colloque *Partenariats dans l'action,* Congrès de fondation du Regroupement des intervenantes et intervenants francophones en santé et en services sociaux de l'Ontario (RIFSSSO) (Ottawa, 1994), p. 6.

[120] Fernan Carrière, « La métamorphose de la communauté franco-ontarienne, 1960-1985 », dans Cornelius J. Jaenen (s. la dir. de), *Les Franco-Ontariens,* p. 305-307.

[121] *Ibid.*, p. 330 et 335.

[122] Roger Bernard, « La culture éclatée », *Liaison*, septembre 1993, p. 2.

[123] *Idem, De Québécois à Ontarois...*, p. 123.

[124] *Loc. cit.*

[125] David Welch, « Les Franco-Ontariens : gagnants... », p. 18.

[126] Simon Laflamme, « Les mots et les choses, commentaires », *Revue du Nouvel-Ontario*, n° 8, 1986, p. 69.

[127] Gilles Paquet, « Pour une recherche décolonisée ou le mécanisme de recherche et les voies de demain », *État de la recherche sur les communautés francophones hors Québec* (Ottawa, FFHQ, 1984), p. 80-95.

[128] Linda Cardinal et Jean Lapointe, « La sociologie des Francophones... », p. 48.

[129] Yves Barel, « Aspiration à l'autonomie et vide social », *La société du vide...*, p. 19. Pour une discussion complète, voir p. 7-31.

[130] *Ibid.*, p. 7.

Les francophones de l'Ontario et la quête de l'égalité des chances[1]

Normand Frenette
Département de curriculum
Institut d'études pédagogiques de l'Ontario

La question de l'égalité des chances pour les francophones de l'Ontario, tant en ce qui concerne l'égalité d'accès aux études postsecondaires que l'égalité d'accès aux fruits de la scolarisation avancée, c'est-à-dire aux postes de prestige et de revenus avancés, a depuis longtemps travaillé les Franco-Ontariens. Dès la Commission ontarienne sur l'enseignement supérieur, on a pu constater que les francophones tiraient de l'arrière en comparaison avec la majorité linguistique de la province[2]. Dès avant la mise sur pied des écoles secondaires de langue française, on a reçu la preuve que les écoles dites « bilingues » représentaient un filtre qui agissait de façon différentielle chez les francophones et les non-francophones de la même institution[3]. Ce phénomène a été plusieurs fois confirmé depuis.

La légalisation de l'enseignement en langue française et la mise sur pied des écoles secondaires de langue française étaient censées mettre fin à cet état d'infériorisation que l'on pouvait à juste titre considérer comme systémique. Cependant, il semblerait que les francophones de l'Ontario continuent à accuser un taux de participation aux études postsecondaires inférieur à celui des non-francophones, et que ce faible taux de participation se reflète dans les emplois décrochés par ceux-ci. La recherche en la matière a souvent préféré passer immédiatement à la comparaison entre francophones et non-francophones en matière d'accès aux études postsecondaires et en matière d'accès aux emplois relativement prestigieux. La présente analyse fait toutefois un détour pour examiner d'abord des questions connexes, avant de retourner, de manière détournée, à la comparaison. En effet, la plupart des études de ce genre en Ontario français se bornent à faire une comparaison entre francophones et non-francophones, selon leur taux d'accès aux études supérieures, leur revenu total ou leur structure occupationnelle. En fait, la comparaison du comportement des deux groupes linguistiques tient lieu d'analyse des facteurs pouvant expliquer un prétendu écart entre les deux. Ce type d'étude a souvent comme prémisse implicite la nécessité d'un comportement semblable entre les deux groupes linguistiques, prémisse que la présente étude rejette d'emblée. L'auteur de ce texte a lui-même versé dans cette facilité méthodologique ; c'est l'insatisfaction qu'il a éprouvée à l'égard de cette approche qui l'a conduit à adopter une autre démarche ici.

Cet article se présente en trois temps. Dans un premier temps, nous faisons un tour d'horizon des recherches existantes sur la question, ainsi que des perspectives qui les sous-tendent. Dans un deuxième temps, on examine quelques-uns des comportements du jeune francophone, tels que les révèle le patron d'inscription dans les programmes à temps plein au postsecondaire. Dans un troisième temps, on explore les caractéristiques de la rationalité minoritaire telles qu'elles se manifestent par les choix du jeune Franco-Ontarien.

LES RECHERCHES SUR LA MOBILITÉ SOCIALE DES FRANCOPHONES DE L'ONTARIO

Il existe malheureusement beaucoup trop de confusion dans les milieux franco-ontariens sur la situation précise des francophones de l'Ontario. Si tous sont d'accord sur la situation plus ou moins pitoyable de la minorité linguistique, une difficulté surgit toutefois dès l'examen minutieux des données, car il est difficile alors de s'entendre sur la nature précise de la situation. Cette difficulté ressort en grande partie de ce que l'on n'a pas suffisamment distingué les types de recherche portant sur l'égalité des chances dans la francophonie ontarienne ; par conséquent, on n'a pas suffisamment précisé l'objet des recherches différentes, la population échantillonnée et les réponses que peuvent fournir les différentes méthodologies adoptées.

Les recherches en Ontario français sur la mobilité sociale participent à trois grandes traditions méthodologiques en Amérique du Nord[4]. La première est celle des études portant sur les aspirations scolaires et professionnelles, c'est-à-dire sur les intentions de poursuivre telles études en vue de telle carrière. La deuxième est celle des études portant sur la situation scolaire et professionnelle des populations ciblées, c'est-à-dire la recherche sur l'acquis réel des francophones par rapport à une situation antérieure ou par rapport à un autre groupe linguistique, tel que cet acquis est révélé par les recensements ou par les enquêtes. La troisième est celle des études ayant pour objet l'accessibilité des groupes sociaux à un certain niveau d'études, selon leur inscription dans les institutions scolaires. Chacune de ces traditions donne des informations et une perspective différentes sur la question de la mobilité sociale. Chacune de ces traditions emploie des méthodes d'échantillonnage différentes et construit son objet différemment. Et pourtant, chacune prétend cerner le comportement des Franco-Ontariens dans leur ensemble.

1. LES ASPIRATIONS SCOLAIRES ET PROFESSIONNELLES

La première tradition est celle de l'étude des aspirations scolaires et professionnelles. Cette tradition emprunte une méthodologie qui permet de recueillir des informations auprès d'un certain nombre de répondants représentatifs, en l'occurrence des élèves francophones inscrits dans des établissements scolaires, afin de déterminer leur intention de poursuivre des études et la profession visée. Les questions peuvent varier à l'infini, portant par exemple sur le type d'institution préférée au postsecondaire ou sur les obstacles pressentis par l'élève qui pourraient l'empêcher de s'inscrire au postsecondaire ou de s'insérer dans tel secteur du marché de l'emploi. Pour l'essentiel, il s'agit d'interroger une certaine population sur sa perception de l'avenir ou, plus précisément, sur son degré d'engagement vers l'avenir. Rarissimes sont les recherches en Ontario français où l'on interroge les sujets de nouveau afin de comparer les aspirations prononcées à un moment donné avec les réalisations postérieures.

La première recherche d'envergure de ce genre, à la grandeur du Canada, est celle de Breton, citée par Bélanger, suivie de près par celle de Porter dont l'étude remonte à 1971[5], donc à peine deux ans après l'ouverture du système des écoles secondaires de langue français en Ontario et avant même que celui-ci ait connu sa vitesse de croisière[6]. Ces deux recherches ont lancé un débat qui n'est pas terminé, l'une et l'autre soulignant le manque de réalisme des aspirations exprimées par les francophones. John Porter a nuancé le premier jugement de Breton en notant que les aspirations des francophones étaient plus précisément plus irréalistes que celles des autres, tous les élèves du secondaire démontrant un degré d'irréalisme marqué par rapport aux choix réalisés plus tard à la fin des études secondaires. Bélanger et Pedersen ont pris un tout autre point de vue, insistant sur le fait que si l'unité d'analyse demeurait la province plutôt que le pays, on pouvait tirer la conclusion que les étudiants québécois avaient des aspirations plutôt réalistes. Cette conclusion se double d'une autre, implicite celle-ci, que seuls les francophones hors Québec avaient des aspirations irréalistes. Depuis cette époque, les études québécoises ont insisté sur le fait que les étudiants québécois avaient démontré et continuent de démontrer des aspirations réalistes[7].

Pendant les années 70, de nombreuses études effectuées dans la même tradition méthodologique ont escamoté la question du réalisme des aspirations scolaires pour se pencher davantage sur les besoins éducatifs des répondants. Tout en s'inscrivant dans la tradition des aspirations scolaires et professionnelles, ces études ont confondu « aspiration » et « besoin », en tenant pour acquis que les préférences exprimées par les répondants représentaient l'expression de leurs besoins[8].

Puis l'expression des aspirations a vite tourné en préférences pour le type de programme et le type d'institution à fréquenter au postsecondaire[9]. L'objet de recherche était plus précisément les préférences des francophones quant à l'aménagement institutionnel alors envisageable. Bon nombre de ces recherches ont conclu, entre autres, que les francophones préféraient une programmation bilingue dans une institution bilingue, mais que, de toute manière, c'était la qualité des programmes qui primait, non la langue d'instruction des programmes. Nous verrons plus loin l'importance de ces conclusions qui ont vite pris l'allure, tant pour les sujets que pour les chercheurs, d'un lieu commun dans le domaine des recherches sur les Franco-Ontariens. Cependant, avec l'élaboration d'un système d'éducation desservant la population francophone, on commence à noter des variations intéressantes. Déjà l'étude de Bordeleau en 1980 avait noté que l'expression de ces « besoins » semblait varier en fonction du type d'institution (française/mixte) fréquentée par les élèves[10]. Les élèves inscrits dans les écoles secondaires de langue française envisageaient plus facilement les programmes en français au postsecondaire.

D'autres études plus récentes[11] ont examiné les caractéristiques des aspirants selon les catégories des décisions prises en 12e année : ceux et celles qui ont l'intention de poursuivre les études, ceux et celles qui ont l'intention de gagner le marché du travail, etc. Ce type de recherche reflète une tendance américaine récente qui consiste à isoler les répondants qui sont encore loin de la prise de décision effective (ceux et celles qui ont des « aspirations ») et ceux qui sont proches de celle-ci (ceux et celles qui ont des « intentions »). Parmi ces derniers, on compare ceux et celles qui ont décidé effectivement de poursuivre des études postsecondaires avec ceux et celles qui ont décidé de gagner le marché du travail. Ainsi, on isole les répondants « à risque », c'est-à-dire ceux qui n'ont pas répondu dans le sens voulu. Dans cette perspective toute parsonienne, le succès est relié au degré de volonté démontré par les sujets dans un temps de recul plus ou moins abrégé.

Plus récemment, Laflamme et Dennie ont pris l'autre bout de la lorgnette en constatant de nouveau le prétendu irréalisme des francophones pour en conclure que ce ne sont pas les étudiants qui sont irréalistes, ce sont les institutions scolaires qui ne réussissent pas à répondre aux aspirations légitimes des francophones[12]. Il s'agit d'une conclusion tout aussi probante dans une étude corrélationnelle, mais aussi peu satisfaisante. On n'arrive pas à expliquer pourquoi la même institution, l'école de langue française, réussit à créer des aspirations élevées chez sa clientèle, sans pour autant réussir à répondre aux mêmes aspirations. Que l'on prenne un bout de la lorgnette plutôt que l'autre, toutes ces recherches soulignent, d'une manière ou l'autre, l'écart entre les aspirations scolaires et leur réalisation effective.

Autre inconvénient de ces études : on n'arrive pas à expliquer pourquoi les répondants témoignent d'un idéalisme peu pragmatique en matière d'aspirations scolaires et professionnelles et d'un pragmatisme peu idéaliste en matière du choix des institutions scolaires. Dans ce dernier cas, les francophones ont tendance à préférer les institutions telles qu'elles existent au moment des enquêtes, c'est-à-dire des institutions bilingues et biculturelles. Autant les jeunes francophones ont des aspirations scolaires surélevées, autant ils ont des besoins terre-à-terre en matière institutionnelle. Nous reviendrons sur ce phénomène.

Or, cette tradition repose implicitement sur une théorie de la socialisation qui voit l'affermissement de la volonté individuelle comme l'élément essentiel du développement de l'individu en société. Les individus qui ne démontrent pas suffisamment de volonté sont envisagés (implicitement, bien entendu) comme des tarés ou, à tout le moins, comme des faibles. Une autre variante de cette vision conçoit la moindre velléité de l'individu comme légitime, en ce sens qu'elle constitue l'expression d'un « besoin » de l'individu ou du groupe. Dans l'un et l'autre cas, il s'agit d'une vision « moderne » de l'individu qui (se) doit de projeter son avenir devant soi, puis de prendre les mesures qui s'imposent afin d'atteindre le but proposé. Cette perspective a même donné lieu à de nombreux projets institutionnels visant l'affermissement de la volonté des élèves francophones en vue des études postsecondaires.

2. LA SITUATION SCOLAIRE ET PROFESSIONNELLE DES FRANCO-ONTARIENS

La deuxième grande tradition méthodologique est celle des études ayant pour objet la situation éducative et/ou professionnelle des Franco-Ontariens. Dans ce cas, on compare cette situation tantôt avec celle de la majorité linguistique en Ontario, tantôt avec celle de la minorité linguistique au Québec[13]. Dans tous les cas, on note l'écart parfois considérable entre les francophones de l'Ontario et le groupe de référence. Les explications pour le prétendu écart sont plutôt rares ; dans la plupart des cas, on se contente de noter l'écart et de crier au scandale. Cependant, dès l'étude de la Fédération des francophones hors Québec (FFHQ), on note, à partir des données du recensement de 1971, que l'écart de revenu entre les francophones et les non-francophones n'est guère remarquable[14]. Récemment, l'étude de Bernard[15] a de nouveau souligné l'écart entre le niveau de scolarité des francophones et celui des non-francophones, mais ces données reflètent la présence de ceux que l'on a nommés ailleurs « la génération perdue », c'est-à-dire des francophones qui ont grandi avant les écoles secondaires de langue française, et qui ont maintenant plus de quarante ans. Ces données soulignent également qu'au chapitre des revenus, les francophones n'ont rien à envier aux non-francophones. Les revenus moyen et médian des hommes francophones sont légèrement supérieurs à ceux des hommes non francophones, alors que les revenus moyen et médian des femmes francophones sont également supérieurs à ceux des femmes non francophones[16].

Dans certains cas, on note une distribution qui est carrément à l'avantage des francophones. Par exemple, la structure de l'emploi des francophones est très semblable à celle des non-francophones, à une exception près : alors que les non-francophones sont proportionnellement plus nombreux à occuper des postes dans le secteur manufacturier, les francophones sont proportionnellement plus nombreux à occuper des postes dans le secteur de l'administration publique[17]. Il n'est pas évident, à première vue, que cet écart représente un désavantage pour les francophones.

Les écarts entre francophones et non-francophones deviennent plus évidents lorsque l'analyse porte sur les disparités régionales, comme le démontrent plusieurs analyses[18]. La toute récente étude de Daniel Savas tranche avec les autres de la série en ne se contentant pas de proposer des statistiques descriptives ; elle essaie plutôt d'élaborer un modèle causal des rapports entre langue, région et revenu, sans pouvoir en tirer des conclusions fermes. L'intérêt de cette étude tient à ce qu'elle a été commanditée dans le but de démontrer, si tel était possible, la discrimination systémique dont souffriraient les francophones de l'Ontario. Ladite recherche n'a pu démontrer une telle discrimination. Il n'en demeure pas moins qu'au chapitre des revenus et des professions, l'écart entre francophones et non-francophones n'est pas aussi grand qu'on le prétend, et certainement pas assez grand pour expliquer le très grand écart apparent dans le taux de participation des francophones et des non-francophones aux études postsecondaires.

Cette tradition méthodologique a l'avantage de se baser dans la plupart des cas sur les données des recensements ; donc, dans des conditions d'obtention de données relativement idéales. Dans certains cas, on a recours à des enquêtes auprès d'un échantillon de la population dans des conditions où le degré de subjectivité sur les études et les emplois risque d'être réduit au minimum. Par contre, ces études ne font pas de distinction entre les francophones de l'Ontario et les francophones d'ailleurs. Elles ignorent, par conséquent, l'importance de l'immigration au pays et même de la migration interprovinciale[19]. Même si, d'un point de vue légal et peut-être administratif, il est important de ne pas prêter attention à l'origine des francophones, il ne fait pas de doute que, dans une perspective de diagnostic, ce parti pris méthodologique finit par escamoter les rapports historiques entre les francophones et les institutions postsecondaires de l'Ontario. Les études qui ont pour population l'ensemble des francophones, y compris ceux qui ont reçu, ou qui n'ont pas reçu, leur formation ailleurs, finissent par gommer le rôle des institutions éducatives. Ces recherches mettent donc en sourdine le rôle des institutions de l'Ontario dans l'épanouissement éducationnel et professionnel des Franco-Ontariens.

3. L'ACCESSIBILITÉ AUX ÉTUDES POSTSECONDAIRES

La troisième tradition est celle des études qui portent sur l'accessibilité aux études postsecondaires, c'est-à-dire sur la réalisation effective du désir de poursuivre les études. Dans ce cas, on constate deux variantes : les recherches ayant pour objet la diplômation au postsecondaire et les recherches portant sur l'inscription au postsecondaire. La première variante met l'accent sur le fait de terminer les études postsecondaires, la seconde sur le fait d'y arriver. Dans les deux cas, on tient pour acquis que les études postsecondaires sont essentielles à la mobilité sociale : sans elles, dans une société marquée par l'importance des diplômes, la mobilité sociale devient extrêmement difficile, sinon impossible. Dans les deux cas, il s'agit de repérer les francophones inscrits aux études postsecondaires et de comparer leur comportement, du moins en ce qui concerne le choix des programmes, entre eux ou avec les non-francophones. L'intérêt à repérer le taux de fréquentation ou de réussite des francophones est bien évidemment de permettre une appréciation de l'efficacité ou de l'efficience d'un système ou d'un sous-système. Aussi, les études d'accessibilité ne sont-elles jamais étrangères à la recherche-évaluation.

Dans la première catégorie des études d'accessibilité, on trouve l'ensemble de recherches[20] dans le sillon de la recherche institutionnelle se penchant sur l'efficacité du sous-système que représente l'Université d'Ottawa. Ces recherches constatent que les francophones inscrits à l'Université d'Ottawa, et cela sur une période de temps considérable, accusent un taux de succès légèrement plus élevé que les non-francophones. De plus, on constate que la qualité des étudiants, laquelle qualité étant indiquée par la moyenne pondérée, est également plus élevée chez les francophones que chez les non-francophones.

La deuxième variante est représentée par les recherches d'une équipe à l'Institut d'études pédagogiques de l'Ontario qui s'est penchée sur le rendement du système d'éducation entier, du moins en sa capacité d'assurer la promotion des francophones vers les études postsecondaires, incluant ainsi les étudiants du collégial tout autant que de l'universitaire[21]. Ces études ont employé une perspective comparative, ce qui a permis de constater que le taux de participation des francophones relativement aux non-francophones n'a guère évolué sur une période de quinze ans, se situant à un peu plus de la moitié des derniers. De plus, on avait remarqué la sous-représentation quasi totale des francophones dans les disciplines de pointe, c'est-à-dire les disciplines les plus prometteuses d'avancement dans une société de plus en plus marquée par l'exigence de maîtriser les savoirs scientifiques et technologiques.

Alors que la première étude avait proposé, pour l'essentiel, une recherche transversale pour l'année 1981, les deux dernières ont adopté une série de tranches transversales, permettant ainsi de dégager les tendances sur une période de dix ans. La dernière étude de la série s'est dégagée de manière significative des deux premières en ce qu'elle n'a pas considéré comme acquis que les francophones devaient en principe être aussi nombreux dans chaque programme que les non-francophones. La première étude, sans insister sur ce fait, avait conservé comme prémisse que les francophones se devaient d'être proportionnellement aussi nombreux que les non-francophones dans les domaines d'études repérés par les données disponibles. En d'autres termes, le taux de participation des non-francophones fournissait de manière implicite la norme pour les francophones. L'écart donc dans le taux de participation des deux groupes linguistiques établissait un état de « besoin » en matière de programmation. La dernière recherche avait un parti pris contraire. Si l'analyse comparative conservait toute son utilité, c'était pour mieux cerner la spécificité des choix effectués par les francophones. L'évolution du taux de participation des deux groupes jouait le rôle de principe heuristique, permettant ainsi de dégager les différences entre eux. Les deux recherches supposaient donc deux objets très différents : dans le premier cas, il s'agissait de cerner les besoins en programmation ; dans le deuxième, il s'agissait de cerner la rationalité du minoritaire engagé dans les études post-secondaires.

L'une et l'autre variante offrent des avantages et des désavantages. Non le moindre des avantages est évidemment le fait que l'on a délaissé les perceptions des répondants au profit de leurs choix effectifs en matière d'institution, en matière de programme, en matière de langue d'instruction. Ces choix sont des choix réels, non pas des velléités vagues, qui ont l'avantage de passer dans les données officielles du ministère de l'Éducation et de la Formation.

Parmi les désavantages, il y a évidemment le fait que l'on a affaire à une minorité privilégiée à l'intérieur de la minorité, c'est-à-dire la portion qui se trouve effectivement inscrite au postsecondaire et, parmi celle-ci, la portion inscrite aux études à temps plein. Car ni l'une ni l'autre recherche n'a pu tenir compte des étudiants à temps partiel. Or, d'autres données sur les études à temps partiel permettraient de voir que les rapports des francophones avec les institutions postsecondaires sont différents de ceux de la majorité linguistique. Nous y reviendrons. Pour l'instant, retenons que les études d'accessibilité, pour intéressantes qu'elles soient, rendent extrêmement hasardeux tout jugement sur les absents, ceux et celles qui ne se sont pas inscrits au postsecondaire.

Et il est tout à fait naturel de se pencher sur le sort des absents, un peu comme dans les sermons du curé d'antan, plutôt que sur le message véhiculé par les présents.

4. PROBLÈMES D'INTERPRÉTATION

L'utilisation de chacune de ces traditions méthodologiques conduit le chercheur à évoquer « les Franco-Ontariens ». C'est-à-dire que chaque méthodologie est censée représenter de manière fidèle l'ensemble de la population que l'on nomme « franco-ontarienne ». Et pourtant, rien n'est moins certain que la méthode d'échantillonnage utilisée. La bonne méthodologie en sciences sociales exige que tout échantillonnage soit une représentation fidèle de l'univers à cerner. Or, pour chacune de ces traditions, il y a à redire sur l'échantillonnage normalement utilisé.

Les études des aspirations scolaires, par exemple, se pratiquent auprès de la population scolaire : rien de plus normal. Sauf que la population scolaire dans les écoles de langue française n'est pas le reflet fidèle de la population franco-ontarienne et, par conséquent, aucun échantillonnage, aussi bien stratifié fût-il, ne peut représenter la population franco-ontarienne. La raison en est bien simple. L'état des données du ministère de l'Éducation et de la Formation de l'Ontario ne permet pas de repérer les élèves selon la langue maternelle ; par conséquent, il est impossible de savoir de manière précise quelle proportion des élèves de langue maternelle française se trouve inscrite dans les écoles de langue française, ni quelle proportion de la population scolaire effectivement inscrite dans les écoles de langue française est de langue maternelle française.

De plus, il y a tout lieu de croire que la proportion des élèves de langue maternelle française parmi ceux de langue maternelle autre varie énormément d'un conseil scolaire à l'autre. Lors de notre première recherche sur l'accessibilité[22], nous avons pu comparer, dans une recherche complémentaire qui n'a jamais été publiée, la population scolaire âgée de 5 à 14 ans des écoles de langue française avec la même population de langue maternelle française, et ce, pour chaque division du recensement de l'Ontario et pour le recensement de 1981. La comparaison a révélé des écarts remarquables. Dans tel conseil scolaire, la population scolaire représentait 200 pour cent de la population de langue maternelle française. À l'autre bout de l'échelle, la population dans un autre conseil scolaire représentait à peine 48 pour cent de la population de langue maternelle française. Il y a tout lieu de croire que, dans le premier cas, la population scolaire est composée pour la moitié de non-parlants français. Dans le deuxième cas, le système scolaire n'a pas réussi à capter la moitié de la population de langue maternelle française. Dans l'un et l'autre cas, il est cependant impossible de déterminer avec précision la portion de la population scolaire qui est de langue maternelle française. Bref, lorsqu'on mène des recherches dans les écoles, avec les meilleurs principes d'échantillonnage, on arrive tout au plus à échantillonner la population scolaire, peu importe le rapport avec la population de langue maternelle française.

Le problème est moins aigu dans le cas des recherches sur la situation scolaire des Franco-Ontariens, lorsque celles-ci utilisent les données de Statistique Canada. L'échantillonnage risque de poser moins de problèmes, mais alors surgit un autre problème relatif à l'univers échantillonné. Les enquêtes de Statistique Canada permettent difficilement de faire la distinction entre les Franco-Ontariens « de vieille souche » et ceux qui sont arrivés plus récemment. Par conséquent, elles ne permettent pas de distinguer ceux qui ont eu à composer avec les institutions scolaires de l'Ontario et ceux qui ont pu faire leurs études ailleurs. Ainsi, les recherches sur la situation scolaire ont tendance à minimiser l'importance des rapports entre les Franco-Ontariens et les institutions scolaires de l'Ontario.

Enfin, les études d'accessibilité comportent par définition un problème d'échantillonnage. Bien que les données du ministère de l'Éducation et de la Formation permettent, pour la première fois, de distinguer les étudiants du postsecondaire selon la langue maternelle, il va de soi que ces étudiants constituent une petite élite parmi les Franco-Ontariens : ceux qui, précisément, ont réussi à se faufiler dans les institutions du haut savoir. En aucun cas, ceux-ci ne pourraient représenter l'ensemble des Franco-Ontariens.

De plus, les objets construits par ces traditions sont assez dissemblables. La première tradition met l'accent sur les chances qu'ont divers groupes d'accéder aux ressources éducationnelles qui, elles, sont censées produire l'égalité des chances. Selon cette perspective psychosociale, une forte motivation est censée produire la volonté et les moyens de persévérer en vue de l'obtention des biens éducationnels susceptibles d'assurer l'égalité des chances. La deuxième tradition met l'accent sur l'impact de l'acquis éducationnel tel qu'il se révèle dans la situation sociale d'une population. La situation professionnelle de divers groupes est signe du succès relatif à l'accès aux ressources éducationnelles. Dans l'un et l'autre cas, le comportement des individus à l'intérieur de l'institution scolaire apparaît comme la « boîte noire » de la recherche, qui est sans doute très importante, mais que la méthodologie empruntée ne permet pas d'examiner directement. La troisième tradition a l'avantage de se pencher sur le comportement des étudiants à l'intérieur de la « boîte noire », mais elle a l'inconvénient de ne se pencher que sur les seuls qui réussissent à s'y introduire.

Les commentaires qui suivent ont l'avantage de proposer un autre objet, c'est-à-dire la signification des comportements des francophones une fois arrivés au postsecondaire. Il importe toutefois d'insister sur la différence entre cet objet et les autres objets traditionnellement proposés. La question de recherche ne porte pas sur les causes des absences, mais sur la signification du comportement des présents. Nous ne sommes donc pas à la recherche des causes, mais des explications.

LES DONNÉES GÉNÉRALES DE LA SITUATION

Avant de passer à un survol de quelques indicateurs de la situation des francophones face aux études et éventuellement à l'emploi, il est important de souligner les lacunes dans les données utilisées à cette fin. Les données qui suivent sont tirées de l'étude de Frenette et Quazi, parue en 1990 avec des données des inscriptions de la décennie 1979-1989[23]. Elles permettent de cibler le comportement des francophones au postsecondaire en Ontario dans les années 80. Depuis lors, il y a eu beaucoup de changements dans la prestation des services au postsecondaire pour les francophones. Il y a eu la création de La Cité collégiale en 1990, le premier collège de langue française après plus de vingt ans de collèges bilingues puis, en 1993, l'annonce de deux nouveaux collèges de langue française pour les régions du Nord et du Centre/Sud-Ouest. Le succès de La Cité collégiale ne fait pas de doute. Toutefois, il faudrait une analyse de l'inscription dans l'ensemble du système pour savoir si le succès de La Cité collégiale représente une nouvelle clientèle francophone ou une simple redistribution des francophones en provenance d'autres institutions ou même en provenance d'autres provinces. Les deux autres collèges sont encore à leurs débuts, n'ayant pas encore accueilli d'étudiants. L'impact de nouvelles institutions demeure encore à vérifier.

Ces données prennent de l'âge. La situation a évolué tellement rapidement dans l'enseignement postsecondaire pour les francophones que les conclusions d'antan sont sans doute à revoir. En outre, ces données ignorent le sort des étudiants à temps partiel. Or, il y a tout lieu de croire que les étudiants francophones sont plus nombreux que les non-francophones à poursuivre leurs études à temps partiel, un phénomène qui laisse entendre que les francophones maintiennent des rapports plus ténus avec les institutions postsecondaires[24]. Cette observation est confirmée par le fait que les étudiants francophones à temps plein sont plus jeunes que les étudiants non francophones[25]. L'ensemble de ces données indirectes fait croire que les francophones entretiennent des rapports particuliers avec les institutions postsecondaires. C'est comme si peu d'entre eux, les plus jeunes d'ailleurs, entraient par la porte principale, la voie royale des études à temps complet. Après l'âge de 20 ans, c'est comme si la porte d'à côté, celle des études à temps partiel, convenait mieux.

Pour l'instant, toutefois, revenons à la sécurité fournie par les données sur l'inscription postsecondaire. Même si celles-ci commencent à dater, elles méritent d'être interrogées. Ce sont les seules données qui permettent de jauger le comportement des francophones de l'Ontario aux prises directes avec les institutions scolaires de l'Ontario. Ces données font donc abstraction de ces francophones qui auraient pu faire leur formation ailleurs avant de s'établir en Ontario et des francophones dont le lieu de résidence principal est à l'extérieur de la province, même s'ils poursuivent des études en Ontario[26].

Dans cette section, nous examinons deux ensembles de données parmi bien d'autres disponibles afin de mieux cerner les grandes lignes de la rationalité des francophones de l'Ontario. Dans un premier temps, nous examinons le taux de participation des francophones selon deux domaines d'études parmi treize du premier cycle universitaire. Dans un deuxième temps, nous examinons le taux de participation des francophones selon les quatre domaines d'études au collégial. Ces deux démarches permettront de proposer, dans la dernière section de cette étude, une interprétation des données.

1. LE TAUX DE PARTICIPATION DES FRANCOPHONES AU PREMIER CYCLE UNIVERSITAIRE

On sait que le taux de participation des francophones aux études du premier cycle universitaire tire de l'arrière depuis longtemps. Dès 1975 d'ailleurs, le taux de participation générale des francophones était d'à peu près la moitié de celui des non-francophones, et ce taux n'a pas beaucoup varié depuis. Face à un tel bilan, la tentation est grande de parcourir les domaines d'études afin de déterminer où précisément les francophones sont en train de perdre du terrain. C'est ce comparatisme systématique qui a présidé à notre première étude des besoins en éducation franco-ontarienne. Mais une telle approche a l'inconvénient d'entraîner inéluctablement l'analyse sur un terrain où par définition les francophones sont toujours perdants et où la norme, même implicite, est proposée par la majorité linguistique.

Plutôt que d'accepter un tel parti pris, nous proposons d'examiner le taux de participation des francophones selon deux domaines d'études particulièrement significatifs. Dans ce cas-ci, il ne suffit pas de constater l'écart entre majorité et minorité ; il s'agit d'expliquer les forces et les faiblesses des minoritaires. Ici comme ailleurs, le francophone moyen doit être considéré comme un acteur raisonnable. On peut ne pas être d'accord avec ses choix, mais il faut les prendre au sérieux.

La figure 1 propose les taux de participation des francophones et des non-francophones dans le domaine de l'éducation qui contient les programmes de la formation des maîtres, de l'éducation physique et des loisirs. On remarquera qu'au début de la décennie 1979-1989, le taux de participation des francophones accusait un retard, mais pas de manière définitive. En 1979, le taux de participation, c'est-à-dire la population étudiante exprimée comme proportion du groupe d'âge des 18-21 ans[27], était de 1,23 pour cent contre 1,39 pour cent chez la majorité linguistique. À partir de 1987, le taux de participation des francophones a atteint 1,98 pour cent, dépassant celui des non-francophones qui se situait à 1,84 pour cent. L'écart ne cesse de s'agrandir depuis. On est en droit de se demander pourquoi le taux de participation des francophones finit par dépasser celui des non-francophones, étant donné la faible participation générale des francophones qui a à peine dépassé la moitié de celle des non-francophones pendant toute la décennie et même auparavant. On n'a pas besoin de réfléchir longtemps pour se rappeler que le domaine de l'éducation est le seul où l'on peut raisonnablement espérer étudier entièrement en français à l'université et, par après, travailler en français. Le phénomène de l'immersion n'est certes pas étranger à la question de la disponibilité perçue des postes dans le secteur.

En d'autres termes, la structure de l'emploi est relativement ouverte aux francophones *en tant que francophones*, particulièrement s'ils ont une formation en français. Et chose pas du tout curieuse, les francophones en profitent. Peu surprenant alors si les francophones gravitent dans les domaines d'études où l'on peu raisonnablement espérer étudier en français et/ou raisonnablement prévoir travailler en français.

La figure 2 montre le taux d'inscription des francophones et des non-francophones dans le domaine du génie et des sciences appliquées. Au début de la décennie, le taux de participation des francophones (0,9 pour cent) se situait à environ un tiers de celui des non-francophones (2,69 pour cent). On note que la situation n'a guère évolué au cours de la décennie, si ce n'est que l'inscription des non-francophones est demeurée stationnaire, terminant la décennie toujours à 2,69 pour cent, et que l'inscription des francophones a augmenté légèrement, passant jusqu'à 1,14 pour cent, c'est-à-dire dans un rapport non plus de 1 à 3, mais de 1 à 2,6. Il faut tout de même voir cette augmentation modeste comme une victoire relative pour les francophones, étant donné la tendance générale vers l'immobilisme. On peut certainement attribuer cette augmentation aux orientations données par les écoles secondaires de langue française et à l'accueil fait par les universités aux étudiants francophones.

Fig. 1– Taux d'inscription des francophones et des non-francophones de l'Ontario, 1979-1989, domaine de l'éducation[28]

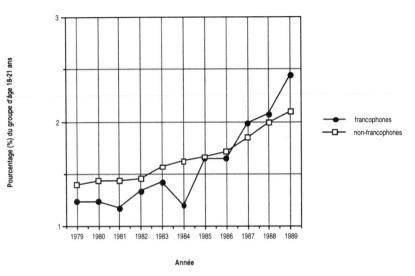

Note : Frenette et Quazi (1990), p. 66–67

Fig. 2 – Taux d'inscription des francophones et des non-francophones de l'Ontario, 1979-1989, domaine du génie et des sciences appliquées[29]

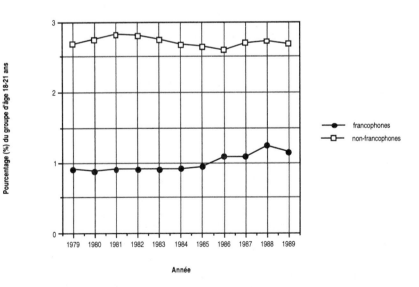

Note : Frenette et Quazi (1990), p. 76–77

Le fait demeure qu'il est presque impossible de suivre un programme de génie en français, du moins après la première année des études universitaires. De plus, il est à peu près gagné d'avance que l'ingénieur ne pourra pas travailler en français, du moins en Ontario. Pas surprenant alors que les francophones n'arrivent pas au taux de participation des non-francophones. À peu près rien ne les attire vers les études scientifiques et technologiques.

Cela dit, même si notre première étude a fortement souligné l'absence des francophones dans les disciplines d'appoint que semblaient représenter les mathématiques et les sciences, l'auteur ne voudrait pas exagérer l'importance de ce prétendu décalage. Premièrement, il est de plus en plus difficile de prévoir les disciplines d'appoint. Deuxièmement, il est de plus en plus difficile de déterminer quels sont les facteurs influençant la santé économique d'une société, même si les gouvernements agissent comme s'ils connaissaient la réponse à la question. Une étude récente pour le compte de l'Unesco a révélé que c'est le Japon qui produit la plus grande proportion d'étudiants dans les humanités et les sciences sociales, alors que ces parangons de l'activité économique que sont les pays de l'ancien bloc communiste, sont précisément ceux qui produisent la plus grande proportion de scientifiques et d'ingénieurs[30].

L'argument proposé ici n'est pas que l'on devrait négliger les études scientifiques et technologiques, ni que l'on ne devrait pas faire des comparaisons avec la majorité linguistique. Il est facile, toutefois, de tomber dans l'erreur du comparatisme sauvage. À notre avis, la question n'est pas de savoir pourquoi les francophones ne se comportent pas comme les autres (à ce moment-là ils seraient semblables aux autres), mais de savoir pourquoi les francophones se dirigent dans certains secteurs et en évitent d'autres. À notre avis, il est erroné de croire que la minorité linguistique devrait être aussi bien représentée dans les mêmes secteurs que ne l'est la majorité. Si c'était le cas, qu'adviendrait-il de la spécificité culturelle de la minorité ?

Pour souligner les différences entre francophones et non-francophones, une étude intensive des taux de participation révélerait que, de manière générale, là où les francophones sont en mesure d'étudier entièrement en français et éventuellement de travailler en français (c'est le cas uniquement dans le domaine de l'éducation), le taux de participation dépasse celui des non-francophones. Là où les études doivent se faire presque entièrement en anglais et où de toute façon les emplois s'exercent inévitablement en anglais, le taux de participation des francophones est loin derrière celui des non-francophones. C'est le cas notamment en génie et en sciences appliquées. Là où les études peuvent se faire partiellement en français et où les emplois s'offrent partiellement en français, le taux de participation des francophones s'approche de celui des non-francophones, sans toutefois l'atteindre. C'est le cas notamment des sciences sociales et des humanités.

2. LE TAUX DE PARTICIPATION DES FRANCOPHONES AU COLLÉGIAL

La spécificité culturelle dont il a été question plus haut se manifeste de façon encore plus éclatante au collégial. La figure 3 représente le taux de participation des francophones et des non-francophones aux programmes postsecondaires du collégial[31] pendant la période 1979-1989. Nul n'est besoin de souligner le caractère dramatique de la chute des inscriptions francophones après 1983. Jusqu'en 1983 le taux de participation des francophones et des non-francophones n'a cessé d'augmenter, le taux de participation des francophones se rapprochant sans cesse de celui des non-francophones, à tel point qu'en 1983 le taux de participation des premiers a failli atteindre celui des seconds[32]. En 1981, le taux de participation chez les francophones était de 10,51 pour cent et, chez les non-francophones, de 11,93 pour cent. En 1983, le taux de participation des francophones était de 13,57 pour cent et des non-francophones, de 14,13 pour cent, un écart de 0,56 points.

Fig. 3 – Taux d'inscription aux études collégiales selon le groupe des 18-21 ans, 1979-1989[33]

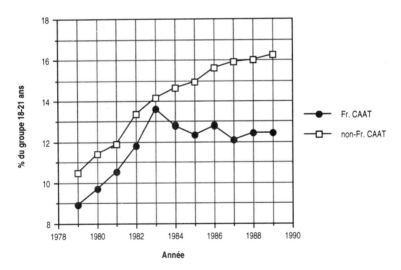

Note : Frenette et Quazi (1990), p. 179

Comment expliquer ces changements ? En premier lieu, il faut se rappeler la récession économique de 1981-1982 qui a durement frappé les inscriptions au collégial. Dès la reprise en 1983, les inscriptions ont fléchi de part et d'autre. Mais la population collégiale aux études à temps plein exprimée comme proportion du groupe des 18-21 ans a continué à augmenter chez les non-francophones, comme c'est toujours le cas après une baisse d'activité économique, alors que la proportion des francophones a chuté anormalement. Des recherches sur le terrain ont permis de conclure à un phénomène particulier à l'œuvre. Mais avant d'avancer une explication de la chute des inscriptions francophones, il serait utile d'examiner celle-ci de plus près dans les six collèges bilingues.

La figure 4 permet de noter que la chute des inscriptions francophones a été concentrée dans les domaines des affaires et du commerce, puis en technologie. La baisse a été particulièrement abrupte.

Fig. 4 – Inscription des francophones selon le domaine d'études dans six collèges bilingues, 1979-1989[34]

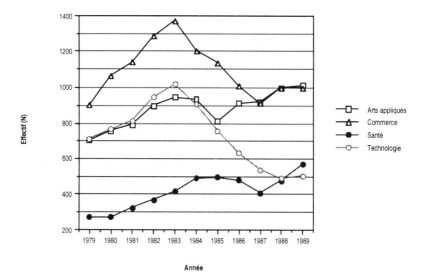

Note : Frenette et Quazi (1990), p. 194

L'élément déterminant dans cette chute semble avoir été une réorganisation des programmes dans les collèges. Suite à une réorganisation du financement des programmes aux collégial, les Collèges des arts appliqués et de technologie ont été contraints à procéder à une « rationalisation » de leurs programmes, c'est-à-dire à couper les programmes et les cours où l'inscription faisait défaut. Dans les collèges bilingues, les cours offerts en français étaient presque par définition à risque, étant donné qu'ils accusaient des inscriptions moindres par rapport aux cours offerts en anglais dans le même collège. Les cours et les programmes en français ont été visés de façon marquée, d'autant plus que les étudiants francophones pouvaient en principe suivre leur programme en anglais.

Mais le plus intéressant pour notre propos, c'est que les administrateurs francophones étaient souvent d'accord avec la nouvelle politique de rationalisation, d'autant plus qu'ils ont enquêté auprès des étudiants francophones. Ceux-ci semblent avoir indiqué ne pas tenir outre mesure à la langue d'instruction, au point où des répondants ont indiqué que, surtout dans le domaine de la technologie et des affaires, l'anglais était préférable comme langue d'instruction car, rappelait-on, l'anglais est la langue du travail. Ce raisonnement est bien connu dans les milieux minoritaires. Il fait même figure d'évidence à ne pas discuter. Il avait fait surface dans les études des besoins dont il a été question dans la section précédente, et il avait fondé, cette fois-ci, la décision de rationaliser les programmes dans le sens voulu.

Même si la décision semblait justifiée dans les circonstances, les résultats ne se firent pas attendre. Alors que le nombre total d'étudiants non francophones (mais pas le taux de participation) a baissé légèrement par suite de la récession pour reprendre en 1989, chez les francophones, ce fut une tout autre histoire. Le nombre total des étudiants francophones inscrits à plein temps dans les collèges a baissé de 4 633 en 1983 à 3 393 en 1987, une chute de 26,7 pour cent. Le taux de participation n'a cessé de baisser jusqu'en 1988, moment où il a atteint 12,26 pour cent pour les francophones et 16,04 pour cent pour les non-francophones. Depuis, c'est-à-dire jusqu'en 1989, ni le nombre total d'étudiants francophones, ni le taux d'inscription n'a atteint les niveaux de 1982. La leçon est dure : il ne suffit pas de se fier aux réponses autorisées pour être en mesure de déterminer les besoins des étudiants.

Le premier ensemble de données rappelle que lorsqu'il y a rapport direct entre les programmes d'études et l'emploi en français, les francophones s'y inscrivent et même à un taux plus élevé que les non-francophones. C'est le cas notamment dans le domaine de l'éducation où il est à peu près assuré que si l'on reçoit son diplôme, il y aura emploi, et en français[35]. Lorsque le lien entre les études et l'emploi est moins direct ou inexistant en français, le taux de participation des francophones est très bas. C'est le cas notamment en génie et en sciences appliquées.

Le deuxième ensemble de données en provenance du collégial tend à indiquer qu'il y a manière de répondre trop rapidement aux besoins de la population et que les vœux exprimés par la population recouvrent parfois une réalité plus complexe qu'elle ne paraît à première vue. Il faut reconnaître que bon nombre de francophones minoritaires se sentent obligés de croire qu'en matière d'éducation, la fin commande les moyens, si bien que celui qui veut le bilinguisme choisit également un programme bilingue. C'est ne pas reconnaître qu'en contexte minoritaire, on peut envisager un enseignement unilingue dont le *sous-produit* demeure (sans y prêter attention) le bilinguisme. Tout cela pour rappeler que, dans ce cas précis, les enquêtes auprès de la population ont fini par avoir le résultat opposé à celui prévu : en réduisant le nombre de cours et de programmes en français, même avec l'accord des étudiants, on a réduit l'accès des francophones aux études postsecondaires.

LES FRANCOPHONES FACE AUX ÉTUDES ET À L'EMPLOI EN FRANÇAIS. ESSAI D'INTERPRÉTATION

Nous avons choisi délibérément de souligner, dans cette section et la précédente, les choix des francophones devant les études et l'emploi. Ce parti pris méthodologique tient pour acquis que les francophones habitent un monde plein de possibilités, mais également plein de contraintes. Et ils font des choix en fonction des possibilités, mais également en fonction des contraintes[36]. À moins de tenir le francophone moyen pour un « con culturel », selon l'expression « *cultural dopes* » de Garfinkel, il faut penser qu'il s'agit d'un être qui est obligé de peser le pour et le contre de ses décisions. Cela veut dire que le francophone moyen prend des décisions qui, sans être nécessairement pleinement conscientes, se défendent dans le contexte social qui l'entoure. Il est donc un acteur rationnel. Mais la rationalité de l'acteur social ne se limite pas à des questions économiques, comme le voudraient certains, anxieux de voir chez l'acteur social un être soucieux de rentabiliser son capital culturel pour devenir l'entrepreneur d'une entreprise qui consiste avant tout à nourrir le soi. Ici, la rationalité de l'acteur social déborde le seul souci de l'avancement économique, bien que cette caractéristique ne soit pas considérée absente non plus.

Dans cette section, nous proposons une interprétation des caractéristiques générales du comportement des francophones minoritaires face aux choix dans la transition entre le secondaire et le postsecondaire, puis face aux choix de cours et de programmes au postsecondaire. Ces conclusions sont basées sur les données précédentes, mais également sur des données recueillies ailleurs[37].

1. UNE STRATÉGIE ÉCONOMIQUE PARTIELLE

À partir du secondaire, l'élève francophone est contraint de faire un certain nombre de choix. À un premier niveau, le choix se fait entre le type d'institution à fréquenter, c'est-à-dire l'école de langue anglaise, l'école mixte ou l'école de langue française. Le premier choix est toujours accessible, mais les deux autres ne sont pas également disponibles. Dans la région de l'Est, par exemple, les trois options sont disponibles dans la région de Cornwall, mais pas ailleurs. Les trois options sont disponibles dans la ville de Toronto, mais pas dans la ville de Sudbury, où il existe uniquement des écoles de langue anglaise et des écoles de langue française. En d'autres termes, dans la réalité des choses, les « choix » ne sont pas toujours également disponibles, soit par l'existence ou non de l'institution, soit à cause de la proximité relative des institutions existantes. Les inscriptions au collégial démontrent que les étudiants sont beaucoup plus mobiles dans certaines régions que d'autres, ce qui semble être partiellement vrai au secondaire aussi.

Les choix se font à ce premier niveau institutionnel et commandent les possibilités d'accès au postsecondaire. L'élève francophone qui choisit une école de langue française a de meilleures chances d'aboutir au postsecondaire que celui qui choisit l'école « mixte » et celui-ci a de meilleures chances d'aboutir au postsecondaire que celui qui choisit une école de langue anglaise[38]. Davantage, la distribution des classes sociales dans l'ensemble des écoles de langue française ressemble à celle qui a cours dans les écoles de langue anglaise, alors que les classes inférieures sont surreprésentées chez les francophones qui s'inscrivent dans les écoles de langue anglaise[39].

Cette dernière caractéristique traduit donc une *rationalité économique* qui n'est pas sans effets pervers : dans le souci d'assurer son avenir économique en étudiant en anglais, le jeune francophone issu des classes inférieures finit par se condamner à un avenir incertain. Corrélativement à ce phénomène de filtrage, on note que les francophones qui réussissent à franchir la barrière de la 13e année de l'école anglaise pour accéder à l'université ressemblent davantage aux non-francophones qu'aux francophones dans les écoles françaises quant à la distribution des hommes et des femmes[40]. Ce phénomène laisse entendre qu'ils réussissent à franchir la barrière précisément parce qu'ils ressemblent davantage aux non-francophones. En même temps, les francophones qui réussissent à franchir la barrière de la 13e année dans les écoles de langue anglaise font montre d'un dossier scolaire moins fort que celui des francophones faisant la transition entre la 13e année des écoles françaises et le postsecondaire[41].

Encore au chapitre des choix institutionnels, on note une continuité fondamentale entre le type d'institution fréquentée au secondaire et le type d'institution fréquentée au postsecondaire. Les élèves issus des écoles françaises sont plus portés à s'inscrire à l'Université d'Ottawa ou à l'Université Laurentienne que ne le sont les élèves issus des écoles mixtes, et ceux-ci sont plus portés à s'y inscrire que ne le sont les élèves francophones issus d'une école anglaise. Encore une fois, les élèves francophones issus des écoles de langue anglaise ont un comportement qui les associe davantage à leurs collègues non francophones[42].

Quant aux choix de cours, on note une tendance chez les élèves de l'école française à délaisser, comparativement à ceux de l'école anglaise, les sciences et les mathématiques en 13e année, au moment où ces matières, associées davantage à des carrières où l'on ne peut raisonnablement espérer travailler en français[43], sont par le fait même moins utiles pour les études postsecondaires. Toutefois, la proportion de l'ensemble des élèves passant de la 13e année de l'école française à l'université est tout aussi élevée que celle des élèves issus des écoles anglaises, alors que la proportion des francophones à l'intérieur de ce groupe inscrit dans l'école française, se fait de plus en plus petite au fur et à mesure que l'on avance dans le cheminement scolaire. En même temps, l'étudiant francophone a tendance à se réfugier dans les programmes n'exigeant pas autant les sciences et les mathématiques. Il semble donc y avoir *une rationalité prospective* à l'œuvre qui n'est pas entièrement de nature économique. L'élève francophone réussit tout aussi bien dans les sciences et les mathématiques jusqu'en 12e année que son compatriote de l'école anglaise, contraint à le faire en partie parce qu'il a moins accès à des cours optionnels, mais les cours de mathématiques et de sciences sont moins fréquentés en 13e année parce qu'on prévoit ne pas en avoir besoin plus tard.

Il va sans dire que les domaines d'études et les carrières exigeant les sciences et les mathématiques sont précisément ceux où le jeune francophone court les risques d'assimilation. Autre élément à ajouter au dossier : l'étudiant francophone ne semble guère influencé par les programmes ni par les emplois disponibles à l'extérieur de l'Ontario. Il est frappant de noter combien les francophones, à l'encontre des non-francophones, ne s'expatrient que très peu au niveau du premier cycle universitaire et encore moins au niveau collégial. Les horizons sont limités à l'Ontario.

Bref, le francophone moyen fait montre d'une stratégie économique marquée. Mais il s'agit d'une stratégie économique limitée. Elle est limitée notamment par la géographie et par la langue d'instruction. Elle est limitée par la géographie dans le sens que ses choix sont commandés par les possibilités en Ontario. Elle est limitée par la langue d'instruction dans le sens que ses choix sont commandés par la disponibilité des services éducatifs en langue française. Même à son insu, le francophone moyen préfère des cours et des programmes en français.

2. UNE STRATÉGIE DE RENTABILISATION DE SON CAPITAL CULTUREL

Selon le recensement de 1986, 84,6 pour cent des Ontariens de langue maternelle française connaissent les deux langues officielles du pays, avec peu de variations selon la tranche d'âge. L'écart le plus important se trouve entre le groupe des 0-4 ans et le groupe des 5-9 ans dont la connaissance des deux langues passe de 35 pour cent à 67 pour cent. « Dès l'adolescence (10-14 ans), 85 pour cent des francophones connaissent l'anglais et le français et cette proportion atteint 93 pour cent dans le groupe des 30-34 ans[44]. »

Ce qui est surprenant dans ce contexte, c'est la petite proportion de francophones qui choisit l'école de langue anglaise, car rien ne les empêche de le faire et, comme tout le monde le sait, l'école de langue anglaise demeure toujours plus accessible, du moins en principe. L'important pour notre propos est de reconnaître que, malgré la prépondérance du choix de l'école secondaire de langue française et de l'une des institutions bilingues au postsecondaire, le choix des programmes démontre une stratégie qui consiste à choisir ceux qui mènent à des emplois où l'on peut raisonnablement prévoir travailler en français ou à tout le moins capitaliser son bilinguisme.

On a déjà noté la distribution des inscriptions selon le domaine d'études au collégial : les francophones s'inscrivent dans les mêmes proportions que les non-francophones dans les arts appliqués, le commerce et les affaires. Le domaine de la santé attire une plus grande proportion de francophones, alors que la technologie en attire une plus petite proportion. Or, le domaine de la santé a fait l'objet d'un battage publicitaire à la suite des besoins créés par la mise en vigueur de la Loi 8 garantissant les services en français dans des localités désignées. Il semble donc que les élèves du secondaire aient donné suite partiellement aux campagnes publicitaires menées dans les écoles.

À l'université, on note la tendance à s'inscrire dans les programmes qui mènent à des postes de responsabilité et de gestion dans la fonction publique fédérale ou provinciale. La Loi sur les langues officielles du Canada et la Loi 8 sur les services en français en Ontario ont créé de grandes ouvertures, devenues disponibles dans la mesure du bilinguisme des candidats, car il ne faut pas oublier que dans l'un et l'autre cas, la maîtrise prépondérante de l'anglais demeure une condition *sine qua non* en pratique, sinon en théorie.

Mais l'ouverture des deux fonctions publiques est loin d'être totale, car les secteurs exigeant une formation en technologie et en sciences pures et appliquées demeurent largement fermés aux bilingues ou, à tout le moins, on peut dire que leur bilinguisme demeure d'importance marginale. Dans le secteur privé, le peu d'importance accordé au bilinguisme va de soi en Ontario. Il est peu surprenant alors que les francophones aient tendance à s'inscrire dans les programmes menant aux secteurs d'emploi où le bilinguisme demeure un atout.

Il semble donc que le modèle social de réussite francophone soit fortement conditionné par les possibilités de travailler en français en Ontario, en dehors de toute question de battage publicitaire mené par le gouvernement provincial et par le secteur privé en faveur des formations instrumentales en technologie et en sciences appliquées. Bref, l'étudiant francophone a tendance à s'orienter vers les disciplines qui permettent de rentabiliser le capital culturel qu'il possède en tant que francophone bilingue. Il démontre peu d'intérêt à poursuivre des études menant à des emplois en anglais.

3. UNE STRATÉGIE DE REPRODUCTION CULTURELLE

En même temps ou parallèlement, le francophone minoritaire a tendance à s'orienter vers les disciplines qui donnent une formation apte à le positionner dans des emplois reliés à la reproduction culturelle de la minorité linguistique elle-même. Cette caractéristique est particulièrement visible chez les femmes francophones autant au collégial qu'au premier cycle universitaire. On pourrait même affirmer que les femmes francophones mènent le bal, pour ainsi dire.

Mais l'action des femmes francophones n'est pas exclusive. On remarque qu'elles sont plus nombreuses dans certains domaines d'études, notamment en éducation, en sciences sociales, en sciences de la santé et, dans une moindre mesure, en sciences humaines. Elles entraînent également les hommes, au point où ceux-ci sont plus nombreux dans ces domaines d'études qu'ils ne le sont dans d'autres domaines traditionnellement réservés aux hommes. Cette constatation devrait nous mettre sur la piste de la reconnaissance chez le minoritaire d'une rationalité reliée *au maintien et à la promotion de son identité socio-culturelle.*

À tous les niveaux, à compter de la 13e année, on note que les femmes francophones sont plus nombreuses, au point où elles constituent au postsecondaire près de 60 pour cent de l'effectif. S'il n'y a pas de changements significatifs d'ici une génération, on peut prévoir une situation où l'intelligentsia franco-ontarienne sera largement féminisée. Au fond, par leur choix de programmes au postsecondaire, les francophones de l'Ontario, en dépit d'un bilinguisme quasi universel et d'une assimilation galopante dans certaines parties de la province, démontrent un profond attachement à la langue française et à une vie culturelle que l'on ne peut trouver dans les institutions unilingues anglophones.

4. UNE STRATÉGIE DE MÉFIANCE

Non seulement les francophones choisissent-ils plus volontiers certains domaines d'études et d'emploi parce qu'ils sont davantage liés à la promotion culturelle des individus, mais ils boudent les domaines qui risquent d'être plus nocifs pour le maintien de leur identité culturelle. On le remarque dès la 13e année, lorsque les jeunes francophones commencent à délaisser les cours de sciences et de mathématiques, puis au collégial, lorsque les hommes délaissent les programmes de technologie offerts uniquement en anglais, et encore à l'université, lorsque l'inscription est uniformément basse dans les domaines où aucun programme n'est offert en français.

Il existe évidemment une certaine proportion de francophones pour qui ces éléments ne font pas obstacle. On le note chez les quelques francophones qui réussissent à faire la transition entre la 13e année dans les écoles anglaises et l'université, puis chez ceux qui, malgré tout, s'inscrivent dans les disciplines peu reliées aux emplois dans la fonction publique et/ou dans la reproduction culturelle de la communauté. Dans ces cas, le taux de transition des francophones est nettement en deçà de celui des non-francophones et la distribution des hommes et des femmes francophones ressemble davantage à celle des non-francophones[45]. On peut conclure que, *grosso modo*, à peu près un tiers de la population francophone de l'Ontario actuellement inscrite au postsecondaire réussirait à entamer des études postsecondaires de toute manière, quelles que soient la langue et la culture des programmes postsecondaires.

Pour le reste, tout dépend de la qualité de la vie institutionnelle qui les accueille au postsecondaire[46], à commencer, en tout premier lieu, par l'offre de programmes en français. Il est difficile de mésestimer le phénomène maintes fois noté, à savoir la tendance chez les francophones à s'inscrire dans les programmes lorsque ceux-ci sont offerts, et sérieusement, en français. Deuxièmement, le choix massif des institutions bilingues ne doit pas être interprété comme une préférence pour l'institution bilingue en tant que telle, mais comme une préférence à se retrouver parmi ses semblables[47].

Dans ce contexte, il n'est peut-être pas exagéré d'interpréter le refus de continuer dans certains domaines du postsecondaire comme une *forme de résistance* à la perte d'identité. Traditionnellement, on interprète le faible taux d'inscription du minoritaire à partir d'une faille que l'on localise chez le minoritaire lui-même ou dans son entourage. S'il ne continue pas dans les études postsecondaires ou dans certains domaines d'études, c'est parce qu'il lui manque quelque chose ou parce que son milieu scolaire ou autre n'a pas favorisé telle forme de discipline plutôt qu'une autre. Mais notre cadre théorique nous contraint à voir chez le minoritaire un acteur social *compétent*. S'il ne se présente pas au postsecondaire, c'est qu'il y trouve un désavantage à le faire et ce désavantage est une *perte d'identité*. Les analyses présentées ici rejoignent les conclusions que Pierre Dandurand avance dans une étude de type différent :

> [l'évolution récente au Québec] permet de toucher du doigt des forces sociales souvent déterminantes qui font que même en dehors de toute intervention politique ou malgré des interventions politiques et en dehors des intérêts strictement économiques, considérés par certains comme le seul moteur de la conduite humaine, le mouvement des groupes sociaux et leurs stratégies de reproduction renvoient fondamentalement à la volonté de ces groupes de maintenir ou d'améliorer leur position dans les structures sociales et de faire reconnaître de plein droit, particulièrement chez les groupes minoritaires (vg. selon l'ethnie, le sexe et l'âge), leur identité socioculturelle[48].

CONCLUSION

Selon la perspective que nous avons adoptée, la question n'est pas tellement de savoir pourquoi les francophones sont moins nombreux que les non-francophones à accéder aux études postsecondaires, bien que nous comptions y arriver de manière indirecte, mais bien plus de cerner le comportement des francophones dans et au travers de leur choix de cours, de programmes et d'institutions. De cette manière, on comptait cerner les rapports entretenus par les francophones de l'Ontario avec les institutions postsecondaires, ainsi que les formes de rationalité dont témoignent les francophones par leurs choix collectifs.

La comparaison entre francophones et anglophones, entre hommes et femmes, pour intéressante qu'elle soit, sert uniquement de dimension heuristique. Il n'est pas acquis au départ que les francophones devraient être aussi nombreux que les non-francophones, ni qu'ils devraient être proportionnellement aussi nombreux dans chaque programme. Bref, le comportement de la majorité n'est pas accepté comme un idéal à imiter, mais plutôt comme un simple point de comparaison pour mieux cerner la spécificité du comportement collectif des francophones minoritaires de l'Ontario.

À ce titre, nous avons souligné l'importance des choix et des non-choix (car les non-choix représentent également des décisions) faits par les francophones en fonction des études postsecondaires. Or, la rationalité dont fait preuve le jeune francophone démontre, entre autres, à quel point celui-ci demeure attaché aux études et au travail en français, et ce, en Ontario. À titre d'exemple, il est frappant de constater à quel point le jeune francophone semble ne pas être influencé par les ouvertures dans la structure de l'emploi au Québec, pas plus qu'il n'a tendance à poursuivre ses études au Québec. Dans ce contexte, la disponibilité des emplois dans la fonction publique fédérale et provinciale demeure un attrait puissant pour les jeunes Franco-Ontariens, pour ne pas dire le seul attrait possible, d'autant plus que la gamme des emplois disponibles dans le secteur privé risque de demeurer restreinte à des postes comportant la communication avec une clientèle francophone.

D'aucuns prétendent que les Franco-Ontariens ont perdu « le noyau dur » de la langue et de la religion, c'est-à-dire les deux éléments qui, autrefois, définissaient l'identité des francophones de l'Ontario. Cette étude ne nous permet pas de nous prononcer sur le deuxième élément. En ce qui concerne le premier, celui de l'attachement à la langue, cette étude permet de constater qu'il existe toujours, parfois à l'insu des acteurs sociaux. Il n'a pas disparu. Il est resté à l'état de l'inconscient.

NOTES____

[1] Des portions de ce texte ont paru dans une communication préparée pour le ministère de l'Éducation et de la Formation de l'Ontario.

[2] Voir Ronald D'Costa, *L'accessibilité aux études postsecondaires pour la population francophone de l'Ontario* (Ottawa [Toronto], la Commission sur l'enseignement postsecondaire en Ontario, 1972, 115 p.).

[3] Voir Richard Austin Carlton, *Differentiel educational achievement in a bilingual community*, thèse de doctorat inédite, Université de Toronto, 1967, 341 p.

[4] Aucun effort n'a été fait pour repérer toutes les recherches représentatives de ces trois grandes traditions. Comme indication de l'importance des méthodes en cours, notons qu'une recherche informatisée a répertorié pas moins de 40 monographies relatives à l'étude des aspirations pour la seule province de l'Ontario. On a plutôt essayé de répertorier ici les recherches les plus marquantes pour l'Ontario français.

[5] Pierre W. Bélanger et Eigil Pedersen, « Projets des étudiants québécois », *Sociologie et sociétés*, vol. V, n⁰ 1, 1973, p. 91-110 ; Raymond Breton, John McDonald et Stephen Richer, *Le rôle de l'école et de la société dans le choix d'une carrière chez la jeunesse canadienne* (Ottawa, ministère de la Main-d'œuvre et de l'Immigration, 1972, 612 p.) ; John Porter, Marion Porter et Bernard L. Blishen (s. la dir. de), « The Franco-Ontarians », *Stations and Callings, Making it through the school system* (Toronto, Methuen, 1971), p. 258-273.

[6] Voir l'étude de Louise Laforce *et al.*, « Les aspirations scolaires au Québec et en Ontario : des observations des enquêtes A.S.O.P.E. et S.O.S.A. » (*Les cahiers d'A.S.O.P.E.*, vol. VI, 1979, 164 p.), pour une comparaison issue du même programme de recherche, entre anglophones et francophones du Québec et de l'Ontario. Pour une étude de suivi de l'étude de Porter, voir Maria Barrados,

A study of early school leaving in Ontario, thèse de doctorat inédite, Ottawa, Carleton University, 1978, 697 p.

[7] Voir par exemple la recherche de Léon Bernier, « Tant qu'ils choisiront de vieillir... », dans Fernand Dumont (s. la dir. de), *Une société des jeunes?* (Québec, Institut québécois de recherche sur la culture, 1986), p. 29-44, qui ajoute la distinction aspiration (légitime) et rêve (illégitime) sans fournir de critère pour distinguer les deux.

[8] Sur les différents types de « besoins » inhérents aux études de besoin, voir Stacy Churchill, Normand Frenette et Saeed Quazi, *Éducation et besoins des Franco-Ontariens, 1 : Le diagnostic d'un système d'éducation* (Toronto, Conseil de l'éducation franco-ontarienne, 1985), p. 35–50.

[9] Gabriel Bordeleau, « L'école secondaire et les Franco-Ontariens : expression des besoins et perception des services », *Revue canadienne de l'éducation*, vol. VIII, n° 4, 1983, p. 332-349 ; Gabriel Bordeleau et Louis M. Desjardins, *L'avenir des étudiants franco-ontariens de 12ᵉ et 13ᵉ années, 1974-1975, rapport abrégé* (Toronto, Conseil des affaires franco-ontariennes, 1976, 13 p.) ; Gabriel Bordeleau et Gaétan Gervais, *Sondage sur les intentions éducatives et professionnelles des élèves franco-ontariens des écoles secondaires de l'Ontario en 12ᵉ et 13ᵉ années, 1975-1976, rapport final* (Toronto, Conseil des affaires franco-ontariennes, 1976, 187 p.).

[10] Gabriel Bordeleau, Raymond Lallier et André Lalonde, *Les écoles secondaires de langue française en Ontario : dix ans après* (Toronto, ministère de l'Éducation, 1980, 237 p.).

[11] Maurice Lapointe, « Le profil de l'étudiant franco-ontarien quant à son intentionnalité de poursuivre des études postsecondaires », dans Dany Lavault, Jean-Marie Joly et Lionel Desjarlais (s. la dir. de), Actes du colloque *Regards sur le jeune Franco-Ontarien* (Ottawa, Centre franco-ontarien de ressources pédagogiques, 1989), p. 115-126 ; Pierre Poirier, Évelyne Gagné et Maurice Lapointe, *Le profil de l'étudiant franco-ontarien quant à son intentionnalité de poursuivre des études postsecondaires* (Ottawa, PUO, 1986).

[12] Simon Laflamme et Donald Dennie, *L'ambition démesurée. Enquête sur les aspirations et les représentations des étudiants et des étudiantes francophones de l'Ontario* (Sudbury, Institut franco-ontarien et Prise de Parole, coll. Universitaire : Série Études, 1990, 194 p.).

[13] Roger Bernard, *Le choc des nombres : dossier statistique sur la francophonie canadienne, 1951-1986* (Ottawa, Fédération des jeunes Canadiens français, 1990, 311 p.) ; Ronald D'Costa, *L'accessibilité aux études postsecondaires...* ; Anne Gilbert et André Langlois, *Regard sur les nouvelles réalités franco-ontariennes* (Ottawa, ACFO, coll. Les francophones tels qu'ils sont, 1994, 60 p.) ; René Guindon *et al., Les Francophones tels qu'ils sont. Regards sur le monde du travail franco-ontarien* (Ottawa, ACFO, 1985, 40 p.) ; Janet Stern, Élaine Legault (s. la dir. de), « La jeunesse franco-ontarienne aux études », *À l'écoute de la jeunesse. Étude de la situation des adolescentes et des adolescents en Ontario francophone* (Toronto, Office de la télécommunication éducative de l'Ontario), p. 31–57.

[14] FFHQ, *Deux poids, deux mesures : les francophones hors Québec et les anglophones au Québec : un dossier comparatif* (Ottawa, Fédération des francophones hors Québec, 1978, 63 p.).

[15] Roger Bernard, *Le choc des nombres...*

[16] *Ibid.*, p. 263.

[17] Élaine Legault, *Tendances de la société en Ontario francophone* (Toronto, Office de la télécommunication éducative de l'Ontario, coll. Documents de travail, Direction de la Planification et Développement, 1989, 106 p.).

[18] FFCF, *Seules en grand nombre : dossier socio-économique sur la situation des Ontaroises chefs de famille monoparentale, rapport final* (Ottawa, Fédération des femmes canadiennes-françaises, 1984) ; René Guindon *et al., Les francophones tels qu'ils sont...* ; Daniel Savas, *Profile of the Franco-Ontarian Community, rapport final* (Toronto, Office des affaires francophones, 1988) ; Daniel Savas, *Employment situation of Ontario Francophones : A comparative analysis of Francophones & Non-francophones and Francophones and the four target groups designated by employment equity legislation, rapport final* (Toronto, Employment Equity Commission of Ontario, 1992, 87p.).

[19] L'Ontario a connu un excédent de 12 581 francophones dans les migrations interprovinciales pendant la seule période 1981-1986 (d'après Bernard, *Le choc des nombres...*, p. 175). Cette même province reçoit également la moitié des immigrés francophones au Canada.

[20] Denis Carrier, « Langue d'enseignement et comportement universitaire des Franco-Ontariens », *Revue du Nouvel-Ontario* (Sudbury, Institut franco-ontarien, vol. VII, 1985), p. 69-90 ; Denis Carrier, *L'Université d'Ottawa et la francophonie ontarienne. Rapport du groupe de travail sur les services universitaires en français, rapport final* (Ottawa, Cabinet du vice-recteur à l'enseignement et la recherche de l'Université d'Ottawa, décembre 1985, 92 p.) ; Denis Carrier, « Choix et performance des jeunes Franco-Ontariens à l'Université », Actes du colloque *Regards sur le jeune Franco-Ontarien* (Ottawa, Centre franco-ontarien des ressources pédagogiques, 1989), p. 126-133.

[21] Stacy Churchill, Normand Frenette et Saeed Quazi, *Éducation et besoins des Franco-Ontariens,* vol. I ; Stacy Churchill, Saeed Quazi et Normand Frenette, *Éducation et besoins des Franco-Ontariens,* vol. II : *L'enseignement postsecondaire. Rapport statistique* (Toronto, Conseil de l'éducation franco-ontarienne, 1985, 245 p.) ; Normand Frenette, *L'accessibilité aux études supérieures pour les francophones de l'Ontario,* Communication présentée lors du colloque de l'Association canadienne-française pour l'avancement des sciences (Toronto, Université York, octobre 1992) ; Normand Frenette et Saeed Quazi, *Accessibilité aux études postsecondaires pour les francophones de l'Ontario* (Toronto, ministère des Collèges et Universités, 1990, 248 p.) ; Normand Frenette et Saeed Quazi, « La francophonie ontarienne et l'accès à l'enseignement supérieur », *Francophonies d'Amérique,* vol. IV, 1994, p. 13-25.

[22] Stacy Churchill, Normand Frenette et Saeed Quazi, *Éducation et besoins des Franco-Ontariens,* vol. I ; *Idem, Éducation et besoins des Franco-Ontariens,* vol. II.

[23] Normand Frenette et Saeed Quazi, *Accessibilité aux études post-secondaires...*

[24] SULFO, *La question universitaire. Document de travail préparé par un comité spécial de la Société des universitaires de langue française de l'Ontario, rapport final,* 1990, 27 p.

[25] Normand Frenette et Saeed Quazi, *Accessibilité aux études post-secondaires...*, p. 19.

26 Il y a tout lieu de croire que le nombre de Franco-Ontariens à poursuivre leurs études postsecondaires à l'extérieur de l'Ontario est extrêmement limité, et encore plus limité que chez les non-francophones de l'Ontario. Selon Jacques LaHaye (*Diplômes et accès aux diplômes dans les universités québécoises, 1976-1988*, Québec, ministère de l'Enseignement supérieur et de la Science, 1990, 105 p.), le nombre de francophones de toute autre province que le Québec y ayant reçu un diplôme en 1988 a atteint à peine 123, ce qui inclut les diplômés des universités anglophones. Il faut savoir que seules les universités anglophones du Québec acceptent pour admission la 13e année dans un programme de 4 ans. Les universités francophones du Québec, qui n'offrent qu'un premier diplôme de 3 ans, exigent une année de CÉGEP au préalable. Les francophones de l'Ontario ne sont donc guère attirés par le besoin de faire ce qui revient à encore une autre 13e année avant d'aborder les études postsecondaires en français. Il y a tout lieu de croire que s'ils poursuivent les études à l'extérieur de la province, c'est pour le faire en anglais.

27 Il y a eu beaucoup de confusion à propos de ce critère dans l'esprit des commentateurs de nos deux études antérieures. Le *taux de participation* utilisé ici représente la population estudiantine exprimée comme proportion de la tranche d'âge des 18-21 ans. Il *ne* s'agit *pas* de la proportion de la population des 18-21 ans qui se trouve aux études.

28 Normand Frenette et Saeed Quazi, *Accessibilité aux études postsecondaires...*, p. 66-67.

29 *Ibid.*, p. 76-77.

30 Andris Barbian et Jan Sadlak, *Higher education in OECD European countries: Patterns and trends in the 1990s* (Genève, CRE, 1988, 19 p.).

31 Le collégial, en Ontario, comporte trois sortes de programmes : des programmes du postsecondaire, des programmes d'éducation des adultes et des programmes d'intérêt particulier. Seul le premier type de programme donne droit à un diplôme du postsecondaire. Le diplôme du postsecondaire n'est pas considéré normalement comme une propédeutique aux études du premier cycle universitaire.

32 Dans notre première étude, nous avons proposé l'argument que même ce taux de participation relativement favorable doit être considéré comme un échec relatif. La raison en est simple. Si le taux de participation des francophones aux études universitaires équivaut à la moitié des non-francophones, c'est qu'il devrait y avoir un « bassin » de population encore plus grand disponible pour les études collégiales. Cet argument repose sur l'hypothèse que les deux groupes linguistiques devraient fournir à peu près la même proportion d'étudiants aux études postsecondaires. Seule la distribution selon les ordres pourrait varier (Stacy Churchill, Normand Frenette et Saeed Quazi, *Éducation et besoins des Franco-Ontariens*, vol. I, p. 20-25).

33 Normand Frenette et Saeed Quazi, *Accessibilité aux études postsecondaires...*, p. 179.

34 *Ibid.*, p. 194.

35 Cette situation peut ne pas prévaloir à l'heure actuelle. C'est pourquoi il serait utile de connaître les données récentes afin de vérifier le comportement des francophones face à un marché rétrécissant en éducation.

[36] Zygmunt Bauman, « Hermeneutics and modern social theory », dans David Held et John B.Thompson (s. la dir. de), *Social theory of modern societies. Anthony Giddens and his critics* (Cambridge, Cambridge University Press), p. 34-55.

[37] Stacy Churchill, Normand Frenette et Saeed Quazi, *Éducation et besoins des Franco-Ontariens,* vol. I ; Normand Frenette et Saeed Quazi, *Accessibilité aux études postsecondaires...*

[38] Stacy Churchill, Normand Frenette et Saeed Quazi, *Éducation et besoins des Franco-Ontariens*, vol. I, p. 273-313 ; Normand Frenette et Saeed Quazi, *Accessibilité aux études postsecondaires...*, p. 97-101.

[39] John Porter, Marion Porter et Bernard L. Blishen (s. la dir. de), « The Franco-Ontarians », p. 258-273.

[40] Normand Frenette et Saeed Quazi, *Accessibilité aux études postsecondaires...*, p. 102-103.

[41] *Ibid.,* p. 98-101.

[42] *Ibid.,* p. 102-103.

[43] Sauf, évidemment, dans l'enseignement.

[44] Louise M. Dallaire et Réjean Lachapelle, *Profil démolinguistique : Ontario* (Ottawa, Secrétariat d'État, Direction générale de la promotion des langues officielles, coll. Profils démolinguistiques des communautés minoritaires officielles, s.d., 36 p.).

[45] En 1989 il y eut à peine 192 francophones issus des écoles secondaires de langue anglaise ayant réussi à s'inscrire à l'université (Frenette et Quazi, *Accessibilité aux études postsecondaires...*, p. 40).

[46] Ici on peut rejoindre les avis de Vincent Tinto rapportés par Danielle Ouellet (« Et le diplôme? Le décrochage à l'université », *Interface*, Montréal, ACFAS, vol. XII, no 8, 1991, p. 31), à condition de comprendre que pour le minoritaire, « la création d'un milieu social et intellectuel qui intègre l'étudiant dans sa vie de tous les jours et lui procure un soutien répondant à ses efforts » comprend nécessairement un soutien à son identité culturelle.

[47] Cette affirmation n'est pas un argument pour une université francophone de l'Ontario en tant que telle. Une université francophone pourrait constituer, dans l'économie actuelle des institutions postsecondaires qui ignorent superbement tout ce qui est identité culturelle, une dévalorisation tout aussi forte de l'identité culturelle des jeunes francophones.

[48] Pierre Dandurand, « Mouvements de la scolarisation, conditions de vie des étudiants et politiques d'accessibilité à l'université », *Revue des sciences de l'éducation*, Montréal, Université de Montréal, vol. XVII, no 3, 1991, p. 440.

La condition des femmes francophones en Ontario : de l'unicité patriarcale à la multiplicité des réalités_____

Sylvie d'Augerot-Arend
Département de science politique
Collège universitaire Glendon, Université York

Comme l'indique la formulation du titre, ce bilan vise à la fois la condition *des* femmes, pour exprimer la réalité qu'il n'existe pas qu'un archétype de femme francophone en Ontario ; et la condition *des femmes francophones en Ontario*, afin de ne pas éliminer la recherche faite sur les pionnières, les religieuses et les autres migrantes et immigrantes venues d'autres régions du Canada ou d'autres pays. Il tente de répondre à deux questions qui concernent la condition des femmes francophones de l'Ontario telle qu'elle est perçue de l'intérieur par la société minoritaire elle-même : 1) Comment la condition des femmes a-t-elle été décrite dans l'historiographie ? 2) Comment est-elle abordée à l'époque contemporaine dans des domaines précis qui sont importants pour l'égalité des femmes et leur émancipation du système patriarcal ?

En ce qui concerne le corpus, ces paramètres ont soulevé parfois quelques difficultés, quand il fallait choisir parmi les articles et livres qui traitaient des femmes francophones hors Québec en général, ou hors et au Québec, ou bien des femmes, ou de la population canadienne en général. Je n'ai retenu que les textes qui offraient suffisamment de contenu ontarois et qui concernaient les femmes. Parmi les femmes francophones, je n'ai exclu que les femmes artistes, parce que ce groupe, à mon avis, mérite une étude distincte. J'ai examiné livres, articles, thèses, documents historiques, répertoires, trousses et je fais mention même de certaines recherches en cours et de quelques documents non publiés que m'ont indiqués les chercheures féministes qui ont bien voulu répondre à mon enquête bibliographique[1]. Je ne mentionne qu'en de rares occasions les articles de certains magazines populaires comme l'*Actualité*. Quant aux revues de femmes, répertorier systématiquement leurs articles exigerait une autre recherche. Je ne fais que citer certains domaines traités par ces revues ou des articles qu'elles ont publiés sur des sujets particulièrement pertinents pour ce bilan. Je ne mentionne que très rarement des documents gouvernementaux qui, le plus souvent, sont des traductions de textes anglais.

Du point de vue de la période examinée, ce bilan, qui ne prétend pas être exhaustif, est un survol des écrits sur les femmes francophones de l'Ontario, depuis les années 40 au présent pour la partie historiographique, et surtout depuis les années 70 jusqu'à aujourd'hui pour les autres domaines. Finalement, le paramètre linguistique de ce bilan se limite principalement aux écrits en français, mais tient compte de quelques traductions. Il est, en effet, essentiel à ma démarche que la condition des femmes francophones soit décrite de l'intérieur et non par des auteurs ou pour un lectorat étrangers au milieu. Le recours, en de rares occasions, à des documents en anglais s'imposait, cependant, dans les cas où, même si les sujets de recherche étaient des Ontaroises, la grande majorité des écrits était en anglais.

MÉTHODOLOGIE

Pour ce qui est de la méthode adoptée, l'approche est celle d'une critique féministe qui se penche sur les questions abordées à partir d'une définition de la condition des femmes. Cette définition est nécessairement multidisciplinaire, la multidisciplinarité présentant d'ailleurs une certaine difficulté, pour saisir toutes les dimensions de ce bilan de recherche. La condition des femmes est définie à partir d'une perspective qui combine le féminisme libéral basé sur un but d'égalité entre les sexes dans le système existant et dans ses institutions principales, et le féminisme radical qui examine la condition des femmes du point de vue de leur oppression par un système patriarcal qui exprime, sous tous ses aspects, cette domination. Dans cette double perspective, les femmes en général souffrent, d'une part, d'une inégalité de représentation à tous les échelons de la société, et, d'autre part, d'une oppression dans tous les aspects de leur vie par un système patriarcal qui assure leur domination par les hommes. À ces deux dimensions s'ajoute la situation des femmes en communauté minoritaire, ce qui donne des relations supplémentaires de dominant-dominée, en tant que membres d'une minorité et souffrant d'une domination particulière de la part des hommes de leur société, à cause de cette situation minoritaire. Cette définition se conforme à celle des théoriciennes qui se sont penchées sur la triple oppression des femmes en situation minoritaire[2].
Cette approche me permet ainsi de diviser et d'examiner la recherche selon les trois dimensions de cette définition de la condition des femmes et de poser les questions suivantes : 1) Dans quelle mesure l'inégalité des femmes francophones et leur oppression par un système patriarcal sont-elles, d'une part, exprimées et, d'autre part, étudiées dans la recherche en Ontario ? Cette question se rapporte aux études sur leur condition spécifique en tant que femmes et sera d'abord examinée plus particulièrement dans l'historiographie. 2) Existe-t-il une certaine

évolution dans cette recherche qui indiquerait une prise de conscience de la condition des femmes francophones en Ontario par les Ontaroises elles-mêmes ainsi que de nouvelles pistes et orientations ? 3) Peut-on identifier certains événements comme des points tournants de l'éveil et de l'expression de cette nouvelle conscience ?

Ce bilan se divise en quatre parties. La première partie examine la recherche historique sur la condition des femmes francophones en Ontario. Elle donne des exemples des principales approches adoptées et analyse leur évolution. La deuxième partie considère brièvement les facteurs qui ont joué un rôle dans le passage de l'unicité patriarcale à la multiplicité des approches et des sujets de recherche, et qui ont facilité l'évolution de la définition de la condition des femmes et des femmes francophones vers une reconnaissance des divers aspects de leurs conditions et de la variété de leur identité. La troisième partie est consacrée, de façon plus générale, à la multiplicité des domaines de recherche et des approches sur la condition des femmes au cours des années 80 et 90. Bien que, dans le système patriarcal, l'oppression forme un tout, ce bilan se limite à la recherche qui porte sur certaines institutions sociales et économiques, formelles ou informelles, qui affectent particulièrement la vie des femmes et qui ont été regroupées en quatre grandes catégories : l'économie, l'éducation, les rapports femmes-hommes et la sexualité, la santé. La quatrième partie offre, en conclusion, un commentaire critique sur la recherche présente et sur les voies d'avenir, ainsi que sur les tensions qui existent, d'une part, entre la multiplicité de la recherche féministe et ses buts d'égalité et d'élimination du sexisme, et, d'autre part, la réaction du secteur universitaire patriarcal et les besoins de survie de la société minoritaire.

LA RECHERCHE EN HISTORIOGRAPHIE

Pourquoi considérer en premier lieu la recherche en historiographie comme un exemple typique de la recherche sur les femmes francophones en Ontario par la communauté elle-même ? Parce que, tout d'abord, la condition des femmes résulte du processus de socialisation. Ce processus — de transmission des valeurs, des comportements et des attitudes dans une société — se fait en partie selon les modèles de cheminement de vie donnés aux femmes dans leur milieu contemporain ou dans l'histoire de leur communauté. L'histoire est, en effet, un facteur particulièrement important d'identité et de formation d'identité dans une société minoritaire. Pour les femmes en général, la socialisation dans la société actuelle leur apprend, selon le féminisme libéral, non pas à rechercher un traitement égal, mais à se contenter de leur place inférieure dans la société. Selon le féminisme radical, elle vise à leur faire accepter leur oppression par les hommes et, en général, par le système patriarcal, un système d'oppression basé sur le fait qu'elles sont des femmes. Pour les femmes francophones en Ontario, cette oppression se superpose donc à celle d'être membre d'une communauté minoritaire : elles sont opprimées comme femmes, comme femmes francophones et comme membres d'une communauté minoritaire. Quelles approches et quels modèles l'historiographie ontaroise emploie-t-elle donc pour examiner la condition des femmes de sa société ?

Le premier modèle de l'historiographie est celui de la *femme invisible*, qui est habituellement étudiée selon l'*approche communautaire*. C'est un modèle particulièrement choyé par les historiens et par certains spécialistes des sciences sociales, surtout dans le domaine de l'éducation. « Historiens », parce que la recherche employant ce genre de modèle est effectuée essentiellement par des hommes, parfois par des religieux, très rarement par des femmes, et dans ce cas, le plus souvent aussi par des religieuses.

Ce modèle considère que les femmes n'ont pas d'identité personnelle. Elles appartiennent à la communauté et s'y confondent. Ce genre de recherche, quand il présente des statistiques ou fait des sondages sur la communauté franco-ontarienne, assume que les femmes n'existent pas en tant que sujets d'étude distincts. Elles n'ont pas de vie propre dans l'histoire de leur communauté. L'histoire présentée est celle de la communauté et cette communauté est celle des hommes. Cela est d'autant plus évident que ces recherches précisent souvent les contributions de certains hommes dans le tableau général qu'elles brossent. On pourrait expliquer ce modèle comme étant lié à la situation minoritaire de l'Ontario français, qui doit présenter un bloc solide pour faire face à la majorité. Cela n'excuse pas toutefois la masculinité de ce bloc. Il s'agit là d'une approche et d'un modèle patriarcaux que l'on rencontre encore, à divers degrés, dans des documents récents d'histoire et de sciences sociales[3].

Le deuxième modèle de l'historiographie est une variante de l'approche précédente. Il considère les cheminements de vie des femmes sous *cinq catégories* en ne privilégiant comme modèles de socialisation que les deux premières, les trois autres étant à peine étudiées, ou seulement citées. Les deux premiers cheminements sont identifiés par leurs services aux hommes, à la communauté et à l'Église catholique.

Le premier cheminement de vie que l'on retrouve dans cette historiographie, en particulier dans les histoires de paroisses et de communautés pionnières du nord de la province, est celle de l'*épouse-mère-servante de l'Église*. La femme est une reproductrice d'enfants, d'institutions et de traditions qui ignorent son individualité. Parfois elle n'a même pas de nom propre ; elle est la *femme de* M. Untel qui est arrivé dans une région à telle date avec sa femme et ses dix enfants[4]. Même dans un récit des pionniers d'avant et du temps de la Conquête

qui mentionne des femmes et des enfants, une femme seule est nommée[5]. Plus tard, dans les histoires de paroisses, les récits de vie des
femmes indiquent leur date de naissance, de baptême, de mariage, la
date de leur premier accouchement, des naissances des autres enfants et
de leur possible décès, le nombre de leurs petits-enfants et les dates
auxquelles ces femmes sont mortes. On décrit parfois brièvement quels
soins du ménage et de la ferme elles accomplissaient. Dans de tels
récits de vie, les femmes ne paraissent pas avoir d'identité spécifique
ou d'opinion personnelle. Leurs qualités sont celles de servir leur mari,
leur famille, leur communauté et l'Église. Elles sont souvent membres
des Dames de Ste-Anne ou des Enfants de Marie, participent aux pro-
cessions et préparent les soupers ou pique-niques paroissiaux[6]. Les
récits de paroisse « comptent » les enfants des plus grosses familles,
considérés comme étant les principales réalisations des Ontaroises.

Quelques documents[7] offrent une variante de ce modèle qui donne
un peu plus de place à l'individualité des femmes et à leur créativité
personnelle. Certains décrivent les activités quotidiennes et saisonniè-
res des femmes de façon plus détaillée, et donnent des précisions sur les
tâches entreprises par leurs associations. Ces documents ouvrent une
brèche dans une réalité historique qui mérite d'être explorée davantage.
Les trop brefs portraits de quelques femmes brossés dans les citations
qui suivent donnent un avant-goût du potentiel de cette exploration :

> Elle [la grand-mère de l'auteur], au contraire [de son grand-père], était
> énergique et, soit dit en passant, l'homme d'affaires qu'on ne jouait pas.
> Elle administrait son commerce, achetait des terrains, fit construire plu-
> sieurs maisons. Elle acheta cinq terres dans la première concession du
> canton de Grason pour y établir ses enfants[8].
> Mme [...] organiste. Elle avait étudié chez les Dames Ursulines de Québec.
> Aussi, institutrice à 16 ans. Pleine de bonté, toujours serviable, ne comp-
> tant jamais ses fatigues. À chaque fête de l'année, elle nous préparait
> toujours quelque régal de musique religieuse. Marie [...] Servante pas
> toujours commode, mais combien fidèle et dévouée, et charitable ! De ses
> épargnes, elle fit instruire un enfant pauvre qui devint prêtre.
> Mme [...] Jolie vieille, même sur ses 80 ans. Elle était venue avec son
> époux demeurer au presbytère chez son fils Alphonse, alors curé de
> Verner. Elle était dépareillée [sic] dans l'art culinaire. Tous les prêtres la
> connaissaient et l'aimaient. Elle avait acquis une sorte de parenté spiri-
> tuelle avec eux. Il lui arrivait parfois de tutoyer les plus jeunes et, à la fin,
> tout le monde l'appelait « Mémère ». Ce qu'elle leur en a fait de douceurs
> et de petits mets[9] !

En général, ce premier modèle de cheminement de vie de femmes,
comme productrices d'enfants, reproductrices de société et soutien des
institutions patriarcales, religieuses et laïques, est conforme à un idéal
patriarcal de service et d'oubli de soi pour la communauté, l'Église et

les hommes de la communauté. Le modèle de cette femme idéale est décrit dans la biographie du Dr Hurtubise qui déclare que, s'il prenait femme, elle devrait reproduire les vertus de sa mère : « humilité, ingéniosité au travail, dévouement, fidélité au foyer et à son homme[10] » ; la capacité de produire de nombreux enfants n'est pas mentionnée mais va de soi dans le contexte de l'époque. On peut supposer que ce modèle idéal s'écartait quelque peu de la réalité car le Dr Hurtubise ne prit jamais femme !

Le deuxième cheminement de vie étudié et valorisé dans ce genre de recherche patriarcale est celui des *religieuses*. Dans une monographie paroissiale, un auteur rend hommage aux mères canadiennes, responsables de bâtir la « race », et qui ont accepté de supporter « l'isolement, l'angoisse, et nombre de sacrifices[11] ». Néanmoins, la majorité des femmes qu'il mentionne sont des religieuses et parfois des institutrices laïques. À nouveau, dans les histoires paroissiales antérieures à 1980, les religieuses ont rarement une identité propre et sont soumises aux prêtres. Elles viennent à la demande d'un évêque, d'un curé ou d'un abbé. Par exemple, à North Bay, un document paroissial relate que l'abbé Chapleau « constata que l'instruction des enfants était négligée malgré tout le dévouement de nos institutrices laïques. Immédiatement, il fit venir de Nicolet les R.R. Sœurs de l'Assomption qui se sont dévouées un peu partout dans le diocèse et à qui on a confié l'éducation et l'instruction des jumelles Dionne[12] ». À Bonfield, « les Révérendes Sœurs du Sacré-Cœur arrivent le 28 août 1926 [...] pour enseigner, appelées par l'abbé Antonin Astor, car il est difficile de trouver le nombre suffisant d'institutrices qualifiées pour les classes[13] ». Dans ce genre de document, les religieuses semblent rarement avoir une origine individuelle spécifique et ne paraissent pas avoir de vie antérieure à leur arrivée dans la paroisse. Si plusieurs écrits les nomment, on ne les connaît le plus souvent que sous le nom qu'elles ont adopté en prenant le voile. Quelques documents de certains villages mentionnent les familles qui ont donné des filles et des garçons au sacerdoce ou le nom de celles qui sont entrées en religion[14]. Quant aux religieuses venant d'ailleurs, leur vie commence avec leur arrivée en Ontario. Une fois dans la province, elles servent la communauté dans les écoles, les orphelinats, les asiles et les hôpitaux, ou travaillent comme missionnaires dans le Nord, sous une autorité toujours patriarcale, surveillées par des médecins ou des autorités religieuses ou scolaires masculines. Certains documents visent à décrire l'origine et les activités des diverses communautés religieuses en Ontario français ou dans l'ensemble du Canada. C'est le cas du livre de Monique Jean, qui offre quelques paragraphes sur l'origine des fondatrices, mais porte principalement sur l'évolution, l'expansion, la scission, les structures et les constitutions de ces communautés au Canada, et de celui de Paul-François Sylvestre, qui ne cherche qu'à retracer et décrire les communautés religieuses franco-ontariennes[15].

Il existe une exception aux ouvrages de ce genre qui datent, pour la plupart, des années 40 et 50 : le livre de Sœur Paul-Émile sur Mère Élisabeth Bruyère et son œuvre, paru en 1945[16]. Le portrait de Mère Bruyère est plus étoffé ; il repose en partie sur ses lettres et est placé dans son contexte historique. Un deuxième livre de la même auteure, paru en 1959, qui compare Mère Bruyère à Mère d'Youville, est beaucoup plus idéalisé et stéréotypé[17]. Notons, cependant, que si la personnalité forte et vive de Mère Bruyère et sa créativité individuelle ressortent clairement de ces deux écrits, elle y est néanmoins décrite comme une personne soumise de multiples façons à l'Esprit saint, à la Providence, aux évêques, aux prêtres et à Bytown-Ottawa. L'auteure met en sourdine son individualité et ses choix personnels, tandis qu'elle souligne sa soumission et les services qu'elle rend aux autorités masculines. Pourtant, ces lacunes ne peuvent faire oublier que, sans aucun moyen, Mère Bruyère accomplit une énorme tâche et que sa soumission ne se produit guère aisément. De fait, on perçoit que ce modèle de perfection a ses faiblesses.

Les trois modèles de vie qui suivent ne sont pas valorisés dans les écrits historiographiques d'avant 1980. Ce sont ceux des *institutrices laïques*, des *femmes qui travaillent à l'extérieur du foyer* et des « *filles de...* », c'est-à-dire des jumelles Dionne.

Le premier de ces trois parcours de vie, très peu étudié mais mentionné dans les documents, est celui des *institutrices*. Le ton adopté pour décrire celles-ci est plutôt dérogatoire. On les dit très jeunes, manquant d'expérience et de connaissances, en général peu qualifiées, très mal rémunérées, et ayant grand besoin de l'aide des religieuses. Elles doivent souvent enseigner dans des conditions précaires. Par exemple, la première institutrice de Chapleau devait enseigner sous la tente, la deuxième au vestiaire de l'église. D'après ces écrits, ce modèle de service essentiel à la survie de la communauté est donc peu apprécié par celle-ci[18]. Il est quand même étonnant que peu de documents se penchent sur les luttes des institutrices lors de l'adoption du règlement XVII, vu l'importance de ces luttes dans l'histoire de l'Ontario français. Il n'existe, dans l'historiographie des années 40 à 60, qu'une seule biographie partielle de Jeanne Lajoie et, plus récemment, un article dans *L'Actualité*[19]. Pourquoi ce modèle de vie n'est-il pas valorisé dans l'historiographie ? On peut supposer que, bien qu'essentiels, les services de ces institutrices laïques sortaient du modèle de dévouement bénévole féminin. Ils étaient rémunérés et relevaient du domaine public, ce qui contrariait le système patriarcal. Ces femmes faisaient concurrence aux religieuses ou aux instituteurs sur le marché du travail. L'enseignement était aussi, par le passé, l'une des seules professions qui pouvait accorder quelque autonomie financière aux femmes. Il fallait que cette profession soit mal rémunérée pour décourager les femmes de s'y joindre, pour leur enlever le goût de l'autonomie économique et pour les encourager à se marier ou à devenir religieuses, selon les deux modèles idéaux du système patriarcal traditionnel.

Le deuxième modèle de vie négligé dans l'historiographie est seulement cité, sans aucune exploration, dans les documents historiques du Nouvel-Ontario : c'est celui des *femmes des professions libérales ou fonctionnaires*. En de rares occasions, les documents de paroisses ou de communautés mentionnent leurs noms et leurs professions sans, toutefois, décrire leur expérience de vie. On ne connaît ni leurs cheminements de carrière, ni leurs accomplissements. Par exemple, on apprend dans le portrait économique de Bonfield qu'une femme succède à son mari à la fonction de maître de poste[20] et, dans celui d'Astorville, que, suivant le développement d'un chantier, « M. et Mme Émilien Tremblay dirigeront la maison de pension pour les bûcherons[21] ». À North Bay, il y avait un épicier, Mme Marius Cholette, que l'auteur félicite avec cinq autres épiciers canadiens-français pour avoir établi des magasins offrant des services en français et faisant concurrence aux établissements anglophones[22]. Dans son répertoire des journaux de l'Ontario français, Paul-François Sylvestre indique les noms de plusieurs rédactrices[23], sans nous raconter leur histoire. Pensons aussi à l'importance du rôle pourtant traditionnel des sages-femmes et des servantes de curés dans la vie communautaire d'autrefois. Il est à espérer que les archives orales et écrites pourront un jour nous livrer la richesse des vies de ces femmes oubliées, cheminements que l'historiographie du passé ne voulait ni élaborer ni valoriser, car il s'agissait d'une route conduisant à une certaine autonomie des femmes francophones, à l'opposé de l'idéal du modèle féminin patriarcal.

Le troisième cheminement de vie négligé par l'historiographie de langue française du passé est celui *des filles de...*, en l'occurrence celui des jumelles Dionne. Alors qu'il existe une demi-douzaine d'ouvrages et d'articles qui ont été publiés sur ce sujet par des anglophones, on ne trouve en français qu'un mémoire rédigé par deux prêtres[24] qui défendent l'autorité paternelle d'Oliva Dionne et attaquent la *Loi Croll*, et une traduction du livre de Pierre Berton, *Les jumelles Dionne et leur époque*[25]. Ce dossier, dont l'approche est narrative et contextuelle, essaye, toutefois, de démythifier quelques fables sur les Dionne, comme celle de la pauvreté d'Oliva Dionne, alors qu'il était le seul du village à avoir une automobile et qu'il possédait une grande ferme de près de 200 acres. Pourquoi existe-t-il si peu d'écrits en français sur les quintuplées franco-ontariennes et leur famille ? La communauté minoritaire craignait-elle d'attaquer les autorités majoritaires en dévoilant l'exploitation des jumelles par le gouvernement ontarien ? L'histoire des Dionne illustrait-elle trop bien la fin des illusions, prêchées par les religieux, qu'un plus grand nombre d'enfants apporte un plus grand bonheur ?

Cette deuxième grande approche historiographique de la condition des femmes francophones de l'Ontario qui, parmi cinq modèles de cheminement de vie, ne valorise que ceux des mères et des religieuses, continue encore à être employée de nos jours, moyennant, depuis la fin des années 80, quelques modifications. Cette approche semble liée à la situation minoritaire de la communauté et à sa grande domination, jusqu'aux vingt dernières années, par les autorités catholiques qui dirigent la vie sociale et intellectuelle. Ces autorités imposent un modèle idéal de comportement aux femmes qui est à leur bénéfice — il leur faut un certain nombre d'âmes francophones pour avoir une paroisse distincte —, tout en ayant à cœur de perpétuer la présence physique de la communauté. Ce sont les femmes qui payent le prix de cette double survie. Les modèles valorisés ignorent les 20 pour cent de femmes francophones qui travaillent à l'extérieur dès le tournant du siècle, de même que les femmes veuves et célibataires. Ces modèles de socialisation choisissent ainsi d'exclure une partie importante de la population féminine de l'histoire de l'Ontario français.

La troisième approche utilisée en historiographie consiste aussi à se pencher sur une histoire de vie que l'on raconte, cependant dans son contexte réel, sans vouloir en faire un modèle. Avant les années 80, cette approche est plutôt marginale, car seule une auteure, Marguerite Whissel-Tregonning, l'adopte. Dans deux volumes parus en 1978 et 1979[26], celle-ci raconte son propre cheminement de vie et celui de sa mère. Les personnalités bien définies de ces deux femmes, leurs penchants et leurs actions ne se conforment pas nécessairement au modèle traditionnel de la femme franco-ontarienne et à l'idéal patriarcal de service et de soumission au mari, à la communauté et à l'Église. L'auteure a épousé un Anglo-Ontarien et n'a pas peur d'émettre des opinions contraires au mythe de l'idéal agriculturaliste communautaire. Pendant longtemps, dit-elle, elle n'aimait pas particulièrement la vie rurale. Elle mentionne aussi que sa mère décida avec son deuxième mari de ne plus avoir d'enfants. Ce sont des récits d'une personne qui s'affirme, dans un sens, hors des normes de la communauté. De plus, autoéditant deux de ses trois ouvrages, elle peut oser sortir des sentiers battus et décrire la réalité. Cet effort plus réaliste paraît même dans les brefs portraits des pionnières et des pionniers qu'elle présente dans un volume subséquent sur l'histoire de Sudbury[27].

La quatrième approche en historiographie est plus récente et s'ouvre à une multiplicité de perspectives et de sujets de recherche. Cette approche se penche de plusieurs façons sur la diversité des vies et leurs réalités. La recherche porte sur des histoires de vie de femmes francophones qui se distinguent de par leur vocation, leur profession et leurs origines, et sur la créativité individuelle que révèlent ces cheminements. Elle considère également les contributions personnelles de ces femmes à la communauté dans le but précisément d'offrir de nouveaux modèles aux jeunes. Signalons six caractéristiques nouvelles de cette recherche.

La première est qu'elle porte sur l'histoire véridique. La recherche sur les religieuses, par exemple, a maintenant pour but de dévoiler les facettes variées de leur vie et de leur personnalité réelle. Citons, à cet égard, la publication des lettres de Mère Élisabeth Bruyère, une thèse de doctorat en cours sur les sœurs du Perpétuel Secours de Hearst, ainsi qu'un ouvrage récent sur les religieuses, qui inclut les sœurs grises d'Ottawa et s'appuie en partie sur des méthodes quantitatives[28]. Ajoutons aussi de nouvelles recherches sur les jumelles Dionne effectuées par des francophones et par des anglophones qui visent à faire les mises au point nécessaires sur leur famille et leur vie[29], et à les replacer dans un contexte plus réaliste.

Une deuxième caractéristique nouvelle est l'orientation vers la recherche-action. La documentation sur des cheminements de vie de femmes francophones de l'Ontario du passé et du présent, *Femmes de vision. Fiches biographiques et stratégiques d'intervention pédagogique*, publiée par l'Association des enseignantes et des enseignants franco-ontariens (AEFO)[30], en est un exemple. En remontant dans le passé aussi loin qu'à l'époque de la Nouvelle-France, cette documentation met l'accent sur les accomplissements personnels et les carrières différentes d'une cinquantaine de femmes. Bien qu'on compte parmi celles-ci encore un grand nombre d'enseignantes et de religieuses, beaucoup d'entre elles ont fait aussi autre chose. Elles ont participé à la fondation d'associations franco-ontariennes ; elles ont été animatrices de leur communauté, et membres d'une diversité de professions : chef d'orchestre, députée, championne de natation, conseillères scolaires, municipales, ou fonctionnaires. En soulignant les réalisations individuelles de ces femmes, que ce soit dans le cadre d'un service à la communauté ou en dehors d'un tel service, cette documentation montre qu'elles peuvent développer leur individualité, en tant qu'agentes actives, tout en faisant reconnaître leur contribution à la communauté.

Le livre de Sylvie Jean sur les athlètes et les femmes impliquées dans le domaine des sports[31] offre un autre répertoire des cheminements de vie des femmes hors du foyer. L'auteure y décrit tout un éventail d'activités et met en vedette, entre autres, les membres d'une équipe championne de quilles, une championne d'escrime, ainsi que les femmes qui siègent aux conseils d'administration d'associations francophones des sports et loisirs et de l'Association franco-ontarienne des éducatrices et éducateurs physiques (AFOÉP). Elle souligne également la participation des jeunes francophones aux Jeux de l'Ontario, du Canada, de la Francophonie et du Commonwealth, et décrit leur éducation, leur formation et leurs accomplissements. Sont présentés ainsi de nouveaux modèles de réalisation de soi hors des institutions traditionnelles du foyer et de l'Église.

Une troisième caractéristique nouvelle de la recherche est la priorité qu'elle donne à la réinterprétation féministe de l'histoire des femmes, en soignant particulièrement le contexte historique de leurs cheminements de vie. Lucie Brunet, dans sa biographie d'Almanda Walker-Marchand, fondatrice de la Fédération des femmes canadiennes-françaises (FFCF), adopte ainsi une approche conforme aux réalités passées et présentes[32]. Elle introduit une interlocutrice fictive contemporaine qui commente la vie d'Almanda par rapport à la sienne pour faire ressortir les différences en ce qui concerne leurs conditions de vie et le milieu historique de la communauté. Elle démontre comment Almanda Walker-Marchand, tout en devant œuvrer dans un contexte institutionnel patriarcal canadien et franco-ontarien, est arrivée néanmoins à atteindre ses propres buts. Ses choix, sa personnalité, ses accomplissements, son féminisme actif du type maternel de l'époque, mais solidaire de toutes les femmes, y compris les Anglo-Ontariennes comme Charlotte Whitton, et ses aspirations politiques d'un siège au Sénat, y sont examinés et expliqués. Sa biographie ne se borne pas à relater son mariage et ses accouchements ; sans ignorer ceux-ci, l'auteure leur accorde leur juste place par rapport aux activités d'Almanda Walker hors du foyer, dans la vie publique et communautaire.

Autre dimension nouvelle, on note une volonté d'inscrire les femmes comme agentes actives de l'histoire franco-ontarienne. C'est le cas du court article de Monique Dumont sur les sœurs Diane et Béatrice Desloges, institutrices à l'école Guigues, et sur leur insubordination au règlement XVII[33].

La recherche se renouvelle aussi par sa critique de l'unicité des modèles de vie offerts aux Franco-Ontariennes, de la déformation de leur histoire et de l'oubli dont celles-ci ont fait l'objet dans l'histoire de la communauté. L'étude de Ruby Heap et de Gabriella Logan sur les étudiantes de l'École normale de l'Université d'Ottawa révèle que les cheminements de vie de celles-ci n'ont pas tous été d'enseigner, mais que leurs études leur ont précisément ouvert l'accès à d'autres voies éducatives et professionnelles[34]. J'ai moi-même tenté de démontrer comment le nationalisme minoritaire entre 1913 et 1927, tel qu'il a été exprimé dans *Le Droit*, visait à imposer aux femmes des modèles de vie et de comportement opposés à leur sortie dans le monde du travail et dans la sphère publique, pour, d'une part, ne pas nuire à leur rôle de gardiennes de « la race », et, d'autre part, préserver les postes les mieux rémunérés et les plus prestigieux pour les hommes[35]. L'excellente thèse de maîtrise de Marie Labelle examine la participation des femmes canadiennes-françaises au sein des organisations formelles volontaires laïques pour femmes adultes pendant la période de 1850 à 1950 dans le nord de l'Ontario[36]. L'auteure décrit la vie de ces femmes qui se donnent toujours aux autres et sont au service de l'Église, même dans les loisirs organisés, et elle remarque que le modèle de sainte Anne, épouse et mère, qui leur est donné, oublie une partie de la population en excluant les femmes non mariées. Au début des années 80, Jacqueline Pelletier, examinant la recherche sur la situation de la Franco-Ontarienne, critique, avec raison, l'absence des Ontaroises de l'histoire de la communauté. Elle souligne également l'écart important qui existe entre les modèles idéaux de vie de la « vraie Franco-Ontarienne » et les réalités qui confrontent les femmes au travail[37].

Enfin l'histoire réaliste des organisations de femmes par les femmes elles-mêmes, afin de leur donner une place dans l'histoire de l'Ontario français, constitue aussi une approche nouvelle. Citons ici l'ouvrage d'Éva Côté sur l'Union culturelle des Franco-Ontariennes (UCFO), qui décrit les changements survenus dans cette organisation et dans ses services et initiatives. L'auteure établit le contexte spécifique à cette évolution. Au but principal de servir les institutions communautaires et religieuses patriarcales, s'ajoute la volonté de défendre les droits des femmes, de trouver des moyens pour répondre aux besoins régionaux et d'offrir aux membres la possibilité de s'épanouir dans la communauté. Elle retrace le cheminement de l'UCFO créée en 1937, comme branche de l'Union catholique des cultivateurs de l'Ontario, par les dames de Clarence Creek et de Wendover, sous le nom d'Union catholique des femmes de l'Ontario. En relatant cinquante ans dans la vie de cette organisation, l'auteure dévoile les réalisations de ses membres et aussi les changements survenus dans leurs principaux projets et activités. Citons aussi la brève histoire de la Fédération nationale des femmes canadiennes-françaises (FNFCF) de 1914 à 1991, qui contient des témoignages d'Ontaroises, comme ceux de Jeanne Lajoie et des sœurs Desloges, et des documents sur l'histoire de cette fédération en Ontario[38].

En résumé, on relève donc dans l'historiographie quatre grandes catégories d'approches concernant la condition des femmes francophones en Ontario, dont les deux premières occultent l'existence, la présence, les contributions et la diversité des vies des femmes. La première, l'approche communautaire en histoire et en sciences sociales, offre un modèle de femme invisible, sans présence, contribution ou identité, un modèle que l'on retrouve encore de nos jours. La seconde vise à déformer la réalité en présentant, comme seule condition valorisée, un modèle idéal de vie en termes de service à la communauté, au système patriarcal et à l'Église, sous deux variantes : un modèle principalement biologique, comme reproductrices d'êtres humains et de société traditionnelle, et un autre essentiellement religieux, comme servantes de la société, des autorités et de l'Église. La troisième est l'approche purement individualiste, utilisée par une femme qui choisit de raconter une partie de la vie ou toute la vie de femmes en se concentrant sur leurs opinions, leurs sentiments, leurs décisions et leurs relations personnelles. Enfin, la quatrième, de date plus récente, offre toute une série d'approches adoptées par des femmes qui embrassent divers degrés de féminisme. Certaines ont pour objet de rechercher et de dévoiler les cheminements de vie individuels et les accomplissements des femmes dans toute leur multiplicité, visant justement à contrer et à remplacer les modèles historiographiques du passé. D'autres exposent les mythes de l'historiographie ontaroise et critiquent les modèles patriarcaux imposés aux femmes. D'autres encore réécrivent certaines parties de l'histoire de la communauté pour y inscrire la présence des femmes, les divers aspects de leur condition et leurs contributions, en adoptant une perspective critique des récits du passé.

Ce survol de l'historiographie ontaroise, avec ses racines profondes dans le passé et ses mythes communautaires, permet d'illustrer l'évolution des approches, des modèles et des sujets de recherche. Il révèle également que les optiques patriarcales de la communauté universitaire francophone n'ont pas disparu et côtoient encore les approches féministes. Les autres domaines de recherche sur la condition des femmes sont de plus récente date, si bien que leur bilan ne se référera, par nécessité, qu'à l'époque contemporaine, et particulièrement aux dix ou vingt dernières années.

FACTEURS DE CHANGEMENT

Pourquoi des approches plus féministes sont-elles apparues en historiographie vers 1980, malgré la persistance de l'approche communautaire-femme invisible et de modèles encore patriarcaux ? Plusieurs raisons internes et externes à la communauté se sont combinées pour favoriser l'apparition, en historiographie et dans d'autres domaines, d'approches et de recherches visant à redresser les stéréotypes du passé, à offrir de nouveaux modèles et même à améliorer la condition des femmes francophones de l'Ontario.

La première raison est d'ordre institutionnel sur les plans national et provincial, et se rapporte à la condition des Canadiennes et des Canadiennes françaises en général. Les changements qui surviennent à partir des années 70 expriment une reconnaissance de la situation inférieure des femmes et une certaine volonté d'y remédier. À l'échelle nationale, la Commission royale d'enquête sur le statut de la femme, créée en 1967, publie son rapport et ses 167 recommandations en 1970. Ce rapport révèle l'inégalité des femmes dans les institutions sociales, économiques et politiques du pays. Il suscite un certain nombre d'études, de programmes et de réformes ainsi que la création de nouvelles institutions et organisations pour défendre les droits des femmes et améliorer leur situation. Le Conseil consultatif canadien sur le statut de la femme est ainsi créé en 1973. Le Comité canadien d'action sur le statut de la femme (CCA/NAC) fait ses premiers pas sous forme ad hoc en 1971. L'année internationale des femmes suscite, entre autres, la création de centres de recherche, comme l'Institut canadien de recherche sur les femmes (CRIAW/ICREF), créé en 1975, ainsi que la fondation de l'Association nationale des femmes et de la loi (NAWL/ANFL), qui organisent des colloques nationaux sur la condition et le rôle des femmes. Des cours, puis des programmes d'étude sur la condition des femmes, apparaissent dans les universités. Quelques francophones ont assisté en 1979 à la naissance à Toronto de l'éphémère Parti féministe du Canada. Dans les années 80, le secrétariat d'État offre des subventions à la recherche sur des questions concernant les femmes et en particulier les femmes et le travail[39]. Certains programmes de formation pour les femmes sont également financés par Ottawa, comme *Nouveau départ*[40]. Le premier colloque national sur la formation des femmes organisé par la Fédération des francophones hors Québec se tient en septembre 1989[41].

Indépendamment de ces événements qui concernent plus spécifiquement les femmes, il faut mentionner l'adoption, en 1969, de la Loi sur les langues officielles, révisée en 1988, qui valorise le français dans les institutions fédérales et qui ouvre ainsi de nouveaux débouchés aux francophones. En Ontario, des changements institutionnels favorisent également une nouvelle approche envers les femmes. L'année 1963 marque l'établissement d'un *Women's Bureau* au ministère du Travail et de la Main-d'œuvre. En 1973, le gouvernement ontarien nomme pour la première fois une femme, Margaret Birch, à un poste de ministre et crée son propre Comité consultatif sur le statut de la femme. En mai 1983 est mis sur pied le premier ministère responsable de la condition des femmes, suivi, en juin, par l'ouverture du Bureau de la direction des femmes. En ce qui concerne les Ontaroises, la première candidate à une élection provinciale se présente en 1981. En 1978, une femme, Jeannine Séguin, est nommée présidente de l'ACFO, ouvrant ce poste à d'autres femmes, et, en 1992, Jacqueline Pelletier devient la première Franco-Ontarienne à présider le Comité consultatif sur la condition féminine de la province.

D'autres facteurs touchent plus particulièrement à la vie interne de la communauté. Au Québec, pendant la Révolution tranquille, l'Église a perdu une partie de son pouvoir. La société ontaroise ne vit pas cette perte de pouvoir au même degré que la province voisine. À l'influence du Québec s'ajoutent d'autres facteurs de changement dans le milieu ontarois : plus spécifiquement, la prolétarisation et l'urbanisation ac-

crues de la communauté, ainsi que la dissémination d'idées et de modèles nouveaux et étrangers par l'entremise de la télévision. L'évolution
des communautés rurales, de moins en moins nombreuses et de moins
en moins isolées, réduit aussi le pouvoir de l'Église, mais ce facteur
n'est pas aussi important qu'on pourrait le penser, car dans les années
80 la communauté continue à s'urbaniser moins rapidement que le
reste de la population provinciale. Le déclin de l'influence religieuse
offre aux chercheures une certaine liberté pour dévier des modèles et
idéaux patriarcaux ou pour les abandonner complètement, afin
d'adopter des approches féministes ou de traiter de nouveaux sujets de
recherche.

D'autres raisons internes font évoluer la recherche sur les femmes :
d'une part, les conséquences des nouvelles lois sur l'éducation secondaire en langue française (1968)[42] et, d'autre part, l'implantation de
services en français qui aboutit, en 1986, à l'adoption de la Loi sur les
services en français (Loi 8) qui entre en vigueur en 1989. Les femmes
peuvent continuer leurs études en français et pas nécessairement dans
des écoles catholiques ; elles peuvent ainsi échapper aux modèles
patriarcaux de socialisation : « dévouement mères-religieuses » ou
« inexistence individuelle ». Il se produit une révolution culturelle chez
les jeunes générations qui plongent avec leurs animateurs et animatrices
dans la musique, les lettres, le théâtre et l'artisanat. Il existe aussi pour
les femmes francophones de nouveaux débouchés dans l'éducation laïque et dans la fonction publique. Un plus grand nombre se tourne vers
le droit et les études universitaires. De jeunes chercheures peuvent être
formées avec une perspective féministe et s'exprimer dans les presses
universitaires et dans les nouvelles revues féministes de langue française en Ontario et au Québec. En même temps, on s'interroge sur
l'accessibilité et la qualité de l'éducation en langue française et sur les
besoins de la communauté, et donc sur ceux des femmes. Pour que les
femmes francophones puissent se libérer du joug patriarcal de la famille et de l'État-papa, elles doivent en avoir les moyens. Elles ont
besoin d'une éducation adéquate. De plus, le rapport Churchill souligne
que, dans les conditions modernes de la nouvelle réalité du rôle des
Ontaroises, qui ont moins d'enfants et qui participent au marché du
travail, il est essentiel que celles-ci puissent avoir accès à une éducation
et à une formation professionnelle suffisantes. L'accès à des garderies
de langue française leur est également indispensable, ajoute-t-il, pour
échapper à la pauvreté et s'épanouir dans la communauté francophone
et dans la province[43].

On note aussi la création d'organismes chez les francophones hors
Québec et une prise de conscience plus marquée des identités régionales en contrecoup au mouvement d'indépendance du Québec. Une plus
grande ouverture aux aspects divers de la condition de la communauté

ontaroise s'opère chez les anciens organismes communautaires, y compris ceux des femmes. L'Association canadienne-française d'éducation d'Ontario (ACFÉO) devient, en 1969, l'Association canadienne-française de l'Ontario (ACFO), pour exprimer son désir d'examiner des dossiers autres que ceux de l'éducation, dont certains, comme ceux du travail, de l'économie et de la formation des adultes, touchent particulièrement à la vie des femmes. Pendant la décennie 1970-1980, le pouvoir religieux sur les anciennes associations de femmes, comme la FNFCF et l'UCFO (UCCFO), s'estompe. Ces associations se tournent davantage vers les besoins individuels et régionaux des femmes de leur communauté et vers des dossiers qui affectent les femmes en général, bien que certaines continuent leurs services aux institutions traditionnelles patriarcales. À partir des années 80, il se produit à la fois un renouveau théorique et empirique par rapport à la condition des communautés minoritaires et des femmes de ces communautés. Du côté théorique, notons, en particulier, les écrits de Danielle Juteau-Lee, qui lie le statut de minoritaire à un « rapport social objectif entre dominant et dominé » et qui qualifie la sociologie de masculine. Cette auteure remarque que les femmes sont perçues comme essentielles à la permanence et à la continuité de la communauté, mais sont absentes de sa création et de son histoire[44]. Sa comparaison de la situation des femmes à celle des groupes ethniques, qui existent dans un rapport de domination, va inspirer de nouvelles rercherches. Il en est ainsi d'un autre de ses écrits qui présente les femmes des communautés minoritaires comme des « productrices d'ethnicité[45] ». De son côté, Danielle Coulombe présente la situation particulière des femmes du nord-est de l'Ontario comme triplement minoritaire[46].

On voit aussi se développer une recherche empirique centrée sur l'expérience concrète des femmes francophones minoritaires, et qui s'accompagne d'une prise de conscience de la double ou triple infériorité des Franco-Ontariennes. Dans un ouvrage réalisé pour la Fédération des femmes canadiennes-françaises, *Femmes et francophones : double infériorité*[47], Pauline Proulx, à partir d'entrevues orales, vise à cerner pourquoi la situation des femmes francophones en milieu minoritaire est pire que celle des autres. Elle isole une série de facteurs rattachés à leur condition de femmes, aux rôles qu'on leur demande de jouer dans une communauté minoritaire et à la condition minoritaire particulière de l'Ontario français. Par le passé, les femmes collaboraient à la subsistance de la famille, mais aujourd'hui, elles sont devenues plus dépendantes économiquement des hommes. Par rapport aux autres femmes de l'Ontario, elles ont plus d'enfants, elles sont plus isolées — à la campagne — ou dispersées, elles habitent davantage de petites agglomérations, elles se marient plus jeunes, elles ont moins de formation, restent davantage au foyer et leur vie familiale est encore guidée par des valeurs religieuses. Si elles travaillent à l'extérieur, elles confrontent des problèmes de garderie, elles doivent travailler dans une autre langue, gagnent moins que les hommes, se retrouvent dans des ghettos d'emploi, et, en sus des tâches domestiques peu partagées au service de la famille, elles doivent faire du bénévolat, offrant un autre travail non valorisé qui soutient la communauté et l'Église. Les revues modernisées de la FNFCF et de l'UCFO, *Femmes d'action* et *Communiqué*, respectivement, deviennent des centres de discussion de cette prise de conscience et de la recherche-action.

En même temps, de nouveaux organismes locaux de femmes francophones apparaissent avec leur propre presse et se penchent sur divers aspects de la condition des femmes, en tant que femmes, en tant que femmes francophones, en tant que femmes francophones d'une région et, plus récemment, en tant que femmes francophones de minorités visibles[48]. La prise de conscience féministe accompagnée de recherche-action est ainsi favorisée par la naissance de ces organismes, auxquels s'ajoutent de nouveaux moyens de diffusion aux niveaux local, provincial et même interprovincial et national[49]. Jacqueline Pelletier se sert, par exemple, de la tribune des *Cahiers de la Femme* pour dresser un portrait officiel caustique et critique de la Franco-Ontarienne et de la communauté. D'une part, écrit-elle, la communauté ignore sa présence ; d'autre part, la seule Ontaroise valorisée est celle qui s'adonne, mais respectueusement, à la lutte scolaire. De plus, l'Ontario français officiel est monolithique et fortement opposé à « quiconque se dit féministe, athée, végétarienne, marxiste, divorcée[50]... ». Elle décrit aussi la réalité des premiers pas du féminisme franco-ontarien[51]. Suivant le mouvement, les presses universitaires s'ouvrent davantage aux écrits féministes. La diversité de la recherche et des approches peut ainsi commencer à fleurir dans une atmosphère plus critique du *statu quo*.

Un facteur unique et important de changement a été le Symposium sur la femme francophone qui s'est tenu à Toronto les 25 et 26 octobre 1985 et qui a réuni plus de 500 femmes. Il a échoué dans le sens qu'il aurait voulu fonder un comité de femmes francophones de l'Ontario, un genre de CCA/NAC francophone, pour assurer le suivi des recommandations. Il a permis, néanmoins, de considérer publiquement et d'un œil critique la diversité de la condition des Ontaroises et a dévoilé justement, dans ses documents préliminaires ainsi que dans son rapport et ses recommandations publiés en 1986, le peu de recherches faites à ce sujet. L'allocution de la présidente, Yolande Grisé, encourageait des recherches sur l'histoire des Ontaroises et identifiait les luttes à entreprendre sur tous les fronts pour vivre « au féminin français » dans la province, à une époque de mutations[52]. Le symposium a ainsi servi à encourager la recherche et à discerner les changements à opérer. Sa démarche était féministe, suivant le modèle des groupes de prise de conscience. Elle visait à faire reconnaître les inégalités et les lieux d'oppression, à chercher leurs sources et à recommander des actions. L'événement a donné une voix commune aux divers groupes de femmes francophones de l'Ontario[53]. Il a mis en relief les diverses facettes de la condition des Ontaroises et suggéré des pistes de recherche sur de grands dossiers : pauvreté des femmes et situation des femmes chefs de famille monoparentale, condition des femmes dans le milieu de travail, santé des femmes, bénévolat, religieuses, femmes au foyer, femmes collaboratrices. D'autres questions ont aussi fait l'objet de recommandations : les femmes et l'économie, la violence, la formation et la technologie, la politique, la religion, le vieillissement, le droit familial et constitutionnel, et les jeunes.

Plus récemment, une autre raison de changement apparaît dans les réactions des chercheures féministes à certains documents de nature patriarcale qui continuent à considérer les Ontaroises comme des membres indistincts de la communauté, ou qui ne reconnaissent ni la valeur de leurs travaux et de leurs contributions, ni la particularité de leurs situations et de leurs besoins. Jacqueline Pelletier, Cécile Coderre, Linda Cardinal et Dyane Adam, en particulier, font le procès de ce genre d'écrits dans les domaines du travail, de l'éducation, de l'histoire et de la santé[54]. Des critiques semblables s'expriment à l'occasion de l'examen des répertoires ou des états de la recherche sur les communautés de langue française hors Québec ou uniquement sur l'Ontario français.

Finalement, il faut citer l'apparition de nouvelles chercheures, principalement dans les domaines de la sociologie et de l'éducation, la création de réseaux et rencontres entre les chercheures féministes et les femmes militantes de la base. Ces réseaux et rencontres encouragent des études et des dialogues multidisciplinaires dans les anciennes ou nouvelles institutions, comme le Centre de recherche en éducation franco-ontarienne (CRÉFO), dans les centres de femmes, dans le contexte de la Table de concertation féministe et de l'Action-Éducation Femmes, sous l'égide de nouveaux programmes d'études de 1er ou 2e cycle sur les femmes, ainsi que dans le cadre d'interventions communautaires.

L'EXPRESSION DE LA MULTIPLICITÉ DANS LA RECHERCHE

Les différents domaines abordés ci-dessous ont été retenus parce qu'ils sont décisifs dans les efforts des femmes pour s'affranchir des inégalités de représentation et de la domination du système patriarcal. L'autonomie économique des femmes, l'accès à l'éducation comme moyen de prise de conscience et de libération, le contrôle des femmes sur leur corps et leur sexualité, ainsi que leur bien-être physique sont des buts de recherche qui s'opposent aux rôles et aux comportements traditionnels idéaux imposés dans le passé par les élites masculines aux

Ontaroises. Dans les domaines de l'économie, de l'éducation, de la
sexualité et de la santé, les anciens modèles de recherche côtoient la
multiplicité des approches féministes unies dans leur orientation par
une critique du système patriarcal, tout en visant à préserver et à développer l'identité communautaire avec, et malgré, cette apparente fragmentation.

1. LES FEMMES ET L'ÉCONOMIE

Dans le domaine de l'économie, que j'ai divisé en deux parties — les
femmes et leur travail, et la situation socio-économique des femmes —
cette diversité est frappante.

La recherche faite sur les femmes et le travail connaît cinq tendances principales. En premier lieu, on trouve la recherche qui néglige
encore la présence et la spécificité du travail des femmes. Le travail des
femmes dans certaines occupations n'y est pas reconnu, pas plus que
leur situation particulière dans les principaux secteurs économiques.
Le travail est défini principalement au masculin[55]. En revanche, la
recherche des années 80 et 90 menée par des sociologues féministes
offre une critique de cette définition masculine du travail[56], ou une
réinterprétation féministe de la condition des femmes franco-ontariennes
par rapport au travail[57].

Un document sur le monde du travail présenté par l'ACFO
révèle ainsi, à l'aide de statistiques, la double infériorité des Franco-
Ontariennes dans des ghettos d'emploi, avec des revenus inférieurs aux
hommes, et dans des secteurs moins payants, parce qu'elles sont francophones en plus d'être femmes et proportionnellement moins scolarisées que les anglophones[58]. Auparavant, seulement deux articles traitaient de l'infériorité économique des Ontaroises. Ann Denis l'avait
brièvement illustrée en indiquant leur sous-représentation dans les professions et dans les emplois de bureau, alors qu'elles étaient
surreprésentées dans la catégorie des services, même par rapport aux
Québécoises. Jorge Rodriguez-Elizalde démontrait la discrimination dont
elles font l'objet dans le corridor bilingue de l'Ontario, leur plus grande
concentration dans des catégories de moindre salaire, leur plus faible
rémunération en général et dans les mêmes catégories d'emploi que les
anglophones[59]. Au tournant des années 90, un premier bilan offre des
données sélectives sur la recherche concernant les Ontaroises et
l'économie à l'intérieur d'un tableau sur l'état de la recherche sur les
communautés francophones hors Québec[60].

Une autre tendance de cette recherche-action met l'accent sur
l'intervention locale, en décrivant le développement d'une coopérative
de travail de femmes créée en 1984, le travail communautaire des jeunes francophones de l'Ontario[61], ou l'expérience de femmes dans des

conflits de travail, comme grévistes ou épouses de grévistes et dans la syndicalisation[62]. Une autre tendance consiste à décrire de nouveaux modèles de cheminement de vie offerts aux Ontaroises dans des professions non traditionnelles ou dans des carrières de gestionnaires et de scientifiques, ainsi que leurs difficultés et leurs règles du jeu[63]. Enfin, on a vu naître, souvent à l'initiative des groupes de femmes, le secteur de la recherche-information. On prépare des documents ou répertoires de ressources sur des questions d'intérêt économique, comme celles de l'équité en matière d'emploi et des pensions pour les femmes au foyer, ou des articles qui expliquent les bases théoriques et les buts des nouveaux programmes touchant les femmes, comme celui de l'équité en matière d'emploi, ou traitant des politiques économiques qui affectent les femmes dans le secteur du travail[64].

En ce qui concerne la situation socio-économique des femmes, on voit encore s'ouvrir plusieurs champs de recherche qui visent à cerner la condition particulièrement inférieure de certains groupes de femmes et à proposer des initiatives pour y remédier. Ainsi, une recherche entreprise par la FNFCF démontre-t-elle, par des enquêtes et analyses quantitatives et qualitatives, l'infériorité socio-économique accrue des femmes francophones dans certaines situations. L'enquête auprès des femmes chefs de famille, dont 59 pour cent ont un revenu en dessous du seuil de la pauvreté, souligne le manque de soutien de la communauté à leur égard. Celle auprès des femmes de 45 à 64 ans dévoile leur dénuement et le peu de services dont elles disposent. Ce genre de recherche sur le terrain examine la condition socio-économique inférieure des Ontaroises comme femmes et francophones dans certaines situations qui aggravent leur dépendance et leur dénuement économique face au système patriarcal[65]. Par ailleurs, la recherche-action veut donner aux Ontaroises les moyens d'acquérir l'indépendance économique. Elle se présente habituellement sous forme de guide ou de trousse, style *L'autonomie financière : un objectif à atteindre* du Réseau des femmes du sud de l'Ontario ou sous forme de documents de sensibilisation aux préjugés sur les questions de l'indépendance économique des femmes et de leur situation injuste au foyer et sur le marché du travail, tel *Une affaire d'argent... Réflexion sur l'autonomie financière des femmes*[66].

Dans la recherche sur le travail et la situation socio-économique des Ontaroises, les nouvelles approches critiquent donc celles du passé. Elles évoluent vers des sujets divers suscitant une prise de conscience de la situation triplement minoritaire des Ontaroises, et offrant des moyens d'améliorer cette situation, compte tenu de la diversité de leurs conditions socio-économiques et de travail.

2. LES ONTAROISES ET L'ÉDUCATION

Certaines études anciennes et récentes passent sous silence la situation particulière des femmes et leur contribution à l'éducation. Cette lacune est déjà apparue dans l'historiographie en ce qui concerne la résistance des institutrices au règlement XVII. Les travaux d'Arthur Godbout, par exemple, sur l'histoire de l'éducation accordent peu de place aux femmes dans les luttes et les progrès de l'éducation de langue française dans la province[67]. Certains documents empiriques plus récents traitent des besoins des étudiantes, sans tenir compte de leur situation d'Ontaroises, comme si elles étaient des « adolescentes », alors que d'autres les groupent, sans distinction, avec les étudiants franco-ontarois[68]. D'autres études, par contre, présentent indistinctement Ontarois et Ontaroises pour donner l'idée qu'ils forment un front commun dans les luttes pour préserver et développer l'identité de la communauté et pour en assurer la survie. Elles réclament des institutions postsecondaires de langue française qui attirent davantage d'étudiant(e)s et une pédagogie qui reflète la communauté, permettant à ses membres d'acquérir une identité fière et « engagée ». D'autres études encore commencent à écrire l'histoire de l'éducation au féminin. Les femmes y sont identifiées et sont des agentes actives comme dans l'histoire de l'école de Penetang[69].

Parmi les approches nouvelles, on peut isoler les études qui critiquent la vision imprécise ou idéalisée des projets de vie des étudiantes ontaroises, ou qui examinent l'influence de la conscience de groupe minoritaire par rapport à la conscience de genre dans la détermination des attentes de travail des élèves du nord-est de l'Ontario[70]. En 1974-1975, une étude avait souligné que si les jeunes Ontaroises réussissaient mieux que les garçons au secondaire, elles étaient moins motivées que ceux-ci à poursuivre des études universitaires, le sexe féminin ajoutant ainsi un obstacle supplémentaire aux difficultés d'accès au niveau postsecondaire dont souffre la jeunesse franco-ontarienne en général[71].

D'autres études considèrent le rôle de l'éducation dans la formation de l'identité des femmes en tant que francophones en situation minoritaire. Elles visent à critiquer le moule unique patriarcal — éducation-service-dévotion-oubli de soi-repli sur soi — et à s'en départir pour considérer l'éducation comme un moyen d'affirmation culturelle et de libération, en vue de l'autonomie et du développement individuel et communautaire. Cette recherche suggère que l'éducation doit offrir aux élèves un moyen de « questionner leur réalité » et de « développer un sens critique à l'égard de leur situation de minoritaire[72] ».

Suivant une orientation récente, la recherche s'attaque à la domination patriarcale de l'éducation qui perpétue la situation minoritaire des Ontaroises par rapport aux hommes en général et aux Ontarois en particulier. En s'appuyant sur des études empiriques, elle révèle le sexisme qui existe dans le système scolaire ontarois[73], dans les conseils scolaires francophones[74] et dans les manuels des écoles de langue française. En outre, elle présente des moyens pour l'éliminer sous forme de guides ou de documents[75]. Linda Cardinal et Cécile Coderre, dans leur comparaison de l'accès des femmes francophones en milieu minoritaire à l'éducation, suggèrent que le sexisme pourrait empêcher le progrès de la population francophone et qu'il est nécessaire que les femmes autant que les hommes puissent accéder à la flexibilité et à la diversité professionnelles qu'exigent les défis économiques à venir[76].

La recherche traite également des besoins en éducation des Ontaroises, dans le but de remédier à leur inégalité socio-économique, elle-même liée à la sous-scolarisation, et d'assurer ainsi la survie et le développement culturel de la communauté, vu le rôle traditionnel dans la transmission de la langue et de la culture que certaines études attribuent encore aux femmes. On présente les effets de l'analphabétisme chez les femmes ainsi que des mesures pour y remédier dans les nouveaux centres d'alphabétisation[77]. Cette recherche vise aussi à identifier les obstacles qui expliquent l'accès inégal des Ontaroises aux études postsecondaires et aux carrières non traditionnelles, et à préciser les ponts à bâtir et les stratégies à adopter pour y remédier. Elle souligne la diversité de cheminements qu'il est nécessaire d'offrir aux femmes[78], et examine l'équité d'emploi en matière d'éducation[79]. Toute cette recherche se fait dans un cadre théorique qui tend à faire du milieu scolaire « un lieu générateur des aspirations du groupe minoritaire et d'une identité émancipatrice[80] ».

3. LA SEXUALITÉ ET LES RELATIONS ONTAROISES-ONTAROIS

Par le passé, et jusque dans les années 60, les approches adoptaient les modèles de relations sexuelles offerts par l'Église catholique, tels qu'ils sont décrits dans les revues religieuses francophones provenant du Québec et, en particulier, dans *Relations*. De ces articles, on peut retenir que la femme était perçue comme Ève-pécheresse-et-tentatrice, Sainte Vierge ou mère fertile. En ce qui concerne les relations femmes-hommes, le mariage était présenté comme un remède à la concupiscence, un moyen de reproduire la communauté, ainsi qu'un état indissoluble, l'Église condamnant la contraception et s'opposant au divorce et aux nouvelles lois adoptées à ce sujet. Les relations femmes-hommes étaient les seules considérées et se déroulaient, théoriquement, dans le contexte patriarcal de la doctrine de l'Église, telle que définie et expliquée par ses autorités. Dans les années 60, les revues non religieuses canadiennes-françaises aux idées plus avancées, comme *Cité Libre*, semblaient tout aussi désemparées devant la mouvance de la place des femmes,

demandant « L'épouse, l'amante, où est-elle[81] ? ». Les mariages mixtes, surtout entre catholiques et membres d'autres religions, étaient con-
damnés. C'est une approche qui, dans les années 80, a diminué en
rigidité, même dans *Relations*[82].

Un autre genre d'approche ancienne qui touche indirectement aux
Ontaroises, vu la responsabilité que les hommes leur attribuent comme
reproductrices sociales et culturelles de la communauté minoritaire, est
celle des démographes. Quand elles rapportent les taux élevés
d'assimilation à la majorité, les études démographiques semblent blâmer tacitement les femmes de ne pas avoir eu assez d'enfants et ne pas
avoir été d'assez bonnes gardiennes de la langue. L'étude de Donald
Dennie sur la paroisse Sainte-Anne-des-Pins de Sudbury offre une réalité qui s'éloigne quelque peu du discours officiel religieux, soulignant
justement la désobéissance des couples — et donc des femmes — à la
reproduction non contrôlée qu'aurait voulue l'Église, tout en indiquant
que les courbes de fertilité démontrent, cependant, une soumission
persistante au calendrier des fêtes religieuses[83].

Si, par le passé, on condamnait les mariages mixtes surtout entre
catholiques et membres d'autres religions, cette approche a cependant
évolué. Les études visent maintenant plutôt les mariages entre francophones et autres groupes linguistiques, et s'effectuent dans les domaines de la sociologie et de la sociolinguistique[84]. Certaines, plus anciennes, donnent encore aux Ontaroises la responsabilité d'assurer au foyer
la survie linguistique et culturelle de la communauté. Des études récentes citent plutôt le manque de scolarisation et le statut socio-économique inférieur de certaines femmes, pour expliquer la difficulté qu'elles
éprouvent à bien jouer les fonctions qui leur sont attribuées en milieu
minoritaire[85]. Une autre approche dans les études sur les mariages mixtes recommande, pour empêcher l'assimilation, de valoriser le français
comme langue de mobilité socio-économique, au lieu de blâmer les
femmes de ne pas avoir accompli le rôle que leur a donné une communauté encore dominée par les hommes[86]. Finalement, il faut citer l'étude
de la communauté francophone de Welland qui, adoptant une perspective plus moderne, ne percevant plus la famille comme « le noyau dur
de la francophonie », souligne que les mariages mixtes ne conduisent
pas nécessairement à l'assimilation et qu'il importe surtout d'obtenir
suffisamment de soutien institutionnel pour garantir la vitalité du français dans la communauté[87].

4. L'ENVERS MOINS ROSE DE LA RÉALITÉ DES RAPPORTS ONTAROISES-
ONTAROIS : REPRODUCTION, VIOLENCE, INCESTE, HARCÈLEMENT ET AGRESSION

Les nouvelles pistes de recherche dénoncent la maternité-à-tout-prix, et
donc le modèle traditionnel épouse-mère, en dévoilant les risques que

comportent pour les femmes les nouvelles technologies de reproduction[88]. Elles traitent également de la violence conjugale familiale ainsi que de l'inceste sur des bases de recherche-témoignage et de recherche-action[89]. Les recherches empiriques ont d'abord été générales[90], puis se sont orientées vers des actions régionales[91] et des modes et lieux d'intervention[92], tandis que d'autres se sont concentrées sur des cibles particulières, comme la violence envers les femmes plus âgées et la violence contre les enfants[93]. La recherche prend des formes diverses : des mémoires soumis au Comité canadien sur la violence faite aux femmes[94], une étude qui demande de traiter la violence familiale de façon interdisciplinaire[95], des initiatives scolaires, exercices ou guides d'animation pour animer des ateliers contre la violence[96], des vidéos, des numéros de revues de femmes consacrés à la violence envers les femmes, des émissions de La Chaîne de TVOntario[97], des études de besoins, et enfin des répertoires de ressources et bibliographies[98]. Des secteurs plus précis, comme l'impact psychologique de la violence domestique, le harcèlement sexuel, les agressions sexuelles et la pornographie, ont aussi fait l'objet d'études, de guides, et même d'un photo-roman[99]. À cet éventail des études sur la violence s'ajoute un autre sujet lié à la nouvelle diversité des femmes francophones, celui des mutilations sexuelles qui ont été infligées ou que l'on veut infliger à certaines immigrantes[100].

Ces études s'affranchissent du modèle idéal traditionnel patriarcal des relations femmes-hommes, où les femmes doivent enfanter à tout prix, de préférence dans le mariage, subir sans mot dire tous les genres d'agression de la part des hommes et porter passivement leur croix. Elles révèlent la volonté des Ontaroises de ne plus occulter la réalité de leurs relations sexuelles et d'agir pour mettre fin aux côtés néfastes de ces relations.

5. ONTAROISES ET SANTÉ

Comme les études précédentes sur les relations sexuelles, la recherche sur la santé aborde la question des droits des femmes sur leur propre corps, mais elle va plus loin en faisant comprendre aux femmes ce corps et les conditions de son bien-être. Certaines études examinent, par exemple, comment les rôles que les femmes doivent assumer en milieu minoritaire, rôles qui sont alourdis par leur triple oppression de femmes, de francophones et de femmes francophones, influent sur leur santé mentale et physique. Le stress qu'elles éprouvent peut ainsi dériver des modèles impossibles qu'on leur impose. De nouveaux programmes comme « Stress au féminin » ont donc été établis pour y remédier et permettre aux femmes de prendre en main leur santé et leurs corps[101]. Une étude a examiné la santé mentale des Ontaroises, tandis qu'une autre s'est concentrée sur l'identification des femmes suicidaires et les interventions à faire auprès d'elles[102]. Le mieux-être des femmes fait aussi l'objet d'études aboutissant à des guides d'atelier sur ce sujet[103] ou d'analyses de domaines particuliers, comme celui des médecines douces[104]. L'évolution du rôle des sports et du conditionnement physique comme agents d'oppression et de libération est aussi considérée[105]. Enfin, un aspect récent de la recherche se rapporte aux relations de dépendance que les centres de santé pour femmes francophones doivent subir de la part d'un État encore patriarcal[106].

CONCLUSION : CRITIQUE GÉNÉRALE, NOUVELLES TENSIONS ET PERSPECTIVES

Ce bilan limité, qui a tenté de donner une idée de l'évolution générale de la recherche sur la condition des femmes francophones de l'Ontario de l'intérieur, révèle que l'unicité irréelle des idéaux patriarcaux évidente dans l'ancienne historiographie, a cédé le pas à une multiplicité de domaines de recherche, d'approches et de sujets liés aux réalités contemporaines des Ontaroises. Le but de cette recherche s'est également transformé. Si elle a visé, par le passé, à socialiser les femmes en vue d'une soumission aux modèles idéaux valorisés par les élites traditionnelles masculines, ses objectifs consistent désormais à les libérer des inégalités et de l'oppression des institutions patriarcales et à leur donner accès à des cheminements de vie variés. Le sexe dominant des chercheur(e)s sur la condition des femmes francophones en Ontario a également changé, une majorité de chercheures travaillant maintenant auprès des militantes de la base, proches des diverses réalités des communautés et des femmes. Les chercheures ontaroises, par leurs propres efforts, ont pu ainsi définir, nommer et prendre en main leur réalité et offrir de nouveaux rôles mieux appropriés aux conditions actuelles de la société minoritaire, et ceci, dans un processus d'épanouissement individuel et communautaire. Une configuration d'événements externes et internes à la société minoritaire a aussi contribué à ce virage dans la recherche, aux changements des rôles des femmes et à la formation d'une nouvelle génération de chercheures et militantes, agissant elles-mêmes pour transformer la condition des femmes francophones en Ontario.

À partir de ce bilan, on peut conclure, en premier lieu, qu'il reste encore beaucoup à faire. À cause du rôle de l'histoire dans l'identité franco-ontarienne et des modèles qu'elle offre aux nouvelles générations, il faut continuer à réécrire l'histoire de la communauté, à explorer, à écrire et à réécrire l'histoire des femmes et la réalité de leurs cheminements. Beaucoup de questions ont besoin d'une exploration plus poussée : les femmes et la politique, les jeunes, les femmes et les

médias, les femmes et les lois. La première question est particulièrement importante pour que la voix des Ontaroises soit entendue dans
les sphères publiques, notamment dans la recherche-action. Il faut aussi
noter que si la domination des sociologues et pédagogues a contribué à
l'avancement de la recherche, elle semble imposer une autre unicité ou
orthodoxie, notamment théorique. Il faudrait encourager les chercheures
d'autres disciplines à proposer leurs modèles. Il n'existe pas non plus
de recherche systématique sur ce qui a été accompli par rapport aux
recommandations du symposium pour mieux identifier les priorités de
la recherche-action. À mon avis, une recherche du genre « le Symposium dix ans après » devrait être effectuée à cette fin. Enfin, la recherche s'est ouverte dans une certaine mesure à la diversité des femmes
francophones. Cette ouverture doit se poursuivre pour tenir compte des
différences régionales et locales, des différences socio-économiques,
des différences d'orientation sexuelle, des différences de groupes d'âge,
ainsi que des besoins particuliers des divers groupes de migrantes et
d'immigrantes francophones[107]. On devrait aussi développer des cadres
d'analyse pour mieux comprendre la quadruple infériorité des immigrantes, leur diversité et les conditions de leur intégration à la société
minoritaire et majoritaire. Il faut, par ailleurs, approfondir la démarche
féministe qui lie recherche et action. La situation minoritaire d'une
société permet davantage cette coopération qui, du reste, est essentielle
à sa survie. Le travail de la base n'est ainsi pas coupé de la recherche
universitaire, et contribue directement à l'amélioration de la situation
des femmes et de la société ontaroises.

Encourager une multiplicité de domaines, d'analyses, de sujets et
d'approches sur la condition des Ontaroises peut paraître dangereux, en
ce sens que cela peut mener à une perception fragmentée, voire à la
fragmentation de la société minoritaire. Mais cette multiplicité existe
déjà dans une certaine mesure, en raison des conditions technologiques,
démographiques et sociales actuelles, et elle est préférable au retour à
une autre forme de monolithisme, qui du reste ne semble guère possible. Le danger de fragmentation réside plutôt dans le degré de fragilité
de l'identité ontaroise. Au cours des vingt dernières années, la principale responsabilité pour la défense et la transmission de cette identité
est passée de plus en plus des femmes aux institutions franco-ontariennes
autonomes. Pour réduire le risque de fragmentation, Ontaroises et
Ontarois devraient travailler ensemble en vue de la consolidation et de
l'expansion de l'identité ontaroise et s'assurer du maintien des besoins
essentiels, comme les services de garderie en français. D'autre part, les
femmes constituent plus de la moitié de la population de l'Ontario
français. Pour les aider à résister à l'acculturation et à l'assimilation à
la majorité, les institutions franco-ontariennes devraient les accueillir
et les traiter sur un pied d'égalité avec les hommes. Ces institutions

doivent se débarrasser du sexisme et encourager une recherche qui
tienne compte des femmes comme citoyennes à part entière et qui
reconnaisse leur contribution. Ces institutions ne doivent pas cibler les
femmes pour exiger d'elles des trésors de dévouement et de bénévolat
qui rendent leur vie difficile. Il revient aussi aux institutions ontaroises
de former des femmes qui peuvent défendre l'identité linguistique et
culturelle auprès des intervenants et des institutions majoritaires, et y
apporter leur point de vue de femmes, côte à côte avec les hommes qui,
traditionnellement, ont accaparé les postes au sein de l'élite ontaroise.

Un autre risque de fragmentation découle de la logique des approches, tant du féminisme libéral que du féminisme radical, qui réclament
une nouvelle place pour l'égalité dans les valeurs sociales et politiques
d'une société minoritaire, auparavant hiérarchique et fermée. La lutte
contre une domination arbitraire patriarcale implique la suppression
d'autres dominations entre groupes sociaux de la même communauté.
Il devient évident que la recherche féministe entraîne une révolution
sociale et des efforts aussi bien théoriques que pratiques de la part des
anciens et des nouveaux membres de la société minoritaire, pour construire ensemble cette nouvelle communauté.

Encore une autre difficulté pour les chercheures sur la condition
des femmes francophones en Ontario réside dans un phénomène de
ressac, c'est-à-dire dans la résistance de leurs confrères, parfois francophones mais le plus souvent anglophones, qui continuent à employer
des modèles patriarcaux et majoritaires, à vouloir les imposer comme
les seuls modèle acceptables dans leur discipline et à refuser de reconnaître la valeur académique et pratique de la recherche féministe et
minoritaire liée aux besoins de la base. Pour combattre cette résistance,
on peut certainement envisager l'utilité de créer d'autres institutions
autonomes.

Finalement, je soutiens, avec Jacqueline Pelletier, que cette nouvelle diversité ne doit pas nous faire peur, qu'elle fait partie d'une
réalité qu'on ne peut éviter et que l'essentiel pour la survie de la société
minoritaire est que nous restions solidaires dans le processus, déjà
amorcé, de transformation. De fait, cette solidarité, à mon avis, ne peut
exister entre femmes francophones de l'Ontario et entre Ontaroises et
Ontarois que si elle accepte la diversité[108].

*NOTES*_____

[1] Je désire remercier les chercheures du Réseau des chercheures féministes
qui m'ont envoyé les listes de leurs ouvrages. Malheureusement le format de
cette publication ne me permet pas d'inclure une bibliographie ni de mention-

ner tous les ouvrages pertinents. Cette bibliographie sera présentée plus tard sous forme électronique ou imprimée. Je désire aussi remercier Ina Motoi pour les ouvrages qu'elle a mis à ma disposition pour cette recherche.

2 Voir, par exemple, celle d'Angela Davis, *Femmes, race et classe*, traduction de l'américain par Dominique Taffin et le collectif Des femmes (Paris, Des femmes, 1983, 341 p.). Certaines théoriciennes franco-ontariennes ont aussi adopté ce cadre théorique de double ou de triple infériorité.

3 Dans les *États généraux du Canada français* (s.l., s. éd., 1967, 277 p.), on mentionne à peine l'Ontario et aucunement les femmes, même dans la section sur la famille. Dans les Actes du colloque *La situation de la recherche sur la vie française en Ontario*, organisé par le Centre de recherche en civilisation canadienne-française (CRCCF) de l'Université d'Ottawa (Ottawa, CRCCF, 1975, 279 p.), les femmes francophones sont absentes de l'histoire, de la démographie, de la vie politique, de la sociologie, de l'économie, de l'éducation, de la linguistique et des arts. Pour ce qui est de la vie religieuse et de l'idéologie socioculturelle, on mentionne un ouvrage sur Mère Élisabeth Bruyère et brièvement le comportement d'une mère. Un autre document sur la recherche en Ontario français, « Les Franco-Ontariens dans leur regard et le regard des autres » (*Revue du Nouvel-Ontario*, n° 8, 1984, 166 p.), ne comporte pas un seul texte (sauf pour un compte rendu) sur les Franco-Ontariennes. L'ouvrage encore plus récent, Cornelius J. Jaenen (s. la dir. de), *Les Franco-Ontariens* (Ottawa, PUO, 1993, 443 p.), ne mentionne dans les chapitres historiques qu'une seule fois le nom d'une femme pour la période 1611-1821. Pour la période 1821-1910, il cite les communautés religieuses et leur contribution à la province à plusieurs occasions, les institutrices plus rarement et, hors de ces professions traditionnelles, une seule « femme de... » qui tient une pension. Dans le chapitre d'histoire économique du même ouvrage, Fernand Ouellet regrette que certaines statistiques incluent les femmes car elles déforment les comparaisons qu'il voudrait faire entre les travailleurs franco-ontariens et les autres Ontariens. Il suggère que les propos pessimistes sur les femmes du Nord sont peut-être exagérés. Ces écrits récents de trois historiens contemporains de la francophonie ontarienne illustrent le peu d'évolution de la perspective patriarcale en histoire.

4 Voir « Pour un cinquantenaire. Bonfield 1886. Astorville 1902. Corbeil 1920 », *Documents historiques n° 23* (Sudbury, Société historique du Nouvel-Ontario, Collège du Sacré-Cœur, 1952, 64 p.).

5 Il s'agit de Marie-Thérèse Guyon, épouse de sieur de Cadillac, qui est nommée par Vincent Almazan, « Français et Canadiens dans la région du Détroit aux XVIIe et XVIIIe siècles », *Documents historiques n° 69* (Sudbury, Société historique du Nouvel-Ontario, 1979, 67 p.), p. 21.

6 Voir, pour les récits de paroisse, *Documents historiques n° 23*, p. 33 ; Lucie Arbour *et al.*, *Je me rappelle, 1914-1974* (Lavigne, s.n., 1974, 16 p.) ; Germain Lemieux, *La vie paysanne, 1860-1900* (Sudbury, Prise de Parole, 1982, 239 p.) ; « Familles pionnières », *Documents historiques n° 5* (Sudbury, Société historique du Nouvel-Ontario, Collège du Sacré-Cœur, 1944, 68 p.) ; « Verner et Lafontaine », *Documents historiques n° 8* (Sudbury, Société historique du Nouvel-Ontario, Collège du Sacré-Cœur, 1945, 62 p.) ; « Histoire de Sturgeon Falls », *Documents historiques n° 12* (Sudbury, Société historique du Nouvel-Ontario, Collège du Sacré-Cœur, 1946, 70 p.).

[7] Fédération des femmes canadiennes-françaises de la paroisse Saint-Jacques de Hanmer, Ontario, *Pionnières de chez nous. Documents historiques n°s 76 et 77 de la Société historique du Nouvel-Ontario* (Hanmer, Les Éditions de l'Ami du Peuple, 1982, 156 p.) ; Madame Hector Langlois (Louise Chénier), « La Fédération des femmes canadiennes-françaises de Sudbury (1921-1945) », *Documents historiques n° 9* (Sudbury, Société historique du Nouvel-Ontario, 1945, 46 p.), p. 18-32.

[8] *Documents historiques n° 5*, p. 17.

[9] Les trois citations sont extraites de « Verner et Lafontaine », *Documents historiques n° 8* (Sudbury, Société historique du Nouvel-Ontario, Collège du Sacré-Cœur, 1945, 61 p.), p.31.

[10] Guy Courteau, s.j., *Le docteur J.-Raoul Hurtubise, M.D., M.P. (1882-1955). 40 ans de vie française à Sudbury* (Sudbury, Société historique du Nouvel-Ontario, Montréal, Éditions Bellarmin, 1971, 134 p.), p. 24.

[11] « Noëlville. Un cinquantenaire 1905-1955 », *Documents historiques n° 31* (Sudbury, Société historique du Nouvel-Ontario, Collège du Sacré-Cœur, 1956, 55 p.), p. 13.

[12] Marius Cholette, « La Paroisse Saint-Vincent-de-Paul. North Bay et les jumelles Dionne », *Documents historiques n° 19* (Sudbury, Société historique du Nouvel-Ontario, Collège du Sacré-Cœur, 1950, 48 p.), p. 20.

[13] « Pour un cinquantenaire Bonfield 1886 », *Documents historiques n° 23*, p. 15 ; « Sudbury, Blind-River, Blezard-Valley », *Documents historiques n° 24* (Sudbury, Société historique du Nouvel-Ontario, Collège du Sacré-Cœur, 1952, 48 p.), p. 37-38.

[14] Voir, par exemple, « Monographies pour un cinquantenaire Bonfield 1886 » dans *Documents historiques n° 23* et *Documents historiques n° 19*, p. 21.

[15] Voir Révérende Sœur St-Irénée, s.g.c., « Historique de la fondation du Couvent des Sœurs grises de la Croix à Sudbury » et Révérende Sœur M.-Emma Bergeron, s.g.m., « L'orphelinat d'Youville de Sudbury », *Documents historiques n° 9*, p. 5-17 et 33-41. Voir également Paul-François Sylvestre, *Les communautés religieuses en Ontario français : sur les traces de Joseph Le Caron* (Montréal, Éditions Bellarmin, 1984, 141 p.) ; Marguerite Jean, *Évolution des communautés religieuses de femmes au Canada de 1639 à nos jours* (Montréal, Fides, 1977, 324 p.) ; voir aussi les *Documents historiques n°s 24* et *31* pour des exemples de congrégations et de leurs œuvres.

[16] Sœur Paul-Émile, *Mère Élisabeth Bruyère et son œuvre. Les Sœurs grises de la Croix. Tome I. 1845-1876* (Ottawa, Maison mère des Sœurs grises de la Croix, 1945, 409 p.).

[17] Sœur Paul-Émile, *Mère d'Youville chez ses filles d'Ottawa, les Sœurs grises de la Croix : en hommage de piété filiale à notre mère Marie-Marguerite d'Youville en la glorieuse année de sa béatification* (Ottawa, Maison mère des Sœurs grises de la Croix, 2e éd., 1959, 159 p.).

[18] Par exemple, la pionnière de l'enseignement à Astorville n'a que 14 ans et s'en va instruire 24 élèves de 10 à 16 ans. Elle gagne 10 dollars par mois. Peu d'hommes figurent sur les listes suivantes d'enseignants dans les communautés examinées par les *Documents historiques* du Nouvel-Ontario. Les conditions d'enseignement des premières institutrices de Chapleau, « Chelmsford,

Comston, Chapleau », *Documents historiques n° 4* (Sudbury, Société historique du Nouvel-Ontario, Collège du Sacré-Cœur, 1944, 48 p.), p. 42. Cet écrit mentionne aussi que les première et deuxième institutrices du canton de Rayside ont été renvoyées pour leur incompétence à enseigner le français (p. 15).

19 Frère Urbain-Marie, *Jeanne Lajoie, l'héroïne de Pembroke* (Laprairie, Éditions de l'Abeille, 1942, 96 p.) ; Hélène-André Bizier, « Jeanne Lajoie. La Pucelle de Pembroke », *L'Actualité*, vol. XV, n° 12, août 1990, p. 59-60. Ce manque de valorisation ressort quand elle n'est que nommée avec deux autres personnalités masculines pour avoir contribué à la fondation de l'école Jeanne d'Arc de Pembroke, sans autre mention ou explication. Voir « Les écoles bilingues d'Ontario, Les écoles bilingues de Sudbury », *Documents historiques n° 28* (Sudbury, Société historique du Nouvel-Ontario, Collège du Sacré-Cœur, 1954), p. 7.

20 *Documents historiques n° 23*, p. 19.

21 *Documents historiques n° 23*, p. 34.

22 *Documents historiques n° 19*, p. 12.

23 Paul-François Sylvestre, « Les journaux de l'Ontario français 1858-1983 », *Documents historiques n° 81* (Sudbury, Société historique du Nouvel-Ontario, 1984, 59 p.).

24 M. l'abbé Hector Legros et le R.P. Arthur Joyal, o.m.i., « Mémoire sur les parents et les jumelles Dionne », *Documents historiques n° 19* , p. 37-48.

25 Pierre Berton, *Les jumelles Dionne et leur époque*, traduit par Pierre Pourchelle (Montréal, Éditions Mirabel, 1979, 274 p.).

26 Marguerite Whissel-Tregonning, *Visites à la ferme* (Sudbury, Marguerite Whissel-Tregonning, 1979, 320 p.) ; et *Kitty le gai pinson* (Sudbury, Prise de Parole, 1978, 218 p.).

27 Marguerite Whissel-Tregonning, *Regard sur le passé* (Hull, Marguerite Whissel-Tregonning, 1981, 318 p.).

28 Jeanne d'Arc Lortie, s.c.o., *Lettres d'Élisabeth Bruyère*, vol. I, 1830-1849 (Montréal, Éditions Paulines, 1989, 523 p.) ; Danielle Coulombe, *Les Sœurs de Notre-Dame du Perpétuel Secours*, thèse de doctorat en cours; Nicole Laurin, Danielle Juteau et Lorraine Duchesne, *À la recherche d'un monde oublié. Les communautés religieuses de femmes au Québec de 1900 à 1970* (s.l., Le Jour, 1991, 431 p.).

29 Laurier Lapierre, *Monsieur Oliva Dionne : sa vie, son caractère, ses actions* (Toronto, TVOntario, 1986) ; et les articles, malheureusement tous en anglais, qui ont paru dans la *Revue d'études canadiennes,* vol. XXIX, n° 4, en particulier celui de David Welch, « The Dionne Quintuplets : More Than An Ontario Showpiece — Five Franco-Ontarian Children », p. 36-64.

30 AEFO, *Femmes de vision. Fiches biographiques et stratégies d'intervention pédagogique* (Ottawa, novembre 1991, non paginé).

31 Sylvie Jean, *Nos athlètes : Premier panorama* (Ottawa, Éditions L'Interligne, 1990, 123 p.).

32 Lucie Brunet, *Almanda Walker-Marchand (1868-1949). Une féministe franco-ontarienne de la première heure* (Ottawa, Éditions L'Interligne, 1992, 303 p.).

33 Monique Dumont, « Des épingles à cheveux pour les sœurs Desloges », *Femmes d'action*, vol. XX, n°s 3-4, 1991, p. 9-10.

[34] Ruby Heap et Gabriella Logan, « Contribue à la Gloire de Dieu et au bonheur de la patrie : les filles à l'École normale de l'Université d'Ottawa, 1923-1940 », *Éducation et francophonie,* vol. XIX, n° 3, décembre 1991, p. 14-22.

[35] Sylvie d'Augerot-Arend, « Les Franco-Ontariennes et le nationalisme minoritaire : cadre théorique et applications 1913-1927 », Actes du colloque *Les femmes francophones en milieu minoritaire. État de la recherche* (Sudbury, Institut franco-ontarien, collection Fleur de Trille, mai 1993), p. 61-97.

[36] Marie Labelle, *La reproduction de l'appropriation dans des organismes de femmes francophones dans le Nord de l'Ontario, 1850 à 1950,* thèse de maîtrise, sociologie, Université d'Ottawa, 1984, 87 p.

[37] Jacqueline Pelletier, « La situation de la Franco-Ontarienne (1980) », *Revue du Nouvel-Ontario,* n° 3, 1981, p. 102-109.

[38] Ethel Côté, *Plus qu'hier, moins que demain* (Ottawa, UCFO, Prise de Parole, 1986, 156 p.) ; Micheline Desjardins, *Les femmes de la diaspora canadienne-française. Brève histoire de la FNFCF de 1914 à 1991* (Ottawa, FNFCF, 1991, 127 p.) ; Lucie Brunet et Chantal Cholette, « D'un siècle à l'autre, la FNFCF », *CF/CWS,* vol. VII, n° 3, 1986, p. 52-53.

[39] Ces dates sont tirées du livre de Jill Vickers, Pauline Rankin et Christine Appelle, *Politics as if Women Mattered* (Toronto, University of Toronto Press, 1993, 347 p.) et particulièrement du tableau 1.1, p. 19-22.

[40] FFHQ, *Actes du premier colloque national sur la formation* (Hull, 1989, 100 p.).

[41] Comme exemple de colloque national de femmes, citons celui de l'ICREF, *Femmes : images, modèles/Women : images, role-models,* dont le rapport a été publié en 1985, 304 p.

[42] Celles-ci débouchent sur des séries de lois qui permettent l'ouverture de classes, de modules et d'écoles secondaires publiques de langue française, puis, dans les années 80, la reconnaissance du droit à l'éducation en français, et dans les années 90 la création de conseils scolaires homogènes dans plusieurs régions.

[43] Stacy Churchill, Normand Frenette et Saeed Quazi, *Éducation et besoins des Franco-Ontariens : Le diagnostic d'un système d'éducation.,*vol. I: *Problèmes de l'ensemble du système. L'élémentaire et le secondaire* (Toronto, Conseil de l'éducation franco-ontarienne, 1985, 406 p.) ; vol. II : *Le postsecondaire. Technical Report* (Toronto, Conseil de l'éducation franco-ontarienne, 1985, 77 p. et annexes non paginées).

[44] Danielle Juteau-Lee et Barbara Roberts, « Ethnicity and Feminity (d') après nos expériences », *Canadian Ethnic Studies, Études ethniques au Canada,* vol. XIII, n° 1, 1981, p. 1-23 ; Danielle Juteau-Lee, « Visions partielles, visions partiales (des) minoritaires en sociologie », *Sociologie et sociétés,* vol. XIII, n° 2, octobre 1981, p. 33-48.

[45] Danielle Juteau-Lee, « La production de l'ethnicité ou la part de l'idéel », *Sociologie et sociétés,* vol. XV, n° 2, octobre 1983, p. 39-54.

[46] Danielle Coulombe, « Doublement ou triplement minoritaire », *Revue de l'Université d'Ottawa,* vol. LV, n° 2, avril-juin 1985, p. 131-136.

[47] Pauline Proulx, *Femmes et francophones, double infériorité* (Ottawa, FNFCF, 1981, 124 p.).

48 Comme *Le Tablier déposé* de Prescott Russell qui naît en 1981 et réapparaît comme *Nouveau tablier déposé*, en 1983. Parmi les mouvements, citons le Mouvement d'action collective des femmes de Hawkesbury, les Franco-femmes de Hearst, le Comité d'action féminine de Sudbury, le Réseau des femmes du sud de l'Ontario avec *Femmes racines* et le Réseau des femmes noires de l'Ontario.

49 Au Québec, *La Vie en Rose* donne une voix aux chercheures féministes de l'Ontario jusqu'à sa disparition ; en 1988, *Recherches féministes* publie son premier volume ; à l'échelle canadienne, il faut aussi ajouter les publications féministes bilingues, comme *Atlantis, Les Cahiers de la Femme/Canadian Woman Studies (CF/CWS)*, et *Documentation sur la recherche féministe/ Resources for feminist research (DRF/RFR)*. De la part des jeunes, il faut mentionner un document peu connu mais remarquablement lucide sur les communautés de l'Ontario français et qui considère la situation des femmes. J'ai assisté à leur table ronde au Collège Glendon. Il s'agit du *Rapport Dépêche-toi soleil. La parole aux Ontarois(es)*, de l'Entraide universitaire mondiale du Canada (Ottawa, 1979, 61 p.).

50 Jacqueline Pelletier, « Les Franco-Ontariennes », *CF/CWS*, vol. II, no 2, 1980, p. 61.

51 Jacqueline Pelletier, « Les Franco-Ontariennes », p. 60-63.

52 Je peux témoigner du peu de recherche empirique à cette époque, ayant été chercheure bénévole pour préparer ces documents. CAFO, *Données générales sur la femme francophone en Ontario* (Toronto, 1985, n. p.) et CAFO, *Symposium pour la femme francophone. Rapport* (Toronto, 1986, 181 p.) ; Yolande Grisé, « J'ai fait du chemin... Maintenant je pense à demain », *CF/ CWS*, vol. VII, nos 1-2, p. 196-198.

53 La décision du Conseil des affaires franco-ontariennes (CAFO) en 1984 d'organiser une rencontre de femmes francophones a été prise avec les représentantes du CORFO, de l'UCFO, de la FFNCF, de Direction Jeunesse, de la Fédération des aînées de l'Ontario, d'Action-Éducation Femmes, du Conseil du Statut de la femme de l'Ontario, de la Direction générale des femmes et des ministères de l'Éducation et des Collèges et Universités.

54 Jacqueline Pelletier, « La situation de la Franco-Ontarienne (1980) », *Revue du Nouvel-Ontario*, no 3, 1981, p. 102-109.

55 Voir, par exemple, Yvan Allaire et Jean-Marie Toulouse, *Situation socio-économique et satisfaction des chefs de ménage franco-ontariens* (Ottawa, ACFO, 1973, 182 p.), annexes 151 p. ; Jacques Grimard et Gaétan Vallières, *Travailleurs et gens d'affaires en Ontario* (Montréal, Éditions Études vivantes, coll. Ontario français, 1986, 231 p.).

56 Louise Vandelac, « Et si le travail tombait enceinte ??? Essai féministe sur le concept travail », *Sociologie et sociétés*, vol. XIII, no 2, p. 67-81.

57 Linda Cardinal et Cécile Coderre, « Les francophones telles qu'elles sont : Les Ontaroises et l'économie », *Revue du Nouvel-Ontario*, no 12, p. 151-181.

58 René Guindon, *Les francophones tels qu'ils sont. Regard sur le monde du travail franco-ontarien*, 2e édition (Ottawa, Association canadienne-française de l'Ontario, 1986, 40 p.).

59 Ann B. Denis, « Femmes : ethnie et occupations au Québec et en Ontario 1931-1981 », *Études ethniques au Canada*, vol. XIII, no 1, 1981, p. 75-90 ;

Jorge Rodriguez-Elizalde, « La discrimination et les femmes francophones du corridor bilingue de l'Ontario », *Bulletin du CRCCF de l'Université d'Ottawa*, n° 27, 1983, p. 17-29.

[60] Linda Cardinal, Jean Lapointe et J. Yvon Thériault, *L'état de la recherche sur les communautés francophones hors Québec* (Ottawa, CRCCF, 1994, 101 p.), p. 69-71.

[61] Lyne Bouchard, Chantal Cholette et Claire Mazuhelli, « Une coopérative de travail : une possibilité à explorer », Actes de colloque *Les femmes francophones en milieu minoritaire...*, p. 113-122 ; Lyne Bouchard, « Convergence : l'expérience féministe du coopératisme », dans Linda Cardinal (s. la dir. de), *Une langue qui pense. La recherche en milieu minoritaire francophone au Canada* (Ottawa, PUO, 1993, 184 p.), p. 34-42 ; Caroline Andrew, *Femme(s), communauté(s) et service(s) : trois mots clefs* (à paraître).

[62] Caroline Andrew, Clinton Archibald, Fred Caloren et Serge Denis, *Une communauté en colère. La grève contre Amoco fabrics à Hawkesbury en 1980* (Hull, Asticou, 1986, 286 p.), (les femmes formaient 20 pour cent des grévistes d'Amoco) ; Sylvie Dupont, « Les armes féminines contre Bell Canada », *La Vie en Rose*, juin-juillet-août 1980, p. 22-23 ; Diane Henrie, « La femme de Prescott-Russell et la syndicalisation », Regroupement des Ontaroises de l'Est ; Diane Henrie, « Grève à l'Union du Canada », *Le Nouveau Tablier déposé*, vol. III, n° 2, mai 1982, p. 22-27 ; Diane Vachon, « La syndicalisation des femmes de Prescott-Russell » (Montréal, UQAM, 1981).

[63] Line Beauchesne et Dominique Dubois, *Policières et gardiennes de prison* (Montréal, Le Méridien, automne 1995) ; Nathalie Riendeau, « Prendre sa place dans le milieu scientifique », dans *Relevons le défi !*, p. 215-221 ; Caroline Andrew, Cécile Coderre et Ann Denis, « De quelques notions de carrière chez les femmes gestionnaires », dans Claudine Baudoux (s. la dir. de), *Femmes, gestion, éducation* (ACFAS, 1988), p. 97-117 ; Margot Cardinal, « L'intervention féministe et les femmes gestionnaires », dans Marie-Luce Garceau (s. la dir. de), *Relevons le défi !* (Ottawa, PUO, 1992), p. 261-265.

[64] Johanne Lortie, *Répertoire des groupes de femmes traitant d'équité en matière d'emploi et des pensions pour les femmes au foyer* (UCFO, 1989) (la section sur l'Ontario est aux pages 29-37) ; Marie-Lison Fougère, « L'équité en emploi et l'intervention féministe », dans *Relevons le défi !*, p. 223-229 ; Lucie Brunet, *Le libre-échange et les femmes : jouer pour gagner* (Ottawa, FNFCF, 40 p.).

[65] Micheline Desjardins, *Seules en grand nombre* (Ottawa, FFCF, 1983, 179 p.) ; Diane Vachon, « Francophones cheffes de familles monoparentales sortent de leur isolement », *Perception*, vol. X, n° 3, janv.-fév. 1987, p. 19-21 et « Sortir de l'ombre : une trousse d'appui aux monoparentales », *Femmes d'action*, vol. XVI, n° 3, fév.-mars 1987, p. 12 ; Conseil du vieillissement d'Ottawa-Carleton, *Trop vieilles et pourtant trop jeunes. Les femmes de nulle part,* juin 1984 ; Marie-Luce Garceau, D. Dennie, B. Tremblay-Matte et M. Charron, *Cessons de penser que l'amour va tout vaincre. La situation des femmes francophones de 45 à 64 ans qui vivent en Ontario* (Sudbury, FFCF de l'Ontario, 1992, 188 p.) ; Marie-Luce Garceau, « On ne vit pas seulement d'amour et d'eau fraîche. Réflexion sur la situation économique des Franco-Ontariennes de 45 à 64 ans », Actes du colloque *Les femmes francophones en milieu minoritaire. État de la recherche...*, p. 29-46.

66 Micheline Desjardins, *Une affaire d'argent... Réflexion sur l'autonomie financière des femmes* (Ottawa, FNFCF, mai 1990, 137 p.) et « Autonomie financière des femmes : droit accessible ou privilège », *Femmes d'action*, vol. XVI, n° 3, déc. 1986-janv. 1987, p. 12-14 ; Andrée Gauthier-Riopel et Didi Khayatt, *L'autonomie financière : un objectif à atteindre. Guide à l'intention des femmes francophones de l'Ontario* (Toronto, Réseau des femmes du sud de l'Ontario, s.d., s.p.)

67 Arthur Godbout, *L'origine des écoles françaises en Ontario* (Ottawa, Université d'Ottawa, 1972, 183 p.) ; *Idem, Nos écoles franco-ontariennes* (Ottawa, Éditions de l'Université d'Ottawa, 1980, 144 p.) ; *Idem*, « Les Franco-Ontariens et leurs écoles de 1791 à 1844 », *Revue de l'Université d'Ottawa*, 1967, p. 80-100.

68 Un exemple est l'étude de Lionel Desjarlais et John A. Rackansas, *Besoins et caractéristiques des élèves de cycle intermédiaire (âgés de 12 à 16 ans) : récapitulation générale des publications de 1930-1974 et recommandations pédagogiques* (Toronto, ministère de l'Éducation, 1975, 443 p.).

69 France Levasseur-Ouimet, « Enseigner en milieu minoritaire : réflexions sur la pédagogie », *Éducation et francophonie*, vol. XVII, n° 3, décembre 1989, p. 16-22 ; *Rapport de la Commission consultative sur les services collégiaux en français dans le nord de l'Ontario* (Toronto, Commissions consultatives sur les services collégiaux en français dans le Nord et dans le Centre/Sud-Ouest de l'Ontario, 1990, 80 p. ; Annexes, 29 p.) ; Louis Desjardins et Lewis Fu, *Ambitions des francophones du sud-est de l'Ontario par rapport aux collèges Algonquin et St-Laurent* (Conseil consultatif des affaires franco-ontariennes, s.d., 235 p.) (ici la division d'attitudes est entre étudiant(e)s à temps plein et à temps partiel) ; Ronald B. D'Costa, *L'accessibilité aux études postsecondaires pour la population francophone de l'Ontario* (Ottawa, Commission sur l'éducation postsecondaire en Ontario, 1971, 115 p.) ; L. G. Bordeleau et Gaétan Gervais, *Intentions éducatives et professionnelles des élèves franco-ontariens des écoles secondaires de l'Ontario en 12e et 13e années, 1975-1976*, version abrégée (CAFO, décembre 1976, 24 p.) ; Paul-François Sylvestre, *Penetang : L'école de la résistance* (Sudbury, Prise de Parole, 1980, 107 p.).

70 Simon Laflamme, Donald Dennie et Yvon Gauthier, *L'ambition démesurée. Une enquête sur les aspirations et les représentations des étudiants et des étudiantes du nord-est de l'Ontario* (Sudbury, IFO et Prise de Parole, 1990, 194 p.) ; Simon Laflamme, « Différence et similitude : le marché du travail dans l'esprit des adolescents », *Revue canadienne de sociologie et d'anthropologie*, vol. XXVII, n° 2, mai 1990, p. 220-240 ; Monique Lortie-Lussier, « L'avenir peut-il leur donner raison ? Des rôles sociaux attendus à 30 ans par des étudiantes », *Recherches féministes*, vol. V, n° 2, 1992, p. 149-158.

71 G. Bordeleau et Louis Gabriel, *Intentions éducatives et professionnelles des élèves franco-ontariens des écoles secondaires de l'Ontario en 12e et 13e années, 1975-1976* (Toronto, CAFO, 21 p.) ; *Sondage sur les intentions éducatives et professionnelles des élèves franco-ontariens des écoles secondaires de l'Ontario en 12e et 13e années, 1974-1975* (Conseil consultatif des affaires franco-ontariennes, janvier 1976, 111 p.), p. 20-21.

72 Diane Gérin-Lajoie, « Les programmes scolaires et l'éducation franco-ontarienne. La pédagogie critique comme moyen d'intervention », dans Linda Cardinal (s. la dir. de), *Une langue qui pense...*, p. 112-119. Voir également

Linda Cardinal et Cécile Coderre, *Pour les femmes : éducation et autonomie. Rapport n° 1. Pour ne plus être oubliées* (Ottawa, Réseau national Action-Éducation Femmes, 1990, 125 p.) et *Des données et des diplômées : la situation des femmes de langue maternelle française vivant à l'extérieur du Québec : un profil national dans le domaine de l'éducation. Rapport n° 2* (Ottawa, Réseau national Action-Éducation Femmes, 1991, 139 p.).

[73] Danielle Coulombe, « Le sexisme dans notre système scolaire », présentation non publiée, rencontre organisée par le Comité du statut de la femme en éducation de Timmins (Timmins, avril 1989).

[74] *Le statut de la femme et l'équité en matière d'emploi dans les Conseils scolaires ontariens. Rapport de la ministre de l'Éducation à l'Assemblée législative*, 1990, p. 38-43.

[75] Diane Gérin-Lajoie, « Les stéréotypes sexistes dans les écoles de langue française de l'Ontario », *Éducation et francophonie*, vol. XIX, n° 3, décembre 1991, p. 44-49 ; Diane Gérin-Lajoie, *Questions relatives aux programmes scolaires : les stéréotypes sexuels dans le matériel scolaire (cours 1324)* (Toronto, Département de curriculum, IEPO, 1991, 65 p.) ; Anne Gilbert, *Les stéréotypes sexistes en milieu scolaire franco-ontarien : un dossier à rouvrir* (Ottawa, Action-Éducation Femmes, 1990, 66 p.) ; AEFO. Comité du Statut de la femme, *Guide pour la planification d'activités reliées au programme du statut de la femme en éducation* (Ottawa, AEFO, 1993, 78 p.) ; Direction générale de la condition féminine et FEEO, *L'enseignement et l'égalité des sexes* (Toronto, 1994, 50 p.) ; Rachel Vigier, Christiane Pignan-Palmer et Kathy Gainsworthy, *Autres temps, autres mœurs. Guide pédagogique pour une éducation non sexiste* (Toronto, OISE Press, 1981, 112 p.).

[76] Linda Cardinal et Cécile Coderre, « Éducation et identité : l'expérience des femmes francophones vivant en milieu minoritaire », *Éducation et francophonie*, vol. XIX, n° 3, décembre 1991, p. 23-36.

[77] Nicole Gladu et Francine Pelletier, « Les femmes et l'alphabétisation », *Document n° 10*, dans ACFO, *Alpha Partage 88. L'alphabétisation et nous les Franco-Ontariens. Qui fait quoi ?* (Vanier, 1988, 317 p.), p. 197-209 ; Hélène Dallaire, « L'alphabétisation et les femmes francophones au Canada », numéro spécial, Actes du 42e congrès de l'ACELF, *Éducation et francophonie*, vol. XVII, octobre 1989, p. 67 ; « L'alphabétisation populaire : une nécessité pour les Franco-Ontariennes », *Éducation et francophonie*, vol. XIX, n° 3, décembre 1991, p. 41-43.

[78] Dyane Adam, H. Lavoie, F. Nadeau et A. Pelletier, *Ouvrir les portes du postsecondaire aux Franco-Ontariennes* (Sudbury, Presses de l'Université Laurentienne, 1990, 40 p.) ; Dyane Adam, A. Pelletier et Lefebvre-Cappon, « Université au féminin : évaluation du cheminement des participantes », dans L. Cardinal (s. la dir. de), *Femmes et communautés : le cas de l'Ontario français* (Ottawa, PUO, à paraître) ; Dyane Adam, « Bâtir des ponts », *Éducation et francophonie*, vol. XIX, n° 3, 1992, p. 59-65 ; Dyane Adam et A. Pelletier, « Vers une promotion stratégique et communautaire des études postsecondaires chez les Franco-Ontariennes », *Francophonies d'Amérique*, n° 2, p. 65-72 ; Monica Heller, M.E. Campbell, F. Pelletier et A. Tremblay, *L'accès des élèves franco-ontariens à la formation postsecondaire et aux carrières non traditionnelles* (Toronto, CRÉFO, 1987, 245 p.).

79 Anita Corriveau, « L'importance de l'équité en éducation », Actes de colloque *État de la recherche...*, p. 123-145.

80 Linda Cardinal et Cécile Coderre, « Éducation et identité : l'expérience des femmes francophones vivant en milieu minoritaire », *Éducation et francophonie*, vol. XIX, n⁰ 3, décembre 1991, p. 23.

81 T. Gouin Decarie, « L'épouse, l'amante, où est-elle ? », *Cité Libre*, octobre 1961, p. 12-15.

82 Dans les années 60, la revue *Relations* semble donner le bon ton concernant la sexualité des femmes francophones catholiques en général, à la fois confrontées à la révolution sexuelle de cette époque, à la pilule et à une jeunesse qui demandait plus de liberté. Elle s'efforce de répondre à ces demandes en interprétant les règlements de l'Église. Les titres de ses articles en témoignent, comme « Ève refuserait-elle l'égalité ? », « La phobie de la maternité », « Le mariage et le Concile », « La vocation éternelle de la femme », « Liberté de conscience et mariages mixtes », « La régulation des naissances », « Trois qualités de la famille canadienne-française » ou « Morale sexuelle catholique ».

83 Pour l'approche démographique générale, citons R. Arès, « La grande pitié de nos minorités françaises », *Relations,* n⁰ 23, mars 1963, p. 65-68, et « Le recensement de 1961. Comportements linguistiques des minorités françaises au Canada », *Relations*, n⁰ 280, avril 1964, p. 108-110, et n⁰ 281, mai 1964, p. 141-144 ; Jacques Henripin, « Évolution de la composition ethnique et linguistique de la population canadienne », *Relations*, n⁰ 248, août 1961, p. 107-109. Pour l'Ontario seulement, voir Gaétan Gervais et Y. Tassé, *Tableaux de la population nord-ontarienne (1871-1971)* (Sudbury, Université Laurentienne, Centre de recherche nord-ontarien, document de travail, 1975, 20 p.), et Laura Guegen Charron, *Dimensions nouvelles : rapport de la Commission sur l'assimilation présenté au Conseil des écoles séparées de Nipissing* (North Bay, La Commission, 1978, 21 p.). Pour les recherches gouvernementales, Louise Dallaire et Réjean Lachapelle, *Profils démolinguistiques des communautés minoritaires de langue officielle* (Ottawa, Secrétariat d'État, 1990, 33 p. tête-bêche) ; Donald Dennie, « La paroisse Sainte-Anne-des-Pins (1883-1940). Étude de démographie historique », *Documents historiques n⁰ 84* (Sudbury, Société historique du Nouvel-Ontario, 1986, 115 p.).

84 Charles Castonguay, « L'ampleur des mariages mixtes chez les jeunes époux de langue maternelle française en Ontario et au Nouveau-Brunswick », *Bulletin du CRCCF* (Ottawa, Université d'Ottawa, 1979), p. 12-15 ; et « Exogamie et anglicisation chez les minorités canadiennes-françaises », *La Revue canadienne de sociologie et d'anthropologie*, vol. XVI, n⁰ 1, 1979, p. 21-31.

85 Monica Heller et Laurette Lévy, *L'impact du mariage mixte sur la femme francophone et sa famille : leur situation dans les milieux majoritaires et minoritaires* (Ottawa, CRSH, 1988) ; *Les mariages linguistiquement mixtes : créativité et contradictions* (Ottawa, CRSH, 1990) ; « La femme franco-ontarienne en situation de mariage mixte : féminité et ethnicité », *Recherches féministes*, vol. V, n⁰ 1, 1991, p. 59-82 ; « La femme franco-ontarienne en situation de mariage mixte : désirs et réalités dans l'éducation de ses enfants », Actes du colloque *État de la recherche...*, p. 47-60 ; « Les contradictions des mariages linguistiquement mixtes : stratégies des femmes franco-ontariennes », *Langage et société*, n⁰ 67, mars 1994, p. 53-88 ; « Des femmes franco-ontariennes

en situation de mariage mixte : vivre sur une frontière linguistique », dans Linda Cardinal (s. la dir. de), *Une langue qui pense...*, p. 11-27.

[86] Raymond Mougeon, « Les mariages mixtes et l'assimilation des francophones au Canada », *Revue de l'Association canadienne de langue française*, vol. VIII, n° 1, avril 1979, p. 24-27.

[87] Linda Cardinal, Jean Lapointe et J. Y. Thériault, *La minorité francophone de Welland et ses rapports avec les institutions. Rapport d'étude présenté au Bureau du Commissaire aux langues officielles* (Ottawa, Département de sociologie, Université d'Ottawa, 1988, 204 p.), p. 107.

[88] Lorraine Gauthier, « Les nouvelles technologies de reproduction : un nouveau tournant dans un ancien chemin », dans *Relevons le défi !*, p. 157-174.

[89] Céline Simard, « La violence faite aux femmes », dans *Relevons le défi !*, p. 47-54 ; Denyse Boulanger-Culligan et Martine Miljkavitch, « L'inceste : un témoignage, une intervention », dans *Relevons le défi !*, p. 55-66.

[90] Pat Kincaid, *Rapport de la Conférence sur la violence faite aux femmes* (Moncton, N.-B., novembre 1982, 87 p.).

[91] Claude Forand, « Quand les maris violents se font soigner », *Justice*, n° 7, septembre 1985, p. 16-17 (sur la maison Hiatus de Windsor).

[92] Conseil des écoles séparées catholiques romaines du Comté de Renfrew, *Violence en milieu conjugal (9e-11e année)* ; Colette Prévost et Francine Boudrault, travailleuse sociale au Service familial de Sudbury, Conférence sur la violence faite aux femmes : interventions et traitement, 13 mars 1991, Le Filon.

[93] Richard Carrière, « Les travailleurs sociaux scolaires face aux agressions sexuelles des enfants », dans V. Wall et F. Young (s. la dir. de), *School of Social Work and Attendance Counselling in Canada CASSWAC* (Mississauga, 1989), p. 55-59 ; Claudette Légaré, « Les femmes âgées et la violence familiale », *Communiqué*, vol. VIII, n° 4, novembre 1991, p. 5-8 ; Marie-Luce Garceau, *La violence conjugale exercée envers les Franco-Ontariennes de 45 à 64 ans*, conférence présentée à la réunion annuelle de la Faculté des Sciences sociales de l'Université d'Ottawa, octobre 1992 ; Réseau des femmes du sud de l'Ontario, *Heureux en sécurité, guide pour la prévention des abus sexuels des enfants* (Outreach abuse prevention, 1988, 58 p., 11 fiches).

[94] FFCF, *Le point de vue de la FNFCF présenté devant le Comité canadien sur la violence faite aux femmes* (Ottawa, FNFCF, 1992, 6 p.).

[95] Diane Kinnon, *L'autre versant de la montagne. La collaboration interdisciplinaire en matière de violence familiale*, projet interdisciplinaire sur la violence familiale. Rapport n° 1, décembre 1988, 34 p.

[96] Écoles catholiques de Stormont, Dundas et Glengarry, *Initiatives pour agir contre la violence. Une perspective scolaire* (Cornwall, 1992, 226 p.) ; Dominique Bilodeau, « Les mensonges qu'Horrore me contait », dans *Relevons le défi !*, p. 97-114 ; Ina Motoi, *Guide d'animation pour ateliers contre la violence* (les Éditions Françoise Marois, 1991, 169 p.).

[97] Comme *Communiqué*, vol. VI, n° 4, novembre 1989 et vol. VIII, n° 4, novembre 1991 ; La Fédération des femmes canadiennes-françaises de l'Ontario, *La violence démasquée* (Sudbury, vidéo et guide, 1994) ; Comité consultatif de Kapuskasing. TVO, *Vidéo sur la violence conjugale*, Service de formation d'assistance contre la violence conjugale. *La lumière des mots*, vidéo sur l'agression sexuelle.

98 *S'informer, c'est prévenir. Étude de besoins pour les femmes francophones du nord-ouest de l'Ontario au sujet de la violence faite aux femmes et de l'agression à caractère sexuel* (Comité des femmes francophones du Nord-Ouest de l'Ontario, Accueil francophone de Thunder Bay, Coopérative Convergence d'Ottawa, mai 1994, 48 p.) ; Fédération des enseignantes et enseignants de l'Ontario, *La violence au sein de la famille : une bibliographie sélective* (Toronto, FEO, 1985, 24 p.) ; Centre ontarien d'information en prévention, *Prévention de la violence faite aux femmes. Répertoire des ressources* (Toronto, 1992, 79 p.).

99 Dyane Adam, *La violence familiale, c'est un crime. Parlons-en* (Cahier spécial de la FFCF, novembre 1988) et *Aspects psychologiques de la violence domestique* (Cahier spécial de la FFCF, novembre 1988) ; Lucie Brunet, « S'en sortir... intègre ! L'agression », *Femmes d'action*, vol. XVI, n° 3, fév.-mars 1987, p. 11 ; AEFO, *Guide d'information sur le harcèlement sexuel. Association des enseignantes et des enseignants franco-ontariens* (Ottawa, 1990, 11 p.) ; Christiane Bernier, « La pornographie : théories, débats, action. Un survol critique », dans *Relevons le défi !*, p. 67-95 ; Centre médico-social communautaire, *Assez. Photo-roman sur l'agression sexuelle et la violence conjugale* (Toronto, 1992, 40 p.).

100 Mueni Malubungi, *Excision et infibulation. Répercussion sur la santé des filles et des femmes* (Réseau des femmes du sud de l'Ontario. Rapport d'activités de la journée de concertation, le 12 mars 1994, 10 p.).

101 Chantal Saint-Pierre, « De la fabrication d'une femme épuisée », dans *Relevons le défi !*, p. 117-137 ; Dyane Adam, « Stress au féminin : Un programme communautaire de prévention et de promotion en santé », *Santé mentale au Canada*, vol. XXXVII, n° 4, décembre 1989, p. 6-9 ; Dyane Adam, L. Beaulé, D. Messier et C. Péladeau, *Le stress au féminin : manuel à l'intention des multiplicatrices* (Ottawa, UCFO, 121 p.).

102 Dyane Adam, « Saines d'esprit, malgré tout. Regard sur notre santé mentale : résumé d'une conférence », *Femmes d'action*, vol. XIX, n° 1, p. 11-15 ; Denise Messier, « Mourir pour se libérer », dans *Relevons le défi !*, p. 139-149.

103 Lucienne Bushnell, *Environnement favorable pour le mieux-être des femmes* (Toronto, Éditions Femmes-racines, 1992, 82 p.). Il s'agit d'un guide d'animation pour ateliers avec plan d'action.

104 Claudette Brassard, « Auto-santé, médecine douce », dans *Relevons le défi !*, p. 151-155.

105 Geneviève Rail, « Sport au féminin : pour une réappropriation du corps », dans *Relevons le défi !*, p. 231-254.

106 Dyane Adam, « Un partenariat pour le meilleur... ou pour le pire ? », *Femmes d'action*, vol. XXI, n° 2, 1992, p. 7-10, 13-16.

107 Le colloque de mars 1995 du Réseau des chercheures féministes a abordé ce domaine de recherche et d'action.

108 Jacqueline Pelletier, « Les perspectives d'avenir », dans *Relevons le défi !*, p. 267-271.

Histoire, science politique et économie_____

L'historiographie franco-ontarienne : à l'image de l'Ontario français————————————

Gaétan Gervais
Département d'histoire
Université Laurentienne

Comme la mémoire, l'histoire est un dialogue permanent du présent avec le passé. Elle exprime, à un moment donné, l'ordre que la raison introduit dans la masse des faits historiques. Or l'Ontario français, depuis trente ans, subit une transformation fondamentale, cessant d'être *la partie ontarienne du Canada français* pour devenir *la partie française de l'Ontario.* Une mutation si profonde, on le pense bien, n'a pas manqué de modifier définitivement la manière dont la communauté franco-ontarienne perçoit son avenir et son passé. C'est en effet le point de vue du présent texte qu'une conséquence majeure de cette transformation est l'avènement d'une historiographie franco-ontarienne, avec ses auteurs et ses œuvres, champ d'étude qui existe dans la mesure même où s'affirme l'identité franco-ontarienne. Nouvelle vision des choses, nouvelle historiographie.

Tout au cours de son histoire, l'Ontario français a été, dans les domaines de l'enseignement, de la religion, de l'édition, des arts et des communications, tributaire des réseaux culturels canadiens-français ancrés à Québec, à Montréal et à Ottawa. Pendant plus d'un siècle, les élites canadiennes-françaises de ces trois villes, véritables capitales idéologiques du Canada français, défendirent les droits linguistiques et scolaires des minorités françaises du pays entier en revendiquant pour l'ensemble des Canadiens français le statut de « peuple fondateur ». Mais les fondements mêmes du Canada français furent fatalement sapés, il y a trente ans, quand beaucoup d'intellectuels canadiens-français se convertirent à la nouvelle « identité québécoise », abandonnant ainsi « l'idée canadienne-française » et le grand projet culturel et social, défini au siècle dernier, qui l'accompagnait.

Tout à coup, à Montréal et à Québec, voire à Ottawa, les idéologues néo-nationalistes élevèrent le Québec au statut de légataire universel des droits historiques du Canada français, allant même jusqu'à déclarer que la province de Québec, pourtant dépourvue d'existence juridique avant 1867, formait un « peuple fondateur » de la Confédération. Depuis un quart de siècle, les nationalistes apportent en grande pompe, sur les fonts baptismaux de « la nation québécoise », tout le bagage culturel ayant appartenu autrefois au Canada français. Combien d'explorateurs, d'hommes politiques, de missionnaires, d'auteurs ou d'artistes, tant français que canadiens ou canadiens-français, ont ainsi reçu, à leur insu et souvent longtemps après leur mort, l'étiquette « québécois » ! Désormais ce terme s'accole sans discernement à toutes sortes de faits survenus au Canada pendant quatre siècles, depuis les « jésuites québécois en Huronie au XVIIᵉ siècle » jusqu'aux « médailles olympiques du Québec en 1992 ». Ce coup d'État culturel a révélé deux côtés d'un même phénomène, à savoir la « québécisation » de la culture canadienne-française, d'une part, et l'« ontarianisation » de la communauté franco-ontarienne, d'autre part. Impossible à maintenir sans le Québec, le Canada français agonise depuis un quart de siècle, engendrant une *fragmentation identitaire* qui se manifeste par la multiplication des identités régionales : acadienne, québécoise, franco-ontarienne, franco-manitobaine et ainsi de suite jusqu'au Pacifique.

Alors que la « culture canadienne-française », depuis des siècles ancrée dans la vallée laurentienne, constitua longtemps le cadre obligé de référence culturelle des Franco-Ontariens, les éléments définissant la nouvelle « culture québécoise », notamment ses références insistantes à l'État québécois, la rendirent non viable en Ontario français. Ainsi, la spécificité québécoise devenait un facteur d'aliénation culturelle pour les Franco-Ontariens et pour les autres minorités françaises du Canada. D'où la volonté, notamment parmi la jeunesse franco-ontarienne, de forger une identité culturelle nouvelle, basée en Ontario, en réponse à une double nécessité de combler le vide culturel laissé par la disparition du *paradigme canadien-français* et de recentrer la vie franco-ontarienne sur l'Ontario même. Déracinement du Canada français, enracinement de l'Ontario français : voilà les deux données du problème franco-ontarien. Les unes après les autres, les minorités françaises du Canada, suivant l'exemple des Acadiens et des Québécois, tentèrent de définir leur nouvelle identité.

Dans ce processus de construction identitaire, activité politique dans le sens noble du mot, la communauté franco-ontarienne se tourna forcément vers son passé, essayant d'interpréter sa présence et son enracinement en Ontario depuis près de quatre siècles. Divers facteurs convergent pour soutenir cette recherche : la quête d'une littérature franco-ontarienne, pourtant ancienne mais encore méconnue ; l'avènement d'artistes franco-ontariens ; l'université franco-ontarienne en gestation ; l'accroissement du volet franco-ontarien dans les programmes d'enseignement ; enfin, l'implication de plus en plus grande des membres de la communauté franco-ontarienne dans la vie publique de leur province. Voilà les signes certains d'une compréhension nouvelle des assises géographiques, historiques, économiques, sociales et politiques qui définissent la communauté franco-ontarienne. Ce « recentrage » sur l'Ontario s'explique principalement, comme on l'a dit, par la montée irrésistible du nationalisme québécois, par l'adoption des lois fédérales sur les langues officielles et, surtout, par les politiques provinciales qui ont peu à peu contribué à la reconnaissance des droits de la minorité franco-ontarienne. À la lumière de cette nouvelle conjoncture sociopolitique, il devint essentiel d'affirmer à la fois la pérennité et la permanence de l'enracinement français en sol ontarien.

Certains voudraient à tort introduire des distinctions de sang entre les gens « de souche » et divers autres groupes ethniques ou raciaux. Or l'Ontario français forme aujourd'hui une *communauté culturelle de lieu*, constituée aux deux tiers de personnes nées en Ontario, au quart de personnes nées au Québec et, pour le reste, de personnes venues des autres provinces et d'autres parties du monde. Les origines de l'Ontario français remontent à 1610, année de l'arrivée du premier Français dans la région des Grands Lacs. L'histoire des Franco-Ontariens et des Franco-Ontariennes, c'est donc le récit de la naissance et de l'évolution en Ontario de cette communauté de langue et de culture françaises. Puisqu'il existe une histoire de cette communauté, il y a aussi, forcément, une historiographie franco-ontarienne.

Pour cerner cette historiographie, trois niveaux d'analyse sont possibles : le *premier* correspond à l'état des connaissances de l'histoire de la communauté franco-ontarienne, tandis que le *deuxième* traite de l'ampleur et du contenu du corpus bibliographique, et que le *troisième* s'intéresse aux caractéristiques de ce corpus.

Le premier niveau se situe au simple plan de la connaissance des *événements passés*. Que savons-nous au juste de la présence française et canadienne-française sur le territoire qui constitue aujourd'hui l'Ontario, ainsi que de la chronologie et la géographie du passé franco-ontarien ? Il s'agit en fait d'un domaine récent d'enquête, encore peu étudié et peu enseigné. Les premières études franco-ontariennes, par opposition à « canadiennes-françaises de l'Ontario », ont à peine vingt ans[1]. Mais la multiplication des études (livres, brochures, articles, thèses), au cours des dernières décennies, traduit un souci de la communauté franco-ontarienne de connaître son passé et de le faire connaître. Cette préoccupation, qui s'étend peu à peu au monde de l'enseignement, se manifeste surtout dans les institutions de la minorité, les plus aptes à favoriser les études franco-ontariennes. Or, beaucoup d'institutions culturelles (université, maisons d'édition, fonction publique), pour des raisons historiques, se trouvent à Ottawa où elles évoluent dans l'orbite du réseau institutionnel québécois. Bref, l'étude du passé franco-ontarien est encore peu développée, ce qui veut dire que « l'institution » du domaine de l'histoire, en Ontario français, n'est pas encore affranchie d'une dépendance vis-à-vis des communautés externes.

Le deuxième niveau d'analyse relève de la *bibliographie*. Le corpus bibliographique de l'Ontario français comprend des titres qui s'y trouvent soit à cause de leur *sujet*, soit à cause de leur *auteur*. Beaucoup de livres, brochures, articles ou thèses traitent, en partie ou en totalité, de l'Ontario français, sans que leur auteur soit franco-ontarien. Ces écrits, parce qu'ils traitent de l'Ontario français, font partie, par le *sujet*, du corpus des œuvres de l'historiographie franco-ontarienne. Il s'agit de travaux portant sur des événements, des personnes, des activités ou des questions se rapportant à l'Ontario français. Qu'il soit question de la période de la Nouvelle-France (1610-1760), connue par une abondante documentation sur les explorations, le commerce de la fourrure et les missions, de la période du Canada français (1760-1965), avec ses nombreuses recherches sur les institutions, les idéologies et les élites, ou encore de la période franco-ontarienne (1965 à aujourd'hui), beaucoup de travaux ont pour objet l'Ontario français et font donc partie du corpus historiographique franco-ontarien.

D'autres titres entrent dans la bibliographie par leur *auteur*. Ce sont les études historiques réalisées par des femmes ou des hommes qui sont des Franco-Ontariens de naissance, d'adoption ou même de résidence. Parmi les historiens nés en Ontario, on pense d'abord à Gaston Carrière (né à Curran en 1913, décédé à Ottawa en 1985), professeur de philosophie, archiviste et historien qui a publié de nombreuses biographies et rédigé, en douze volumes, une histoire des oblats dans l'est du Canada. D'autres auteurs sont nés ailleurs, mais sont des Franco-Ontariens d'adoption, venus soit pour travailler dans la fonction publique fédérale, soit pour enseigner, ou qui se sont établis comme membres de communautés religieuses. On pourrait citer plusieurs fonctionnaires fédéraux qui ont produit des écrits en histoire, depuis le bavard Benjamin Sulte (né à Trois-Rivières en 1841, décédé à Ottawa en 1923), journaliste, critique, poète, auteur d'une *Histoire des Canadiens-Français 1608-1880* en huit volumes (Montréal, 1882-1884), fondateur en 1882 de la Société royale du Canada et intarissable auteur de quelque 3 000 écrits. Mentionnons aussi l'abbé Cyprien Tanguay (né à Québec en 1819, mort à Ottawa en 1902), dont la monumentale compilation généalogique, le *Dictionnaire généalogique des familles canadiennes depuis la fondation de la colonie jusqu'à nos jours,* en sept volumes (Montréal, 1871-1890), en fait le père spirituel de tous les généalogistes canadiens-français.

Parmi les archivistes, il faut évoquer le nom de Francis-J. Audet (né à Détroit en 1867, mort à Ottawa en 1943), arrivé en Ontario en 1889, auteur de nombreux travaux, principalement sur les députés de la région des Trois-Rivières et de Montréal, ou encore Gustave Lanctôt (né à Saint-Constant en 1883, mort à Montréal en 1975), archiviste du dominion, qui vécut en Ontario de 1905 à 1958, où il produisit plusieurs œuvres sur la Nouvelle-France. Citons un dernier exemple : Léon Gérin, sociologue, historien (né à Québec en 1863, mort à Montréal en 1951), qui vécut en Ontario de 1892 à 1935, où il publia plusieurs ouvrages. La présence canadienne-française dans la fonction publique fédérale se maintient aujourd'hui. Quant aux universitaires, ils sont de plus en plus nombreux, dans les universités de l'Ontario, à produire des travaux, soit en histoire canadienne, soit en histoire européenne reliée à l'histoire de l'Ontario.

Les communautés religieuses sont aussi la cause de la venue de plusieurs auteurs, qu'il s'agisse de l'oblat Louis Le Jeune (né en France en 1857, décédé à Ottawa en 1935), professeur, historien, essayiste, surtout auteur du célèbre *Dictionnaire général de biographie, histoire, littérature, agriculture, commerce, industrie et des arts, sciences, mœurs, coutumes, institutions politiques et religieuses du Canada*, en deux volumes (Ottawa, 1931), ou du jésuite Lorenzo Cadieux (né à Granby en 1903, décédé à Sudbury en 1976), fondateur en 1942 de la Société historique du Nouvel-Ontario, ou encore de Charles-Émile Claude, clerc de Saint-Viateur (né à Montréal en 1912, arrivé en Ontario en 1952), ou enfin de Sœur Paul-Émile (Louise-Marie Guay, des sœurs grises de la Croix, née à Matane en 1885, morte à Ottawa en 1971), auteure de plusieurs ouvrages sur l'histoire de sa communauté.

Il appert déjà, à la seule lumière de ces quelques exemples, que la *bibliographie* franco-ontarienne est considérable. Aux études signalées plus haut, il faudrait ajouter une catégorie importante, les publications de circonstance: albums-souvenirs, histoires de paroisse, publications à l'occasion d'anniversaires, programmes-souvenirs, histoires d'institutions religieuses et scolaires. Enfin, un nombre assez élevé de travaux d'histoire populaire a vu le jour[2].

Des deux niveaux cités, ceux de la *connaissance des événements* et de la *bibliographie*, on passe à la dimension la plus importante, l'*historiographie*. Qui écrit quoi et pour quelles raisons ? C'est l'aspect le plus significatif de l'analyse parce qu'il surpasse la simple narration des faits jugés importants, et dépasse même l'imaginaire, pour rejoindre l'univers des propriétés symboliques. On pénètre ici dans le monde de la mémoire collective, des sentiments d'appartenance, dans l'ordre des symboles et de l'identité.

La conscience de former une communauté distincte peut paraître de facture récente, ce que viendrait confirmer la faible présence de l'Ontario et de l'Ontario français dans le corpus bibliographique franco-ontarien. Mais les silences aussi parlent. Cet état de choses reflète le caractère *canadien-français* de la communauté franco-ontarienne avant les années 60, mais aussi la pente *québécoise* où glissent tant d'universitaires de l'Ontario français. Les institutions elles-mêmes ont longtemps reflété le monde anglo-ontarien ou le monde québécois plus que l'Ontario français. Si peu d'histoire ontarienne, *a fortiori* franco-ontarienne, s'enseigne dans les universités bilingues ! Pourtant, la qualité de la préparation donnée aux étudiants tient en partie à la capacité de leurs professeurs de transmettre, en français, non seulement des connaissances générales, mais aussi une familiarité avec le milieu économique, social, politique et culturel où ces élèves sont appelés à vivre.

En fin de compte, il convient de proposer quelques réflexions sur cette historiographie. Notons en premier lieu que l'idée même d'une historiographie franco-ontarienne tient à la *transformation de l'Ontario français* depuis une génération, un phénomène qu'il faut appeler « l'ontarianisation » de la minorité franco-ontarienne. De manière complémentaire, le centre de gravité politique de cette communauté se déplace vers Toronto, s'éloignant d'Ottawa, son centre historique. L'Ontario français voit de plus en plus Toronto comme sa capitale. Une des causes de cette rupture, c'est la division qui empêche les élites françaises d'exercer comme autrefois leur leadership, partagées qu'elles sont entre leurs composantes « internationale », « québécoise » et « franco-ontarienne », cet ordre décroissant correspondant d'ailleurs à leur niveau d'influence à Ottawa même.

Une dernière remarque sur l'historiographie pour suggérer qu'une approche utile serait d'introduire la notion d'« institution historique », modelée sur le concept d'« institution littéraire[3] » qui propose une sociologie de la littérature. En somme, ne faudrait-il pas, *premièrement*, se demander quelle histoire se transmettre, et comment, *deuxièmement*, définir les regroupements qui interviennent dans le domaine de l'histoire pour voir ce qu'ils représentent ? *Troisièmement,* analyser les réseaux de diffusion de cette production historique (édition, diffusion, communications) et, *quatrièmement*, faire la critique de cette institution ? Une telle approche enrichirait notre compréhension de l'historiographie franco-ontarienne. La mémorialisation de certaines œuvres, activité primordiale de l'institution littéraire, a son pendant historique dans la mise en valeur de certains événements, de certaines questions, de certains personnages, de certaines méthodes. Car même les « méthodes scientifiques » du monde universitaire dissimulent des intérêts.

Le corpus des œuvres, des écrits et des travaux qui constituent la bibliographie franco-ontarienne est de mieux en mieux connu. En fait, l'identification du *corpus historique franco-ontarien* est en bonne voie de réalisation dans le cadre du projet de *Dictionnaire des écrits de l'Ontario français* (DÉOF)[4]. Avouons clairement, au départ, que la quasi-totalité des auteurs cités dans ce corpus de l'historiographie franco-ontarienne ne se disaient pas franco-ontariens, mais canadiens-français, voire québécois. Mais cette question ne relève pas des auteurs eux-mêmes, une œuvre publiée entrant dans le domaine public. Il est possible de répartir le corpus en six grandes divisions : l'Amérique française

(1610-1760), les fonctionnaires fédéraux, le clergé, l'histoire populaire, l'histoire professionnelle, les sciences connexes à l'histoire. Dans chacune de ces catégories, des centaines de titres sont connus.

L'AMÉRIQUE FRANÇAISE (1610-1760)

Beaucoup d'écrits de la Nouvelle-France se rapportent à la région des Grands Lacs et de la baie d'Hudson, ce qui en fait des écrits de l'Ontario français. On peut rappeler, à titre d'exemple, que deux des voyages de Champlain, en 1613 et en 1615-1616, se déroulèrent en Ontario et constituent en fait les premiers écrits de l'Ontario français. Beaucoup d'autres Français, dans le siècle et demi qui suivit, ont visité l'Ontario. Ils ont laissé des écrits s'y rapportant, depuis le *Grand voyage au pays des Hurons* (1632) du frère Théodat Sagard, racontant un voyage en Huronie effectué en 1623, jusqu'aux commentaires ethnographiques de plusieurs visiteurs. Mais il faut surtout rappeler la mission de Sainte-Marie-aux-Hurons (1635-1649) et les saints martyrs canadiens, morts à la fin de cette période, qui ont généré une abondance d'écrits depuis un siècle. Par le poids qu'elles accordent à la mission huronne, les *Relations des Jésuites* (1632-1672) appartiennent, en bonne partie, à l'historiographie franco-ontarienne. Durant tout le régime français, du reste, une riche littérature de voyage a vu le jour, depuis René Bréhant de Galinée (1645-1678), sulpicien et auteur du *Voyage de MM. Dollier de Casson et de Galinée*, qui démontra en 1669-1670 que les Grands Lacs communiquaient entre eux, jusqu'au militaire Pierre de Troyes, mort en 1688, qui a laissé le *Journal de l'expédition du Chevalier de Troyes à la baie d'Hudson en 1686*. S'ajoutent encore les noms de Nicolas Perrot, du baron de La Hontan (Louis Armand de Lom d'Arce, 1666-1716), auteur de célèbres *Voyages*, du père Pierre Chaumonot, du père F.-X. Charlevoix, auteur en 1744 d'une *Histoire de la Nouvelle-France*, jusqu'au jésuite Pierre Potier, envoyé à la mission de l'Assomption de Détroit, où il mourut en 1781, laissant dans ses papiers le premier glossaire du Canada français. Outre ces écrits d'époque, il existe une énorme production d'études touchant la région des Grands Lacs et de la baie d'Hudson à l'époque de la Nouvelle-France (commerce de la fourrure, explorations, activités missionnaires), depuis F.-X. Garneau, au milieu du siècle dernier, jusqu'à Marcel Trudel qui enseigna vingt ans en Ontario. Ces quelques noms ne font qu'effleurer l'imposante bibliographie de la Nouvelle-France touchant l'Ontario.

LES FONCTIONNAIRES FÉDÉRAUX

En 1866, le gouvernement du Canada-Uni commença à déménager ses ministères à Ottawa, cette ville devenant l'année suivante la capitale de la nouvelle Confédération canadienne. Une des conséquences de ce déménagement, c'est l'arrivée à Ottawa non seulement d'*hommes politiques* canadiens-français (députés, sénateurs ou juges) et de *journalistes*, mais de *fonctionnaires* de langue française, principalement des traducteurs, des administrateurs, des bibliothécaires et des archivistes. Plusieurs d'entre eux ont laissé des œuvres historiques ou littéraires. Ce groupe a, dès le début, constitué le noyau de l'élite canadienne-française d'Ottawa, formant plus tard le cœur de la résistance au règlement XVII (1912-1927). Ces fonctionnaires forment, avec les élites religieuses, le leadership *canadien-français* d'Ottawa. On les retrouve dans l'Institut canadien-français d'Ottawa, foyer d'une foule d'activités culturelles, dont la célèbre convention littéraire de 1877, la première au Canada, et dans la Société royale du Canada, fondée en 1882.

Au XIXe siècle, les personnages les plus en vue sont Benjamin Sulte et l'abbé Cyprien Tanguay, déjà mentionnés, mais aussi Joseph-Charles Taché (né à Kamouraska en 1820) qui vécut à Ottawa jusqu'à sa mort en 1894 ; ou Stanislas Drapeau (né à Saint-Roch en 1821, mort à Pointe-Gatineau en 1893), journaliste, écrivain, agent de colonisation et imprimeur, qui vécut à Ottawa à compter de 1859. Parmi les autres têtes d'affiche, il faut encore ajouter le capucin Alexis de Barbezieux (Georges Derouzier de son nom de naissance, né en France en 1854, mort à Pointe-aux-Trembles en 1941), qui vécut en Ontario de 1890 à 1902, et à qui l'archevêque d'Ottawa, Thomas Duhamel, demanda d'écrire l'*Histoire de la province ecclésiastique d'Ottawa et de la colonisation dans la vallée de l'Ottawa* (Ottawa, 1897). Enfin, on peut encore ajouter les noms de Joseph Tassé (1848-1895), homme politique et journaliste, qui vécut en Ontario de 1864 à 1894 ; de Léo-Paul Desrosiers (1896-1967), qui habita l'Ontario de 1921 à 1941 ; même celui de Robert Rumilly (1897-1983), auteur de l'*Histoire de la province de Québec* en quarante-deux volumes, qui vécut en Ontario de 1936 à 1948.

La capitale du Canada a aussi attiré un grand nombre de journalistes et de traducteurs qui ont parfois signé des ouvrages historiques, comme Sylva Clapin (1853-1928), qui a habité Ottawa de 1900 jusqu'à sa mort en 1928. D'autres sont venus comme hommes politiques, tels le sénateur Pascal Poirier (1852-1933) ou encore le sénateur Philippe Landry, président de l'Association canadienne-française d'éducation de l'Ontario (1915-1919), qui quitta la présidence du Sénat pour mener la lutte contre le règlement XVII. Ce sont d'assez solides preuves d'enracinement en Ontario.

LE CLERGÉ

À l'époque de la Nouvelle-France, déjà, le clergé comptait beaucoup dans l'historiographie. Depuis le milieu du siècle dernier et jusqu'aux années 60, le clergé a joué au Canada français un rôle central dans les institutions scolaires et sociales. En Ontario, où la minorité française recevait peu de secours de son gouvernement provincial, beaucoup d'institutions scolaires ne survécurent que grâce aux contributions du clergé, surtout des communautés religieuses, capables de fournir une main-d'œuvre peu coûteuse. L'école et la paroisse devinrent donc les deux institutions de base qui assurèrent la survie de la communauté canadienne-française de l'Ontario. Dans l'un et l'autre cas, il s'agit d'institutions catholiques où le clergé s'attribuait une place prépondérante, la paroisse et l'école devenant partout des carrefours où s'organisèrent des activités sociales, culturelles, sportives, économiques, depuis les centres de loisirs jusqu'aux caisses populaires. Plusieurs facteurs expliquent cette ascendance du clergé, dont son niveau de scolarisation plus élevé que celui de la population franco-ontarienne. Il ne faut donc pas s'étonner de trouver, avant l'époque des historiens professionnels salariés des universités et des gouvernements, beaucoup de religieux, généralement formés dans d'autres disciplines mais intéressés à l'histoire. Beaucoup d'écrits historiques ont leur origine dans les institutions d'enseignement que dirigeaient les oblats, les jésuites, les dominicains, les sœurs grises et les autres communautés. La liste de ces religieux est plutôt longue.

Finalement, il faut mentionner le clergé séculier qui, à l'occasion d'anniversaires surtout, fut souvent l'instigateur de comités, sinon l'auteur d'une histoire de paroisse. Ces travaux sont parfois de bonne tenue (Jean-Urgel Forget, A. D. Émery, Lionel Séguin), mais souvent ne sont que des compilations de listes, de photos et de textes divers. Cette production est de valeur inégale. Au cours des dernières années, beaucoup de paroisses ont payé des entreprises commerciales pour publier des albums de photos où presque tous les paroissiens se retrouvent, mais où l'histoire n'occupe que la portion congrue. Pourtant, ce sont souvent les seules sources disponibles pour connaître l'histoire de certaines localités.

L'HISTOIRE POPULAIRE

Dans cette catégorie, on peut ranger tout un ensemble de textes qui s'adressent à un public non spécialisé. Y figurent beaucoup de publications des sociétés historiques, beaucoup d'histoires de paroisse et de ville, des biographies, des programmes-souvenirs et une foule de publications traitant de différentes questions, depuis les jumelles Dionne jusqu'aux grandes catastrophes forestières, en passant par les histoires de diocèse.

Les sociétés historiques ne sont pas nombreuses en Ontario français, mais elles ont joué un important rôle d'animation. En 1932, Georges Simard fondait la *Société historique d'Ottawa*, qui fonctionna une douzaine d'années. Puis, en 1942, Lorenzo Cadieux mettait sur pied la *Société historique du Nouvel-Ontario*, grande animatrice d'histoire dans le nord de la province pendant des décennies, surtout par la publication de ses *Documents historiques*, série de brochures publiée encore aujourd'hui. En 1945, naissait la *Société d'histoire et de généalogie d'Ottawa*, fondée par Louis Charbonneau et Roger Comeau, qui existe toujours et publie *Par-delà le Rideau*. La *Société historique de Cornwall* a vu le jour en 1976, fondée par le père Charles-Émile Claude. Trois ans plus tard naissait la *Société historique du Nipissing*, tandis que la *Société d'histoire de Toronto* s'organisait en 1984. La plupart de ces sociétés ont publié des brochures ou des livres. Il existe en outre, depuis quinze ans, une *Société franco-ontarienne d'histoire et de généalogie*, vouée, malgré son nom, à la seule généalogie. Enfin, chapeautant l'ensemble, il existe depuis sept ans le *Regroupement des organismes du patrimoine franco-ontarien*. Plusieurs publications ont vu le jour grâce aux efforts de ces sociétés d'histoire. On trouve aussi dans les journaux des chroniques et des écrits touchant l'histoire franco-ontarienne.

L'HISTOIRE PROFESSIONNELLE

En 1960, l'Université Laurentienne fut établie, financée par le gouvernement provincial. En 1963, fut fondé le Collège Glendon, faculté bilingue de l'Université York et, en 1965, la nouvelle Université d'Ottawa fut établie et financée par le gouvernement. Il se trouva dans ces institutions, mais aussi dans les universités anglo-ontariennes, des départements d'histoire qui embauchèrent des professionnels qui publièrent, acte quasi religieux en milieu universitaire, des livres et des articles dans les revues spécialisées et aux presses universitaires. Les recherches et les thèses d'étudiants augmentèrent aussi en nombre.

Un autre aspect de la professionnalisation, c'est le phénomène des centres de recherche. À la tête de ceux-ci, pour l'Ontario français, se trouve évidemment le Centre de recherche en civilisation canadienne-française (CRCCF), à l'Université d'Ottawa, dépositaire de la plus grande partie des archives des organismes franco-ontariens. Ce centre a publié des actes de colloque, des revues et des inventaires d'archives. Il existe aussi d'autres regroupements, tels l'Institut franco-ontarien (IFO), fondé à Sudbury en 1976, et, à Toronto, le Groupe de recherche en études francophones (GREF). On a même vu paraître, en 1978, une revue consacrée aux études franco-ontariennes, la *Revue du Nouvel-Ontario*.

LES DOMAINES CONNEXES

Une dernière catégorie de travaux comprend les recherches et les publications réalisées dans d'autres disciplines. On pense en premier lieu à l'archivistique, mais aussi aux études en droit, en histoire littéraire, en ethnologie, en sociologie et dans les autres sciences humaines.

En conclusion, on peut donc dire que l'historiographie franco-ontarienne existe, qu'elle est tributaire de l'historiographie canadienne-française, qu'elle fait partie d'un processus identitaire. Elle repose sur un corpus comprenant les écrits des auteurs franco-ontariens, de naissance, d'adoption ou de résidence, mais aussi les écrits historiques dont le contenu se rapporte à l'histoire franco-ontarienne. La liste des femmes et des hommes qui figurent dans ce répertoire serait longue, mais notre propos n'était pas de faire une telle énumération. Plus modestement, ce travail préliminaire visait à dégager, dans une première réflexion, le fondement du corpus historique, tout en essayant d'en définir les grandes caractéristiques et d'en faire valoir la richesse. Cette tentative, dans le contexte du présent ouvrage, pourra peut-être faire avancer la réflexion sur l'Ontario français, à la suite des autres colloques qui balisent le développement des recherches sur l'Ontario français[5]. Une connaissance de cette historiographie fait partie, comme les autres sujets traités dans ce recueil, d'une meilleure compréhension de la communauté franco-ontarienne.

*NOTES*____

[1] Pour la plus récente synthèse, voir Cornelius J. Jaenen (s. la dir. de), *Les Franco-Ontariens* (Ottawa, PUO, 1993, 443 p.). Ce travail fut précédé par les publications suivantes : *Explorations et enracinements français en Ontario, 1610-1978. Esquisse historique et ressources documentaires* (Toronto, ministère de l'Éducation, 1981, 160 p.) ; Laurier Carrière, *Les Français dans les Pays d'en Haut* (Toronto, McGraw-Hill, 1981, viii-308 p.) ; Brigitte Bureau, *Mêlez-vous de vos affaires. 20 ans de luttes franco-ontariennes* (Ottawa, Association canadienne-française de l'Ontario, 1989, 122 p.). Il faut aussi souligner la contribution importante du projet DOPLEFO, dont voici une partie des titres : Robert Choquette, *L'Ontario français, historique* (Montréal, Éditions Études Vivantes, coll. L'Ontario français, 1980, viii-272 p.) ; Jacques Grimard, *L'Ontario français par l'image* (Montréal, Éditions Études Vivantes, coll. L'Ontario français, 1981, 259 p.) ; Gaétan Vallières, *L'Ontario français par les documents* (Montréal, Éditions Études Vivantes, coll. L'Ontario français, 1980, 280 p.).

[2] Parmi les œuvres destinées à un grand public, on peut citer les brochures de la Société historique du Nouvel-Ontario, publiées depuis 1942, mais aussi

les répertoires biographiques parus aux Éditions L'Interligne : Paul-François Sylvestre, *Nos parlementaires*, 1986 ; Jean Yves Pelletier, *Nos magistrats*, 1989 ; Sylvie Jean, *Nos athlètes*, 1990 et un prochain volume sur *Nos entrepreneurs*. Dans la même veine populaire, ont aussi paru des biographies sur les « jumelles Dionne », les célèbres quintuplées de Corbeil, et sur des personnalités comme Almanda Marchand Walker ou Marie-Rose Girard. Des biographies ou des écrits de Conrad Lavigne, Marie-Rose Girard, Jean-Noël Desmarais et Robert Gauthier ont récemment vu le jour, sans oublier la grande biographie d'Élisabeth Bruyère, par Émilien Lamirande, sans doute la plus monumentale biographie de l'Ontario français.

3 Sur « l'institution littéraire », voir Jacques Dubois, *L'institution de la littérature. Introduction à une sociologie* (Paris, Fernand Nathan/Bruxelles, Éditions Labor, Dossiers Media, 1986, 189 p.).

4 C'est un projet de recherche dont je partage la direction avec mon collègue, Jean-Pierre Pichette. Pour une description du projet, voir les articles suivants : Gaétan Gervais, « Le Dictionnaire des écrits de l'Ontario français (DÉOF) », *La Revue d'histoire littéraire du Québec et du Canada français*, no 8, été-automne 1984, p. 249-252 ; Gaétan Gervais et Jean-Pierre Pichette, « Le Dictionnaire des écrits de l'Ontario français », dans Monique Bournot-Trites (s. la dir. de), *Les outils de la francophonie. Les actes du sixième colloque du Centre d'études franco-canadiennes de l'Ouest tenu à Richmond, Colombie-Britannique les 10 et 11 octobre 1986* (Vancouver, CEFCO/Université de Colombie-Britannique, 1988), p. 160-185 ; Gaétan Gervais et Jean-Pierre Pichette, « Le Dictionnaire des écrits de l'Ontario français (DÉOF) », *Vie française*, vol. XLI, no 1, janvier-décembre 1989, p. 47-53.

5 Voir Actes du colloque *La Situation de la recherche sur la vie française en Ontario,* tenu à l'Université d'Ottawa les 28 et 29 novembre 1974 (Montréal, ACFAS/Ottawa, CRCCF, 1975, 280 p.) ; Actes du colloque *Les Archives et recherches régionales au Canada français*, tenu à l'Université d'Ottawa les 17 et 18 février 1977 (Montréal, ACFAS/Ottawa, CRCCF, 1977, 169 p.) ; René Dionne (s. la dir. de), Actes du colloque *Quatre siècles d'identité canadienne*, tenu au CRCCF de l'Université d'Ottawa, le 23 octobre 1981 (Montréal, Éditions Bellarmin, 1983, 176 p.) ; Actes du colloque/Conference proceedings *La culture franco-ontarienne : traditions et réalités nouvelles/Franco-Ontarian Culture : Traditions and New Perspectives*, tenu à Toronto les 28 et 29 octobre 1982 (Toronto, Collège universitaire Glendon [1983], xv-79 p.) ; Actes du premier colloque national des chercheurs, *État de la recherche sur les communautés francophones hors Québec*, tenu à Ottawa les 9, 10 et 11 novembre 1984 (Ottawa, FFHQ, 1985, 107 p.).

Canadiens français et non-francophones dans les villes québécoises et ontariennes, 1851-1911 : une perspective comparative et régionale[1]

Fernand Ouellet
Département d'histoire
Université York

Depuis leur établissement en Amérique jusqu'en 1830 au moins, les Canadiens français avaient connu la ville. Mais les villes qu'ils avaient habitées ou fréquentées avaient crû à un rythme plus modéré que l'ensemble de la population coloniale. « La population de Québec croît au rythme relativement modeste de 2 pour cent annuellement entre 1690 et 1755 [souligne Yvon Desloges], taux inférieur à celui de la colonie[2]. » Ce constat de croissance décalée vaut aussi pour le Trois-Rivières et le Montréal du Québec pré-industriel. Ainsi, de 1739 à 1831, les taux annuels moyens de croissance de la population furent de 4,25 pour cent dans les villes et de 4,45 pour cent pour l'ensemble de la colonie. C'est seulement après 1830 que s'amorce modestement, et de façon inégale selon les régions, ce qu'on peut appeler la marche vers la révolution urbaine et industrielle.

En effet, parmi les Canadiens français qui, en 1850, vivaient au Québec (Canada-Est), en Nouvelle-Angleterre et en Ontario (Canada-Ouest), environ 100 000 individus résidaient en ville, ce qui ne représentait que 14 pour cent des habitants francophones de ces territoires. Soixante ans plus tard, à ces mêmes endroits, le nombre de francophones urbains s'était multiplié par treize, alors que la population totale francophone n'avait même pas quadruplé. La densité urbaine de ces effectifs francophones avait alors dépassé les 50 pour cent. Cette transformation échelonnée sur plus d'un demi-siècle était donc radicale. De 1850 à 1911, la population canadienne-française des villes et villages de 1 000 habitants et plus du Québec augmenta à un rythme de 3,83 pour cent par an, alors que la population totale de même origine ne procéda qu'à une vitesse de 1,41 pour cent. Pendant ce temps, en Ontario, la progression des francophones était encore plus rapide : 5,13 pour cent annuellement en milieu urbain et 2,84 pour cent au niveau provincial.

Depuis toujours avant 1850, les villes s'étaient développées et avaient façonné leur personnalité. Leurs fonctions étaient devenues à la fois plus nombreuses et spécifiques au gré de l'évolution démographique, militaire, économique, politique, administrative et culturelle. En 1851, le profil des villes québécoises et ontariennes par rapport aux campagnes environnantes, vu à travers le recensement, était assez similaire. Partout, elles constituaient des foyers de concentration des activités commerciales, financières, industrielles, administratives, judiciaires et culturelles. Les classes dirigeantes, les femmes, les artisans et les journaliers y étaient aussi davantage représentés. La fréquentation scolaire et l'alphabétisme y étaient également plus intenses. C'est généralement dans les villes, surtout à Québec, que les immigrants arrivaient pour s'y établir pour de bon ou pour s'acheminer instantanément ou plus tard vers les campagnes et les autres agglomérations urbaines. Le pourcentage des gens nés au pays y était donc plus faible et la population plus hétérogène sur les plans ethnique et religieux qu'en milieu rural. En 1851, les personnes nées au pays représentaient 75 pour cent de la population à Québec, 67 pour cent à Montréal, 58 pour cent à Ottawa, 33 pour cent à Toronto et Hamilton et 37 pour cent à London. Les taux équivalents étaient de 93 pour cent pour le Québec, de 58 pour cent pour l'Ontario et de 66 pour cent pour l'Est ontarien. La proportion des hommes, ainsi que celle des veufs et veuves, y était généralement moins élevée. Le profil démographique des milieux urbains était donc fort différent de celui des campagnes, puisque la natalité y était le plus souvent inférieure et la mortalité générale et infantile plus élevée[3].

En traitant de cette mutation déjà engagée à l'échelle du monde occidental mais observée ici dans seulement deux provinces, nous n'avons pas l'intention de tenir compte de toutes les variables au même degré. Il va sans dire que l'arrière-plan historique est important. Mais son rôle ici est d'abord de marquer les continuités et les contrastes entre la période pré-1850 et la période post-1850 de façon à mieux éclairer le déroulement, au Québec, en Ontario et dans leurs régions, du processus d'urbanisation des Canadiens français, des non-francophones et de la population en général.

Pour mesurer avec précision la rupture progressive amorcée vers 1850, il aurait peut-être fallu estimer séparément et de près la population agricole, la population des villages sans égard à leur taille[4] et celle des villes. Mais cette tâche, en plus d'exiger plus de nuances entre l'agricole, le rural et l'urbain, débordait le cadre envisagé. Cela dit, une première distinction s'imposait, au moins pour cette période, entre les agglomérations de *5 000 habitants et plus* et celles de taille plus modeste. Il a aussi semblé évident que, parmi ces dernières, toute agglomération de *1 000 à 4 999 habitants*, qu'il s'agisse de villages ou de villes au sens de la loi, pouvait être nettement placée sous le vocable urbain et, comme telle, intégrée dans le corpus statistique. Comme l'intensité de la présence francophone se départageait inégalement d'une province à l'autre entre le milieu urbain et le rural, il fallait aussi explorer les rapports entre leur localisation sur le territoire, d'une part, et la géographie de l'agriculture, des occupations et de l'industrie, de l'autre.

LA RURALISATION DU QUÉBEC À L'ÉPOQUE PRÉ-INDUSTRIELLE

Au début, le développement de la colonie gravita autour de postes de traite fortifiés, dont certains prirent assez vite un caractère urbain. Naturellement, parmi ceux-ci, Québec perfectionna ses traits urbains bien avant Montréal et Trois-Rivières. Son rôle de capitale, de port de mer et de moteur de l'expansion du peuplement vers l'est et vers l'ouest en direction de Montréal contribua à cette maturation plus rapide des fonctions urbaines à l'aval où, pendant longtemps, la population fut davantage concentrée. En 1667, 65,9 pour cent de la population vivait dans le district de Québec. En 1760, ce district était encore le plus populeux, ne cédant le pas à la région de Montréal qu'au tournant du XIXe siècle[5].

C'est d'ailleurs à Québec qu'arrivaient les immigrants et les soldats. Il y eut en tout temps dans la capitale une population flottante variant au gré des conjonctures militaires et migratoires. C'est de là que partaient, pour se redistribuer dans les campagnes, dans les autres centres urbains ou même au loin, les colons et les gens de passage. Il va sans dire que les institutions et le contrôle social se diffusèrent progressivement et à des rythmes divers de Québec vers Montréal[6], ce qui se réflète en partie dans des taux de criminalité plus élevés vers Montréal qu'à Québec[7] ou par la suprématie que la ville de Québec exerça tellement longtemps sur l'appareil institutionnel, le recrutement sacerdotal et l'enseignement[8].

Très tôt, les trois centres de la colonie française furent, avec raison, qualifiés de villes. Non seulement l'étaient-ils par leurs fonctions, mais il est bien démontré qu'ils se distinguèrent des campagnes par leur profil démographique[9]. Les gens nés au pays y étaient relativement moins nombreux, la population plus hétérogène et les classes dirigeantes plus en évidence. Les métropolitains français y furent surreprésentés, comme le seront plus tard les anglophones et les protestants. Aussi, un plus grand nombre de célibataires, une natalité plus faible, des mariages plus tardifs, moins d'enfants, une mortalité générale et infantile exacerbée et un meilleur niveau d'instruction, sont des traits bien urbains. En 1742, Mgr Pontbriand pouvait affirmer avec raison que ces centres urbains étaient « le cœur » de la colonie[10]. Il n'empêche que leur croissance démographique retardait sur celle des campagnes (tableau 1).

TABLEAU 1

Évolution de la population, des effectifs urbains et du taux d'urbanisation
(1667-1831)*

	pop. totale	pop. urbaine	taux
1667	3 215	1 125	35
1681	9 677	2 763	28,5
1706	16 418	3 797	23,1
1739	51 514	8 813	17,1
1784	112 420	13 679	12,2
1831	511 917	61 734	12

Sources : Marcel Trudel, *La population du Canada en 1663* (Montréal, Fides, 1973, 368 p.), p. 21 ; Jean Hamelin (s. la dir. de), *Histoire du Québec* (Saint-Hyacinthe, Édisem, 1976, 538 p.), p. 194 ; Fernand Ouellet, *Economy, Class, and Nation in Quebec...,* p. 126 ; Serge Courville, *Entre ville et campagne...,* p. 38.

* En plus de la population de Québec, Montréal et Trois-Rivières, les effectifs urbains pour l'année 1831 comprennent ceux de Sorel.

Ainsi, pendant un siècle et demi, le caractère rural de la société ne cessa de s'approfondir. L'immigration, bien qu'inégale, ainsi qu'une vigoureuse croissance naturelle et la grande abondance des terres en bordure du fleuve, contribuèrent à ce résultat. La commercialisation du blé incita aussi les jeunes à prendre des terres et stimula les défrichements. Les modestes surplus de blé exportés entre 1721 et 1760 renforcèrent en gros cette tendance à la ruralisation[11]. Même si, par la suite, les exportations furent beaucoup plus considérables, favorisant même une certaine diversification des occupations dans les campagnes, elles ne suffirent pas à changer les rapports ville-campagne. Le commerce des pelleteries aurait peut-être pu jouer ce rôle de moteur d'une croissance urbaine accélérée s'il avait été plus volumineux et avait eu recours à des engagés urbains. Mais ce trafic, comme les pêcheries et l'exploitation forestière, reposait surtout sur une main-d'œuvre saisonnière très majoritairement tirée des fermes. Ajoutons que, pendant le XVIIIe siècle, les exportations de pelleteries augmentèrent moins vite que la population de la colonie[12].

Il est vrai que le nombre des villages s'accrut au XVIIIe siècle. Le gouverneur Murray en dénombra 25 vers 1762. Ce chiffre, auquel Courville ajoute foi[13], est toutefois sujet à caution puisqu'il fait état de seulement 5 villages dans le district de Québec qui, à cette date, regroupait pourtant 48 pour cent de la population de la province. Pour corriger cette sous-estimation et aménager un meilleur équilibre interrégional, on pourrait sans doute porter ce total à 35, ajoutant ces dix villages au district de Québec de façon à élever à un tiers sa part de l'ensemble. Comme la population se multiplia par huit de 1760 à 1831 et que le nombre de villages s'est sans doute accru de la même façon, le chiffre de 280 villages attendus en 1831 ne serait pas surprenant si le recensement nominatif de l'année en question avait couvert toute la province. C'est en adoptant sans critique les chiffres de Murray (25 villages en 1760) et ceux de Bouchette (49 en 1815) que Courville a pu parler de croissance accélérée des villages entre 1815 et 1831, soit de 49 à 206. Notons qu'en 1831 la distribution par régions semble un peu plus adéquate puisque, selon les données de Courville, 39 pour cent de ces 206 villages se trouvaient dans le district de Québec où, précisons-le, habitait un tiers de la population.

Au fond, ce que Courville a voulu faire valoir en procédant ainsi, c'est qu'il y aurait eu après 1815, grâce à l'agriculture, une montée accélérée de l'économie de marché et une expansion rapide des industries rurales en tant qu'instrument privilégié de modernisation du Canada français. Pourtant, dans l'immense majorité des cas, ces villages, généralement minuscules, avaient peu de chances de se hisser au rang de ville. Il n'empêche qu'ils possédaient certains traits urbains. Aussi tous regroupaient-ils, sans le faire exclusivement, des professionnels, des marchands, des clercs, des artisans et des journaliers. Les habitants d'origine britannique, très concentrés dans les villes après 1760, s'étaient eux aussi déplacés vers les campagnes au point d'être devenus ruraux dans une proportion de 74 pour cent en 1850. Dans la population villageoise, ils étaient proportionnellement plus nombreux parmi les marchands, les professionnels et les travailleurs spécialisés[14].

Il est évident que les changements structuraux du début du XIXe siècle conduisirent éventuellement à un renversement de l'équilibre traditionnel entre le rural et l'urbain. La substitution du bois aux pelleteries en tant qu'activité commerciale dominante, et de grande ampleur, recrutant sa main-d'œuvre à la fois sur les fermes, dans les villages et en ville, contribua, plus encore que la mise en place d'une agriculture mixte relativement pauvre mais plus diversifiée, à produire ce résultat. Mais l'expansion de l'espace agraire dans les cantons du Bas et du Haut-Canada, appuyée par les aménagements dans les transports et les institutions financières, eut des effets plus percutants encore, donnant maintenant et pour de bon à la région de Montréal une avance dans le développement urbain.

Les agglomérations villageoises seigneuriales virent certainement leur population augmenter beaucoup plus rapidement que par le passé. Mais une bonne part de cette croissance provenait du fait qu'elles étaient devenues le refuge temporaire ou prolongé de jeunes qui ne pouvaient avoir accès à la terre. En 1831, dans le district de Montréal, 22 pour cent des chefs de maisonnée des seigneuries rurales étaient des journaliers. Sans compter les jeunes qui habitaient dans des maisonnées dont le chef était un cultivateur et dont le nom n'apparaissait pas au recense-

ment. Il n'est pas étonnant alors que les cantons de la région de Montréal, avec seulement un cinquième de la population des seigneuries
rurales de ce district et sans surplus de main-d'œuvre comme il en
existait dans ces seigneuries, aient monopolisé presque la moitié des
industries rurales de ce territoire[15].

Il faut aussi signaler que les guerres de la Révolution et les changements en cours déclenchèrent une montée rapide de la population des
villes. Ce fut le cas à Québec où, de 1790 à 1831, la population fut près
de tripler, brisant pour un temps le rythme multi-séculaire. Mais, à
partir de là, il y eut un ralentissement considérable de la croissance. À
Montréal, l'augmentation fut tellement soutenue qu'avec le temps les
rapports ville-campagne en furent transformés, non seulement en ce qui
concerne cette région mais la colonie elle-même. Cependant, les principaux bénéficiaires de cette croissance urbaine furent les immigrants
britanniques. À Québec, les effectifs d'origine britannique augmentèrent de 4 403 (28 pour cent de la population) qu'ils étaient en 1818 à
12 047 (45 pour cent) en 1831 et à 17 536 (42 pour cent) en 1851. À
Montréal, le changement fut encore plus spectaculaire et soutenu : de
6 877 (37 pour cent) en 1821, à 16 711 (53 pour cent) en 1831 et
31 697 (55 pour cent) vingt ans plus tard. Contrairement à l'immigration
du XVIIIe siècle, celle du XIXe était constituée pour une large part
d'éléments populaires. Ce qui eut un impact considérable sur l'équilibre
entre les Canadiens français et les autres dans l'ensemble des occupations et le fit le plus souvent pencher en faveur de ces derniers.

PROFILS D'URBANISATION AU QUÉBEC (1851-1911)

Il paraît difficile d'envisager l'urbanisation et l'industrialisation des
Canadiens français du Québec sans les comparer aux autres groupes qui
partageaient leur territoire. Évidemment, pour mieux le faire, il aurait
convenu, au lieu de simplement regrouper ces éléments sous le vocable
« non-francophone », de tenir compte des différences qui existaient
entre ces divers groupes quant à leurs rapports avec la ville et la campagne. Mais il a fallu nous limiter à une comparaison entre les Canadiens français du Québec et les autres Québécois, de façon à l'étendre
dans une troisième partie aux mêmes groupes ontariens. Comme ces
différents groupes n'étaient pas également répartis sur le territoire dans
les deux provinces, les disparités entre provinces et, à l'intérieur de
chacune d'elles, celles entre régions deviennent un facteur capital dans
cet effort d'analyse des rapports ville-campagne. D'autant plus que ces
différences géographiques recouvraient un monde d'inégalités démographiques, économiques et sociales essentielles à notre propos.

1. RYTHMES D'URBANISATION ET D'INDUSTRIALISATION :
CANADIENS FRANÇAIS ET NON-FRANCOPHONES

Sous le régime français, une différence avait existé entre les Français métropolitains vivant dans la colonie et les habitants nés au pays. Les premiers étaient surreprésentés dans les villes, dans les occupations non agricoles et dans les classes dirigeantes. Après 1760, les mêmes contrastes existèrent entre les Britanniques et les Canadiens français.

Après 1850, lorsque s'engagea pour de bon le processus d'urbanisation, la population canadienne-française augmenta plus rapidement que les autres résidents de la province : une croissance de 1,41 pour cent par an contre 1,17 pour cent. Il en était ainsi dans la population rurale. Le taux de croissance des francophones à cet égard était de 0,71 pour cent par an contre 0,15 pour cent pour leurs compatriotes d'une autre origine. Ce qui veut dire que, parmi les cultivateurs et dans la population des villages de *moins de 1 000 habitants*, leur proportion augmenta. Il existait néanmoins un écart substantiel entre eux et leurs compatriotes en ce qui concerne Montréal, les villes de *5 000 habitants et plus* et les villes et villages de *1 000 personnes et plus*. Ces disparités restèrent considérables, mais elles perdirent de leur ampleur d'une décennie à l'autre. Il n'est donc pas possible, comme le démontre le tableau 2, de traiter d'urbanisation à partir de l'idée que la population du Québec était homogène et se trouvait également répartie selon les occupations, en plus d'être uniformément représentée en tous lieux.

TABLEAU 2

Proportion des Canadiens français dans la population en général, dans celle de Montréal, en milieu rural et urbain (1851-1911) (en pourcentage)

	totale	rurale	Montréal	urbaine*	urbaine**
1851	75,2	78,3	45,3	50,6	57,5
1861	75,5	79	48,3	52,5	58,7
1871	77,4	80,3	47,2	61,8	64,7
1881	78,9	82,1	55,9	66	69,5
1891	78,4	82	56,7	65,9	68,8
1901	81,4	85,8	56,2	68,9	72,1
1911	78,9	84	56,8	69,4	72,1

Source: Recensements du Canada.
* villes de *5 000 habitants et plus*.
** villes et villages de *1 000 habitants et plus*.

Pour mieux traduire ces contrastes et similarités plus directement en termes d'urbanisation, nous avons, dans un premier temps, porté attention aux agglomérations dont le caractère urbain ne faisait pas de doute : les villes de *5 000 habitants et plus*. Elles étaient peu nombreuses et le restèrent jusqu'en 1911 au moins. Deux unités seulement en 1851, Québec et Montréal, accaparaient alors 73,9 pour cent des effectifs des villes et villages de *1 000 et plus*. Puis, Trois-Rivières entra dans le rang et, durant la décennie suivante, ce fut le tour de Sorel. En 1911, ces localités étaient au nombre de 18 et leur population totalisait 80 pour cent des urbains.

TABLEAU 3

Taux d'urbanisation calculés d'après la population des villes de 5 000 habitants et plus (1851-1911)

	Canadiens français urbains		non-francophones urbains		population totale urbaine	
	nbre	%*	nbre	%*	nbre	%*
1851	50 526	7,5	49 441	22,4	99 967	11,2
1861	77 277	9,1	69 924	25,5	147 201	13,1
1871	115 382	12,5	71 433	26,4	186 815	15,6
1881	165 651	15,6	85 453	30,1	251 104	18,7
1891	214 382	18,4	110 803	34,5	325 185	21,8
1901	275 645	20,8	124 571	41,1	400 216	24,6
1911	476 856	30,5	210 070	50	686 926	34,6

Source : Recensements du Canada.
* En pourcentage de la population totale du même groupe dans la province.

En fait, ces agglomérations de plus grande taille regroupèrent jusqu'en 1901 les trois quarts de la population urbaine. Ainsi un quart seulement de la population urbaine se trouvait dans les localités de *1 000 à 4 999 habitants*. En 1851, il y avait dans cette catégorie urbaine 15 localités, dont le nombre s'accrut à 84 durant la période visée.

TABLEAU 4

Taux d'urbanisation calculés d'après la population des villes et villages de 1 000 habitants et plus (1851-1911)

	Canadiens français		non-francophones		population totale	
	nbre	%*	nbre	%*	nbre	%*
1851	77 047	11,5	57 031	25,8	134 078	15,1
1861	111 792	13,2	78 757	28,7	190 549	17
1871	146 988	15,9	79 983	29,6	226 691	19
1881	235 331	22,2	103 235	36,4	338 566	25,2
1891	303 734	26	131 210	40,8	434 944	29,2
1901	380 515	28,8	146 983	48,5	527 498	32,5
1911	618 682	39,5	239 073	57	857 755	43 2

Source: Recensements du Canada.
* En pourcentage de la population totale du même groupe dans la province.

Dans les agglomérations de ce type qui regroupaient l'essentiel du système urbain, les tendances à l'urbanisation jouaient avec autant de force que dans les villes de *5 000 et plus*. Mais, si on s'en tient aux effectifs des francophones et des non-francophones dans les agglomérations de *1 000-4 999* par rapport à la population de chaque groupe en dehors des agglomérations de *5 000 et plus*, l'écart entre les premiers et les seconds est peu considérable. À deux occasions même, en 1861 et 1911, il favorisa les Canadiens français. Dans les villages de *moins de 1 000 habitants* dont les effectifs oscillèrent entre 5 et 10 pour cent de la population urbaine de 1881 à 1911, les Canadiens français étaient relativement plus présents que dans les agglomérations de plus grande taille. Leur degré de représentativité allait donc en décroissant à mesure qu'on passait de l'univers agricole à celui des villages, des petites villes vers les plus considérables, celles de Québec et Montréal. En 1851, ils composaient 51 pour cent de la population de Québec et Montréal mais, en dehors de celles-ci, leur part s'élevait à 78,3 pour cent. Soixante ans plus tard, ces pourcentages respectifs étaient de 63 et 83,2. Le changement fut donc réel, mais beaucoup moins spectaculaire qu'on a tendance à l'assumer.

L'urbanisation est donc un phénomène complexe qu'on ne saurait réduire à un ou deux éléments moteurs. Si l'agriculture avait été le facteur dominant à cet égard, l'île du Prince-Édouard, dont la production de grains et racines par occupant était quatre fois celle de la Nouvelle-Écosse et presque trois fois celle du Nouveau-Brunswick et du Québec, aurait été beaucoup plus urbanisée que tous ces territoires. L'Est ontarien, où la production par occupant était également supérieure à celle du Québec, l'aurait constamment devancé sur ce plan[16]. Que dire des progrès urbains étonnants de la Colombie-Britannique à cette époque alors qu'elle se tenait, quant à ses performances agricoles, fort loin derrière l'Ontario ? Ainsi, tout modèle a ses limites qui, inspiré de l'idée de modernisation, part de l'agriculture, l'annexe sans coup férir à l'économie de marché, et génère des villages en qui il voit des villes en devenir. Car celles-ci sont le fruit d'un processus sélectif serré[17]. Il ne suffit pas d'être les maîtres de la charrue pour accomplir ce périple jusqu'au bout, simplement en multipliant les ajouts, car il arrive que certains groupes s'essoufflent en cours de route alors que d'autres se renforcent à mesure que le trajet se poursuit. N'est-il pas vrai, d'ailleurs, que le déclin des productions domestiques et la montée des industries de la laine et du lait, loin d'être appelés par le déclin du blé, furent d'abord vers la fin du siècle, au Québec comme ailleurs, une réponse du secteur agricole aux forces combinées de l'urbanisation et de l'industrialisation, elles-mêmes en marche sur un espace économique plus vaste que l'espace nord-américain ? La diffusion des manufactures de textiles relevait en gros du même contexte.

Stimulées par la demande extérieure et les besoins internes, la croissance et la transformation considérables de l'économie forestière eurent aussi des répercussions tant sur l'agriculture que sur le processus urbain. Non seulement l'exploitation de la forêt créa-t-elle un marché pour les produits agricoles, mais elle fut un événement central de la colonisation et l'urbanisation des régions périphériques. En 1871, seulement 8 pour cent des villes québécoises se situaient en dehors de la zone seigneuriale, c'est-à-dire en territoire agro-forestier ou minier lié à l'amiante. Subitement jusqu'en 1911, cependant, ce pourcentage s'éleva à plus d'un tiers. Notons que l'intensité des retombées urbaines de l'économie forestière s'accrut d'étape en étape, du moment où domina l'exportation du bois équarri à celui où triompha après 1870 la production du bois de sciage jusqu'au temps où, au début du siècle, s'affirma à son tour l'industrie de la pulpe et du papier. En ce domaine comme dans celui de la construction navale, les marchés britannique et américain, bien que sujets à fluctuation, furent très importants. Il ne faut pas oublier non plus que les marchés intérieurs, conditionnés par la croissance démographique, le développement des villes et la multiplication des industries, prirent certainement vers 1850 le pas sur les premiers.

Jusqu'en 1820, excepté par la milice et la corvée, les ruraux avaient été peu touchés directement par les institutions étatiques. Non seulement la clientèle des cours de justice était-elle fort confinée aux villes, mais, à mesure que s'était déroulé le processus de ruralisation, la proportion de ceux qui échappaient à leur emprise s'était accrue en conséquence. Déjà, cependant, l'établissement des institutions parlementaires avait amorcé un changement à cet égard. L'intervention de l'État dans l'enseignement primaire, plus particulièrement lors de la diffusion spectaculaire après 1829 des écoles de l'Assemblée dans les campagnes, ouvrait ensuite la voie au développement plus systématique après 1840 des services en dehors de Québec, Trois-Rivières et Montréal. Qu'il s'agisse de religion, d'éducation, de gouvernement municipal, de justice, de santé, de gestion des terres et des forêts, ou de transport et de finances, l'action de l'État fut appelée, d'une façon ou d'une autre, à s'étendre, devenant à la fois la cause et l'effet du phénomène urbain.

Tout aussi centrale, en tant que génératrice de changement, fut l'expansion de l'espace économique bas-canadien vers l'ouest à travers le Haut-Canada. Dès le début du XIXe siècle, elle contribua à déclencher le mouvement en faveur de la mise en place des institutions financières, de la canalisation du fleuve et, un peu plus tard, de la construction des chemins de fer. Au fur et à mesure de ces réalisations, non seulement donna-t-elle un élan à Montréal en tant que métropole de ces nouveaux territoires, mais elle stimula l'urbanisation et l'industrialisation de cet hinterland québécois et ontarien qui, en 1911, avait gagné le Pacifique.

De toute évidence, la société québécoise des années 1850 était déjà diversifiée. À cette époque, les cultivateurs ne regroupaient plus que de 40 à 50 pour cent de ceux dont les occupations étaient connues. Il restait donc une large marge, à vrai dire croissante, pour ceux qui avaient des occupations et des professions reliées d'une façon ou d'une autre au secteur manufacturier. Contrairement à ce que Serge Courville peut laisser entendre en discourant sur la société villageoise, les Canadiens français jouaient plutôt un rôle marginal dans les occupations les plus directement associées au développement du secteur manufacturier. Ils étaient en effet sous-représentés dans les endroits où ces industries étaient les plus concentrées et les plus importantes qualitativement. Ainsi, entre 1861 et 1881, seulement 12 pour cent environ de la population canadienne-française était concentrée dans les villes de Québec et Montréal, contre 33 pour cent pour les non-francophones. Dans ces agglomérations urbaines, les personnes engagées dans les occupations et les professions créatrices d'industries, soit les artisans, les hommes d'affaires et les membres des professions libérales, étaient surreprésentées quant à leurs effectifs.

TABLEAU 5

Concentration à Québec et à Montréal des détenteurs connus d'occupations les plus liées au développement des industries manufacturières (1861-1881) (en pourcentage de la province)

	artisans	non qualifiés	professionnels	affaires	total
1861	46,9	17,6	19,9	47,6	29,4
1871	44,1	22,6	30,5	40,9	36,3
1881	48,1	18,9	40,9	54,2	27,5

Source : Recensements du Canada.
Les détenteurs connus comprennent ceux déclarés et l'immense majorité des non-déclarés qu'on peut identifier ailleurs dans ces recensements.

Bien sûr, les artisans occupaient une place de choix dans ces deux métropoles régionales : presque la moitié des ouvriers qualifiés de la province. Les Canadiens français dominaient comme autrefois dans les métiers du bois mais, depuis longtemps, ils traînaient derrière leurs compatriotes d'une autre origine dans les métiers du cuir et des métaux. Ils étaient également actifs parmi les hommes d'affaires de toutes catégories et à tous les niveaux sur l'ensemble du territoire. Cependant, dans presque tous les secteurs, surtout dans l'industrie, les banques et les transports, leur poids était inversement proportionnel à la dimension des entreprises et des agglomérations urbaines où ils opéraient. Ces disparités avaient existé à l'époque française entre métropolitains et coloniaux et elles avaient survécu par la suite, fluctuant toujours au gré de la conjoncture. Bien des faits avancés à cet égard par Gerald

Tulchinsky dans *The River Barons* confirment ce que nous avions démontré dans *Le Bas-Canada, 1791-1840. Changements structuraux et crise*[18] à propos de ces disparités et du caractère marginal de l'entreprise canadienne-française relativement à celle de leurs compatriotes d'origine britannique ou américaine. Il conclut à la petite taille des entrepreneurs canadiens-français des années 1850-1860 et à leur confinement au marché bas-canadien: « *Minor businessmen*, dit-il, *in comparison to the mighty Scots*[19]... ». Pourtant, dans la conclusion de son œuvre, Tulchinsky revient sur ce diagnostic et s'emploie sans autre référence qu'à des cas individuels et exceptionnels à monter leur dynamisme en épingle : « *strong participation by French Canadians, who exhibited entrepreneurial vitality equal to that of the Scots and New Englanders*[20] ».

Le même genre de message ressort du livre de Ronald Rudin, *Banking in French*, dans lequel il apparaît dans ses tableaux statistiques que les banques francophones de la seconde moitié du XIXe siècle étaient non seulement marginales par rapport aux autres, mais qu'elles étaient aussi décalées en ce qui concerne la composition sociale de leurs bureaux de direction, de leur clientèle et de leur attention aux investissements industriels. En ce qui concerne la distribution de leurs services par le biais de succursales, Rudin note aussi, relativement à leurs rivales anglaises, une sorte de prédilection pour les villes de *moins de 5 000 habitants* habitées par d'énormes majorités francophones[21]. Au total, ces institutions paraissent avoir reflété d'assez près la position subordonnée, plus visible dans les grands centres, des francophones dans le monde urbain et industriel. Ainsi, dans la construction navale à Québec, dont le marché se trouvait surtout en Grande-Bretagne et qui avait été contrôlée jusque-là par des Britanniques, la domination francophone n'avait pris forme qu'après 1865, au moment où la navigation à voile avait commencé à régresser[22]. La même mutation s'était produite dans le domaine du bois de sciage lorsque s'était amorcée la montée de l'industrie des pâtes et du papier[23].

Ceci dit, le tableau 6 confirme, comme le précédent, l'incontestable suprématie de ces deux capitales régionales qu'étaient Québec et Montréal dans l'industrie manufacturière. Notons cependant que Montréal accaparait à elle seule les quatre cinquièmes environ de la valeur de la production, du nombre des employés et des gages de ces deux villes. En 1911, la part de Montréal dans la province était de 16,8 pour cent du nombre des entreprises, 44,3 pour cent du nombre des employés, 46,3 pour cent du montant des gages et 49,4 pour cent de la valeur de la production.

TABLEAU 6

Concentration à Québec et à Montréal des industries manufacturières
(1871-1911) (en pourcentage de la province)

	pop. nbre	établissements nbre	employés nbre	gages ($)	production ($)
1871	14		42,5	53,5	52,7
1881	14,9	14,7	48	54,6	59,5
1891	16,5	13,7	41,8	48,6	57,5
1901	16,7	25	49,1	57,9	53
1911	27,6	19,4	49,6	51,2	54,5

Source : Recensements du Canada. À partir de 1891, les chiffres sur les employés et les gages incluent les salariés et les salaires.

Ajoutons ici que, hors exceptions, la dimension moyenne des entreprises mesurée par le nombre d'employés diminuait à mesure que l'on quittait Montréal vers les agglomérations urbaines les plus petites. Il en allait ainsi des gages, des salaires et de la valeur de la production par établissement.

TABLEAU 7

Concentration dans les villes de 5 000 habitants et plus des industries manufacturières (1881-1911) (en pourcentage de la province)

	pop. nbre	établissements nbre	employés nbre	gages ($)	production ($)
1881	19,2	18,6	57	68,9	68,7
1891	21,8	17,1	50,8	60,8	65,8
1901	18,6	22,3	52,7	62,8	56,6
1911	35,5	23,4	67,2	68,5	71,3

Source : Recensements du Canada.

Lorsqu'on sait que, malgré leur progression constante dans les villes, les Canadiens français demeuraient proportionnellement moins nombreux dans les agglomérations de cette taille que dans les localités de petite dimension, il faut nécessairement en conclure qu'en général, ils ne furent pas les principaux participants et bénéficiaires de la Révolution industrielle. Cette observation s'applique aussi bien aux travailleurs qualifiés qu'aux milieux d'affaires et aux professionnels.

Vue d'un cran plus bas, celui des villes de *1 000 habitants et plus*, la structure évoque également la présence d'une classe ouvrière et de classes dirigeantes, hétérogènes quant à l'origine ethnique et inégales quant aux bénéfices qu'elles retiraient des mutations socio-économiques. Il est vrai qu'à ce niveau les Canadiens français avaient progressé en nombre et en proportion, mais pas assez pour ébranler sérieusement l'équilibre existant.

TABLEAU 8

Concentration dans les villes et villages de 1 500 habitants et plus des industries manufacturières (1881-1911) (en pourcentage de la province)

	pop. nbre	établissements nbre	employés nbre	gages ($)	production ($)
1881	22,7	22,4	60,9	72,4	71,7
1891	28,1	21,9	58,7	69,1	69,1
1901	29,4	35,1	76,7	86	85,5
1911	41,7	27,8	76,5	77	79,7

Source : Recensements du Canada.

Comme les villes et villages de *1 000 à 1 499 habitants* regroupaient seulement de 5 à 10 pour cent de la population urbaine, il est à supposer que 10 à 15 pour cent des employés, des gages, des salaires et de la valeur de la production industrielle étaient générés par ces agglomérations. En dehors de toutes les agglomérations qualifiées d'urbaines, il y avait aussi un assez grand nombre d'entreprises minuscules logées dans les villages de *moins de 1 000 habitants*, dont la population équivalait à environ 8 pour cent des urbains en 1911, sans compter celles qui opéraient en pleine campagne. Cependant, la contribution directe de ces communautés à la production ne pouvait qu'être marginale.

2. DISPARITÉS RÉGIONALES : QUÉBEC, TROIS-RIVIÈRES, MONTRÉAL

Le territoire québécois n'avait jamais été uniforme. À l'époque française, pour des raisons administratives, militaires et autres, il avait été découpé en trois districts, ceux de Québec, de Trois-Rivières et de Montréal, auxquels s'ajoutaient les Pays d'en Haut qui s'étendaient jusqu'à l'extrémité du continent. Il fallut attendre après 1820 pour qu'on crée les districts de Gaspé et de Saint-François. Toutefois, en procédant à cette étude, nous sommes resté fidèle aux divisions territoriales anciennes. De cette façon, Gaspé se trouve réintégré dans le district de Québec, alors que les cantons situés au nord et au sud de chaque district sont annexés aux districts correspondants. Comme nous le verrons, chacun de ces trois districts possédait des caractéristiques particulières qui peuvent être qualifiées de régionales, par conséquent essentielles à la compréhension du cheminement de l'urbanisation et de l'industrialisation du Québec.

Il est important de noter qu'en 1851 un événement décisif se produisit, puisque la marche multi-séculaire du peuplement de la région de Québec vers celle de Montréal s'arrêta pratiquement jusqu'à la fin du siècle. Ce nouvel équilibre interrégional est attribuable à la colonisation des régions périphériques, assurée en très grande partie par des effectifs canadiens-français œuvrant à l'est de la province. Le district de Montréal perdit même du terrain au profit surtout de la région de Trois-Rivières, sa proportion dans la population de la province déclinant de 54,8 pour cent en 1861 à 51,7 pour cent en 1881, pour ne remonter qu'incomplètement en 1901.

Dans ce nouvel équilibre, le district de Québec, où la population canadienne-française était la plus nombreuse relativement aux autres groupes ethniques, renforça sa position à cet égard : 84 pour cent de sa population totale était d'origine française en 1851 et 93,4 pour cent en 1911. Le district de Trois-Rivières venait au second rang et, là aussi, la proportion des Canadiens français s'y accrut, passant de 77,6 pour cent en 1851 à 86,2 pour cent, soixante ans plus tard. C'est dans ces deux régions que la progression des catholiques fut la plus marquée. Dans le district de Montréal, la population resta pendant toutes ces années beaucoup plus hétérogène sur les plans ethnique et religieux que dans le reste de la province.

C'est aussi dans la région de Québec que la population rurale eut tendance à se concentrer davantage après 1850. En 1851, elle rassemblait 32,2 pour cent des effectifs ruraux de la province et, soixante ans plus tard, cette proportion s'établissait à 41,8 pour cent[24]. Le district de Trois-Rivières vit aussi sa part de la population rurale croître. Cette performance s'explique dans les deux cas par les gains réalisés par les francophones dans le monde rural. Car le district de Québec qui, en 1851, regroupait 34,9 pour cent des ruraux d'origine française de la province, en réunissait 46,8 pour cent en 1911. Cette tendance à retenir ses ruraux se retrouve, quoique plus modérée, également dans le district de Trois-Rivières, alors que, du côté de Montréal, le bloc rural francophone s'amincit considérablement. En 1851, 51 pour cent des ruraux de langue française étaient concentrés dans cette région et, soixante ans plus tard, la proportion était tombée à 36,3 pour cent.

TABLEAU 9

Répartition par districts de la population canadienne-française totale et rurale (1851-1911) (en pourcentage de la province)

| | Québec | | Trois-Rivières | | Montréal | |
| | pop. c.-f. | | pop. c.-f. | | pop. c.-f. | |
	totale	rurale*	totale	rurale*	totale	rurale*
1851	35,2	34,9	13,1	14,1	51,7	51
1861	36	36,8	13,6	14,9	50,4	48,3
1871	38,6	39,2	13,4	14,8	48	46
1881	38,3	41	15,1	17,3	46,6	41,7
1891	36,9	41,1	15,5	18,1	47,6	40,8
1901	35,8	40,4	14,7	17,2	49,5	42,4
1911	36,9	46,8	13,8	16,9	49,3	36,3

Source : Recensements du Canada.

* La population rurale inclut la population agricole et celle des villages de *moins de 1 000 habitants.* Dans chaque cas, le total des trois districts est censé égaler 100.

Pendant ce temps, les non-francophones, qui avaient privilégié depuis longtemps la région de Montréal comme lieu d'établissement, continuèrent à se déplacer dans cette direction. En 1851, ils étaient déjà concentrés dans ce district dans une proportion de 63,6 pour cent. Pas étonnant que, soixante ans plus tard, ce pourcentage ait été porté à 82,1 pour cent. Parmi eux, les ruraux manifestèrent une plus grande stabilité, résistant mieux, semble-t-il, à l'attrait de la ville de Montréal et des provinces situées à l'ouest du Québec. En 1851, 62,9 pour cent des non-francophones ruraux de la province résidaient dans cette région. En 1911, ce pourcentage s'était accru de 7,4 pour cent.

Dans le district de Québec, au contraire, les effectifs non francophones déclinèrent radicalement, leur part passant de 25,1 pour cent des non-francophones de la province en 1851 à 9,7 pour cent en 1911. Dans le dictrict de Trois-Rivières, les éléments non francophones connurent, bien que sujets à de brusques variations, un déclin beaucoup moins prononcé. Toutefois, comme dans le district de Québec, la fraction rurale de cette population perdit moins de terrain que la population totale de même origine. Cela s'explique sans doute par le fait qu'une forte proportion des non-francophones ruraux de ces districts était catholique et, souvent, intimement liée aux Canadiens français.

TABLEAU 10

Répartition par districts de la population non francophone totale et rurale du Québec (1851-1911) (en pourcentage de la province)

	Québec pop. non fr. totale	rurale*	Trois-Rivières pop. non fr. totale	rurale*	Montréal pop. non fr. totale	rurale*
1851	25,1	22,3	11,3	14,8	63,6	62,9
1861	23,6	21,4	8,1	9,8	68,3	68,8
1871	20,5	18,6	12,4	16	67,1	65,4
1881	20,2	21	9,3	11,8	70,5	67,2
1891	14,7	18	7,3	8	78	74
1901	19,3	22,2	4,2	11,3	76,5	66,5
1911	9,7	15,9	8,2	14	82,1	70,3

Source : Recensements du Canada.
* La population rurale inclut la population agricole et celle des villages de *moins de 1 000 habitants.*

L'urbanisation du Québec, bien qu'en marche ailleurs sur le territoire après 1851, s'accomplissait surtout dans la région de Montréal et bien davantage parmi les non-francophones que parmi les Canadiens français. C'est seulement sous cet angle qu'on peut, tel que le démontrent les chiffres du tableau 11, parler de révolution. D'une façon seulement, le district de Trois-Rivières participa jusqu'à un certain point à cet élan urbain : sa part grimpant de 3,7 pour cent de la population urbaine totale (villes de *1 000 habitants et plus*) en 1851 à 7,5 pour cent en 1911.

TABLEAU 11

Concentration de la population urbaine dans la région de Montréal (1851-1911) (en pourcentage de la province)

	Canadiens français		non-francophones		pop. totale	
	urbaine*	urbaine**	urbaine*	urbaine**	urbaine*	urbaine**
1851	51,5	56,4	64,6	65,9	57,9	60,3
1861	56,3	64,4	68,9	69,1	61,4	65,5
1871	53,7	58,5	71,2	71,1	60,5	63
1881	60,7	63,8	75,5	76,2	65,8	67,6
1891	66,6	67,1	84,2	83,9	72,6	72,1
1901	69,4	67,1	88,8	87	75,5	72,6
1911	74,8	68,6	92,8	92,5	80,2	74,8

Source : Recensements du Canada.
* villes de *5 000 habitants et plus*.
* * villes et villages de *1 000 habitants et plus*.

En revanche, la région de Québec suivait de peine et de misère le mouvement vers les villes. Car, loin d'engendrer des citadins aussi rapidement que les deux autres régions, sa part dans l'ensemble, qu'il s'agisse des villes de *5 000 habitants et plus* ou de *1 000 et plus*, chute radicalement pendant ces soixante années. En 1911, cette proportion était de 27,5 pour cent inférieure dans le premier cas, et de 18,7 pour cent dans le second, à ce qu'elle était en 1851. Le recul est d'autant plus remarquable qu'il touche aussi et davantage les non-francophones que leurs compatriotes de langue française. Tout cela démontre que les profils d'urbanisation furent très différents selon les groupes ethniques, d'un lieu à l'autre sur le territoire québécois et selon les conditions économiques. C'est ce que démontre le tableau 12.

FERNAND OUELLET

TABLEAU 12

Évolution des taux d'urbanisation selon les groupes ethniques et les régions (1851-1911) (en pourcentage)

	Canadiens français			non-francophones		
	Québec	Tr.-Rivières	Montréal	Québec	Tr.-Rivières	Montréal
villes de 5 000 et plus						
1851	10,4		7,5	31,6		22,5
1861	9,4	4,4	10,2	34,6	3,1	25,1
1871	13	5,5	14,2	35,7	2,1	28,1
1881	13,1	7,4	20,3	29,5	15,2	22,3
1891	13,5	7,6	25,6	26,3	21,7	37,2
1901	13,6	10,3	29,2	25,4	7,1	47,7
1911	16,3	12,3	46,1	27,7	11	56,6
villes et villages de 1 000 et plus						
1851	12,4	4,9	12,5	33,8	2,7	26,6
1861	11,2	5	16,9	35,3	13,5	28,2
1871	14,5	7,4	19,4	36,3	8,7	31,4
1881	16,3	11,8	30,4	33,8	20	39,3
1891	17,5	13,7	36,6	27,7	34,5	43,9
1901	19,5	17	39	28,5	23,2	55,2
1901	23,3	27,6	55	30,5	15,9	63,1

Source : Recensements du Canada.

Le district de Québec avait été le plus urbanisé à l'époque de la Nouvelle-France et il le demeura jusqu'au XIXe siècle. Comme cela s'était produit sur l'ensemble du territoire, son caractère urbain avait diminué progressivement. Avec un taux de 24,3 pour cent en 1765, il surpassait encore Montréal et Trois-Rivières, dont les taux respectifs étaient de 20,3 pour cent et 10,8 pour cent. Comme ces taux représentaient, pour l'essentiel, ceux de la population francophone, il est facile d'en déduire que, pour ceux-ci, le glissement vers la campagne s'était poursuivi jusqu'à 11,5 pour cent en 1851. Les immigrants britanniques, hautement urbains en 1765, avaient aussi cheminé vers les campagnes : un taux d'urbanisation de 25,8 pour cent en 1851. Les contrastes observés en 1851 aux tableaux 4 et 12 reflètent cette évolution[25].

Pour la région de Québec, le tournant des années 1850 consacra la fin d'une hégémonie urbaine et, dès lors, elle traîna derrière la province. Non seulement le taux d'urbanisation des non-francophones y déclina-t-il après 1871, mais, en soixante années après 1850, celui des francophones n'y augmenta que de 60 pour cent. Les ressources de la pêche, de la chasse et de l'exploitation forestière étaient abondantes et cette région en tirait toujours avantage. Québec était aussi la capitale, le cœur de la construction navale et, pour quelque temps encore, le centre de la navigation océanique. Mais le district était désavantagé par un hinterland limité et les performances de son agriculture, qui s'apparentaient davantage à celles du Nouveau-Brunswick et de la Nouvelle-Écosse qu'à celles de la région de Montréal. À cet égard, il avait beaucoup en commun avec la région de Trois-Rivières. Cette situation n'était pas nouvelle puisque, depuis le XVIIe siècle, la région de Québec avait été sous-représentée relativement à sa population par rapport à celle de Montréal, autant pour la production des grains et racines que pour l'élevage[26]. Une comparaison entre Québec et Trois-Rivières, d'une part, et Montréal, de l'autre, démontre que cet écart subsistait en 1911.

TABLEAU 13

Équilibres entre régions quant à la population rurale et à la production des grains et racines (1851-1911) (en pourcentage de la province)

	Québec et Trois-Rivières		Montréal	
	pop. rurale	*grains et racines*	*pop. rurale*	*grains et racines*
1851	46,4	43,2	53,6	56,8
1861	47,3	43	52,6	57
1871	50,2	46,8	49,8	53,2
1881	53,6	42,2	46,3	57,8
1901	54,2	43,7	45,8	56,3
1911	58	48,3	42	51,7

Source : Recensements du Canada.

À vrai dire, hors les poches d'articulation au marché, l'agriculture ne pouvait être dans ces deux districts de l'est de la province un instrument efficace d'urbanisation, puisque la pauvreté y était plus généralement qu'autrement attachée à la pratique de l'agriculture. Cela était d'autant plus important pour les Canadiens français, qui y constituaient plus qu'ailleurs l'immense majorité et y composaient plus des quatre cinquièmes de la population rurale déjà surreprésentée en ces lieux. En effet, de 1850 à 1911, la proportion des francophones ruraux de la province s'y accrut de 49 pour cent à 63,7 pour cent. Seule l'agriculture de la région de Montréal pouvait alimenter jusqu'à un certain point le courant d'urbanisation. Là, un pourcentage de cultivateurs plus substantiel qu'ailleurs produisait des surplus, souvent fort considérables, pour les marchés intérieurs, stimulés par la croissance rapide des villes, et pour ceux de l'extérieur.

Il en allait de même des industries. Dans les districts de Québec et Trois-Rivières, les industries primaires dominaient plus que partout ailleurs sur le territoire. Les groupes surreprésentés étaient les cultivateurs, les pêcheurs, les navigateurs et les travailleurs non qualifiés. À Montréal, favorisé par les aménagements dans les infrastructures et par la poussée industrielle venant d'Europe et de la Nouvelle-Angleterre et

par l'expansion vers l'ouest, il y eut concentration rapide des institutions financières et des industries manufacturières. Aussi, les catégories
sociales les plus utiles dans une société urbaine et industrielle, celles
qui généraient le plus de prestige, de pouvoir et de revenus, devinrent
surreprésentées.

Étant donné que la géographie des Canadiens français collait davantage à celle des activités primaires et des services les moins productifs, ils ne furent sans doute pas les principaux bénéficiaires de ces
changements structuraux. Leur sous-représentation dans la main-d'œuvre
manufacturière et parmi les propriétaires d'entreprises de ce genre allait
presque de soi, en l'occurrence. On peut certainement aligner des noms
d'entrepreneurs et de capitalistes éminents d'origine française pour en
arriver, comme Tulchinsky, Rudin, Durocher et Linteau l'ont fait, à
vouloir normaliser leur participation[27]. Le fait est qu'en 1960, les Canadiens français du Québec ne contrôlaient pas plus de 15,4 pour cent
de la valeur ajoutée dans le secteur manufacturier et qu'une maigre
proportion de leur production était destinée au marché extérieur[28]. Ce
sont des données qui doivent servir à l'interprétation du tableau 15. En
1851, 54,6 pour cent de la population était concentrée dans le district de
Montréal, mais seulement 51,7 pour cent des francophones l'étaient ;
en 1881, 51,7 pour cent de la population l'était, contre seulement 46,6
pour cent des personnes d'origine française.

TABLEAU 14

Concentration de certaines occupations dans la région de Montréal
(1851-1881) (en pourcentage de la province)

	population	artisans non qualifiés	professionnels	affaires
1851	54,6	58,7	49,5	54,8	56,4
1861	54,8	60,6	61,1	68,4	63,5
1871	52,3	61,7	55,4	60,3	64,9
1881	51,7	65,5	50,8	62,2	68,7

Source : Recensements du Canada.

Cette énorme concentration d'éléments qualifiés dans l'ouest de la
province vaut aussi pour l'activité industrielle et manufacturière. Loin
d'être absentes du reste de la province, ces activités y étaient même
relativement plus nombreuses, mais elles y étaient plus petites, rassem-
blant moins de main-d'œuvre, payant des gages et des salaires plus bas,
le tout correspondant à une valeur plus faible de la production. En
1911, un employé salarié et à gages gagnait en moyenne 332 $ dans la
région de Québec, 425 $ dans celle de Trois-Rivières et 530 $ dans
celle de Montréal.

TABLEAU 15

Concentration des entreprises, de la main-d'œuvre, des gages et de la production industrielle dans la région de Montréal (1871-1911) (en pourcentage de la province)

	p. urbaine nbre	établis. nbre	employés nbre	gages ($)	production ($)
1871	63		59,2	66,1	66,4
1881	67,6	49,3	63,7	70,2	72,3
1891	72,1	43,4	63,2	69,8	74
1901	72,6	52,5	70,2	77,4	76
1911	74,9	46,8	73,1	80,1	78,8

Source : Recensements du Canada.

Au cours de ces années, les Canadiens français accrurent leur présence dans l'univers urbain et industriel de la région de Montréal, soit de 60,2 pour cent à 66,1 pour cent de la population urbaine, mais ils y demeurèrent sous-représentés.

Ainsi, depuis les origines, les Canadiens français s'étaient déplacés, de gré ou autrement, sur un espace économique québécois semé d'inégalités où ils étaient majoritaires. Dans l'ensemble, cependant, qu'il s'agisse d'accès à la terre, de quête d'emplois ou de revenus tirés des professions et des affaires, ils ne furent pas les principaux bénéficiaires de leurs déplacements. Lorsqu'ils furent contraints de se mouvoir après 1850 en direction des villes québécoises et américaines ou du Haut-Canada et, plus tard, de l'Ouest, leur condition fut sans doute améliorée mais non radicalement transformée.

LES CANADIENS FRANÇAIS EN MILIEU URBAIN ONTARIEN

Une fois l'économie des pelleteries entrée dans son déclin final, les Canadiens français qui y avaient participé depuis toujours ne se retirèrent pas tous ensemble des territoires situés à l'ouest du Québec. Des noyaux de peuplement subsistèrent le long du fleuve Mississippi, près de Détroit, de la rivière Rouge et ailleurs. De leur côté, suivant de près le déclin, les engagés saisonniers pour la traite cessèrent simplement de participer au va-et-vient entre leur communauté rurale et l'Ouest. Par contre, les professionnels de la traite, appelés coureurs des bois ou voyageurs, maintinrent aussi longtemps que possible leurs liens avec les territoires de traite. Pour tous, cependant, le moment vint d'opter pour un autre genre de vie. Ainsi, en 1828, un groupe de voyageurs, auparavant établis sur l'île Drummond, vint prendre des terres dans le comté de Simcoe et fut, dès lors, contraint de s'adapter à un style de vie associant agriculture et forêt. La plupart des marchands de fourrures francophones se replièrent sur Montréal et sur d'autres domaines. Pourtant, plusieurs d'entre eux, dont quelques membres de familles aussi connues que les Baby et les Rousseau, se fixèrent dans le Haut-Canada ou aux États-Unis.

Cependant, lorsque s'accéléra la colonisation agricole du Haut-Canada, suite aux arrivages massifs d'immigrants des îles Britanniques, et que se précisa le surpeuplement des seigneuries bas-canadiennes, un courant continu d'immigration s'engagea vers le Haut-Canada et, éventuellement, vers l'Ouest. En 1842, les recenseurs dénombrèrent 13 969 habitants d'origine française dans le Haut-Canada et, en 1911, plus de 200 000.

Les migrants eurent tendance à suivre certaines routes et à privilégier certains lieux de résidence. Ils se fixèrent de préférence à Essex-Kent dans le Sud-Ouest, à Simcoe dans le Centre, dans les quatre comtés orientaux de l'Est ainsi qu'au Nord-Est. Notons toutefois que tous les migrants canadiens-français ne furent pas ainsi rassemblés. En 1851, par exemple, seulement deux comtés n'avaient pas d'habitants d'origine française. En 1901, non seulement trouvait-on des francophones dans tous les comtés mais, sur 213 villages et villes de toutes catégories, moins de 15 localités n'avaient pas de Canadien français. Dix ans plus tard, sur 278 agglomérations du même genre, 16 d'entre elles n'avaient aucun francophone et 41 n'en comptaient que de 1 à 20.

Ces immigrants furent attirés par l'abondance de terres disponibles aussi bien que par les richesses forestières et minières de l'Ontario. Mais, comme la province était elle-même lancée sur la voie de l'urbanisation et de l'industrialisation, la ville avec ses perspectives d'emploi fit aussi partie de leur itinéraire. Pour comprendre leur insertion dans ce milieu où la terre et les emplois industriels étaient disponibles, il faut d'abord mettre l'accent sur les transformations auxquelles la province était sujette. Et cela, afin de pouvoir, dans un second temps, suivre ces immigrants dans les régions et sous-régions où ils étaient concentrés, afin aussi de mieux cerner leur situation et leur statut relativement aux autres habitants des environs et de la province.

1. L'URBANISATION DE L'ONTARIO

Jusqu'à la fin de la Révolution américaine, les territoires situés à l'ouest de la Nouvelle-France et du Québec avaient été une partie intégrante d'un espace économique centré sur l'exploitation des pelleteries. L'arrivée des loyalistes sur le territoire ontarien actuel marqua en 1784 le début d'une remise en question de cette structure, puisque ces 6 000 immigrants s'engagèrent dans le développement des ressources susceptibles de fonder une société plus stable et plus complexe que celle érigée sur la collecte des fourrures. Loin de constituer un groupe socio-économique homogène, ces immigrants avaient déjà un profil professionnel divers incluant aussi bien des terriens en grand nombre que des artisans, des commerçants et des professionnels[29]. En 1791, lorsque le gouvernement britannique décida de créer à même le territoire québécois une province distincte appelée le Haut-Canada, ces pionniers avaient plus que doublé leurs effectifs[30].

Par la suite, grâce surtout à l'immigration en provenance des États-Unis et à celle issue de Grande-Bretagne après 1815, la population de la province augmenta à un rythme si spectaculaire qu'elle surpassait au milieu du siècle celle du Bas-Canada par plus de 35 000 habitants. De 1805 à 1851, le taux de croissance peut être estimé à 11,6 pour cent par an. En 1851, 53,7 pour cent de la population était née dans la province, alors qu'un tiers des effectifs nés à l'extérieur provenait dans des proportions d'un quart, de la moitié et d'un quart d'Angleterre, d'Irlande et d'Écosse. Il existait aussi une grande diversité quant à l'appartenance religieuse. Les anglicans, les presbytériens et les méthodistes regroupaient les trois cinquièmes de la population. Les catholiques, bien que minoritaires (13,4 pour cent), gagnaient du terrain. Donc, il y eut un peuplement fort hétérogène, aux traditions variées, contrastant avec le caractère fortement polarisé de la province voisine où, en 1844, 75,2 pour cent de la population était canadienne-française, 87,5 pour cent était née au pays et 82,1 pour cent était catholique.

L'immigration était donc le principal facteur constitutif de la population. Car, de 1815 à 1851, environ 1 000 000 d'immigrants originaires des îles Britanniques étaient arrivés dans les colonies anglaises, s'y étaient établis ou avaient poursuivi leur route en Amérique du Nord. Assez rapidement et de plus en plus, leur préférence pour le Haut-Canada sur les colonies atlantiques et le Québec s'était affirmée. Derrière ces courants migratoires qui avaient contribué au peuplement du Haut-Canada depuis 1784, les motifs politiques, dominants au début, avaient été supplantés par les considérations économiques. Mais, étant donné cet arrière-plan et le caractère toujours plus massif de ces mouvements, on ne peut s'étonner qu'ils aient été surtout composés de familles attirées par les grandes étendues de terres à cultiver[31].

Une fois la colonisation engagée pour de bon, le Haut-Canada ne prit pas toutefois la voie de la ruralisation que le Québec avait suivie depuis ses origines. Il est vrai que les forts et les postes de traite établis par les Français à l'ouest de Montréal avaient des qualités stratégiques qui, une fois le peuplement amorcé, firent vite valoir dans plusieurs cas leur potentiel urbain. Mais, dès le départ et par la suite, la répartition de la population ville-campagne favorisa davantage la croissance des agglomérations urbaines. Vers 1805, le taux d'urbanisation se situait à environ 5,5 pour cent, peut-être moins[32], et, de ce niveau, il continua de croître jusqu'en 1851. À cette date, la population des *villes et villages de 1 000 habitants et plus* se chiffrait à 14 pour cent de la population totale, soit seulement 1,1 pour cent de moins qu'au Québec. Il n'est pas étonnant que les agglomérations urbaines s'y soient multipliées plus rapidement que dans l'est de la vallée du Saint-Laurent[33], et ce, bien avant que la révolution des communications ne fût avancée.

TABLEAU 16

Augmentation du nombre d'agglomérations urbaines dans le Québec et en Ontario (1805-1911)

	villes de 5 000 et plus		villes et villages de 1 000 et plus	
	Québec	Ontario	Québec	Ontario
1805	2	0	2	2
1851	2	5	17	31
1861	3	9	24	60
1871	5	13	26	84
1881	9	19	54	127
1891	11	24	69	158
1901	14	29	80	165
1911	18	39	102	174

Source : Recensements du Canada.

Notons cependant qu'en 1851 les villes de Québec et de Montréal étaient sans rivale, puisqu'elles surpassaient Toronto, la ville la plus populeuse avec ses 30 000 habitants, par des marges de plus de 11 000 et 27 000 individus respectivement. En fait, la population moyenne de la ville québécoise de *5 000 habitants et plus* était trois fois et demie ce qu'elle était en Ontario en 1851. Soixante ans plus tard, cet écart avait été réduit à un peu plus d'une fois et demie. Il fallut donc un certain temps avant que la supériorité de l'Ontario quant au nombre d'agglomérations urbaines ne se traduise en avance en ce qui concerne le nombre de citadins. Ainsi, dans la catégorie des *1 000 et plus*, cet avantage n'apparut qu'en 1861 alors que, dans celle des *5 000 et plus*, il ne prit sa forme définitive qu'en 1881. Trente ans plus tôt, le déficit de l'Ontario à cet égard était de 3,4 pour cent dans le premier cas et de 28,7 pour cent dans le second. Mais, en 1911, il y avait 390 847 personnes de plus dans les villes et villages de *1 000 habitants et plus* en Ontario qu'au Québec, un excédent de 45,6 pour cent, et 266 709 dans la catégorie des *5 000 et plus*, pour un excédent de 38,8 pour cent. Bien que les deux provinces aient été engagées dans l'urbanisation continue, il y eut toujours un certain fossé entre elles quant à l'intensité du phénomène. Le taux d'urbanisation du Bas-Canada (localités de *1 000 et plus*) qui, vers 1805, était le double de celui du Haut-Canada, s'éleva à 17 pour cent en 1861 et à 43,2 pour cent en 1911, alors que celui de l'Ontario passa sans jamais régresser d'environ 5,5 pour cent en 1805 à 16,5 pour cent en 1861 et, enfin, à 49,5 pour cent en fin de période.

Ces écarts sont encore plus frappants, si on compare les majorités de chaque province les unes avec les autres. En effet, en 1911, alors que le taux d'urbanisation chez les francophones québécois était de 39,5 pour cent (localités de *1 000 et plus*), celui de la majorité anglophone ontarienne atteignait les 50 pour cent. Notons aussi que les premiers, avec un taux de 11,5 pour cent en 1851, étaient moins urbains qu'en 1805 alors que les seconds, avec un taux de 13,9 pour cent, avaient à peu près triplé leur poids dans les villes.

TABLEAU 17

Taux d'urbanisation des Ontariens dans les villes de 5 000 habitants et plus (1851-1911)

	Canadiens français urbains		non-francophones urbains		population totale urbaine	
	nbre	%*	nbre	%*	nbre	%*
1851	2 750	10,1	68 517	7,6	71 267	7,7
1861	4 478	13,1	117 010	8,7	121 488	8,8
1871	11 305	13,1	172 594	11,3	183 899	11,4
1881	15 925	15,5	272 338	15,1	288 263	15,1
1891	19 787	19,6	407 695	20,2	427 482	20,2
1901	33 199	21,1	546 776	27	579 975	26,6
1911	53 865	24,5	899 770	38,8	953 635	37,8

Source : Recensements du Canada
* En pourcentage de la population totale du même groupe dans la province.

Du point de vue des centres de plus grande dimension, la période de rattrapage de l'Ontario par rapport au Québec, qui était déjà révolue en 1881 en ce qui concerne les *villes et villages de 1 000 habitants et plus*, ne prit fin qu'en 1911. Le cas des Québécois francophones est différent puisque, du point de vue de la présence urbaine, ils avaient toujours été loin derrière les autres Québécois, assez pour qu'on les retrouve en plus vers 1851 en position d'infériorité non seulement à l'endroit des Ontariens mais même, jusqu'au début du siècle au moins, des Franco-Ontariens (voir aussi tableaux 4 et 5 pour comparaison).

TABLEAU 18

Taux d'urbanisation des Ontariens dans les villes et villages de 1 000 habitants et plus (1851-1911) (en pourcentage de la province)

	Canadiens français urbains		non-francophones urbains		population totale urbaine	
	nbre	%*	nbre	%*	nbre	%*
1851	4 250	15,7	125 236	13,9	129 486	14
1861	6 183	18,1	221 691	16,4	227 874	16,5
1871	17 724	23,9	319 240	20,8	336 964	21

1881	26 860	26,2	492 835	27,4	519 695	27,3
1891	30 829	30,5	680 110	33,7	710 739	33,5
1901	54 816	36,5	811 239	40,1	866 055	39,7
1911	86 916	43	1 161 686	50	1 248 602	49,5

Source : Recensements du Canada.
* En pourcentage de la population totale du même groupe dans la province.

Il est d'autant plus important de clarifier ces points que les comparaisons interprovinciales ont été faites un peu comme si la suprématie de l'Ontario avait été acquise d'emblée. On a eu tendance à oublier qu'au moment où le Haut-Canada prenait forme, le Bas-Canada avait un fort degré de maturité et pouvait même jouer à plusieurs égards un rôle de métropole vis-à-vis de la nouvelle colonie[34]. Ainsi, parler d'une période de rattrapage plus ou moins prolongée selon les secteurs pour le Haut-Canada avant que ne se précise son avance, est d'autant plus approprié que Montréal fut et demeura pendant longtemps un des principaux moteurs de sa croissance. Ce fait, plus que tout autre, justifie McCalla d'écrire que « *towns and cities in Upper Canada were part of a system that included Montreal, Quebec, and urban centres in the adjoining states [...]. The leading centres were complementary as well as competitive*[35] ».

Cette progression accélérée du Haut-Canada dans le développement urbain, relativement au Québec, reflète jusqu'à un certain point les progrès d'un secteur agricole stimulé par la croissance démographique et les effets de son articulation aux marchés intérieur et extérieur. Il est vrai que des auteurs comme John McCallum, influencés par la théorie des *staples*, ont tenté de polariser leur vision du développement urbain et industriel de l'Ontario autour de la production du blé, comme si le blé avait joué, en Ontario, un rôle dominant dans les récoltes équivalent à celui qu'il avait eu au Québec avant 1800[36].

McCallum a raison d'insister sur les retombées significatives de cette production en termes de revenus pour les agriculteurs et d'incitation à la création d'industries. De 1793 à 1831, la part du blé venant de l'ouest du Québec dans les exportations au port de Québec passa de 3 pour cent en 1793 à 23 pour cent en 1806-1807 et puis à 91 pour cent en 1831. Dès lors, le Haut-Canada, en plus de ce débouché international, disposait d'un marché substantiel dans le Bas-Canada estimé à 500 000 minots par an jusqu'en 1840[37]. Mais il ne faut pas oublier que l'agriculture du Haut-Canada fut, dès le départ, une agriculture mixte dans laquelle le blé n'a dominé, mais faiblement, que pendant deux décennies au maximum. Ainsi, en 1842, le blé avec 26,9 pour cent de la récolte venait au troisième rang après la pomme de terre et l'avoine. En 1851, il occupait le premier rang mais il n'accaparait encore qu'un tiers de la récolte. À partir de cette date, son pourcentage dans la moisson ne cessa de décliner jusqu'à 10,2 pour cent en 1911 au profit de l'avoine et des navets[38].

Cependant, l'agriculture de l'Ontario se distinguait de celle du Québec, d'abord par les quantités produites. En 1901, avec une production de près de 27 000 000 de boisseaux de blé, l'Ontario surclassait les Prairies par une marge de plus de 5 000 000 de boisseaux et le Québec par une marge de plus de 24 000 000 de boisseaux. Elle s'en distinguait aussi par la place laissée à d'autres cultures, une fois que le blé, l'avoine et la pomme de terre étaient pris en compte. En Ontario, le pourcentage combiné de ces produits oscillait généralement entre 50 et 60 pour cent de la récolte, alors qu'au Québec il se tenait le plus souvent entre 80 et 90 pour cent.

TABLEAU 19

Comparaison Ontario-Québec de la production de grains et racines en boisseaux par occupant (1851-1911) (en pourcentage Ontario/Québec)

	blé	avoine	pomme de terre	grains et racines
1851	362	110	100	168
1861	696	89	78	180
1871	519	105	69	167
1881	837	122	77	200
1891	950	204	87	275
1901	871	158	77	135
1911	1 483	175	71	215

Source : Recensements du Canada.

À vrai dire, le blé ne fut pas la seule production qui eut à la fois un marché local et international. Quoique de moindre valeur que le blé, mais le supplantant quantitativement en 1871, l'avoine eut un rôle aussi divers que le premier, occupant 45 pour cent de la récolte en 1911. La pomme de terre, relativement moins importante qu'au Québec, contribua cependant avec les navets et le maïs à une portion substantielle des récoltes. Pour ces racines, la production de l'Ontario fluctua entre 65 000 000 et 81 000 000 de boisseaux entre 1891 et 1911, contre seulement une vingtaine de millions de boisseaux au Québec.

Cette agriculture ontarienne mixte plus diversifiée, elle-même réponse à la croissance urbaine et industrielle, eut certainement un impact beaucoup plus marqué sur le développement urbain que l'agriculture québécoise a pu en avoir. D'autant plus que la suprématie de l'Ontario n'était pas limitée à la production des grains et racines, mais s'étendait aussi à l'élevage des animaux et aux productions domestiques. Notons que la transition vers l'industrie laitière, qui n'eut rien à voir avec le déclin du blé, est un phénomène qui débordait la création de beurreries et fromageries, englobant les manufactures de coton, de lainages, de cuir et chaussures. S'étendant à tout le territoire canadien, y compris les Prairies, elle fut en partie une réponse au développement des marchés urbains. Si elle eut au Québec un côté plus spectaculaire qu'en Ontario en ce qui concerne les fabriques de fromage, c'est aussi qu'on y éprouvait, peut-être, un besoin plus pressant de renouveau[39].

Ces écarts entre les deux provinces se reflétèrent naturellement dans les industries tributaires de l'activité agricole locale ou extérieure qui opéraient surtout en milieu urbain ou villageois. Plusieurs décennies avant 1871, elles occupaient une place plus considérable dans l'éventail des industries ontariennes que dans celui des industries québécoises. Notons cependant que, dans ces industries comme dans l'ensemble industriel, la main-d'œuvre féminine et infantile salariée était proportionnellement plus nombreuse au Québec qu'en Ontario. Il va sans dire que les salaires y étaient plus bas.

TABLEAU 20
Pourcentage des industries ontariennes et québécoises liées au secteur agricole local ou extérieur dans l'ensemble industriel de chaque province en 1871 (en pourcentage)

	Ontario	Québec
établissements (nbre)	40,5	35,7
gages ($)	39	32,5
employés (nbre)	41,2	38,9
employés adultes mâles	33,2	29
employés adultes femelles	92	86,2
employés de -de 16 ans	39,3	29,6
employées de -de 16 ans	87,5	60,5

Source : Recensement de 1871. Ces entreprises y sont regroupées sous les titres *agriculture* et *habillement et cuir*.

Le rattrapage ontarien ne fut donc pas seulement limité à l'urbanisation et au développement de l'agriculture et des industries qui s'y rattachaient, mais il se produisit aussi dans l'ensemble du secteur industriel et des compétences qui les reflétaient. En effet, jusqu'en 1825 au moins, les Haut-Canadiens, en raison des obstacles à la navigation vers la haute mer, furent limités dans leurs contacts avec l'extérieur par des coûts de transport très élevés sur la voie du Saint-Laurent. Aussi furent-ils amenés à créer des industries et à procéder à des changements technologiques plus rapidement, sans doute, qu'ils ne l'auraient fait autrement. Ces conditions les stimulèrent à ce point qu'en 1850 leur province avait généralement, sauf dans le domaine forestier, une avance sur le Québec. Cet avantage était manifeste dans les moulins à grains, les distilleries, les fonderies et, encore davantage, dans les entreprises utilisant la vapeur comme force motrice[40]. Une telle attention aux industries n'allait pas sans l'élargissement de leurs champs de compétence. Aussi, en 1850, les ouvriers qualifiés, les professionnels et les hommes d'affaires étaient-ils devenus relativement plus nombreux en Ontario qu'au Québec.

TABLEAU 21

Comparaison Ontario-Québec : occupations et professions (1861-1881) (en pourcentage)

	pop.	cult.	artisans	ouv. n. qual.	profes.	affaires
1861	116	125	136	164	109	145
1871	135	137	156	124	118	163
1881	142	149	151	140	142	186

Source : Recensements du Canada.

Dépendants du Bas-Canada, surtout de Montréal, les Haut-Canadiens non seulement tirèrent profit de leurs rapports avec leurs voisins, mais ils surent donner de l'élan à leurs propres institutions. Pour financer la canalisation du fleuve, leur gouvernement eut recours à des emprunts massifs en Angleterre. L'intervention de l'État permit la construction de routes et la mise sur pied d'un système scolaire articulé sur l'école élémentaire pour tous davantage que sur les institutions secondaires pour un nombre limité. Les Haut-Canadiens érigèrent aussi leurs propres institutions financières. Même si on ne peut parler d'urbanisation et d'industrialisation sans référence aux forces extérieures (Grande-Bretagne, États-Unis, Montréal), il faut néanmoins reconnaître le rôle capital des initiatives privées et des pouvoirs locaux sans quoi le Haut-Canada, devenu le Canada-ouest en 1841, n'aurait pu rattraper et dépasser la province voisine.

TABLEAU 22

Comparaison Ontario-Québec quant aux performances industrielles (1871-1911) (pourcentage Ontario-Québec)

	pop.	établissements	employés	gages	production
	nbre	nbre	nbre	($)	($)
1871	135	131	131	173	146
1881	142	146	139	167	151
1891	142	139	142	162	158
1901	134	136	151	166	153
1911	127	121	155	159	166

Source : Recensements du Canada.

Cette marche accélérée de l'Ontario vers la société industrielle était particulièrement visible à Toronto qui ne cessa de gagner du terrain sur Montréal en population et en industries. Alors qu'elle n'était que de 53 pour cent de celle de Montréal, en 1851, la proportion de la population torontoise s'éleva à 61 pour cent en 1871 et à 86 pour cent en 1911. Pendant ces quatre dernières décennies, ce rapport Toronto-Montréal s'éleva de 63 pour cent à 100 pour cent pour le nombre d'entreprises, de 38 à 96 pour cent pour le nombre d'employés, de 43 à 105 pour cent pour le montant des gages payés et de 38 à 93 pour cent pour la valeur de la production. Originellement, l'Ontario et Toronto avaient du retard quant au nombre moyen d'employés par entreprise. Mais, au début du siècle, Toronto était l'égal de Montréal alors que sa province avait une avance sur le Québec.

En somme, à cette époque, les deux provinces évoluaient dans la même direction mais elles le faisaient à des rythmes différents. Vers 1850, l'Ontario paraissait avoir emprunté la voie du développement décentralisé. Cette vision des choses se trouve en partie justifiée par la présence dans la province, à ce moment-là, d'un nombre beaucoup plus considérable qu'au Québec de petites villes axées sur un secteur agricole performant, sur un éventail plus large d'ouvriers qualifiés et sur des réseaux de communication bien établis. Il n'en reste pas moins que la tendance à la concentration urbaine et manufacturière se manifestait avec plus de vigueur en Ontario qu'au Québec. C'est un fait que démontre le tableau 23, une fois mis en rapport avec les tableaux 6, 7 et 8.

TABLEAU 23

Concentration des activités industrielles en Ontario (1851-1911) (en pourcentage de la province)

	pop. nbre	établissements nbre	employés nbre	gages ($)	production ($)
villes de 5 000 et plus					
1881	16	18	31	44	42
1891	20	24	46	49	47
1901	27	35	58	61	59
1911	38	39	67	70	66
villes de 1 500 et plus					
1881	25	33	52	67	63
1891	32	39	63	72	65
1901	41	49	77	78	77
1911	47	52	82	84	82
Toronto					
1881	5	4	11	12	12
1891	8	7	15	18	17
1901	9	11	24	25	23
1911	15	14	27	31	28

Source : Recensements du Canada.

À vrai dire, dans cette comparaison étendue à plusieurs variables, le Québec apparaît en tout temps comme un territoire où les revenus agricoles étaient plus bas, où la main-d'œuvre à bon marché était plus abondante et où les salaires étaient inférieurs. Cet écart se vérifie, entre 1871 et 1911, non seulement entre les provinces mais aussi entre les villes, y compris Toronto comparé à Montréal. Ces observations étaient encore plus justes dans les districts de Québec et de Trois-Rivières.

2. LES CANADIENS FRANÇAIS EN MILIEU ONTARIEN : DIMENSIONS RÉGIONALES

La minorité française qui se constituait alors en Ontario était fort différente de la minorité anglophone qui avait pris forme au Québec à la Conquête de 1760. Celle-ci, négligeable à l'origine, en vint cependant au XIXe siècle à représenter une fraction substantielle de la population totale de la province et même des campagnes. Sa part des effectifs urbains de toutes catégories (42 pour cent en 1851) et, à plus forte raison, des occupations qui procuraient le plus de richesse, de prestige et de pouvoir était encore plus considérable. Qu'avec le temps, elle ait perdu du terrain à ces égards ne contribua aucunement à une sérieuse remise en question de son statut. Notons cependant que cette minorité n'était homogène ni sur les plans ethnique et culturel ni sur les plans économique et social. Car la population britannique était elle-même divisée quant à l'origine ethnique en trois groupes (Anglais, Irlandais et Écossais). Encore plus variée, la minorité d'autres origines était minuscule en 1851, soit 2 pour cent de la population de la province ; elle en vint à représenter 4 pour cent de la population en 1911. Il faut dire aussi qu'entre ces groupes, les inégalités étaient importantes. Le tableau 24 marque fort bien le contraste entre cette substantielle minorité non francophone québécoise et les Franco-Ontariens.

TABLEAU 24
Proportion des non-francophones québécois et des Franco-Ontariens dans la population totale, dans la population rurale et dans la population urbaine de leurs provinces respectives (1851-1911) (en pourcentage)

	pop. totale	pop. rurale	pop. urbaine*	pop. urbaine**
non-francophones québécois				
1851	24,8	21,7	49,4	42,5
1861	24,5	21	47,5	41,3
1871	22,6	19,7	38,2	35,3
1881	21,1	17,9	34	30,5
1891	21,6	18	34,1	30,2
1901	18,6	14,2	31,1	27,9
1911	21,1	16	30,6	27,9

Franco-Ontariens

1851	2,9	2,9	3,8	3,3
1861	2,5	2,5	3,7	2,7
1871	4,6	4,4	6,1	5,2
1881	5,4	5,5	5,5	5,2
1891	4,8	5	4,6	4,3
1901	7,2	7,8	5,7	6,3
1911	8	9,1	5,6	7

Source : Recensements du Canada.
* villes de *5 000 habitants et plus.*
** villes et villages de *1 000 et plus.*

En 1842, la population ontarienne d'origine française constituait pour sa part moins de 3 pour cent de celle de la province. Grâce à l'immigration et à une forte croissance naturelle, ses effectifs se multiplièrent par la suite plus rapidement que ceux du reste de la population. De 1851 à 1911, ses taux de croissance furent de 2,06 pour cent par an en milieu rural, de 5,35 pour cent dans les villes de *5 000 habitants et plus* et de 5,13 pour cent dans celles de *1 000 et plus.* Les non-francophones ontariens eux-mêmes s'accroissaient alors à un rythme très vigoureux en milieu urbain : seulement 0,49 pour cent par an dans les campagnes mais 5,09 pour cent dans les agglomérations de *5 000 et plus* et 3,5 pour cent dans les localités de *1 000 et plus.*

Malgré cette performance supérieure à celle de leurs compatriotes, la situation des Franco-Ontariens, en tant que groupe très fortement minoritaire au statut économique peu élevé, ne changea aucunement avec le temps. Néanmoins, à l'échelle des régions, les choses se présentèrent différemment. Dans le Sud-Ouest et le Centre, ce caractère minoritaire y fut toujours plus enraciné qu'ailleurs tandis que dans l'Est, la proportion des francophones dans la population de la région s'accrut si bien, y passant de 5 pour cent en 1851 à 20 pour cent en 1911, qu'à cette date elle égalait celle des non-francophones québécois. Dans le Nord, la même tendance prévalut et le pourcentage des habitants d'origine française s'éleva de 5 pour cent en 1861 à 18 pour cent un demi-siècle plus tard. Ici le poids de la minorité francophone était cependant faible comparé à celui des non-francophones de la région de Montréal[41].

Vus à travers ces chiffres, les Franco-Ontariens différaient aussi du reste de la population quant à leur localisation sur le territoire. La population dans son ensemble et la majorité non francophone s'étaient rapidement concentrées durant la première phase de la colonisation dans le Centre et le Sud-Ouest. Il est vrai que les Canadiens français étaient présents depuis longtemps dans le Sud-Ouest et que nombre d'émigrants du Québec prirent encore cette direction lorsqu'ils quittèrent la province en plus grand nombre après 1860. À cet égard, il faut noter la poussée des années 1860 et celle du début du siècle vers les comtés d'Essex-Kent dans le Sud-Ouest et de Simcoe dans le Centre. Il n'en reste pas moins que, pour un temps, ils affichèrent une forte prédilection pour l'Est avant de prendre, au cours d'une nouvelle étape débutant après 1880, la route du Nord.

TABLEAU 25

Concentration de la population totale et des effectifs non francophones dans le Sud-Ouest et le Centre ; concentration des Canadiens français dans l'Est et le Nord (1851-1911) (en pourcentage du même groupe)

| | Sud-Ouest et Centre | | Est et Nord* |
	pop. totale	pop. non francophone	pop. c.-française
1851	69,2	69,8	50,9
1861	73,6	74,6	65,7
1871	74,6	76,2	57,3
1881	74	76,1	61
1891	73,3	75,6	74,2
1901	70,6	73,8	70,9
1911	69,4	73,2	74,3

Source : Recensements du Canada.

* Comme les contemporains considéraient le territoire couvert par les comtés de Muskoka et Parry Sound comme le nord de la province, nous les avons, pour la période 1851-1911, assimilés au Nord.

À vrai dire, compliqué par les arrivages d'immigrants, ce déplacement vers 1880 de la population du Sud-Ouest, du Centre et de l'Est vers les territoires situés plus au nord où se multipliaient les promesses d'accès facile à la terre et aux emplois forestiers et miniers, toucha l'ensemble de la population ontarienne. Les éléments les plus engagés dans ces déplacements furent les ruraux. Car, en plus d'être attirés par les pauvres terroirs du Nord, favorables à une association agriculture-forêt, ils cédèrent aux forces de l'urbanisation accélérée du Centre et du Sud-Ouest. Notons que les ruraux d'origine française furent moins affectés que les autres par ces forces d'attraction et de répulsion.

TABLEAU 26

Concentration de la population rurale de la province et des effectifs ruraux non francophones dans le Centre et le Sud-Ouest ; concentration de la population rurale canadienne-française dans l'Est et le Nord (1851-1911) (en pourcentage)

	Sud-Ouest et Centre		*Est et Nord*
	pop. totale	*pop. non francophone*	*pop. c.-française*
1851	69	78,4	47,7
1861	71,9	67,7	63,1
1871	74,5	71,6	53,8
1881	71,9	65,8	60,1
1891	70,2	63,1	72,3
1901	65,8	59,1	69,5
1911	64	64,8	74,4

Source : Recensements du Canada.

Ainsi, comme au Québec, les Canadiens français étaient surreprésentés dans les parties de la province où les effectifs ruraux et agricoles étaient proportionnellement plus nombreux. En 1911, 30,6 pour cent de la population de la province était concentrée dans l'Est et le Nord, mais 36 pour cent des ruraux et 36,4 pour cent de la population agricole y étaient rassemblés. À cette date, les trois quarts des ruraux francophones résidaient dans l'Est et le Nord. Ce qui ne veut pas nécessairement dire que, sur l'ensemble de ces territoires, les Canadiens français étaient plus ruraux et voués à l'agriculture que la population environnante.

Ces francophones avaient en général quitté le Québec ou leur région parce qu'ils étaient à la recherche de terres et d'emplois. Ils l'avaient fait souvent après avoir pris conseil de leurs curés ou de notables de la place, voyageant en famille ou individuellement et se dirigeant plus volontiers vers des territoires où se trouvaient déjà des parents ou des connaissances. Dans un grand nombre de cas, il arriva qu'au lieu de se laisser attirer par les rassemblements francophones, ils aient abouti en des lieux où ils étaient le petit nombre[42]. Du point de vue culturel, il n'est pas exagéré de dire que, dans cette quête de terres et d'emplois, l'Est et le Nord-Est ontariens pouvaient leur apparaître au départ comme une sorte de prolongement du territoire québécois.

Toutefois, trop mettre l'accent sur la quête de terroirs à défricher serait sous-estimer le fait que l'Ontario était aussi une province en voie d'urbanisation et d'industrialisation et que ces immigrants francophones furent, volontairement ou par la force des choses, entraînés dans ce mouvement. En tout cas, leur marche vers la ville ne semble pas, comparée à celle des Québécois francophones et même à celle des autres Ontariens, avoir eu un caractère inusité. Bien au contraire, tel que le démontre le tableau 27 mis en rapport avec les données des tableaux 3,

4, 17 et 18, les Franco-Ontariens furent avant 1911, temporairement en certains cas ou d'une façon continue en d'autres, plus urbains que les autres.

TABLEAU 27

Comparaison des taux d'urbanisation : villes de 5 000 et plus et villes et villages de 1 000 habitants et plus, entre (1) Québécois francophones/ Québécois non francophones, (2) Franco-Ontariens/Québécois francophones et (3) Franco-Ontariens/Ontariens non francophones (1851-1911) (en pourcentage)

	1	2	3	1	2	3
	villes de 5 000 et plus			*agglomérations de 1 000 et plus*		
1851	33	135	133	45	136	113
1861	36	144	150	46	137	110
1871	47	122	134	54	150	115
1881	52	99	103	61	118	96
1891	63	106	97	64	117	90
1901	51	101	78	59	127	91
1911	61	83	65	69	109	86

Source : Recensements du Canada.

Ainsi, en 1851 dans les deux provinces, les Franco-Ontariens constituaient, à part les Québécois non francophones, le groupe dont la présence dans les villes de toutes catégories était la plus considérable. Peu à peu, cependant, après 1881, cette avance fut réduite à tel point qu'en 1911, bien qu'ils aient encore surpassé l'ensemble des Québécois francophones à cet égard, ils avaient été devancés par les non-francophones ontariens.

Évidemment, d'une région à l'autre en Ontario, les taux d'urbanisation variaient beaucoup. En 1851, ceux du Sud-Ouest, où la prise de possession des terres et les défrichements progressaient rapidement, étaient inférieurs de la moitié et d'un tiers à ceux du Centre et de l'Est. En 1911, cet écart avait presque été éliminé par rapport à l'Est mais il était encore d'environ 40 pour cent au-dessous de celui du Centre. Il va de soi que ces disparités régionales se reflétèrent dans les écarts existants entre les francophones et le reste de la population.

FERNAND OUELLET

TABLEAU 28

Taux d'urbanisation des francophones et des non-francophones : villes de 5 000 et plus et villages et villes de 1 000 et plus dans les régions de l'Ontario (1851-1911) (en pourcentage)

	Sud-Ouest		Centre		Est		Nord	
	5 000 *	1 000**	5 000	1 000	5 000	1 000	5 000	1 000
Franco-Ontariens								
1851		8	8,7	13,2	16,4	21		
1861	1,2	6,8	10,2	18,7	17,6	21,6		
1871	3,2	13,9	9,2	23,3	23,3	29,6		
1881	7,5	17,1	20,9	36,4	18	28,1		4,8
1891	9	16,2	28,1	48,7	24,2	34,7		13,9
1901	14,2	26,7	26,4	39,2	25,7	39,8	6,5	20,7
1911	20,6	34,9	41,1	59,6	31,8	47,1	13,2	32,2
non-francophones								
1851	3,8	8,7	10	17	6,3	12,5		
1861	3,1	11,7	11,7	20,1	9,2	14,8		
1871	4,5	14,3	15,7	26,7	11,9	18,7		
1881	9,3	21,5	21,8	35,3	12,4	22,5		7,4
1891	14	28,8	27,6	41,3	15,7	27,8		10,2
1901	18,1	33	37,2	49,4	20,8	33,5	9,7	23,3
1911	23,1	37,5	53	62	17,8	39,2	24,2	38,9

Source : Recensements du Canada.
*villes de *5 000 et plus*.
** villages et villes de *1 000 et plus*.

Pour les uns et pour les autres, la marche vers la ville fut un processus continu. Néanmoins, selon l'appartenance à un groupe ou à l'autre et selon le lieu de résidence, le rythme de cette marche fut différent. À cet égard, non seulement les Franco-Ontariens de l'Est apparurent-ils comme le groupe régional francophone le plus urbain parmi ceux du Québec et de l'Ontario (voir aussi le tableau 12), mais aussi comme le seul qui, à l'intérieur de l'Ontario, eut d'une façon systématique un caractère urbain supérieur à celui du reste de la population de la même région. Avant 1881, ils jouirent même d'un taux d'urbanisation supérieur à celui des Franco-Ontariens du Centre. Il n'empêche qu'au total les Franco-Ontariens étaient concentrés dans les trois régions où les taux d'urbanisation étaient les plus bas. En 1851, huit sur dix d'entre eux résidaient dans le Sud-Ouest et l'Est ; en 1911, cette proportion dans les régions situées en dehors du Centre, où le caractère urbain était le plus fort, s'élevait à neuf sur dix. À l'intérieur du Sud-Ouest, par exemple, ils habitaient dans des proportions de 72 pour cent en 1871 et de 85 pour cent en 1911 dans deux comtés qui étaient plus urbains que le reste de la région. Cependant, tout en étant engagés dans le processus d'urbanisation comme le reste de la population, ils furent et restèrent plus ruraux que la population de ces comtés et que celle de la région. Mais, une fois en ville, ils furent à cette époque mieux représentés dans de petites agglomérations urbaines, telles Amhersburg, Sandwich, Tilbury et Walkerville, qu'à Chatham et Windsor. Ils en arrivèrent néanmoins peu à peu à voir dans la ville de Windsor, dont la population s'élevait à 17 829 habitants en 1911 et où leurs effectifs se chiffraient alors à 4 113, leur capitale. Dans le Centre, un tiers d'entre eux étaient en 1911 concentrés dans Simcoe, un comté encore moins urbain que le reste de la région, mais à cet endroit comme au niveau de la région, ils avaient été parfois plus urbanisés que les autres. Ce ne fut pas avant le début du siècle qu'ils se déplacèrent vraiment vers la petite ville en expansion de Penetanguishene.

Pour nuancer encore un peu plus ce tableau, disons que les ruraux de toute appartenance devinrent de moins en moins concentrés dans le Sud-Ouest et le Centre, alors que les non-francophones urbains eurent tendance à se regrouper de plus en plus dans ces régions. Il en fut autrement des francophones urbains de l'Est et du Nord. En effet, très élevé avant 1871 (entre 82 et 86 pour cent), leur taux de concentration dans l'Est et le Nord, une fois rapporté à la population des villes de *5 000 et plus*, déclina jusqu'en 1911. Au contraire, dans les agglomérations de *1 000 et plus*, ce pourcentage, moins important au départ, s'accrut irrégulièrement par la suite.

TABLEAU 29

Concentration des non-francophones urbains dans le Sud-Ouest et le Centre et des francophones urbains dans l'Est et le Nord (1851-1911) (en pourcentage)

	Sud-Ouest et Centre		Est et Nord	
	5 000 et plus	1 000 et plus	5 000 et plus	1 000 et plus
1851	75,1	73,1	82,4	68,1
1861	73,6	77,5	86,7	77,5
1871	75,7	79,3	84,4	68,6
1881	82,7	81,9	68,2	63,5
1891	83,8	81,8	81,1	78,6
1901	82,1	79,5	74	73,7
1911	81,8	79,1	72,2	73,2

Source : Recensements du Canada.

Ajoutons qu'à l'exemple des Québécois francophones, les Franco-Ontariens furent surtout concentrés dans les régions où le revenu de la terre était généralement le plus bas. À cet égard, les régions de Québec et de Trois-Rivières avaient comme contrepartie l'Est et le Nord ontariens. Sans aller jusqu'à dire que l'agriculture était le principal

facteur d'industrialisation, il n'est pas exagéré de croire que leur prédominance, dans ces régions où l'activité agricole était moins profitable,
eut quelque rapport avec une structure des occupations moins orientée
vers l'industriel, moins susceptible de susciter l'accumulation du capital et d'engendrer la promotion sociale.

TABLEAU 30

Le recul relatif de l'agriculture de l'Est et du Nord ontariens (1851-
1911) (en pourcentage de la province)

	pop. rurale	grains et racines	blé	avoine	navets	animaux
1851	31	28,1	15	26,2	6,3	30,2
1861	28,1	19,6	15	25,5	4,3	25,1
1871	25,5	14,2	12,1	21,1	2,7	22,8
1881	28,1	18,3	5,6	24,1	5,8	24
1901	34,2	15,8	11,2	21,9	6,1	25,4
1911	36	18,7	6,4	23,8	7,9	27,5

Source : Recensements du Canada.

Pour mieux comprendre la position des Canadiens français dans ce
contexte régional, il faut se rappeler que les immigrants canadiens-
français venus en Ontario durant la seconde moitié du XIXe siècle
empruntaient le plus souvent la route qui débordait la frontière québécoise
du côté ontarien, recouvrait pour un temps l'Est, puis se rapprochait de
plus en plus de la vallée de l'Outaouais pour ensuite se diriger résolument soit vers l'ouest, soit vers le nord. Le tracé de cette route qui
suivait les voies d'eau, avait été connu depuis le XVIIe siècle par les
traiteurs, les explorateurs, les missionnaires, les voyageurs et les engagés pour la traite. Il fut davantage précisé et diversifié au XIXe siècle
par la construction des chemins de fer, sans lesquels la colonisation du
Nord aurait été impossible.

L'économie de ces territoires ouverts à la colonisation par les
migrants venus soit d'Europe, des États-Unis, des Maritimes ou du
Québec, était et demeurait plus qu'ailleurs liée aux activités primaires :
la culture d'un sol relativement moins riche que dans le Sud-Ouest et le
Centre, l'exploitation de la forêt et, vers la fin du siècle, le travail dans
les mines. C'était une économie qui favorisait la pratique de l'agriculture
et, selon les circonstances, incitait un ou plusieurs membres de la famille agricole et rurale à participer sur une base saisonnière à l'une ou
l'autre des diverses opérations dans l'exploitation de la forêt et dans les
mines, afin d'y trouver un revenu d'appoint. Ainsi, les migrations des
Canadiens français vers l'Ontario et à l'intérieur de cette province s'apparentaient à leurs migrations internes au Nouveau-Brunswick, vers le
nord, et au Québec vers le Bas-du-Fleuve, la Gaspésie, le Saguenay, la
Mauricie, le nord de Montréal et l'Outaouais québécois[43].

À la base de cette structure économique, tellement enracinée dans l'Est et le Nord, on trouvait en Ontario comme au Québec une classe relativement plus nombreuse qu'ailleurs d'agriculteurs voués à la subsistance et une volumineuse main-d'œuvre saisonnière et à bon marché, se recrutant aussi bien dans les familles agricoles que chez les ouvriers non qualifiés. Aussi les artisans, les professionnels, les commerçants et les entrepreneurs y étaient-ils relativement moins présents que dans les régions où les industries manufacturières prirent le pas sur les autres.

Le Sud-Ouest constituait un bon exemple à cet égard. Vers 1851, à l'époque où se déclencha le peuplement accéléré de son territoire, cette région affichait un retard évident sur l'Est. Mais, très vite, elle prit une avance sur les terrains démographique et, surtout, agricole. Dès lors, émergea une structure professionnelle qui reflétait en plus une progression plus rapide des industries secondaires que dans l'Est. Il est vrai que l'Est réussit à maintenir sa supériorité en ce qui concerne le degré d'urbanisation ; mais cela s'explique sans doute par le rôle croissant d'Ottawa en tant que capitale nationale. Le tableau 31 vise, comme les tableaux 5, 14 et 21, à jeter quelques lumières sur la relation entre la structure de cette agriculture de l'Est et du Nord et la structure des occupations.

TABLEAU 31

Structure des occupations dans l'est et le nord de l'Ontario (1851-1881) (en pourcentage de la province)

	p. totale	cult.	artisans	ouv. non qual.	prof.	affaires
1851	30,7	29,7	28,5	32,2	44	22,3
1861	26,4	37,7	26	25,9	24,4	22,3
1871	25,2	36,6	22,5	24,7	22,8	21,4
1881	26	38,5	11,7	25,8	20,2	19

Source : Recensements du Canada.

Il est évident que l'Est et le Nord se développaient mais qu'ils furent constamment devancés à tous égards par le Sud-Ouest et surtout par le Centre qui, dès cette époque, ne cessa de s'affirmer en tant que centre industriel de l'Ontario. Ainsi, la régression agricole de l'Est et du Nord par rapport au Sud-Ouest et au Centre dans le domaine agricole eut son prolongement au niveau des occupations et des industries manufacturières. Bien que l'Est ontarien ait eu un avantage sur la région de Montréal par ses performances agricoles moyennes par occupant, il n'en afficha pas moins un retard croissant sur celle-ci quant au degré d'urbanisation et d'industrialisation.

TABLEAU 32

Concentration des industries, des employés, des gages et des salaires et de la valeur de la production dans l'Est et le Nord (1851-1911) (en pourcentage)

	p. totale nbre	établissements nbre	employés nbre	gages* ($)	production ($)
1871	25,2		25,8	21,5	20,6
1881	26		23,1	20,3	18,3
1891	26,7	25,2	24,2	23,4	22
1901	29,3	30,9	21,7	22,1	21
1911	30,5	31,2	21,2	21,1	19,7

Source: Recensements du Canada.
* Jusqu'en 1901, gages seulement.

Ainsi, au Québec et en Ontario, les Canadiens français étaient donc surreprésentés dans les régions où dominaient les activités primaires et où le revenu de la terre, des professions et les salaires étaient les plus bas. Une telle généralisation s'applique à coup sûr à la partie orientale de l'Est ontarien où résidait la plus grosse concentration francophone de la province. En 1851, elle rassemblait 47,2 pour cent de la population francophone de l'Est et, en 1911, 57,2 pour cent. Si on ajoute aux comtés de Prescott, de Stormont, de Glengary et de Russell le comté urbain d'Ottawa, les résultats sont encore plus impressionnants, puisque 62,1 pour cent des Canadiens français de la région y étaient regroupés en 1851 et 83,5 pour cent en 1911. Comme l'Est était une région où la population rurale était surreprésentée par rapport au Sud-Ouest et au Centre (voir tableau 30), on ne peut s'étonner qu'il en ait été ainsi des quatre comtés où les francophones étaient devenus majoritaires en 1911. Non seulement la part de ces comtés dans la population rurale de l'Est augmenta-t-elle, mais celle des Franco-Ontariens le fit d'une façon encore plus remarquable. En effet, à partir de 1871, alors que les non-francophones ruraux déclinaient numériquement, les Canadiens français de même catégorie accroissaient leurs effectifs aussi bien en termes relatifs qu'absolus. En 1851, 58,5 pour cent des francophones ruraux de l'Est s'y trouvaient et, en 1911, 77,4 pour cent. Bien qu'ils aient accru leur nombre de 18 207 en 1871 à 41 685 en 1911, ils n'avaient pas pu pour autant absorber tous les surplus des naissances sur les décès[44]. Comme il y eut toujours un va-et-vient d'immigrants et de gens vivant sur place, il y eut donc plus de départs définitifs qu'on ne le croit, soit vers le Nord, soit vers Simcoe, soit vers le Middle West américain ou l'Ouest canadien.

Ainsi, les non-francophones de ces comtés augmentèrent rapidement leurs effectifs ruraux jusqu'en 1871 et, après cette date, jusqu'en 1911, ils en perdirent 45,2 pour cent. Les francophones étendirent, au contraire, leur présence parmi les ruraux des quatre comtés, leur pourcentage passant de 14,3 pour cent en début de période à 49,7 pour cent en 1911. À tel point qu'on ne peut interpréter les données du recensement, y compris celui de l'agriculture, sans tenir compte de leur poids accru dans les campagnes. En tout cas, le tableau 33 démontre que, relativement à l'ensemble de l'Est, ces comtés étaient surreprésentés en ce qui concerne la population rurale et les occupants de terres, mais sous-représentés quant à la production de grains et racines, de beurre, et de laine et quant à la taille des troupeaux.

TABLEAU 33

Comparaison entre les quatre comtés orientaux de l'Est et l'ensemble de l'Est quant à la production agricole (1851-1911) (en pourcentage)

	p. rurale	occupants	grains	animaux	beurre	fromage	laine
	nbre	nbre	bois.	nbre	lbs	lbs	lbs
1851	17,7	17	15,9	17,3	17,8	12,8	15,1
1861	19,6	17,6	14,7	16,7	14,6	29,2	13,6
1871	27,5	22,5	21,4	20,5	21	28,2	17,3
1881	25,4	23,4	20,9	22,6	23,3	25,2	5,2
1901	27,7	25,7	25	23,3	22,4		19,2
1901	27,9	27,9	27,1	24,6	22,3		12,9

Source : Recensements du Canada.

Comme ces populations étaient bien structurées socialement, il serait, par conséquent, exagéré de présenter tous les migrants venus dans ces comtés comme des éléments pauvres, peu instruits et sans encadrement. En effet, le clergé, grâce à ses réseaux d'information et à l'expansion territoriale planifiée de ses institutions, se trouvait d'une façon ou d'une autre aux deux bouts de la ligne, tant au départ qu'à l'arrivée. On peut donc supposer que, même si le gros des migrants peut avoir été assez uniforme au départ, cette situation ne fut que temporaire et que, bientôt, des éléments spécialisés et des élites émergèrent par immigration ou de l'intérieur. Cette hypothèse semble d'autant plus probable que la hiérarchie ecclésiastique favorisa ce processus de structuration et d'organisation socio-religieuse.

En effet, le nombre de paroisses catholiques canadiennes-françaises situées dans l'Est, qui s'élevait déjà à 9 sur un total de 16 en Ontario en 1860, fut porté successivement à 30 sur 42 en 1900 et à 54 sur 107 en 1920[45]. Une fois établis, surtout lorsque rassemblés, ces Franco-Ontariens ont pu vouloir pratiquer un certain isolationnisme, par exemple, en se mariant presque exclusivement entre eux, comme l'a démontré Gaffield à propos de Prescott[46]. Mais ils étaient trop entourés de près par des minorités ou des majorités d'origines diverses pour que cette situation perdure. En tout cas, étant eux-mêmes diver-

sifiés socialement, les Franco-Ontariens ne semblent pas, qu'ils aient
été propriétaires de ferme, salariés ou professionnels, avoir maintenu
bien longtemps une telle attitude de repli sur les plans économique et
social. En 1901, alors que les anglophones des quatre comtés étaient
bilingues dans une proportion de 9 pour cent, les Franco-Ontariens de
ces comtés l'étaient devenus dans une proportion de 45,2 pour cent. Il
n'empêche que, jusqu'en 1871, comparés à l'Est où le facteur immigration fut également un facteur capital de la croissance démographique,
les quatre comtés orientaux paraissent quand même avoir souffert d'une
pénurie d'ouvriers spécialisés, de professionnels, de commerçants et
d'entrepreneurs. Ils étaient, par contre, surreprésentés quant au nombre
de cultivateurs et d'ouvriers non qualifiés.

TABLEAU 34

Comparaison entre les quatre comtés de l'Est et l'ensemble de l'Est
quant à la structure des occupations (1851-1871) (en pourcentage)

	p. totale	cult.	artisans	non qual.	prof.	affaires
1851	16	17,8	10,7	18,9	13,2	10,6
1861	17,2	17,6	12,4	21,7	12,5	9
1871	19,3	22,7	12,1	19,3	12,9	11,1

Source : Recensements du Canada.

Ces disparités subsistèrent même lorsque la population se stabilisa
après 1881. Comme les industries textiles introduites à cette époque
faisaient appel, à l'exemple des industries primaires, à une main-d'œuvre
non qualifiée, leur présence ne contribua aucunement à bouleverser
cette structure. Dans ces conditions, la sous-représentation des quatre
comtés au plan manufacturier n'a pas lieu d'étonner.

TABLEAU 35

Comparaison entre les quatre comtés orientaux de l'Est et l'ensemble
de l'Est quant au nombre d'établissements, d'employés, au montant des
gages et à la valeur de la production (1871-1911) (en pourcentage)

	p. totale	établ.	employés	gages	production
1871	19,3		10,9	8,7	11,2
1881	20,9		16,2	14,2	14,6
1891	25,1	19,3	17,3	16,7	15,9
1901	22	24,3	18,4	17	19
1911	22,1	23,3	15,8	14,2	19,1

Source : Recensements du Canada.

On peut aussi prétendre qu'à l'intérieur même des quatre comtés,
les Canadiens français avaient en général un statut économique inférieur à celui du reste de la population. Ce raisonnement est basé sur leur

sous-représentation parmi ceux qui avaient le droit de vote dans le comté de Prescott en 1883. Le suffrage censitaire était encore la règle à cette époque. Les francophones constituaient 63,9 pour cent de la population du comté, mais ils ne composaient que 51,8 pour cent des électeurs[47].

Disons cependant qu'en limitant l'observation du groupe franco-ontarien à ces quatre comtés, on ne peut arriver à se former une idée juste des articulations de cette société. La ville d'Ottawa était non seulement voisine de ces comtés, mais les francophones y composaient une portion tellement substantielle de la population (26,5 pour cent en 1851, 34,3 pour cent en 1891 et 30,7 pour cent en 1911), qu'il est difficile de ne pas considérer cette ville comme la capitale des Franco-Ontariens de l'Est. D'autant plus qu'à l'est d'Ottawa les agglomérations à caractère urbain se multiplièrent après 1861 en direction de la frontière québécoise et de Montréal. Cornwall et Hawkesbury furent les premiers satellites à se développer. Après 1881, suivirent Eastview, Rockland, Vankleek Hill, Alexandria et l'Orignal. Rattachée à un ensemble urbain de cette taille, la communauté franco-ontarienne de cette partie de l'Ontario n'avait pas autant l'allure rurale et agricole qu'on lui a si volontiers prêtée plus tard. Une originalité que, d'ailleurs, elle n'avait jamais vraiment méritée, si on la compare au reste de la population.

TABLEAU 36

Urbanisation des Franco-Ontariens et des non-francophones ontariens dans les quatre comtés incluant Ottawa, et dans l'Est de la province (1851-1911) (en pourcentage)

	quatre comtés		quatre comtés et Ottawa		Est	
	franco.	n.-fr.	franco	n.-fr.	franco.	n.-fr.
1851	2	3,9	32,6	16,1	21	12,5
1861	5,1	5,1	34,3	22,3	21,6	16,3
1871	9	8,9	33,1	27,6	29,6	18,7
1881	7,5	6,5	28,2	27,9	28,1	22,5
1891	14,5	10,8	34,6	32,9	34,7	27,8
1901	19,1	12,8	41,1	48	39,8	33,5
1911	24,7	15,5	48,4	60,1	47,1	39,2

Source : Recensements du Canada.

À l'ouest d'Ottawa, le peuplement francophone était déjà beaucoup moins dense. Les Franco-Ontariens s'y trouvaient cependant en plus grand nombre à mesure qu'on se rapprochait de la rivière Outaouais. Ils y étaient d'ailleurs davantage présents dans les villes que dans les campagnes. À Arnprior, Renfrew et Pembroke, des minorités d'origine française relativement substantielles se constituèrent pour de bon. Comme c'était la route qui menait vers le Nord-Ouest, la mobilité y fut après

1871 un trait de la population plus visible qu'ailleurs. À cette date, dans
Muskoka et Parry Sound, où les francophones étaient moins de 200, la
colonisation agricole allait bon train. Dans Muskoka, 73,2 pour cent de
ceux qui déclaraient une occupation se disaient cultivateurs. Partout
ailleurs dans le Nord, les personnes adonnées à la chasse et à la pêche
figuraient au premier rang. Puis, très près d'eux par le nombre, venaient
les travailleurs non qualifiés. En ce qui concerne la colonisation agricole, un écart énorme existait entre Algoma et Nipissing. Dans le premier cas, seulement 8 pour cent de cultivateurs, et dans le second, 42
pour cent. Les habitants d'origine française y formaient seulement 5
pour cent de la population.

Jusqu'en 1911, le Nord, tel que défini ici, vit sa population multipliée par 17 et ses effectifs urbains par 29. À cette date, les francophones composaient 18 pour cent de la population totale mais seulement 16
pour cent de celle des villes. Les agglomérations urbaines étaient au
nombre de 22, parmi lesquelles 6 dont la population s'échelonnait entre
5 000 et 16 499 habitants. Parmi celles-ci, seules Cobalt et North Bay
avaient de substantielles minorités francophones. Puis venait Sudbury
avec ses 4 150 habitants, la future capitale franco-ontarienne du Nord,
où la minorité canadienne-française dépassait à peine les 1 500 personnes. Dans certaines des petites villes centrées sur l'exploitation de la
forêt, le long de la voie ferrée et de la route, les francophones étaient
même largement majoritaires.

CONCLUSION

Après plus d'un siècle et demi de paralysie qui les empêchait de croître
aussi rapidement que les campagnes, les villes de la vallée du Saint-
Laurent amorcèrent après 1830 une révolution qui ressemblait assez à
celle dans laquelle l'Europe et les États-Unis étaient déjà engagés depuis assez longtemps[48]. En effet, alors que la population totale du Québec
et de l'Ontario réunis n'augmenta que de 1,38 pour cent par an de 1851
à 1911, la population de leurs villes de *5 000 habitants et plus* et celle
des agglomérations de *1 000 et plus* s'accrurent à un rythme de 4,54 et
4,60 pour cent par an respectivement. Pendant ces soixante années, le
nombre des villes de la première catégorie passa de 7 à 57 et celui des
agglomérations de la seconde s'éleva de 48 à 276. Le taux d'urbanisation
de ces deux provinces réunies, calculé d'après la population des villes
et villages de *1 000 et plus*, qui n'était que de 9,4 pour cent en 1851,
monta à 36,4 pour cent en 1911.

Tel est le contexte spécifique dans lequel nous avons tenté
d'apercevoir la marche des francophones et des non-francophones du
Québec et de l'Ontario vers la ville. Cependant, comme le développement accéléré du système urbain ne se limitait pas à ces deux provinces

mais qu'il englobait aussi les Provinces atlantiques et un nouvel Ouest canadien en formation, nous aurions pu les inclure avec profit dans notre propos. En procédant ainsi, il y aurait eu en 1881 sur le territoire canadien actuel 34 villes de *5 000 habitants et plus* et 89, trois décennies plus tard. Quant aux localités de *1 000 et plus*, qui se chiffraient à 203 en 1881, leur nombre aurait atteint 389 en 1911. En dépit de l'intérêt d'une telle démarche, tant pour l'étude des francophones que des autres, on comprendra aisément que, pour des raisons d'espace, nous ayons été forcé, sans pour autant ignorer cet arrière-plan général, de limiter cette étude à seulement deux provinces.

Ainsi, mise en place dans ce contexte, l'urbanisation du Québec et de l'Ontario apparaît comme l'expression d'un phénomène plus vaste, incluant les États-Unis, intercontinental même, débordant par conséquent les provinces en question. Ce processus à l'œuvre sur un espace élargi avait non seulement une force d'entraînement similaire à celle qu'il possédait ailleurs, mais il s'y poursuivait avec des intensités différentes selon les groupes ethniques, les régions et les sous-régions. Il s'agit d'observations d'une grande portée dont le tableau 37 fait état à l'échelle même du Canada où francophones et non-francophones se retrouvaient côte à côte, partageant inégalement les mêmes espaces.

TABLEAU 37

Évolution des taux d'urbanisation (villes de 5 000 et 1 000 habitants et plus par province sur le territoire canadien actuel) (1881, 1911) (en pourcentage)

	p. totale		p. francophone		p. non francophone	
	1881	1911	1881	1911	1881	1911
villes de 5 000 et plus						
Maritimes*	11,5	21,8	1,9	8,3	12,9	24,7
Québec	18,7	34,6	15,6	30,5	30,1	50
Ontario	15,1	37,8	15,5	25,4	15,1	38,8
Ouest		27,6		16,5		28,1
villes et villages de 1 000 et plus						
Maritimes	15,8	30,9	2,8	14,9	17,6	34,3
Québec	25,2	43,2	22,2	39,5	36,4	57
Ontario	27,3	49,5	26,2	43	27,4	50
Ouest	1,4	33,1	1,1	20,6	1,4	33,8

Source : Recensements du Canada.
* La Nouvelle-Écosse, l'île du Prince-Édouard et le Nouveau-Brunswick à l'exclusion de Terre-Neuve.

Ainsi, quoique de façon variable dans le temps et l'espace, tout le territoire canadien actuel fut attiré dans le mouvement d'urbanisation. Partout, la proportion des gens vivant en ville s'accrut. Mais, fait aussi

important, cette marche vers la ville se fit là aussi à des rythmes différents selon les groupes et selon les lieux. Les francophones, pas plus
que les autres, n'ont pas attendu le XXe siècle pour faire l'expérience
de la ville. Partout présents sur le territoire et sujets comme les autres
aux impératifs de la géographie et de l'économie, ils procédèrent en
tous lieux dans cette direction. Cependant, dans presque tous les cas, ils
le firent avec un retard sur les populations environnantes.

Le cas québécois est unique à certains égards, puisqu'il s'agit d'une
colonie française et britannique qui n'avait cessé de devenir de plus en
plus rurale de ses origines à 1830. Même les immigrants britanniques
arrivés après 1760 avaient succombé avec le temps à « l'attrait de la
compagne ». Ainsi, lorsque la tendance majeure se renversa pour de
bon vers 1850, les Canadiens français accusaient un retard substantiel
sur les autres, aussi bien dans les villes de *5 000 habitants et plus* que
dans celles de *1 000 et plus*. En 1851, l'écart favorisant les non-francophones était de 14,9 pour cent dans la première catégorie et de 14,3
pour cent dans la seconde ; en 1911, ces pourcentages respectifs étaient
de 19,5 et 17,5.

Comme les villes, surtout celles de plus grande taille, étaient des
lieux où foisonnaient les occasions de tout ordre, les francophones
québécois furent handicapés par la façon dont ils étaient répartis sur le
territoire selon le mode ville-campagne. D'autant plus qu'au Québec
même, ils étaient surreprésentés dans les régions où la population rurale
et agricole et les industries primaires étaient davantage concentrées.
Les régions de Québec et de Trois-Rivières étaient celles où l'agriculture
était la moins productive, où l'industrie manufacturière était la moins
développée et où les taux d'urbanisation étaient, par une marge considérable, les plus bas. Ainsi, leur profil contrastait vivement avec celui
de leurs compatriotes de langue anglaise surreprésentés dans la région
et la ville de Montréal, dans le secteur manufacturier et, par conséquent, parmi les hommes d'affaires, les professionnels et les ouvriers
qualifiés.

En émigrant en Ontario, les migrants francophones améliorèrent
certainement leur situation. Hors quelques nuances importantes, toutefois, leur répartition géographique ne fut pas tellement différente de ce
qu'elle était au Québec, puisqu'ils y étaient également sous-représentés
dans les plus grandes villes. Plus encore qu'au Québec, ils furent néanmoins concentrés dans les régions où les taux d'urbanisation étaient
parmi les plus bas, où l'agriculture était la moins prospère et où les
industries primaires l'emportaient démesurément. Il est vrai que, dans
l'Est, ils furent toujours plus urbains que la population environnante,
mais leur énorme sous-représentation dans les milieux d'affaires, dans
les professions et dans la main-d'œuvre qualifiée annulèrent d'une
façon cet avantage. À tout prendre, leur condition était-elle tellement

différente des minorités francophones de la Nouvelle-Écosse, de l'île du Prince-Édouard et du Nouveau-Brunswick ?

Poser le problème de l'urbanisation, c'est sans doute discuter d'un événement qui s'est produit à un moment donné à l'échelle du monde et auquel sont généralement attachés les concepts d'industrialisation et de modernisation. En utilisant, comme nous l'avons fait, une perspective comparative et régionale, il apparaît qu'on ne saurait partir du postulat que la création d'un Québec urbain fut également l'œuvre de tous ses habitants. Pas plus, d'ailleurs, qu'on ne saurait assumer au départ que les Franco-Ontariens avaient échappé à cette révolution jusqu'en 1940 et qu'ils y furent par la suite projetés de force. Un examen de cette évolution par le biais d'une perspective comparative et régionale fait émerger un ensemble de contrastes et de différences qui sont aussi essentiels à ceux qui veulent jeter quelques lumières sur la complexité de cette révolution à laquelle peu de groupes pouvaient échapper. Même si les sociétés québécoise et ontarienne avaient été parfaitement homogènes sur les plans ethnique et culturel, la géographie aurait quand même imposé son sceau sur l'ensemble de l'évolution. Ne trouve-t-on pas dans ces observations des éléments pour une relecture du passé ?

*NOTES*_____

[1] Ce texte a été rédigé grâce à l'appui du programme Killam.

[2] Yvon Desloges, *Une ville de locataires. Québec au XVIIIe siècle* (Ottawa, Parcs Canada, 1991, 42 p.). Voir aussi John Hare, Marc Lafrance et Thiery Ruddel, *Histoire de la ville de Québec, 1608-1871* (Montréal, Boréal Express, 399 p.).

[3] Vérification de 29 villes québécoises et ontariennes pour toutes ces variables.

[4] Serge Courville, *Entre ville et campagne. L'essor du village dans les seigneuries du Bas-Canada* (Québec, PUL, 1990, 335 p.).

[5] Fernand Ouellet, *Economy, Class, and Nation in Quebec. Interpretative Essays* (Toronto, Copp Clark Pitman Ltd, 1991, 302 p.), p. 122.

[6] *Idem*, « La colonisation du Saguenay-Lac-Saint-Jean... en perspective, 1850-1911. La marche des francophones dans l'Est du Canada et vers la Nouvelle-Angleterre », *Saguenayensia*, vol. XXXVI, n° 4, 1994, p. 8-26.

[7] André Lachance, *Crimes et criminels en Nouvelle-France* (Montréal, Boréal Express, 1984, 184 p.), p. 76-79 ; Marie-Aimée Cliche, « Filles-mères, familles et sociétés sous le régime français », *Histoire sociale/Social History*, vol. XXI, p. 39-70.

[8] Paul Lemieux, « Le clergé catholique de la vallée du Saint-Laurent, 1756-1810 : évolution numérique, origine géographique et origine sociale », thèse de maîtrise, Université d'Ottawa, 1986, 157 p.

⁹ Lorraine Gadoury, Yves Landry et Hubert Charbonneau, « Démographie différentielle en Nouvelle-France : villes et campagnes », *RHAF*, n° 38, 1985, p. 357-378.

¹⁰ *Ibid.*, p. 361.

¹¹ Louise Dechêne, *Le partage des subsistances au Canada sous le régime français* (Montréal, Boréal Express, 1994, 283 p.), p. 16, 21, 203. L'auteure fait état de 12 années d'exportation de blé de 1721 à 1760, soit environ 16,5 pour cent de la récolte, et de 12 années d'importation de farine après 1738. Notre estimation de 10 pour cent provient d'un examen attentif des chiffres de Dechêne et des données sur la production.

¹² Fernand Ouellet, *Economy, Class, and Nation in Quebec...*, p. 125-160.

¹³ Serge Courville, *Entre ville et campagne...*, p. 24, 34.

¹⁴ *Ibid.*, p. 228. Ce qu'il en dit confirme ce que nous avions déjà démontré dans *Le Bas-Canada. Changements structuraux et crise* (Otttawa, PUO, 1976, 541 p.), p. 255-260, 271.

¹⁵ Fernand Ouellet, *Economy, Class, and Nation in Quebec...*, p. 149.

¹⁶ *Idem*, « Francophones et Franco-Ontariens dans l'univers agricole canadien, 1851-1911 : quelques perspectives », à paraître dans Jean-Pierre Pichette (s. la dir. de), *Cahiers de la société François-Xavier Charlevoix*, n° 1 (Sudbury, Prise de parole, 67 p.).

¹⁷ Serge Courville, *Entre ville et campagne...*, p. 241-256.

¹⁸ Fernand Ouellet, *Le Bas-Canada, 1791-1840...*, p. 210, 259.

¹⁹ Gerald J.J. Tulchinsky, *The River Barons. Montreal Businessmen and the Growth of Industry and Transportation, 1837-1853* (Toronto, UTP, 1979, 310 p.), p. 180.

²⁰ *Ibid.*, p. 233.

²¹ Ronald Rudin, *Banking en français* (Toronto, UTP, 1985, 188 p.), p. 11, 17, 30, 107, 117, 143. Rudin dit que ces banques reflètent les profonds changements de l'économie et de la société québécoise (p. 142), alors que le tableau statistique 2.1, p. 30, démontre que le capital de ces banques était le même en 1911 qu'en 1871. Ce livre est d'une grande candeur.

²² Nos conclusions viennent de statistiques que nous avons compilées à partir des listes des voiliers (1793-1896) publiées par Paul Terrien dans *Québec. Âge de la voile* (Hull, Asticou, 1984, 222 p.), p. 127-215.

²³ René Hardy et Normand Séguin, *Forêt et société en Mauricie* (Montréal, Boréal Express, 1984, 222 p.), p. 172-174.

²⁴ Fernand Ouellet, « Francophones et Franco-Ontariens ... », tableau 11.

²⁵ *Idem, Economy, Class, and Nation...*, p. 126.

²⁶ *Ibid.*, p. 132, 141.

²⁷ Gerald J.J. Tulchinsky, *The River Barons...* ; Ronald Rudin, *Banking...* ; René Durocher et Paul-André Linteau, *Le « retard » du Québec et l'infériorité économique des Canadiens français* (Montréal, Boréal Express, 1971, 127 p.), p. 7-23.

²⁸ André Raynauld, *La propriété des entreprises au Québec : les années 1960* (Montréal, Presses de l'Université de Montréal, 1974, 174 p.) ; Gouvernement du Québec, Développement économique, *Bâtir le Québec : énoncé de politique économique* (Québec, éditeur officiel du Québec, 1979, 523 p.) ; André Raynauld et François Vaillancourt, *L'appartenance des entreprises : le cas du Québec en 1978* (Québec, Conseil de la langue française : service des

communications, 1985, 143 p.). Les chiffres produits par ces études montrent que c'est après 1960 que l'entreprise canadienne-française sort de sa marginalité.

[29] Fernand Ouellet, *Le Bas-Canada, 1791-1840...*, p. 24.

[30] Douglass McCalla, *Planting the Province. The Economic History of Upper Canada, 1784-1870* (Toronto, UTP, 1993, 446 p.), p. 13, 15.

[31] Donald Harman Akenson, *The Irish in Ontario. A Study in Rural History* (Montréal-Kingston, McGill-Queen's UP, 1984, 404 p.) ; Bruce S. Elliott, *Irish Migrants. A New Approach* (Montréal-Kingston, McGill-Queen's UP, 1988, 371 p.).

[32] McCalla, *Planting the Province...*, p. 16. À partir des données de l'auteur sur les effectifs urbains, on peut les estimer à environ 2 500 en 1805, ce qui donne un taux d'urbanisation de 5,5 pour cent si on accepte son estimation de la population (46 000) faite à partir des maisonnées.

[33] J. Spelt, *Urban Development in South Central Ontario* (Toronto, McClelland and Stewart, 1972, 241 p.) ; Fernand Ouellet, « L'évolution de la présence francophone en Ontario : une perspective économique et sociale », dans Cornelius J. Jaenen (s. la dir. de), *Les Franco-Ontariens* (Ottawa, PUO, 1993, 443 p.), p. 143.

[34] Fernand Ouellet, *Le Bas-Canada, 1791-1840...*, p. 38.

[35] McCalla, *Planting the Province...*, p. 139.

[36] John McCallum, *Agriculture and Economic Development in Quebec and Ontario until 1970* (Toronto, UTP, 1980, 148 p.).

[37] Fernand Ouellet, *Le Bas-Canada, 1791-1840...*, p. 178-180 ; pour les chiffres sur les envois vers le port de Québec après le début du siècle, voir McCalla, *Planting the Province...*, p. 252, 255, 265.

[38] *Idem*, « Francophones et Franco-Ontariens... ».

[39] Robert E. Ankli et Weendy Millar, « Ontario Agriculture in Transition : The Switch from Wheat to Cheese », *Journal of Economic History*, vol. XLII, 1982, p. 207-215 ; Marvin McGinnis, « The Changing Structure of Canadian Agriculture, 1867-1897 », *Journal of Economic History*, vol. XLII, 1982, p. 191-198 ; Majorie Griffin Cohen, *Women's Work. Markets and Economic Development in Nineteenth Century Ontario* (Toronto, UTP, 1988, 258 p.).

[40] Fernand Ouellet, *Economy, Class, and Nation in Quebec...*, p. 151.

[41] *Idem*, « L'évolution de la présence francophone en Ontario... » ; G. Gervais, « L'Ontario français (1821-1910) », dans C. J. Jaenen (s. la dir. de), *Les Franco-Ontariens*, p. 49-124 ; Roger Bernard, *De Québécois à Ontarois* (Hearst, Le Nordir, 1988, 185 p.) ; Micheline Marchand, *Les voyageurs et la colonisation de Penetanguishene (1825-1871)* (Sudbury, Société historique du Nouvel-Ontario, 1989, 121 p.).

[42] Fernand Ouellet, « La colonisation du Saguenay-Lac-Saint-Jean... ».

[43] Camil Girard et Normand Perron, *Histoire du Saguenay-Lac-Saint-Jean* (Québec, IQRC, 1989, 665 p.) ; Serge Laurin, *Histoire des Laurentides* (Québec, IQRC, 1989, 889 p.) ; Jean-Charles Fortin, Antonio Lechasseur, Yvan Morin, Fernand Harvey, Jacques Lemay et Yves Tremblay, *Histoire du Bas-Saint-Laurent* (Québec, IQRC, 1993, 860 p.) ; Alain Laberge, Martine Côté, Diane Saint-Pierre, Jacques Saint-Pierre et Yves Hébert, *Histoire de la Côte-du-Sud* (Québec, IQRC, 1993, 644 p.) ; Jules Bélanger, Marc Desjardins et Yves Frenette, *Histoire de la Gaspésie* (Québec, IQRC, 1981, 807 p.).

[44] Chad Gaffield, *Aux origines de l'identité franco-ontarienne. Éducation, culture, économie* (Ottawa, PUO, 1993, 284 p.), p. 77.

[45] Gaétan Vallières et Marcien Villemure, *Atlas de l'Ontario français* (Montréal, Éditions Études vivantes, 1981, 67 p.), p. 20.

[46] Chad Gaffield, *Aux origines de l'identité franco-ontarienne...*, p. 70.

[47] *Ibid.*, p. 170.

[48] Jean-Pierre Poussou, *La croissance des villes au XIXe siècle. France, Royaume-Uni et pays germaniques* (Paris, Sedes, 1992, 501 p.).

La science politique boude-t-elle la francophonie ontarienne ? Bilan de la recherche depuis 1974

Marcel Martel
Département d'histoire
Université d'Ottawa

Il serait facile de répondre par un oui à l'interrogation contenue dans le titre de cet article, car telle est la réponse que la lecture des bilans de recherche, déjà publiés, nous incite à formuler. Dans leur survol des études sociologiques sur la francophonie en milieu minoritaire, par exemple, Linda Cardinal et Jean Lapointe identifient les formes de participation et d'organisation politique, ainsi que les rapports des communautés francophones avec l'État, comme de futures pistes de recherche[1]. Une telle réponse nous pose cependant problème, car ce oui constitue un jugement, peut-être prématuré, sur la production intellectuelle qui émane des sciences politiques et lui emprunte ses problématiques, concepts et méthodes. Qui plus est, il contribue à perpétuer une croyance : celle de la non-production, c'est-à-dire qu'il y a peu ou pas d'écrits sur la francophonie ontarienne relativement à ses rapports avec l'État, fédéral ou provincial, à ses comportements électoraux, à sa culture politique ou encore à ses institutions comme lieux et fondements sociaux du pouvoir dans la communauté. Il économise du temps au chercheur et lui permet de réinventer la roue. Mais voilà, la roue de la connaissance politique sur la francophonie ontarienne existe déjà. Certains l'ont poussée à quelques reprises. Pour reprendre notre analogie, cette roue a parcouru du chemin : cependant, la distance n'est peut-être pas aussi importante que nous le souhaiterions, et surtout, ce chemin n'est pas aussi clairement balisé que nous le désirerions.

Notre étude offre donc une réponse négative, mais fortement nuancée, à cette interrogation initiale. Elle se divise en quatre parties. Nous débuterons par un rappel historique. C'est un peu par déformation professionnelle que nous procédons de la sorte ; l'historien trouve dans le passé des témoignages pour étayer ses dires. Le témoignage sélectionné est celui de Jean-Pierre Gaboury, reproduit dans les actes du colloque sur la situation de la recherche sur la vie française en Ontario en 1974. Nous présenterons ensuite quelques événements politiques qui auraient

dû capter l'intérêt des chercheurs et provoquer une production d'envergure. Précisons que si la science politique n'a pas boudé la francophonie ontarienne, elle n'en a toutefois pas fait un de ses objets de
prédilection. La troisième partie de notre étude sera consacrée ainsi aux
tendances et aux préoccupations de la production scientifique depuis
1974. Nous effectuerons néanmoins à l'occasion quelques digressions
temporelles car certains écrits, antérieurs à notre année butoir, demeurent encore incontournables jusqu'à ce que d'autres reprennent leur
questionnement scientifique. L'identification de futurs chantiers de
recherche conclura notre démarche.

UN PREMIER BILAN: JEAN-PIERRE GABOURY, LA SCIENCE POLITIQUE ET LES FRANCO-ONTARIENS

Les remarques préliminaires du bilan de Jean-Pierre Gaboury sur la
science politique et l'Ontario français ne sont pas sans provoquer un
certain malaise chez le lecteur. Reprenant ce qui serait un lieu commun,
du moins au sein de la communauté savante de l'Ontario français, il
constate tout simplement que « peu de choses » ont été écrites sur ce
sujet : « cela étant, j'attacherai autant d'importance, ce qui veut dire
plus d'importance, aux connaissances à acquérir, à ce que nous ne
savons pas qu'aux connaissances acquises, à ce que nous savons[2] ». Or,
cette constatation paraît d'autant plus surprenante que Gaboury examine la vie politique en Ontario, surtout au cours des années 60, période qui a connu un vent de renouveau et suscité les plus grandes
espérances quant à une éventuelle reconnaissance officielle du
bilinguisme par le gouvernement provincial. Le bilan de l'auteur aborde
deux principaux thèmes : l'exercice du pouvoir par les francophones et
la culture politique de ceux-ci.

D'abord, de quel pouvoir disposent les Franco-Ontariens ? Si l'on
retient le critère démographique, il faut en conclure qu'il est très limité
puisque ce groupe ne compte que pour 7 pour cent de la population
ontarienne, selon le recensement de 1971. Cette constatation de l'auteur
reprend les observations du mémoire de maîtrise de Victor Lapalme
relatif au comportement électoral sur la scène provinciale, qui démontre
le caractère limitatif de la capacité d'influence des francophones dans
la formation des gouvernements. Par ailleurs, Gaboury signale que le
pouvoir d'un groupe ne se mesure pas qu'à l'aune de sa capacité
d'influencer les autorités politiques par son comportement électoral. Il
y a aussi l'accès à la sphère politique et les actions du réseau
institutionnel. Sur ces deux derniers sujets, l'auteur déplore l'absence
de travaux. « Il est particulièrement dommage que des organisations
comme l'A.C.F.O. n'aient pas été l'objet d'études approfondies. [...] En
somme nous devons admettre que notre connaissance du pouvoir franco-

ontarien est lacunaire, en effet nous connaissons mal les éléments sur lesquels il repose[3]. » Au sujet de la culture politique des Franco-Ontariens, Gaboury note le manque d'études sur ce thème. Il invite les chercheurs à explorer les domaines des idées, attitudes et comportements politiques des francophones ainsi que leur réseau institutionnel.

Le bilan de Gaboury fait état de la méconnaissance des rapports entre la politique et la francophonie ontarienne. Il contient de nombreuses interrogations et propose, dans la conclusion, tout un programme de recherche. Puisque ce bilan sert de point de départ à l'examen de la production, il est pertinent de se demander quels thèmes ont été explorés au cours des vingt dernières années, d'autant plus que la francophonie ontarienne a su alors s'affirmer par suite de l'éclatement du Canada français comme espace institutionnel et véhicule identitaire pour l'ensemble des Canadiens français.

LA FRANCOPHONIE ONTARIENNE COMME OBJET D'ÉTUDE DE LA SCIENCE POLITIQUE : LES CONDITIONS SOCIALES DE SA PRODUCTION

Au début de notre recherche, nous nourrissions de nombreuses ambitions. D'abord, nous croyions que le contexte politique des vingt dernières années aurait engendré une production scientifique d'envergure qu'il aurait été difficile de circonscrire complètement. Les conditions sociales y semblaient propices en raison d'une succession d'événements, à commencer par la tenue du référendum québécois de mai 1980, le rapatriement de la Constitution canadienne en 1982, les tentatives infructueuses de la modifier par la suite, ainsi que l'adoption en 1986 de la Loi sur les services en français. La voix de la francophonie en milieu minoritaire a retenti au cours des dernières années par l'intermédiaire de ses associations provinciales et nationales. Par le dépôt de mémoires et un lobby auprès des autorités politiques, ces organismes ont fait valoir leurs intérêts. La présence active du leadership francophone incitait à croire qu'elle fournissait en soi une matière abondante pour la recherche.

À ces considérations conjoncturelles viennent s'ajouter les particularités structurelles de l'Ontario français, puisque le système politique de la communauté a un « degré de structuration relativement élevé[4] ». Le concept de la complétude institutionnelle nous vient en aide pour reformuler cet emprunt au texte de Guindon[5]. La francophonie ontarienne dispose non seulement d'un nombre élevé d'institutions communautaires, par comparaison aux autres groupes francophones, à l'exception des Acadiens du Nouveau-Brunswick, mais la diversité de son réseau institutionnel surtout accroît les capacités d'encadrement de la communauté. Les nombreuses associations constituent tout autant de lieux de pouvoir pour la communauté que dans la communauté.

Le résultat de notre recherche sur la production scientifique nous déroute, au plan strictement quantitatif, car les études ne sont pas nombreuses sur cette communauté qui témoigne pourtant d'un niveau élevé de complétude institutionnelle. Ce constat s'explique en partie par le fait que les lieux de diffusion de la recherche, spécifiquement dans le domaine de la science politique, font défaut. Le cas des Franco-Ontariens semble très différent, à cet égard, de celui des Acadiens. Les chercheurs qui s'intéressent aux Acadiens disposent de la revue *Égalité*, revue acadienne d'analyse politique, comme lieu de diffusion de la connaissance. Du côté de l'Ontario, il n'y a rien de comparable, même si la *Revue du Nouvel-Ontario* ouvre à l'occasion ses pages à la science politique. En 1979, par exemple, elle a même consacré un numéro spécial au thème des réalités négligées par la recherche : le syndicalisme et la science politique.

Ce manque d'intérêt scientifique pour la francophonie ontarienne pourrait s'expliquer aussi par l'absence d'expression organisée de la participation des Franco-Ontariens à la vie politique provinciale. En d'autres mots, il n'y a pas eu de parti politique franco-ontarien à l'instar du parti acadien au Nouveau-Brunswick. Ce dernier phénomène, qui appartient maintenant au passé, est devenu une réalité incontournable qui interpelle les chercheurs. Il suscite une panoplie d'interrogations sur l'objet lui-même, les circonstances de la fondation de ce parti, ses composantes, puis ses antécédents et ses conséquences.

Une troisième explication possible du désintérêt tient à un autre phénomène qui sera présenté plus loin comme une caractéristique de la culture politique de la francophonie ontarienne. Les études sur celle-ci figurent dans des analyses globales traitant de la francophonie canadienne et s'effacent souvent au profit de celles-ci. La publication des actes du colloque multidisciplinaire sur l'État et les minorités en témoigne d'ailleurs[6]. Nous y dénombrons quatre communications sur la Constitution canadienne et diverses solutions pour réconcilier les demandes constitutionnelles du Québec et celles des communautés francophones en milieu minoritaire. Ceux qui souhaitent connaître la spécificité franco-ontarienne seront déçus car elle n'y apparaît pas.

La dernière tentative d'explication reprend une conclusion, peut-être formulée trop rapidement, à l'effet que le rapport des Franco-Ontariens à la politique existe peu ou que les conditions ne favorisent pas son existence. Omer Deslauriers est catégorique dans son article « Les Franco-Ontariens et le " pouvoir " ». Jusqu'à la décennie 1960-1970, les Franco-Ontariens tiennent leur réseau institutionnel à l'écart de l'appareil politique[7]. Roger Bernard affirme, pour sa part, que « [l]a dimension politique de la communauté franco-ontarienne commence à poindre à l'horizon au début des années 1980, mais il s'agit surtout de revendications à caractère linguistique : des écoles françaises, des services sociaux en français, etc.[8] ». Comparant la situation des Québécois à celle des Franco-Ontariens, il poursuit plus loin :

> Les très faibles possibilités de politisation des conflits, un pouvoir d'organisation et de mobilisation très limité, ainsi qu'un leadership discret font que les relations sociales collectives des francophones de l'Ontario sont plutôt dans une phase d'accommodation ethnique que de conflit ethnique[9]...

Ces deux citations révèlent les perceptions du phénomène politique, tant passées qu'actuelles, les mythes qu'elles ont engendrés et surtout les engagements des auteurs. Elles contribuent à bâtir le construit scientifique suivant et influencent la représentation du rapport entre la francophonie ontarienne et la politique. Avant 1960, la francophonie ontarienne s'intéresse peu ou pas à la politique. Même si elle y porte un intérêt depuis, elle ne dispose pas d'un poids démographique suffisamment élevé ou concentré dans un territoire donné, et ne peut donc exercer une influence déterminante dans son rapport avec la majorité par l'intermédiaire des institutions mises en place pour gérer l'espace politique commun.

Ce construit scientifique, sans être dénué de fondements, oblige à questionner les auteurs sur leur opinion du phénomène politique et surtout sur le degré d'influence qu'ils souhaitent que la communauté francophone exerce sur la gouverne. Il crée un idéal impossible à atteindre parce que la force politique, conférée par le poids du nombre, fera toujours défaut. Après tout, les Franco-Ontariens sont une minorité et rien n'indique un changement de leur situation dans le futur. Avec un tel construit scientifique, consciemment ou inconsciemment présenté, à quoi bon s'interroger sur le rapport entre la francophonie ontarienne et la politique ?

LA SCIENCE POLITIQUE ET LA FRANCOPHONIE ONTARIENNE : PRINCIPAUX PORTRAITS SCIENTIFIQUEMENT ÉTABLIS

Pour rendre intelligible la production scientifique examinée, nous l'avons regroupée selon trois thèmes : le pouvoir et son exercice par les Franco-Ontariens, l'intervention gouvernementale provinciale en matière linguistique et les idéologies dans la communauté. Ces divisions sont quelque peu arbitraires, mais nécessaires pour rendre compte de la diversification des problématiques dans le temps.

1. LE POUVOIR, MAIS QUEL POUVOIR ?

Le concept de pouvoir, souvent défini comme le rapport du groupe francophone à la gouverne de l'État ou encore sa participation à la

gestion des affaires de la Cité, a donné lieu à une production scientifique variée. Sa définition change pourtant, puisque l'on assiste
graduellement à l'émergence du concept de pouvoir communautaire,
c'est-à-dire présent dans le milieu.

Les premières études sur le concept de pouvoir traitent du comportement électoral qui permet de mesurer, par l'exercice du droit de vote,
la capacité d'un groupe ethnique d'influencer la gouverne de l'État. Le
mémoire de maîtrise de Victor Lapalme demeure un outil de référence
car il examine l'importance du facteur ethnique dans le comportement
électoral lors des scrutins provinciaux. Les francophones votent-ils « en
bloc » ? Observe-t-on une solidarité ethnique dans l'expression du comportement électoral ? Pour répondre à ces questions, Lapalme reconsti-
tue les résultats électoraux pour chacun des comtés qu'il identifie comme
franco-ontariens, depuis 1867. Il note alors que les francophones votent
de moins en moins « en bloc », tendance de plus en plus perceptible
depuis l'élection provinciale de 1943, et ce, jusqu'en 1963, dernière
année étudiée par l'auteur. À l'exception de la crise provoquée par la
promulgation du règlement XVII, en 1912, au cours de laquelle les
comtés à forte concentration francophone ont tendance à appuyer le
parti libéral provincial, les Canadiens français voteront successivement
pour les troupes conservatrices, puis pour les libéraux, de nouveau pour
les conservateurs dirigés par Howard Ferguson et, enfin, pour les libéraux de Mitch Hepburn[10]. Par ailleurs, le facteur ethnique constitue une
clef explicative de l'élection de candidats francophones, indépendamment de leur allégeance politique, dans les comtés francophones. Par
contre, l'examen des mises en candidature révèle que les francophones
ne cherchent pas à défendre la bannière d'un parti en particulier. Ils
sont présents dans toutes les formations politiques[11].

Dans son livre sur les parlementaires francophones, Paul-François
Sylvestre reprend les conclusions de Lapalme et fournit quelques indications sur le comportement électoral des Franco-Ontariens à l'échelon
fédéral. Comme instrument de mesure, Sylvestre utilise la bannière
politique sous laquelle ont été élus les députés franco-ontariens. Depuis
la crise de la conscription de 1917, la députation libérale compte constamment cinq ou six francophones de l'Ontario[12]. Cette fidélité au parti
libéral fédéral, Gail Brandt l'observe aussi, du moins dans les quartiers
à majorité francophone de Sudbury, puisque les Canadiens français ont
tendance à appuyer le parti de Wilfrid Laurier lorsque ce dernier est
Premier ministre du pays, et ce jusqu'en 1911[13].

Nous savons bien peu de choses de la politique municipale. Gail
Brandt examine brièvement la vie municipale de Sudbury entre 1894 et
1911. Bien que les Canadiens français forment un tiers de la population, deux francophones seulement ont exercé la fonction de maire.
Comment expliquer cette situation ? L'auteur observe que la solidarité

religieuse l'emporte sur l'appartenance ethnique, puisque les Canadiens français appuient habituellement les Irlandais catholiques. D'autre part, la sous-représentation des francophones dans les mondes professionnel et des affaires, alors que ces groupes sociaux contrôlent la gestion de la ville, explique le faible nombre de maires canadiens-français[14].

L'étude du comportement électoral effectuée par Lapalme, dont plusieurs éléments réapparaissent dans les ouvrages de Gaétan Vallières et de Paul-François Sylvestre[15], semble avoir contribué à la construction d'une interprétation précise de la capacité d'influence des francophones sur la gouverne provinciale. Bien que les conclusions de ce mémoire de maîtrise attestent une participation des francophones à la vie politique provinciale, ainsi que la disparition du vote ethnique dans le comportement électoral depuis 1943, et, enfin, le fait que les candidats francophones défendent les couleurs de toutes les formations provinciales, l'interprétation donnée à l'influence des Franco-Ontariens dans la gestion des affaires de la Cité a privilégié d'autres aspects du mémoire de Lapalme. Pour appréhender le comportement électoral des francophones aux scrutins provinciaux de 1959 et 1963, Lapalme n'a retenu les résultats que des douze circonscriptions électorales dans lesquelles la proportion des francophones est égale ou supérieure au tiers de la population totale. Par conséquent, les Franco-Ontariens dans les autres circonscriptions électorales, même s'ils votent « en bloc », ne disposent d'aucun pouvoir déterminant sur l'élection des candidats[16]. Voilà une preuve de la faible capacité d'influence sur les institutions politiques, étant donné que les douze circonscriptions électorales forment moins de 10 pour cent de l'ensemble des comtés ontariens. Cette constatation établie sur le non-dit, car tel n'est pas le but du mémoire de Lapalme, contribue à poser une pierre à l'édifice du minoritaire francophone caractérisé par son faible poids électoral.

Une interprétation précise s'élabore graduellement sur le rapport de la communauté francophone à la gestion des affaires de la Cité. Dotés d'un faible poids électoral, ce qui handicape leur capacité d'intervention auprès de l'État[17], les francophones traînent en plus un lourd héritage imprégnant leur mentalité. Ils n'ont jamais été sensibilisés à entrevoir l'État comme un outil de développement pour la communauté.

En 1979, Clinton Archibald résume à grands traits la pensée politique des Franco-Ontariens, telle qu'elle se serait exprimée tout au long du XXe siècle. Il la décrit comme apolitique, parce que le réseau institutionnel s'est développé à l'écart de l'État, à l'exemple du Québec :

> Les Franco-Ontariens furent [...] les victimes des enseignements de l'Église, qui comme elle le fit au Québec, avant la Révolution tranquille, percevait

l'État comme étranger à la collectivité, ou mieux, comme élément en marge. Ils développèrent donc, comme les Québécois, tout un réseau de corps intermédiaires en marge de l'État[18].

Le verdict d'Archibald est sans appel : la pensée politique a éliminé l'État comme acteur ou tout au moins comme agent du changement social pour la collectivité. Ce ne serait qu'au cours des années 70 que l'Association canadienne-française de l'Ontario (ACFO) modifierait sa perception de l'État et se mobiliserait pour agir sur ce dernier.

L'impossibilité d'exercer un pouvoir déterminant sur la gouverne politique qui, comme on l'a vu précédemment, tient au poids électoral pour les uns, résulte d'un lourd héritage, chez d'autres. Ce lourd héritage, qui imprègne la mentalité du minoritaire francophone, n'est pas tant issu d'un conditionnement que d'expériences qui ont confronté les francophones aux institutions de la majorité et accentué leur marginalisation. L'épisode du règlement XVII devient l'événement révélateur par excellence de l'hostilité de l'État envers la minorité franco-ontarienne et vice versa. La bataille scolaire a une conséquence durable sur les francophones puisque ces derniers confieront la sauvegarde des saillants de leur identité à leur réseau institutionnel mis en place tout au long du XXe siècle[19].

L'état de minoritaire des francophones les condamne à subir des contraintes extérieures sur lesquelles ils ont bien peu de pouvoir puisque la force du nombre leur fait défaut. Ainsi, les stratégies de participation des francophones aux institutions politiques du groupe dominant, telles qu'élaborées par l'ACFO, font l'objet d'un examen critique. À ceux qui croient que la présence de députés francophones dans les législatures provinciale et fédérale favorise leur communauté, Archibald rappelle les contraintes structurelles du système parlementaire canadien. La discipline de parti réduit les capacités d'intervention des représentants de la minorité francophone et handicape leur travail dans la défense des intérêts des Franco-Ontariens. Pour limiter la marginalisation politique du groupe, Archibald suggère la revalorisation de la fonction de député dans le système politique et envisage la voie « de la délégation d'autorité et de concertation à tous les paliers de l'administration publique[20] ».

Par ailleurs, Gaétan Vallières nuance le précédent constat. Sur la scène fédérale, les députés et sénateurs francophones disposent d'une relative autonomie, beaucoup plus grande qu'à la législature ontarienne. Ils se sont « affichés plus ouvertement comme porte-parole de leur groupe ethnique », tandis que les députés à l'Assemblée législative provinciale peuvent se dissocier de leur parti « sans [le] renier[21] ». Toutefois, l'auteur n'étaie pas son propos par des exemples.

Dans son livre *Hors du Québec, point de salut ?*, Sheila Arnopoulos explore les rapports entre la population francophone et la politique pendant les années 60 et 70, soit la période présentée, à l'instar du Québec, comme celle dite de révolution tranquille[22]. Elle suggère une interprétation de l'activisme franco-ontarien, du moins dans le Nouvel-Ontario, qui diffère des références attachées à l'oxymore québécois consacré. En fait, la révolution tranquille en Ontario s'exprime dans les secteurs culturel et économique plutôt que politique. Comme il ne pouvait être question pour eux de constituer un pays ou même une société autonome, les Franco-Ontariens n'ont pu s'exprimer en invoquant une conception différente du rôle de l'État. Les héros de la révolution tranquille du Nouvel-Ontario ne sont donc pas politisés. Ils s'intéressent avant tout au monde de la culture telle qu'elle se manifeste dans les arts, les affaires et les activités quotidiennes[23].

La définition du concept de pouvoir, limité aux rapports de la communauté à l'État, change vers la fin des années 70. Dans leur bilan sur l'*État de la recherche sur les communautés francophones hors Québec*, Linda Cardinal, Jean Lapointe et J. Yvon Thériault signalent le retentissement, en 1979, du document de la Fédération des francophones hors Québec, intitulé *Pour ne plus être... sans pays*, dans les milieux politiques du monde associatif. Ce document réclame « le pouvoir d'initiative communautaire », le « droit d'une communauté minoritaire à exiger des institutions politiques de la majorité et un transfert de certains pouvoirs vers la minorité[24] ». Le milieu communautaire dispose d'un pouvoir, celui de gérer les affaires publiques du groupe par l'intermédiaire de son réseau institutionnel, dont il faut maintenant accroître le degré d'autonomie. Le parti pris en faveur de l'autonomie constitue un tournant dans le cheminement politique des instances décisionnelles du réseau institutionnel. Il influence quelque peu la recherche, étant donné que plusieurs études ont été produites, par la suite, sur le concept de pouvoir communautaire afin de le pourfendre, le défendre ou encore en étayer les fondements théoriques.

Dans son article « La communauté ethnique, communauté politique », le sociologue Raymond Breton esquisse une conception particulière du rapport des groupes ethniques à la politique. « Il semble utile de concevoir la communauté ethnique comme un ensemble de champs ou de domaines d'action politique. » Cette activité politique des groupes ethniques ne se limite pas à la participation au gouvernement de la Cité. Leur réseau institutionnel constitue une « mini-politique » puisque des groupes et des individus cherchent à agir « sur la direction des affaires publiques dans un domaine ou l'autre de la vie communautaire[25] ». Le développement et les orientations de la communauté peuvent engendrer des tensions et des conflits entre les divers individus, groupes et/ou institutions qui la composent, car ces intervenants reven-

diquent une voix au chapitre dans les choix collectifs. Des « mécanismes communautaires de décision » ou « le cumul des décisions individuelles » président aux choix de la communauté[26]. Les conflits générés
par les oppositions du milieu deviennent alors un signe de vitalité,
tandis que leur absence « suggère une vie communautaire plutôt
bureaucratisée ou correspond à un manque d'affaires publiques[27] ».

Les travaux de Breton suscitent plusieurs autres analyses de
l'exercice du pouvoir dans la communauté franco-ontarienne. Certaines
contestent le système de gouverne en critiquant les orientations de
l'ACFO, son manque de représentativité du fait que l'individu n'a pas
voix au chapitre dans la gestion de l'espace politique. Elles proposent
des réformes à sa constitution pour permettre l'expression du pluralisme
de la société francophone[28]. Pour sa part, Normand Frenette analyse le
projet de réforme des structures de l'ACFO, débattu au début des années 80, pour en fait s'interroger sur la finalité des relations de pouvoir.
Il constate que les divers intervenants se disputent l'appropriation du
pouvoir symbolique, c'est-à-dire : « le droit de représenter le groupe
auprès de la majorité, évidemment, mais surtout le pouvoir de représenter le groupe auprès de lui-même, de fournir le miroir dans lequel la
communauté va se retrouver. Le plus important, c'est d'être en mesure
de définir la communauté elle-même[29] ».

Dans le cadre de la problématique des luttes autour de l'appropriation
du pouvoir symbolique dans la communauté, le travail fouillé de Gérard
Boulay contribue à la connaissance de la décennie 1960-1970, une
période clef pour saisir les mutations de la francophonie ontarienne. Le
projet des écoles publiques secondaires françaises du gouvernement de
John Robarts oppose, à cette époque, les francophones entre eux.
L'initiative gouvernementale divise les évêques, suscite des conflits
entre les générations et favorise l'éclosion de clivages régionaux entre
le Nouvel-Ontario et la région d'Ottawa. Le congrès de l'Association
canadienne-française d'éducation de l'Ontario (ACFÉO) de février 1967,
mécanisme institutionnel de résolution des conflits, permet d'observer
les moyens mis en œuvre pour rallier les groupes aux intérêts divergents à la proposition gouvernementale[30].

Malgré l'intérêt récent pour l'étude du pouvoir communautaire, ce
qui contribue à la transformation de l'approche théorique de la relation
au pouvoir, la croyance au sujet de l'anti-étatisme persiste encore. Qu'en
est-il vraiment des notions de conditionnement, d'héritage qui imprè-
gnent les mentalités, bref du fait que le réseau institutionnel de la francophonie ontarienne se serait construit à l'ombre des clochers et déno-
terait une volonté de ne pas agir sur l'État ? Cette interprétation répandue du rapport de la communauté à la gestion des affaires de la Cité
situe, au début des années 70, le début de l'activisme politique de
l'ACFO. Archibald affirme que la réflexion sur le rôle de l'État est

récente et consécutive « à la mise au rancart du rôle dirigiste de l'É-glise[31] ».

Bien avant les événements symboliques, tels que la tenue des États généraux du Canada français, liés à l'éclatement du Canada français, l'ACFÉO sait que la solution définitive au problème du respect des droits de la francophonie, tant en Ontario que dans les autres provinces, viendra du gouvernement fédéral. Comme l'identité des Franco-Ontariens se fond dans celle des Canadiens français, c'est sur le pouvoir fédéral qu'il faut agir pour lui rappeler ses obligations à l'endroit de l'un des deux peuples fondateurs du pays. Pour y parvenir, l'ACFÉO participe à la création d'un réseau institutionnel pan-canadien, responsable de la coordination de l'action des dirigeants canadiens-français. Quelques travaux commencent à présenter les ramifications de ce réseau. L'étude de Raymond Laliberté sur l'Ordre de Jacques-Cartier, un des piliers du réseau national, centre son analyse sur le Québec, bien que l'auteur démontre le rôle influent de l'élite d'Ottawa dans la direction de l'organisme[32]. Et, comme le rappelle Robert Choquette, le rayon d'action de l'Ordre embrasse tout le pays dans sa défense des droits des Canadiens français[33]. Notre thèse de doctorat explore le rôle de l'élite franco-ontarienne dans les organismes canadiens-français, dont le Conseil de la vie française en Amérique. Cette élite y milite activement et intervient, au nom du Canada français, auprès de la gouverne fédérale, notamment au sujet des postes de radio française et d'une présence francophone dans la bureaucratie[34].

Pour ce qui est des rapports avec l'État provincial, l'article de Peter Oliver, sur la résolution de la crise scolaire provoquée par la promulgation du règlement XVII, analyse l'évolution de l'action de l'ACFÉO auprès des hommes politiques provinciaux. Après une phase d'affrontement, les leaders francophones optent pour « *a policy of quiet diplomacy and private pressure*[35] » et inaugurent, pour reprendre l'expression de Roger Bernard, une « phase d'accommodation[36] » avec l'appareil gouvernemental.

Ces travaux proposent une nouvelle interprétation de l'interventionnisme politique des dirigeants de la francophonie ontarienne jusqu'au milieu des années 60. Les chefs francophones reconnaissent que leurs institutions comportent des limites, ce qui les oblige à investir et s'investir dans le réseau pan-canadien, et à intervenir auprès des gouvernements fédéral et provincial. Leurs interventions auprès de l'État s'effectuent, par contre, dans le secret, une des caractéristiques de leur culture politique. La comptabilisation de leurs actions indique un bilan apparemment négatif ; il compte peu de gains substantiels mais plutôt de petites concessions obtenues après plusieurs années de lutte, comme c'est le cas de l'impression des chèques gouvernementaux dans les deux langues, obtenue en 1962 au terme de dix-sept années de lutte. Par

contre, les dirigeants du réseau institutionnel sont fiers d'avoir conso-
lidé leurs institutions par la création d'organismes nationaux. L'appel à
la solidarité de toutes les communautés francophones n'est pas demeuré
de l'ordre du discours. Il a néanmoins justifié la mise en place
d'organismes qui, de 1937 à 1965, année de la dissolution de l'Ordre de
Jacques-Cartier, ont lutté pour faire valoir les droits constitutionnels
des Canadiens français et défendu la cause du français, notamment dans
le domaine des télécommunications. La discrétion entourant leurs actions a cependant créé l'illusion que les dirigeants franco-ontariens
n'envisagent pas l'État comme un outil d'intervention et de régulation
des rapports entre la majorité et la minorité. Une telle interprétation
trouve encore son écho dans plusieurs études qui concluent à l'absence
d'action politique.

2. LA POLITIQUE GOUVERNEMENTALE ONTARIENNE : ACTIONS ET RÉACTIONS

Au cours de la décennie 1960-1970, le gouvernement ontarien inaugure
une politique dite « de petits pas » en adoptant l'étapisme comme
stratégie d'intervention pour respecter et promouvoir les droits des
francophones. La chaîne d'événements révélateurs de l'action gouvernementale inclut, successivement, la création d'écoles secondaires
publiques françaises, puis l'introduction graduelle de services gouvernementaux en français qui aboutit à l'adoption, en 1986, de la Loi sur
les services en français.

Dans ce domaine, les études privilégient l'analyse de la planification linguistique. Certains auteurs signalent la lenteur et l'insuffisance
des mesures de l'État pour assurer aux francophones l'accès aux services dans leur langue. La reconnaissance officielle du français devient
l'objectif ultime et, de fait, le critère d'évaluation des gestes gouvernementaux[37]. Dans de telles circonstances, les tergiversations gouvernementales s'expliquent, dans le travail descriptif de Daniel Tremblay,
par le faible pouvoir juridique dont dispose la communauté franco-
ontarienne « pour " gérer " son propre développement linguistique[38] ».
Certains interprètent ces hésitations comme un geste de prudence dicté
par les réactions probables d'hostilité de certains groupes de pression
ontariens[39]. Pour d'autres, l'avènement d'une conjoncture favorable, la
formation d'un gouvernement libéral minoritaire en 1985, favorise
l'adoption de la Loi sur les services en français. Comme le démontre
Mireille Duguay, cette loi comporte un pouvoir symbolique, car elle
contribue à l'avancement des droits des francophones, sans recourir à
leur enchâssement dans la Constitution, et elle est interprétée, par les
dirigeants franco-ontariens, comme une reconnaissance de leur communauté[40].

De l'autre côté de l'Atlantique, Sylvie Guillaume offre un point de vue divergent. Elle qualifie la politique de l'État de « pragmatique, fonctionnelle et apaisante[41] ». Selon cette auteure, l'originalité de la démarche gouvernementale réside dans sa volonté d'affirmer sa spécificité par rapport à la législation linguistique québécoise. Le pragmatisme s'illustre par le fait qu'il n'y aura pas de reconnaissance officielle de la langue française, mais plutôt l'instauration graduelle du bilinguisme institutionnel, geste qui reflète la culture politique de la société ontarienne et répond aux demandes des francophones, du moins ceux de la région de la capitale provinciale. Par contre, le comportement du leadership francophone dans le dossier linguistique révèle des divergences. De prime abord, celles-ci s'expliquent par un clivage régional puisque la position des francophones de la capitale ontarienne contraste avec celle du reste de la province. Cependant, le clivage traduit une opposition qui trouve sa source dans la diversité ethnique du leadership francophone torontois et la présence, dans cette ville, d'une élite anglophone acquise au bilinguisme. C'est ainsi que la politique gouvernementale bénéficie de l'appui des francophones de Toronto, alors que les critiques proviennent du Québec et de certains dirigeants de l'ACFO[42].

Les travaux de Guillaume présentent une communauté francophone divisée quant à la stratégie à adopter pour promouvoir les droits linguistiques. Ils constituent une incursion dans un terrain relativement neuf : celui de la diversité culturelle des francophones, mettant ainsi en cause la représentation homogénéisante de la communauté.

3. LES IDÉOLOGIES :
QUERELLES À PROPOS DU NATIONAL ET DU SOCIAL

Deux pôles départagent les écrits sur ce sujet. Le premier traite de l'identité et de la question du national, qui s'incarnent d'abord dans l'idéologie de la survivance, dont les principaux thèmes sont la foi, la langue, les institutions, la nécessaire cohésion, pour ne pas donner prise aux attaques des autres groupes, et l'appartenance à l'une des nations fondatrices du pays[43]. Bien que René Guindon doute de sa complète disparition, l'école étant encore érigée comme le principal instrument pour contrer les ravages de l'assimilation[44], l'idéologie de la survivance cède le pas, dans les années 60, à l'idéologie franco-ontarienne centrée autour de l'émergence d'une nouvelle identité, à l'appellation qui nous apparaît toujours incertaine comme en fait foi la multiplication des expressions telles que Franco-Ontarien ou Ontarois. Cette identité reposerait sur la valorisation de la langue, sur la cohésion du groupe et du territoire et sur l'appartenance, à défaut d'être l'un des deux peuples fondateurs, à une communauté d'histoire et de culture[45].

Par contre, Donald Dennie et Denis Gratton contestent l'emprise
de l'idéologie franco-ontarienne sur la communauté. Le premier la critique au moyen du concept de la lutte des classes. Les promoteurs de
l'idéologie franco-ontarienne, dont la base sociale s'est renouvelée au
cours des années 60, puisque l'Église et la petite bourgeoisie traditionnelle ont cédé leur place aux enseignants, fonctionnaires et journalistes,
érigent des barrières culturelles pour délimiter le territoire social de la
collectivité. Derrière la peur institutionnalisée relative à la menace
assimilatrice qui pèse sur les francophones, il faut percevoir les intérêts
d'une classe sociale dont la base de pouvoir repose sur la valorisation
des saillants identitaires culturels. Il est faux d'affirmer que la francophonie ontarienne forme un tout homogène, parce que des intérêts de
classe la traversent et la divisent[46]. Dans la même veine, la thèse de
doctorat de Denis Gratton présente la communauté franco-ontarienne
comme un construit imaginaire, comme une collectivité nationale dont
les membres sont appelés à adopter et reproduire des pratiques sociales
spécifiques. La plus importante d'entre elles demeure la sauvegarde
du français, car son abandon marque le début de la fin de la collectivité[47].

Les travaux précédents, soucieux de dénoncer l'aspect édifiant des
idéologies, véhiculent à leur tour un discours totalisant du social. Ils
proposent une simplification idéologique de la réalité rendue nécessaire
parce qu'ils visent à provoquer une mobilisation de la communauté, ou
du moins d'une partie d'entre elle, pour contester l'idéologie dominante
et offrir une représentation différente de la collectivité. En soi, ces
travaux sont des études critiques, mais ils constituent aussi un engagement de la part des auteurs dans une lutte de pouvoir, celle de définir
la communauté, du moins dans les milieux de la recherche. Par ailleurs,
Dennie souligne l'emprise du national dans l'étude de la francophonie
ontarienne. Tout en dénonçant cette emprise chez les autres, il y verse
pourtant lui-même, en tentant de concilier l'idéologie nationaliste avec
le concept de classe sociale, à l'exemple de nombreux marxistes
québécois[48].

Cette production scientifique contrastée sur les idéologies révèle,
d'une part, l'influence des paradigmes et des concepts qui ont cours
dans le milieu québécois. D'autre part, elle lève le voile sur un passé
occulté du fait que la communauté francophone ne forme pas un tout
homogène exempt de conflit. Au-delà des enjeux idéologiques qui les
sous-tendent, les travaux examinés identifient une piste future de recherche : l'étude des divers producteurs du discours idéologique dans la
communauté et le combat pour assurer le triomphe de leur vision. Bref,
il y a lutte pour l'appropriation du pouvoir symbolique de la communauté : celui d'en fixer les frontières et d'en déterminer sa représentation.

CONCLUSION : À PROPOS DE CHANTIERS DE RECHERCHE

La production scientifique variée et multidisciplinaire recensée identifie de nombreuses pistes de recherche. D'abord, la transformation de la perception du phénomène du pouvoir dans la communauté franco-ontarienne amène à privilégier l'étude de l'exercice du pouvoir communautaire, sa distribution et les mécanismes de résolution des conflits. Il faudrait à ce sujet combler le manque d'études sur les institutions créées pour permettre à la francophonie ontarienne de se gouverner. Gratton s'y est aventuré avec ses travaux sur l'ACFO, mais peu de chercheurs l'ont suivi. Nous ne pouvons prétexter le manque de sources documentaires, dont une bonne partie est déposée au Centre de recherche en civilisation canadienne-française de l'Université d'Ottawa.

Le mythe de l'absence de recours à l'État, l'un des construits scientifiques élaborés au cours des dernières années, résiste mal lorsqu'il est confronté aux acquis de la recherche sur la période antérieure aux années 60. Il faudrait creuser davantage ce thème en s'interrogeant sur l'élaboration de la politique gouvernementale en matière linguistique, par l'étude de l'*Ontario Advisory Committee on Confederation*, mis sur pied par le Premier ministre John Robarts en 1965. Ce comité, au sein duquel siègent des représentants de l'ACFÉO, élabore la politique étapiste suivie ultérieurement par les gouvernements ontariens.

En dernier lieu, les écrits de Dennie et ceux de Guillaume offrent un portrait collectif où les divergences et oppositions portent sur les orientations et la définition même de la communauté. Il serait utile de questionner le domaine des représentations. Quelles représentations les dirigeants du réseau institutionnel véhiculent-ils de leur communauté, ou encore de l'*Autre*, qui peut être soit un représentant de l'un des deux peuples fondateurs, soit un immigrant ?

Le bilan des études produites au cours des vingt dernières années atteste la diversification des sujets abordés et surtout la présence de nombreux conflits au sein de la communauté franco-ontarienne, suivant les clivages régionaux, la lutte pour l'appropriation du pouvoir de définir le groupe, ou encore les tensions entre les classes. La francophonie ontarienne n'apparaît donc plus comme une communauté homogène et apolitique. Elle a développé plutôt une culture politique particulière. Elle est aussi appelée à se transformer et à être transformée par la diversité culturelle.

*NOTES*____

[1] Linda Cardinal et Jean Lapointe, « La sociologie des Francophones hors Québec : un parti-pris pour l'autonomie », *Canadian Ethnic Studies/Études ethniques au Canada*, vol. XXII, n° 1, 1990, p. 47-66.

[2] Jean-Pierre Gaboury, « La vie politique de l'Ontario français », dans *Situation de la recherche sur la vie française en Ontario* (Ottawa, Centre de recherche en civilisation canadienne-française, ACFAS, 1975), p. 106.

[3] Gaboury, « La vie politique... », p. 112-113.

[4] René Guindon, « Remarques sur la communauté franco-ontarienne comme entité politique », *Revue du Nouvel-Ontario*, n° 6, 1984, p. 57.

[5] Raymond Breton, « Institutional Completeness of Ethnic Communities and the Personal Relation of Immigrants », *The American Journal of Sociology*, vol. LXX, n° 2, sept. 1964, p. 193-205.

[6] Jean Lafontant (s. la dir. de), *L'État et les minorités* (Saint-Boniface, Les Éditions du Blé/Presses universitaires de Saint-Boniface, 1993, 272 p.).

[7] Omer Deslauriers, « Les Franco-Ontariens et le " pouvoir " », dans Alain Baudot, Jean-Claude Jaubert et Ronald Sabourin (s. la dir. de), *Identité culturelle et francophonie dans les Amériques (III)* (Québec, Centre international de recherche sur le bilinguisme, 1988, 275 p.), p. 254-258.

[8] Roger Bernard, *De Québécois à Ontarois. La communauté franco-onta-rienne* (Hearst, Le Nordir, 1988, 185 p.), p. 34.

[9] *Ibid.*, p. 36.

[10] Gail Cuthbert-Brandt signale qu'il n'y a pas de vote ethnique lorsque les francophones de Sudbury participent aux élections provinciales entre 1894 et 1911 (« *J'y suis, j'y reste* », the French Canadians of Sudbury, 1883-1913, thèse de doctorat en histoire, Université York, 1976, 289 p., p. 235, 252-253).

[11] Victor Lapalme, *Les Franco-Ontariens et la politique provinciale*, thèse de maîtrise en science politique, Université d'Ottawa, 1968, 132 p.

[12] Paul-François Sylvestre, *Nos parlementaires* (Ottawa, Éditions L'Interligne, 1986, 131 p.). En 1977, Jean-Claude St-Amant, Robert Dupuis et Yves Tassé ont publié une compilation des résultats des élections fédérales dans la ville de Sudbury à partir des journaux. Aucune analyse n'accompagne cependant leurs données. *Les élections fédérales dans la ville de Sudbury (1887-1974)* (Sudbury, Société historique du Nouvel-Ontario, 1977, 77 p.).

[13] Gail Cuthbert-Brandt, « *J'y suis, j'y reste* » p. 235, 260.

[14] *Ibid.*, p. 240-244, 259-260.

[15] Paul-François Sylvestre, *Nos parlementaires* ; Gaétan Vallières, *L'Ontario français par les documents* (Montréal, Éditions Études vivantes, Coll. Ontario français, 1981, 280 p.), p. 237-240.

[16] Lapalme écrit que « nous ne nous intéressons donc pas pour le moment au comportement politique des autres Franco-Ontariens parce qu'ils ne se trouvent pas dans les conditions que nous venons de stipuler ». Par contre, la population franco-ontarienne, dans les 12 circonscriptions électorales, compte pour plus de 50 pour cent de la population francophone totale (*Les Franco-Ontariens...*, p. 11).

[17] Christiane Rabier rappelle cette réalité dans son article « Les Franco-Ontariens et la Constitution », *Revue du Nouvel-Ontario*, n° 5, 1983, p. 37-49.

[18] Clinton Archibald, « La pensée politique des Franco-Ontariens au XXe siècle », *Revue du Nouvel-Ontario*, n° 2, 1979, p. 20.

[19] Sur ce thème, le lecteur peut se référer à Vallières, *L'Ontario français par les documents*, p. 235 ou encore aux textes de Gaétan Gervais, « La stratégie de développement institutionnel de l'élite canadienne-française de Sudbury ou le triomphe de la continuité », *Revue du Nouvel-Ontario*, n° 5, 1983, p. 67-92, et « Le problème des institutions en Ontario français », *Revue du Nouvel-Ontario*, n° 8, 1986, p. 9-12.

[20] Clinton Archibald, « Les mécanismes d'intervention politique des groupes francophones », dans *État de la recherche sur les communautés francophones hors Québec* (Ottawa, Fédération des francophones hors Québec, 1985, 107 p.), p. 43. Voir aussi, du même auteur, « Le comportement des élus face au pouvoir, face à leur parti et face à leurs commettants, sur la scène fédérale, sur la scène provinciale et au niveau local (municipal et scolaire) », *Vie française*, vol. XXXIII, n°s 10-11-12, oct.-nov.-déc. 1979, p. 20-33.

[21] Gaétan Vallières et Marcien Villemure, *Atlas de l'Ontario français* (Montréal, Éditions Études vivantes, 1981), p. 47.

[22] Thomas H. B. Symons popularise cette expression dans son article « Ontario's Quiet Revolution ; a Study of Change in the Position of the Franco-Ontarian Community », *One Country or Two ?* (Montréal, McGill-Queen's University Press, 1971, 287 p.), p. 169-204.

[23] Sheila McLeod Arnopoulos, *Hors du Québec, point de salut ?*, traduit de l'anglais par Dominique Clift (Montréal, Éditions Libre Expression, 1982, 287 p.), p. 37.

[24] Linda Cardinal, Jean Lapointe et J. Yvon Thériault, *État de la recherche sur les communautés francophones hors Québec,1980-1990* (Ottawa, CRCCF, 1994, 198 p.), p. 112.

[25] Raymond Breton, « La communauté ethnique, communauté politique », *Sociologie et sociétés*, vol. XV, n° 2, oct. 1983, p. 24-25.

[26] Raymond Breton, « Les institutions et les réseaux d'organisation des communautés ethnoculturelles », dans *État de la recherche sur les communautés francophones hors Québec*, p. 9.

[27] Raymond Breton, « La communauté ethnique... », p. 34.

[28] Denis Gratton, *La culture politique de l'Association canadienne-française de l'Ontario*, mémoire de maîtrise en sciences sociales, Université Laval, 1977, 165 p.; Guindon, « Remarques sur la communauté franco-ontarienne... », p. 49-68.

[29] Normand Frenette, « L'ACFO et la lutte pour le pouvoir symbolique », *Revue du Nouvel-Ontario*, n° 8, 1986, p. 82.

[30] Gérard Boulay, *Du privé au public : les écoles secondaires franco-ontariennes à la fin des années soixante* (Sudbury, Société historique du Nouvel-Ontario, *Documents historiques n° 85*, 1987, 85 p.).

[31] Clinton Archibald, « Les mécanismes... », p. 46.

[32] G.-Raymond Laliberté, *Une société secrète : l'Ordre de Jacques-Cartier* (Montréal, Hurtubise HMH, 1983, 395 p.), p. 96-106.

[33] Robert Choquette, *La foi, gardienne de la langue en Ontario, 1900-1950* (Montréal, Éditions Bellarmin, 1987, 282 p.), p. 247-252.

[34] Marcel Martel, *Les relations entre le Québec et les francophones de l'Ontario. De la survivance aux dead ducks, 1937-1969*, thèse de doctorat en histoire, Université York, 1994, 320 p.

[35] Peter Oliver, « The Resolution of the Ontario Bilingual Schools Crisis, 1919-1929 », *Journal of Canadian Studies*, nº 7, 1972, p. 22-45.

[36] Roger Bernard, *De Québécois à Ontarois*, p. 34.

[37] André Braen, « Langue, droit et institutions autonomes », *Revue du Nouvel-Ontario*, nº 8, 1986, p. 29-40.

[38] Daniel Tremblay, *Les enjeux juridiques et sociopolitiques des conflits linguistiques : le cas de l'Ontario* (Québec, Centre international de recherche sur le bilinguisme, 1988, 156 p.), p. 3.

[39] Stanislav J. Kirschbaum, « L'Ontario et la Francophonie », dans André Bernard et Jean Tournon (s. la dir. de), *La francophonie et le Canada* (Saint-Martin-d'Hères-Cedex [France], Institut d'études politiques, coll. de l'Association française d'études canadiennes, 1992, 184 p.), p. 85-102.

[40] Mireille Duguay, *La loi de 1986 sur les services en français, du manifeste au symbolique*, thèse de maîtrise en sciences politiques, Université d'Ottawa, 1991, 179 p.

[41] Sylvie Guillaume, « Autorités publiques et minorités francophones en Ontario », *Études canadiennes/Canadian Studies*, nº 21, 1986, p. 75.

[42] Sylvie Guillaume, « Francophones et fiers de l'être : le pari des élites francophones de Toronto », *Études canadiennes/Canadian Studies*, nº 18, 1985, p. 17-26 ; « Autorités publiques... », p. 75-86 ; « Politique provinciale et identité franco-ontarienne », *Études canadiennes/Canadian Studies*, nº 25, 1988, p. 67-74.

[43] Voir, à ce sujet, René Guindon, *Essai d'analyse interne d'un discours idéologique*, thèse de maîtrise en sociologie, Université d'Ottawa, 1971-1972, 138 p. ; Paul-François Sylvestre, *Le discours franco-ontarien, Textes choisis et réunis à l'occasion du 75ᵉ anniversaire de l'Association canadienne-française de l'Ontario* (Ottawa, Éditions l'Interligne, 1985, 114 p.) ; Choquette, *La foi...* ; Martel, *Les relations entre...*

[44] René Guindon, « L'idéologie de la survivance chez les Canadiens français d'Ontario et la théorie sociologique », *Boréal*, nº 7, 1977, p. 43-46.

[45] L'étude de la transformation de l'identité a donné lieu à une production scientifique importante dominée par les sociologues. Nous renvoyons le lecteur à Linda Cardinal *et al.*, *État de la recherche sur les communautés francophones hors Québec...*

[46] Donald Dennie, « De la difficulté d'être idéologue franco-ontarien », *Revue du Nouvel-Ontario*, nº 1, 1978, p. 69-90 ; « L'étude des réalités franco-ontariennes : à la recherche d'un nouveau modèle théorique », *Revue du Nouvel-Ontario*, nº 11, 1989, p. 69-83 ; « Le minoritaire franco-ontarien », *Revue du Nouvel-Ontario*, nº 11, 1989, p. 181-183. Dans son enquête auprès de soixante-trois leaders franco-ontariens de la région d'Ottawa-Carleton, Céline Corriveau signale que plusieurs de ces dirigeants identifient l'assimilation et le manque d'identité culturelle comme les principaux problèmes de la communauté *(Le leadership franco-ontarien de la région d'Ottawa-Carleton : Étude*

de sa structure et de son idéologie, thèse de maîtrise en sociologie, Université d'Ottawa, 1981, 121 p.).

[47] Denis Gratton, *Production de la différence : le cas ontarois*, thèse de doctorat en sciences sociales, Université Laval, 1990, 255 p.

[48] Donald Dennie, « L'étude des réalités... », p. 69-83.

L'efficacité du symbolique : la socioéconomie spectrale de l'Ontario français[1]

Georges Hénault, Paul Laurent et Gilles Paquet
Faculté d'Administration
Université d'Ottawa

> La sociologie traite des choix qu'on n'a pas,
> l'économie des choix qu'on a.
> James Duesenberry [1960][2]

Au risque de choquer ceux pour qui la socioéconomie ontarienne est une réalité vécue au quotidien, commençons par mettre clairement au dossier certaines difficultés que pose le mandat de faire rapport sur la situation de la recherche sur l'économie franco-ontarienne. D'abord, rien n'est moins clair que la notion d'économie concrète. Il s'agit d'un ensemble de processus institués et encastrés dans un cadre socioculturel. Prospecter une socioéconomie concrète est donc une tâche complexe. Il faut : 1) s'entendre sur une manière légitime de découper cette socio-économie en unités d'analyse de base et supputer l'interdépendance entre ses parties et la nature de son régime de fonctionnement ; 2) examiner la manière dont la socioéconomie s'institue différemment dans des lieux divers, et comment les institutions évoluent dans le temps ; et 3) arpenter tout l'*ethos* sur lequel la socioéconomie est construite. Et il n'est pas certain que l'on sache bien toujours où s'arrêter, jusqu'où ne pas pousser l'enquête, surtout quand la socioéconomie en question est un sous-ensemble de systèmes plus vastes comme l'économie ontarienne et l'économie canadienne.

Par ailleurs, l'Ontario français est un ensemble bien hétéroclite. L'annuaire franco-ontarien fait l'inventaire des ressources des cinq sous-régions de l'espace géographique franco-ontarien (Centre, Est, Nord-Est, Nord-Ouest, Sud-Ouest). Ce recensement ne doit toutefois pas donner l'impression que ces morceaux disparates, qui n'entretiennent entre eux que les rapports les plus ténus, s'incarnent automatiquement en une socioéconomie vivante, intégrée. On n'a ici ni un espace compact, ni un bloc de ressources aisément identifiables, ni même une réalité statistique fiable. On peut évidemment évacuer le problème et construire un chiffrier pour donner une image solide de cette réalité liquide. C'est le choix de ceux qui agrègent allégrement tous les fragments de valeur ajoutée qu'ils peuvent glaner dans tous les coins pour parler d'un produit intérieur brut franco-ontarien. Cependant, de telles comptabilités fictives occultent les paramètres essentiels de la dynamique.

Enfin, cette socioéconomie est aussi et surtout peut-être une réalité symbolique. Elle est construite en bonne partie dans l'imaginaire, sur l'affect. C'est tout autant un projet, une construction de l'esprit, qu'une réalité tangible. Voilà qui ouvre la prospection sur tout un monde putatif, un monde sans frontières. Ainsi, Brigitte Bureau parle-t-elle de la socioéconomie franco-ontarienne comme d'« une porte verrouillée dont on a perdu la clé[3] ». Prospecter ce qui se trouve derrière la porte relève bien davantage de l'imagination que des méthodes traditionnelles d'analyse.

Comment faire face à ce défi ? Le recours à l'enquête ethnographique directe, sur le terrain, semble être le seul moyen de sonder vraiment l'existence de cette réalité économique. En attendant les résultats de ce type d'enquête qui reste à faire, on peut néanmoins partager quelques hypothèses.

À LA MANIÈRE DES SOCIOLOGUES

Mentionnons d'abord deux livres récents qui présentent l'état de la recherche sur la socioéconomie franco-ontarienne. Le premier, de Brigitte Bureau[4], cherche à faire le point sur les luttes franco-ontariennes des vingt dernières années, et consacre une dizaine de pages à l'économie. L'auteure esquisse un portrait rapide de la population active franco-ontarienne et de sa répartition par secteurs d'activité d'après les recensements de 1971 et de 1981. On voit que la structure du marché du travail franco-ontarien est en train de se rapprocher de celle des non-francophones. Bureau fait état aussi des réussites entrepreneuriales, mais note qu'il s'agit surtout de résultats ponctuels et éphémères, qu'il « manque à la francophonie ontarienne une vision globale de sa volonté économique », que les entrepreneurs « ont peu de moyens d'échanger, de consulter, d'aviser ; ils n'ont pas surtout l'impression de contribuer à l'avancement de la vitalité franco-ontarienne puisqu'il n'y a aucune coordination de leurs efforts[5] ».

Le second ouvrage, de Linda Cardinal, Jean Lapointe et J. Yvon Thériault, trois sociologues qui ont étudié la situation au début des années 90, montre bien que les progrès restent fort lents[6]. Cependant, l'objectif de cette équipe déborde de beaucoup notre propos, car elle ambitionne de présenter à la fois une recension et une analyse-synthèse des travaux dans tout un éventail de secteurs, et ce, pour tout le monde francophone canadien hors Québec. C'est ainsi qu'au chapitre de l'économie, les auteurs sont amenés à réfléchir bien davantage sur les discours à propos de l'économie, que sur l'économie franco-ontarienne comme telle. Sur ce plan, ils notent le remplacement du discours culturaliste qui expliquait le retard des Franco-Ontariens par leur mentalité, par un discours volontariste et entrepreneurial qui porte un regard neuf et beaucoup plus positif sur l'économie franco-ontarienne[7]. Par ailleurs, ils avouent honnêtement qu'ils ont anamorphosé tout le matériau au dossier à travers leur propre vision des choses. Il en ressort une certaine inquiétude. Les auteurs prétendent que le regard économique veut évacuer le « communautaire » ; de là leur réaction fébrile. On attribue aux économistes un simplisme navrant pour mieux pouvoir l'exorciser. En fait, une lecture moins passionnée aurait plutôt révélé en Ontario français le commencement d'un pari sur l'*interpreneuriat* et les réseaux, qui, loin d'évacuer le communautaire, montre la nécessité d'y renvoyer d'une manière volontariste dans le contexte qui nous intéresse ici[8].

La seule étude nouvelle que ces auteurs sortent du rang est celle de Marc Lavoie et Maurice Saint-Germain[9]. Ceux-ci montrent que les écarts entre les revenus des francophones et des anglophones s'agrandissent, si on utilise la langue d'usage plutôt que la langue maternelle comme facteur discriminant. Cardinal, Lapointe et Thériault critiquent le postulat Lavoie-Saint-Germain à l'effet que la langue d'usage serait un meilleur indicateur de la réalité et de l'intensité du milieu géo-sociolinguistique. Invoquant des données ethnographiques, ils répudient aussi l'hypothèse de discrimination sociétale et d'effet de domination[10] avancée par Lavoie et Saint-Germain. Toutefois, ces deux observations sont incomplètes. Du côté positif, on a du moins commencé à parler un peu plus de l'économie. Mais on a rassemblé bien peu de renseignements sur cette socioéconomie franco-ontarienne et bien peu de mesures utiles des activités. Tout au plus, on constate que cette socioéconomie est dramatiquement éclatée, que les Franco-Ontariens semblent en général relativement satisfaits de leur sort économique, que leur intérêt à construire des réseaux musclés est limité et que proportionnellement à l'érosion linguistique, les écarts de revenus et de bien-être s'atténuent. Dans de telles circonstances, on ne voit pas très bien comment on pourrait s'attendre à des investissements massifs dans le capital social et les institutions « communautaires » susceptibles de fournir un soubassement et un tremplin pour le développement de l'économie franco-ontarienne. Ce qui manque — et les trois sociologues le soulignent avec raison, mais dans un langage idiosyncratique — c'est une « recomposition de la communauté (autonomie) » qui tienne compte « des exigences pluralistes » de la modernité économique[11].

UNE HYPOTHÈSE DE TRAVAIL

Les sociologues cités ont aussi un petit faible pour l'intervention de l'État. C'est quand ils attaquent le discours de re-responsabilisation des économistes, d'ailleurs, que leur propos devient le plus grinçant. De là à regretter le manque de mécanismes politiques d'intégration économique, il n'y a qu'un pas, vite franchi[12]. On se voit donc rabattu en bout de piste sur l'« intégration horizontale des composantes de la communauté en montrant les rapports entre chacune d'entre elles, qu'elles soient de domination ou d'émancipation[13] ».

Même si c'est un peu sacrilège pour un économiste de le dire, il semble qu'il soit possible de proposer une autre lecture des conséquences de la modernité sur l'économie franco-ontarienne. Notre hypothèse de travail se présente en cascade :

1) L'intégration économique internationale peut devenir un facteur de désintégration nationale : les pans d'économie nationale dépendent de moins en moins de leur entourage national et de plus en plus de grands réseaux internationaux. Il y a un revers paradoxal à cette situation : il devient possible pour les petits acteurs sur la scène mondiale de faire la différence, de trouver du pouvoir dans ces marges de liberté et de se construire des niches sur mesure[14]. Cela exige néanmoins beaucoup de vivacité et de souplesse ainsi qu'une grande capacité de se transformer et d'apprendre.

2) La socioéconomie franco-ontarienne, déjà morcelée, en est arrivée à devenir une *socioéconomie spectrale* aux deux sens du terme — décomposable et décomposée en jeux fragmentés, mais aussi évanescente, encore incapable, pour le moment, de se cristalliser fermement[15].

3) Ces nouvelles réalités sont maintenant perçues comme posant des défis de taille que ne sauraient relever les idéologies traditionnelles. La métaphore d'une *économie-jardin* illustre bien cette situation[16]. La socioéconomie y est présentée comme un terrain favorable aux « plantations » les plus diverses et où ceux qui proposent des solutions mécaniques et générales pour engendrer la prospérité sont de plus en plus regardés avec scepticisme. Cette autre vision de l'économie commande évidemment des politiques qui dépassent le simple jeu des interventions ponctuelles et qui reposent sur une décentralisation radicale des efforts : privatisation sous des formes diverses, subsidiarité, retour à la région, effort de complétude institutionnelle et célébration de l'entrepreneuriat. Au centre du tapis, on trouve l'économie de réseaux, tant méprisée au moment du triomphalisme keynésien.

4) Le *soubassement communautaire*, qui a été grandement stimulé dans l'après-guerre, exhaussé dans les années 60, perdu à la fin de cette décennie, mythologisé dans les années 70, s'est effrité dans les années

80. Ce qui reste est une petite économie ouverte et dépendante, mais surtout balkanisée, davantage maintenant que dans le passé. Il faut donc reconstruire à partir des communautés, du petit soubassement communautaire, le seul qui reste, à condition qu'il existe une volonté stratégique à cet effet.

5) La pensée politique et le discours économique vont prendre du retard sur les réalités nouvelles, ce qui n'est guère surprenant. La gent politique continue de se bercer de rêves volontaristes, ainsi qu'en fait foi la rhétorique au cours des élections fédérale et provinciale de 1993 et 1994. À tous les niveaux, cependant, la gouvernance a évolué[17]. Il y a décentralisation au nom de l'efficacité et d'un service de moins en moins standardisé pour un client de plus en plus exigeant.

6) Voilà qui suggère que l'économie franco-ontarienne est une économie postmoderne. La modernité, c'est la révolte contre le carcan de la tradition, c'est l'épiphanie de l'individualisme et de la raison instrumentale. Une économie moderne, c'est donc une économie libérée des entraves et liens de la tradition. La problématique postmoderne est issue des malaises engendrés par la modernité, c'est-à-dire par l'individualisme et le combat de la raison pour secouer le joug de la culture, par les excès de la raison et par les contraintes engendrées par la société techno-industrielle et planificatrice sur les choix des humains. Il en est sorti une volonté de se débarrasser de la tutelle de la raison, comme seule valeur fondamentale. Une économie postmoderne serait une économie affranchie du carcan de la modernité.

La condition postmoderne est celle de groupes qui sont aux prises avec cette crise des fondements : tout devient contestable, l'unité est perdue, le centre a implosé. La socioéconomie est devenue une sorte de processus institué éclaté et balkanisé, une réalité qui n'est plus justiciable d'une rationalité unique et englobante[18]. On voit donc que la socioéconomie franco-ontarienne est condamnée à ne pas faire la jonction simple et horizontale entre ses segments. Chacun des pans de cette socioéconomie, selon ses capacités et ses virtualités, va s'inscrire dans le grand échiquier ; les ligatures à inventer pour recomposer la « communauté » franco-ontarienne seront désormais transversales.

LA COORDINATION TRANSVERSALE

Les Franco-Ontariens constituent une toute petite population. Un peu plus d'un million d'Ontariens connaissent le français ; c'est la langue maternelle pour un peu plus de 400 000 ; pour un peu moins de 300 000, c'est la langue d'usage. Près de 50 pour cent de cette population habite dans l'Est (dans l'axe Hawkesbury-Ottawa-Belleville), 35 pour cent dans le Nord-Est (dans l'axe North Bay-Sudbury-Hearst), un peu plus de 10 pour cent dans la région du Centre (dans l'axe Toronto-

Welland), un peu plus de 3 pour cent dans le Sud-Ouest (dans l'axe Penetanguishene-Windsor) et un peu plus de 1 pour cent dans la grande région du Nord-Ouest. Les annuaires franco-ontariens rapportent les données démographiques et la liste des organisations et institutions en place dans chaque région. Cette cartographie ne signifie pas que l'ensemble soit nécessairement animé économiquement. Un répertoire d'organisations, depuis la garde paroissiale jusqu'à la caisse populaire, ne saurait donner l'image d'une socioéconomie franco-ontarienne instituée et bien intégrée.

En fait, la situation diffère grandement d'une région à l'autre. Dans l'Est et le Nord-Est, où se trouvent 85 pour cent des Franco-Ontariens, la participation des francophones au marché du travail est sensiblement inférieure à celle des anglophones. Alors que les Franco-Ontariens sont aussi scolarisés que les anglophones dans l'Est, ils le sont bien moins dans le Nord-Est. Le taux d'analphabétisme y est aussi fort différent : une personne sur cinq dans l'Est et une personne sur trois dans le Nord-Est. Même si les deux tiers des emplois sont dans le grand secteur des « cols blancs », les Franco-Ontariens sont surtout cantonnés dans le travail de bureau, les services et la vente (c'est-à-dire les emplois relativement moins bien rémunérés dans ce grand secteur)[19]. Non seulement il n'y a pas luxuriance ou foisonnement d'institutions économiques dans ces régions, mais le degré de coalescence intra et interrégionale est limité.

Rien ne semble contredire l'observation de Raymond Breton à l'effet que le degré de « complétude institutionnelle » est faible[20]. On a affaire à une communauté éclatée qui n'a pas toujours investi grandement dans la construction de son soubassement organisationnel. Qui plus est, le capital organisationnel/institutionnel, quand il existe, est bien davantage un investissement de ressources collectives dans les supports religieux et culturels que dans les supports économiques. Cependant les supports communautaires à proprement parler économiques ne sont pas négligeables. Ils pourraient devenir pour les Franco-Ontariens, comme ce fut le cas pour d'autres minorités ethnoculturelles, la source de véritables avantages comparatifs et se transformer en leviers importants de développement économique[21].

En effet, si une des dimensions importantes de toute économie est la création de valeur, dans les économies modernes, ce processus dépend de moins en moins de la *transformation* des ressources naturelles et des stratégies de réduction de coûts qui s'y rattachent, et de plus en plus de la gestion des *relations ou transactions* entre personnes et groupes. L'optimisation des relations est la grande source de productivité et d'innovation qui assure la prospérité et la compétitivité. Voilà qui met le « réseau de relations » au cœur du processus de création de valeur ajoutée. La notion de réseau met fondamentalement l'accent sur la prise en compte des interrelations coopératives entre agents économiques ou entreprises.

Le réseau est une forme socioéconomique d'organisation constituée d'un enchevêtrement de liens divers (techniques, économiques, financiers, informationnels, etc.) développés dans le cadre d'échanges entre acteurs. Il est le résultat d'un processus d'adaptation et d'évolution, sorte d'armistice entre la volonté stratégique des acteurs et les forces en présence. Le réseau est une source d'avantages et d'apprentissage pour les participants et il suppose un investissement à la fois moral et instrumental dans des normes communes. Le réseau n'est pas construit délibérément : les objectifs ne sont jamais définis entièrement *ex ante*. Ils demeurent souvent tacites et débordent toujours les objectifs des individus. Le réseau développe, ce faisant, une vie propre qui distille une surabondance de liens destinés à éviter que le réseau ne s'effondre à cause de la faillite ou de la faiblesse du moindre nœud. C'est aussi une forme d'ordre social construit et partagé, créant une identité et un ensemble de moyens — *infrastructures* — et de principes — *infostructures* — permettant aux acteurs d'établir entre eux des relations spécifiques génératrices de valeur[22].

Dans ce monde bigarré et hanté par le paradoxe, le réseau est un système de commutation. En fait, son défi est d'organiser une cohabitation avec la commutation, c'est-à-dire avec « des dispositifs qui permettent de frôler, de côtoyer, de rencontrer l'autre de manière partielle, éphémère et souvent superficielle en fonction de contrats constamment négociés et renouvelés, donc de contrats instables, mouvants, qui constituent une nouvelle forme de gestion, non pas de l'autre, mais de l'autrui, c'est-à-dire ce qui dans l'autre n'est pas moi mais ce que je suppose être compatible, comparable, commensurable avec moi-même[23] ».

Le réseau se présente donc comme un concept transversal. Il s'agit, selon Barel, d'« un concept voyageur... qui réalise sans doute un certain équilibre entre la halte et le mouvement [...] comporte quelque chose d'*oblique*, quelque chose de l'ordre de la ruse et de la *métis* [...] outillage conceptuel permettant d'assumer une " réalité " paradoxale [...] de sorte que, d'une certaine manière, le travail de transversalisation n'est jamais achevé[24] ». La transversalité effectue

a unification and integration, a communication across differences, that does not congeal into a seamless solidarity or locus of coincidence. It brings the various viewpoints lying across the landscape of the remembered past into a communicative situation that recognizes the integrity of particularity and the play of diversity... The task of transversal rationality is that of scanning the terrain of our lifeworld involvements, enabling a critique, articulation, and disclosure of the manifold forms of life that these involvements produce[25].

Le logo de la transversalité est, selon la belle image d'Yves Barel, le Z de Zorro: « Décomposé ce Z se montre constitué par deux axes parallèles reliés *malgré tout* par une barre *oblique* faisant se rencontrer ce qui ne peut se rencontrer[26]. »

L'EFFICACITÉ DU SYMBOLIQUE

Le réseau, comme réalité transversale, est une sorte d'armistice social complexe à mi-chemin entre l'individu et la communauté. Ce réseau multiplexe et évolutionnaire est le cadre même dans lequel s'inscrit et dont se nourrit l'entrepreneuriat : de là la notion d'*interpreneuriat*. On ne peut cependant voir fleurir les réseaux et l'interpreneuriat dans l'Ontario français, à moins que l'on ne réussisse d'abord une double opération périlleuse qui se place agressivement au niveau symbolique. La problématique est clairement *médiologique*. Selon Régis Debray, la médiologie est l'étude des « voies et moyens de l'efficacité symbolique », du « devenir-forces matérielles des forces symboliques[27] ». Ainsi « un système éducatif, une chaire d'église [...] un parlement ne sont pas faits pour " diffuser de l'information ". Ce ne sont pas des " médias " mais ils entrent dans le champ de la médiologie en tant que lieux et enjeux de diffusion, vecteurs de sensibilités et matrices de sociabilités[28] » qui donnent corps à l'existence sociale. Et s'il existe un levier, le seul, qui puisse enclencher un processus de dynamisation de la socioéconomie franco-ontarienne, il passe par un meilleur usage des ressources symboliques.

Dans un premier temps, il faut neutraliser certaines forces qui ont réussi à dissiper et à dévoyer les énergies créatrices de la communauté. Ces forces n'ont rien d'inéluctable et ne sont pas le fait d'un complot pour empêcher l'avènement d'une socioéconomie franco-ontarienne. Il s'agit plutôt d'un triple piège dans lequel est tombée insensiblement la communauté et qui devient une barrière à la dynamique des réseaux :

a) un piège *interne* dû à la fixation sur une quête vaine de territoire et « l'objectif constant de former une communauté fermée, de terre promise ou de réserve indienne[29] » ; cette idéologie passéiste a entraîné dans son sillage un sens de la « victimisation » et un certain ressentiment qui a provoqué la déformation du sens des valeurs et de la faculté de jugement[30]. Ce ressentiment devait engendrer aussi un certain fatalisme ;

b) un piège *externe* dû à la forme qu'a prise l'aide des gouvernements : une fois certains droits reconnus, ces gouvernements ont acheté la patience de la communauté dans la longue marche vers la concrétisation de ces droits à coups de subventions et d'octrois qui ont incité la communauté à investir dans les activités culturelles, juridiques et politiques plutôt qu'économiques. Cette forme d'aide a, dans une certaine mesure,

« infantilisé » les communautés franco-ontariennes et leur a fait percevoir l'État comme la grande source d'une politique salvatrice, ce qui devait favoriser un certain attentisme ;

c) un piège *latéral* dû à la tentation désespérante de copier le modèle québécois alors que manque l'appareil gouvernemental minimal nécessaire pour y parvenir. Voilà qui devait décourager les efforts locaux dont la résonance semble condamnée à être faible sans l'aide de l'État.

Dans un second temps, il faut mettre en place, au plan symbolique tout autant qu'au plan réel, le soubassement nécessaire pour que les réseaux fleurissent. Deux ingrédients sont essentiels.

Il faut d'abord un sens de la fierté ethnoculturelle qui a un impact important sur l'affect. On a trop négligé l'importance des ressources symboliques : la production du statut social, la redistribution de la reconnaissance publique, l'accumulation de capital symbolique communautaire[31]. Ce soubassement socioculturel a des conséquences importantes sur la « forme affective » des citoyens et leur capacité de passer à l'acte[32]. Même si ce sens de l'identité affirmée et cet enthousiasme sont souvent considérés comme une valeur sous-estimée au plan économico-financier, ce sont des ingrédients décisifs pour l'épanouissement de l'entrepreneuriat et de l'interpreneuriat. Il y a des raisons de croire que l'explosion culturelle dans le nord-est de l'Ontario, dans le Nouvel-Ontario, n'est pas sans rapport avec une transformation de l'affect des Franco-Ontariens[33]. Il s'agit de bâtir sur ce socle afin de consolider la gouvernance.

Ensuite, il faut utiliser cette fierté, à condition que le groupe le veuille, comme un instrument de création de réseaux en misant sur le capital de confiance qu'il rend possible. Le réseau fait meilleur usage des ressources et compétences de la communauté, socialise le risque et permet, par le biais de l'aide mutuelle, de mettre en place les bases de coopération nécessaires pour résoudre les problèmes de « dilemme du prisonnier », qui hantent les firmes et les secteurs dans nos économies trop strictement tributaires de la concurrence. L'exemple des caisses populaires de l'Ontario et de leur succès, certes inégal à travers les régions, est révélateur : environ 200 000 sociétaires, 1 200 personnes employées, un réseau de 43 caisses, pour un actif de 1,5 milliards $. Voilà de quoi servir de catalyseur ou d'« agitateur » de la dynamique. Ces réseaux construisent sur la relation soit entre membres des communautés d'affaires, soit entre ceux-ci et d'autres acteurs de la société civile, ainsi que sur les maillages de solidarité et de convivialité. Il en ressort un dynamisme d'incubation de l'entrepreneuriat et de l'interpreneuriat qui alimentent la fierté collective tout autant qu'ils en dérivent.

Il n'est pas question dans un univers comme celui-ci de mettre en place des solutions globales ou des encadrements panontariens. Il faut compter d'abord sur le *noyautage au niveau local,* sorte de micro-réseau dans les chambres de commerce, regroupements de gens d'affaires, autour des caisses populaires et des institutions locales susceptibles de fonder une certaine aide mutuelle. Avant l'émergence d'une conscience franco-ontarienne, il va falloir construire une *conscience régionale,* processus en cours dans le Nouvel-Ontario. L'objectif premier de cette conscience régionale et des réseaux auxquels elle va donner naissance, c'est de jeter les bases d'une certaine socialisation du risque à partir du capital communautaire et des maillages qu'il peut susciter.

Pour comprendre ce qui va enclencher ce dynamisme nouveau, il faut bien cerner le cycle entrepreneurial, qui s'enracine dans deux faisceaux de forces et dans deux mécanismes repérables.

D'une part, les traits environnementaux définissent les possibles et l'*ethos,* et influent sur la façon dont les activités entrepreneuriales seront adoptées par le cadre social. D'autre part, le langage-cadre des acteurs socioéconomiques, individus ou groupes, en tant que mode d'appréhension des possibles et d'adaptation à l'environnement, conforme leur pouvoir de prospection et leur capacité à faire bon usage de l'affect, des réseaux, etc.[34]. Même si au départ rien n'assure que l'entrepreneuriat va fleurir, on peut enrichir les possibles et rendre l'*ethos* davantage porteur, mais aussi recadrer l'outillage mental des individus et de la communauté par des interventions de nature socioanalytique susceptibles de faire sauter les blocages institutionnels : sensibiliser la communauté, mobiliser les personnes et institutions capables d'agir comme des piliers, mettre en place des équipes d'animateurs, susciter l'émergence d'entrepreneurs, et ce faisant procéder pour tous à une vaste opération de recadrage de perspectives et d'attitudes.

Avant de pouvoir opérer ce genre de recadrage, cependant, il faut que la communauté prenne conscience que les approches traditionnelles ne fonctionnent pas et qu'elle décide délibérément d'entrer en thérapie. Souvent, il faut une crise, un choc, une grande discontinuité pour qu'une communauté accepte de penser des règles nouvelles, de nouveaux partenariats. On a assisté à de tels retournements dans les régions du Lac Saint-Jean (*Soccrent-Job Creation*) et de Montréal (ICEM — Initiatives création d'emplois de Montréal). Dans chaque cas, on peut parler d'une opération Pygmalion. Les résultats de ces initiatives ont montré clairement que ces efforts pour changer le contexte symbolique et réel des communautés, pour accélérer le processus d'apprentissage des entrepreneurs en les aidant à s'insérer dans les réseaux pertinents et en donnant un soutien moral dans les phases critiques, sont des interventions fort rentables.

Il n'y a pas de doute que l'Est et le Nord-Est sont des régions où le nombre de parrainages possibles est grand, où le chômage sévit, et où ce genre d'intervention socioanalytique aurait bien des chances de donner des résultats significatifs. On peut d'ailleurs se demander si les instances de l'Association canadienne-française de l'Ontario (l'ACFO) — la grande institution de lobby des francophones de l'Ontario — ne pouvaient pas utiliser une portion de leurs fonds pour lancer quelques expériences-pilotes. On peut être certain que ce pari sur *l'entrepreneuriat de l'entrepreneuriat* serait fructueux. Pourquoi l'ACFO ne pourrait-elle pas s'intéresser à un projet de réseau d'incubateurs d'entreprises qui permette aux personnes qui veulent se lancer en affaires d'avoir l'encadrement quotidien nécessaire dans les débuts ? Les ressources financières s'avèrent disponibles pour ce genre d'initiatives. Ce qui manque, c'est l'action d'animateurs et l'engagement de parrains locaux pour donner aux communautés l'aide nécessaire dans la construction d'organisations socioéconomiques capables de lancer le processus entrepreneurial. Il ne s'agit pas d'un plan détaillé mais d'une direction stratégique. Plus on sera fier, plus on réticulera, plus on socialisera le risque, plus on incubera, plus on entreprendra et on interprendra, plus on sera fier...

CONCLUSION

On pourra se plaindre du manque de données objectives, du manque de tableaux ventilant la population franco-ontarienne selon toutes ses dimensions, et du manque d'un fichier statistique susceptible de tranquilliser ceux pour qui l'économie se définit dans les pages financières.

Il existe quelques milliards d'actif dans les caisses populaires, il existe des compétences certaines dans la socioéconomie franco-ontarienne qu'on n'a jamais sérieusement répertoriées, il existe des institutions diverses toujours en évolution. Prendre une photographie de ces réalités, c'est à la fois rassurant et peu utile tant qu'on n'aura pas donné aux Franco-Ontariens le goût de faire des choses ensemble, la conviction qu'on peut faire des choses ensemble, l'expérience du projet en chantier *hic et nunc*.

La socioéconomie franco-ontarienne, c'est quelques milliers d'arrangements, de conventions, de normes, d'institutions susceptibles de faire meilleur usage du capital communautaire et de lui donner à la fois succès et résilience. Or cette économie est en chantier : on est en train de la construire. On est en train d'inventer la réalité : pas question donc de la chosifier[35].

Reste à savoir pourquoi le chantier est babélien, pourquoi la socioéconomie franco-ontarienne s'effiloche. Notre pari est que la réponse à ces questions et les solutions de sortie de crise sont bien davantage dans le théâtre des représentations que sur le terrain des réalités.

NOTES_____

[1] Les commentaires des participants au séminaire de recherche sur la francophonie ontarienne organisé par le Collège Glendon de l'Université York ont été fort utiles, ainsi que ceux d'un évaluateur anonyme.

[2] James Duesenberry, « Comment on " An Economic Analysis of Fertility " », dans Universities - National Bureau Committee for Economic Research (s. la dir. de), *Demographic and Economic Change in Developed Countries* (Princeton, Princeton University Press, 1960, 536 p.), p. 233.

[3] Brigitte Bureau, *Mêlez-vous de vos affaires* (Vanier, Association canadienne-française de l'Ontario, 1989, 122 p.), p. 65.

[4] *Loc. cit.*

[5] *Ibid.*, p. 71.

[6] Linda Cardinal, Jean Lapointe et J. Yvon Thériault, *État de la recherche sur les communautés francophones hors Québec* (Ottawa, CRCCF, 1994, 201 p.).

[7] *Ibid.*, p. 62-63.

[8] Voir Gilles Paquet, « Pour une socioéconomie franco-ontarienne », dans *Les voies de l'avenir franco-ontarien*, Actes du colloque de l'Association canadienne-française de l'Ontario (Ottawa, ACFO, 1988, 100 p.), p. 53-68.

[9] Marc Lavoie et Maurice Saint-Germain, « Évolution comparative des revenus des Franco-Ontariens », *Revue du Nouvel-Ontario*, nᵒ 12, 1990, p. 125-149.

[10] François Perroux propose une théorie de l'effet de domination dont l'ambition est d'être une théorie d'ensemble sur les rapports de force socioéconomiques. Cet effet de domination caractérise une influence déterminée, irréversible et unilatérale d'une unité économique sur une autre, *L'économie du XXᵉ siècle* (Paris, Presses Universitaires de France, 1969, 765 p.).

[11] Linda Cardinal, Jean Lapointe et J. Yvon Thériault, *État de la recherche...*, p. 83.

[12] *Ibid.*, p. 79.

[13] *Ibid.*, p. 129.

[14] Voir à ce sujet John Naisbitt, *Global Paradox* (New York, Morrow, 1994, 304 p.).

[15] Gilles Paquet, « Daniel Johnson et la société spectrale », dans R. Comeau *et al.* (s. la dir. de), *Daniel Johnson* (Sillery, Presses de l'Université du Québec, 1991, 451 p.), p. 369-378.

[16] Jane Jacobs, *Cities and the Wealth of Nations* (New York, Random, 1984, 257 p.) ; Marcel Côté, *By Way of Advice* (Oakville, Mosaic Press, 1991, 331 p.).

[17] Gilles Paquet, « La réinvention de la gouvernance », *Opinion Canada*, vol. II, nᵒ 2, 1994, p. 1-5.

[18] John Grimond, « For Want of Glue », *The Economist*, 29 juin 1991, p. 1-18.

[19] Voir Anne Gilbert, *Les francophones tels qu'ils sont* (Ottawa, ACFO, 1985, 40 p.).

[20] Raymond Breton, « Les institutions et les réseaux d'organisations des communautés ethnoculturelles », dans Clinton Archibald (s. la dir. de), *État de la recherche sur les communautés francophones hors Québec* (Ottawa, FFHQ, 1984, 107 p.), p. 4-19.

[21] Voir I.H. Light, *Ethnic Enterprise in America* (Berkeley, University of California Press, 1972, 209 p.) ; Gilles Paquet, « Entrepreneurship au Canada français », *Transactions of the Royal Society of Canada*, Fourth Series, vol. XXIV, 4e série, 1986, p. 151-178.

[22] B. Axelsson et G. Easton, *Industrial Networks* (London, Routledge, 1992, 265 p.) ; C. Jarillo, *Strategic Networks* (Oxford, Butterworth-Heirmann, 1993, 178 p.) ; A. Bressand et K. Nicolaidis, « Les services au cœur de l'économie relationnelle », *Revue d'économie industrielle*, n° 43, 1988, p. 141-163.

[23] Marc Guillaume, « Spectralité et communication », *Cahiers du LASA*, nos 15/16, 1993, p. 74-81.

[24] Yves Barel, « Propos de travers ou : de la transversalité », dans L. Sfez (s. la dir. de), *Dictionnaire critique de la communication* (Paris, Presses Universitaires de France, 1993, 1785 p.), article 12, p. 181-188.

[25] Calvin O. Schrag, *The Resources of Rationality* (Bloomington, Indiana University Press, 1992, 191 p.).

[26] Yves Barel, « Propos de travers... », p. 185.

[27] Régis Debray, *Manifestes médiologiques* (Paris, Gallimard, 1994, 395 p.).

[28] *Ibid.*, p. 17.

[29] R.J. Ravault, « L'amorce du redressement des francophones hors Québec... Analyse critique de *Un espace à inventer* », dans *Actes du Colloque national en économie de la Fédération des francophones hors Québec* (Ottawa, FFHQ, 1982), p. 108-109.

[30] Voir Max Scheler, *L'homme du ressentiment* (Paris, Presses Universitaires de France, 1958, 190 p.) ; Gilles Paquet, « Pour une recherche décolonisée », dans C. Archibald (s. la dir. de), *État de la recherche sur les communautés francophones hors Québec* (Ottawa, Fédération des francophones hors Québec, 1984, 107 p.), p. 80-95.

[31] Raymond Breton, « The Production and Allocation of Symbolic Resources », *Canadian Review of Sociology and Anthropology*, vol. XXI, n° 2, 1984, p. 123-144.

[32] Jean-Louis Servan-Schreiber, *Le retour du courage* (Paris, Fayard, 1986, 215 p.).

[33] Sheila McLeod Arnopoulos, *Hors du Québec, point de salut ?* (Montréal, Libre Expression, 1982, 287 p.).

[34] Willem Errens et Gilles Paquet, « L'entrepreneuriat de l'entrepreneuriat », *Revue de gestion des petites et moyennes organisations*, vol. V, n° 2, 1990, p. 55-61.

[35] Paul Watzlawick, *L'invention de la réalité* (Paris, Seuil, 1988, 373 p.).

Langue et culture

Perspective sociolinguistique sur le comportement langagier de la communauté franco-ontarienne[1]

Raymond Mougeon
Département d'études françaises
Université York

La présente étude procédera en deux grandes étapes. Dans un premier temps, à la lumière des données les plus récentes du recensement et des résultats d'enquêtes sociolinguistiques, nous délimiterons la population ciblée par notre étude et nous traiterons des questions suivantes : le maintien de la langue maternelle dans le temps, les différentes modalités de son acquisition, l'avancement du bilinguisme, et l'utilisation du français dans les différents domaines de la société. Nous accorderons une attention particulière au foyer, espace social clef pour la survie du français. Dans un deuxième temps, nous essaierons de faire une synthèse des recherches (socio)linguistiques sur le français parlé en communauté franco-ontarienne et d'identifier quelques questions que les chercheurs pourraient aborder avec profit dans l'avenir. Cette deuxième partie s'achèvera sur l'examen d'un petit échantillon d'extraits d'entrevues réalisées avec des locuteurs du français ontarien dont le profil sociolinguistique est dissemblable. Cet examen nous donnera l'occasion de dégager une vision plus concrète de plusieurs des caractéristiques du français ontarien abordées dans notre synthèse.

TROIS CONCEPTIONS DIFFÉRENTES DU FAIT FRANÇAIS EN ONTARIO

Pour mieux cerner les différents aspects du comportement linguistique des Franco-Ontariens abordés dans notre étude, nous allons tout d'abord discuter de trois ensembles d'Ontariens qui correspondent à des façons différentes d'appréhender le fait français en Ontario. Il s'agit des Ontariens d'origine canadienne-française, des Ontariens de langue maternelle française et des francophones de l'Ontario. On verra que ces ensembles ne se recoupent que partiellement et que l'on devrait se garder de les confondre lorsque l'on aborde la question du français en Ontario.

1. LES ONTARIENS D'ORIGINE CANADIENNE-FRANÇAISE

Les Ontariens d'origine canadienne-française sont les résidents de l'Ontario dont les ancêtres remontent aux pionniers français qui sont venus fonder un foyer en Nouvelle-France et en Acadie. On sait que ce sont en très grande majorité les descendants de ces pionniers (surtout les descendants des pionniers de la Nouvelle-France) qui sont venus implanter le français en Ontario. Il est donc intéressant d'essayer de mesurer la taille actuelle de cette population. Les données du recensement national du Canada sur les origines ethniques des Canadiens nous fournissent certains éléments de réponse.

Jusqu'au recensement de 1981, Statistique Canada a eu recours à une définition de l'origine ethnique qui peut nous sembler, à l'heure actuelle, à la fois simpliste et sexiste. Les répondants ne pouvaient déclarer qu'une seule origine ethnique et ne devaient prendre en considération que l'origine de leurs ancêtres de sexe masculin (c.-à-d. du côté paternel) ! Depuis 1986, le/la répondant(e) a la possibilité de déclarer une origine mixte (plus d'une origine ethnique) et il/elle n'est plus limité(e) au côté paternel de son ascendance. Le changement de la formulation de la question sur l'origine ethnique rend la comparaison avec les données antérieures à 1986 passablement difficile. Toutefois, il a le mérite de nous fournir une quantification plus précise et moins biaisée des origines ethniques des Canadiens. En ce qui concerne l'Ontario, le recensement de 1991 a révélé que 527 005 individus ont déclaré être d'origine uniquement française, et 768 865 d'origine mixte (française et britannique ; française, britannique et autre ; française et autre). Parmi les Ontariens d'origine partiellement française, ceux qui ont aussi une ascendance britannique prédominent largement (750 630 individus en tout). De toute évidence, si les descendants des pionniers ont pu former initialement un groupe ethniquement homogène, ce n'est plus le cas à l'heure actuelle, puisque l'on dénombre moins d'individus dont l'origine est seulement française que d'individus dont l'origine est mixte. Le phénomène des unions maritales mixtes qui a retenu récemment l'attention des chercheurs et des organismes communautaires franco-ontariens semble donc inscrit de longue date dans l'histoire des Franco-Ontariens. Cela dit, on doit préciser que l'ensemble des Ontariens d'origine française qu'identifie le recensement n'inclut pas seulement les individus d'origine canadienne-française, mais aussi un nombre limité (9 660 en 1991) de Français ayant émigré en Ontario à partir de la France (notamment durant les dernières décennies).

2. LES ONTARIENS DE LANGUE MATERNELLE FRANÇAISE

La population visée par notre étude appartient à la catégorie des Ontariens de langue maternelle française. Dans la perspective *sociolinguistique* qui est la nôtre et qui vise la description du comportement linguistique de la communauté franco-ontarienne, la langue maternelle est un concept clef, car il est relié à la notion de compétence linguistique native. En effet, c'est en apprenant une langue de leurs parents ou des locuteurs natifs qui font partie de leur environnement immédiat que les jeunes enfants s'approprient les *normes* linguistiques de la communauté, qu'ils deviennent ainsi eux-mêmes des locuteurs natifs de cette langue et qu'ils peuvent éventuellement à leur tour servir de modèle linguistique aux générations suivantes. Les Ontariens de langue maternelle française sont donc des individus que l'on peut qualifier de locuteurs natifs du français et qui s'inscrivent dans un processus de transmission intergénérationnelle de cette langue. Forment-ils pour cela une communauté linguistique homogène?

On sait que par le passé (en particulier du milieu du XIXe au début du XXe siècle) l'immigration en Ontario de francophones en provenance d'autres provinces canadiennes a été considérable. Les données fournies par Bernard montrent que durant les dernières décennies cette immigration s'est poursuivie[2]. De 1971 à 1986, pas moins de 98 236 Canadiens de langue maternelle française sont venus des autres provinces s'installer en Ontario. Ces données s'accordent aux statistiques du ministère de la Citoyenneté de l'Ontario qui révèlent qu'en 1986, les Ontariens de langue maternelle française n'incluaient pas moins de 132 600 individus (31,3 pour cent) nés dans une province autre que l'Ontario. Cependant, cette immigration provient pour l'essentiel de la province de Québec (en 1986, la grande majorité des Ontariens de langue maternelle française nés dans une autre province étaient originaires du Québec[3]). Par ailleurs, les études historiques[4] indiquent que la prédominance des Québécois est un fait récurrent de l'histoire de l'implantation francophone en Ontario (même si dans certaines localités, à certaines périodes, des contingents non négligeables d'Acadiens sont venus s'installer).

On peut donc conclure que le français parlé par la grande majorité des Ontariens de langue maternelle française est génétiquement relié au français québécois et donc qu'à un niveau d'analyse général, il est dialectalement « homogène ». Il faut néanmoins garder à l'esprit le fait que l'ensemble des Ontariens de langue maternelle française inclut un sous-ensemble d'individus qui ne sont pas nés au Canada, et donc qui, même s'ils sont des locuteurs natifs du français, parlent cette langue sous une forme qui peut différer considérablement du français parlé par les Franco-Ontariens nés au Québec ou de souche québécoise. Les statistiques calculées par le ministère de la Citoyenneté de l'Ontario révèlent que ce sous-groupe est de taille modeste. En 1986, il n'incluait que 15 929 individus, soit 3 pour cent de l'ensemble des Ontariens ayant déclaré avoir le français comme langue maternelle. On sait que ces individus sont surtout présents à Toronto et à Ottawa. Cela dit, il est significatif que Maxwell, dans son étude sur la « communauté » francophone de Toronto, ait constaté à partir des données du recensement de 1961, que les francophones nés à l'extérieur du Canada étaient loin de former un groupe majoritaire (5,8 pour cent de l'ensemble des Franco-Torontois)[5]. Il est vrai que les choses peuvent avoir changé depuis.

Les statistiques du recensement national nous permettent aussi de chiffrer la population de langue maternelle française en Ontario. En 1986, le recensement du Canada a recueilli des données sur la langue maternelle à l'aide de la question suivante : quelle est la première langue apprise durant l'enfance et toujours comprise ? On remarquera que cette question part de la prémisse que le/la répondant(e) n'a qu'une seule langue maternelle. Toutefois, dans la case des réponses à la question, le formulaire du recensement de 1986 offrait six options (français, anglais, italien, allemand, ukrainien et autre — la langue maternelle autre devant être spécifiée par le/la répondant(e)) et il ne précisait pas que l'on devait en choisir seulement une (ce à quoi on aurait pu s'attendre étant donné le libellé de la question). Malgré son ambiguïté, la question de 1986 représente une amélioration par rapport aux questions antérieures qui excluaient catégoriquement la possibilité de déclarer plus d'une langue maternelle, et ce, en dépit du fait que nombre de Canadiens bilingues, frustrés par le manque de réalisme de cette exclusion, précisaient dans leur réponse qu'il n'avaient pas une mais deux, voire trois langues maternelles ! En 1986 donc, 485 395 Ontariens ont déclaré avoir français comme langue maternelle unique, 96 910 le français et l'anglais comme langues maternelles (cas de double langue maternelle), 3 700 le français et une langue non officielle (un autre cas de double langue maternelle) et 9 850 le français, l'anglais et une langue non officielle (cas de triple langue maternelle !). Étant donné la contradiction qui existait entre la formulation de la question et les modalités de la réponse, il est probable que le nombre de répondant(e)s ayant déclaré plus d'une langue maternelle est une sous-estimation de la réalité.

Quoi qu'il en soit, cinq ans plus tard, Statistique Canada a de nouveau modifié la question sur la langue maternelle et les options présentées dans la case de réponse ! La question du recensement de 1991 était la suivante : quelle est la première langue apprise au foyer, avant d'aller à l'école et toujours comprise ? La case de réponse n'offrait plus que trois options (le français, l'anglais et une langue maternelle autre, à spécifier). Les précisions apportées à la question ont eu pour effet de restreindre le nombre de répondant(e)s déclarant avoir plus d'une langue maternelle. En 1991, 485 395 Ontariens ont déclaré avoir le français comme langue maternelle unique, 31 395 le français et l'anglais comme langues maternelles, 3 490 le français et une langue non officielle et 1 520 le français, l'anglais et une langue non officielle. Les statistiques les plus récentes sur la langue maternelle française chiffrent donc la population ontarienne de langue française à 522 400 individus. Ceux-ci représentaient 5,3 pour cent de la population totale de l'Ontario (taux en légère diminution par rapport à celui de 1986 : 5,9 pour cent).

Nous n'entrerons pas dans le débat sur les mérites et les faiblesses respectifs des deux formulations de la question sur la langue maternelle. On peut toutefois mentionner que le changement de formulation a eu pour conséquence de permettre de quantifier deux modalités différentes (pas nécessairement exclusives) de l'acquisition du français et de l'anglais comme langues maternelles en communauté franco-ontarienne (pour s'en tenir au cas prédominant du français et de l'anglais comme langues maternelles). La première modalité consiste en l'acquisition du français au foyer combinée à l'acquisition quasi simultanée de l'anglais en dehors du foyer par le biais de l'interaction avec des anglophones dans l'environnement immédiat (p. ex. à la garderie). La deuxième modalité consiste en l'acquisition simultanée de l'anglais et du français au foyer, soit parce que les parents forment un couple mixte (cf. plus bas), soit parce qu'ils sont bilingues (ou l'un d'entre eux est bilingue) et qu'ils ont décidé de parler dans les deux langues à leur(s) enfant(s). À supposer qu'il y ait eu peu de changements de 1986 à 1991, on peut, en retranchant les 31 395 cas d'acquisition simultanée du français et de l'anglais au foyer révélés par le recensement de 1991 des 96 910 cas d'acquisition simultanée du français et de l'anglais au sens large (recensement de 1986), estimer le nombre des Ontariens qui ont acquis le français selon la première modalité à environ 65 000 personnes.

On retiendra de l'ensemble des statistiques sur la langue maternelle produites par les deux derniers recensements que la pression de l'anglais se manifeste très tôt dans la vie d'un nombre non négligeable de Franco-Ontariens, puisqu'en acquérant le français avec l'anglais dans leur tendre enfance, près d'un quart d'entre eux se trouvent dans ce qu'on pourrait appeler une situation de bilinguisation précoce.

En combinant les statistiques sur la langue maternelle avec celles sur les origines ethniques, on peut calculer un taux de maintien du français qui a l'intérêt de nous fournir une mesure *diachronique* de la préservation du français comme langue maternelle. Ainsi, les données du recensement de 1986 ont révélé que près de 26 pour cent des 531 805 Ontariens d'origine ethnique uniquement française n'ont plus

le français comme langue maternelle et donc n'appartiennent plus à
leur communauté *linguistique* d'origine (la plupart déclarant l'anglais
comme langue maternelle). Par contraste, au sein des 512 570 Ontariens
d'origine française et britannique, le taux de perte du français était de
88 pour cent (on verra plus bas que les unions mixtes n'entraînent pas
seulement l'acquisition simultanée du français et de l'anglais, mais aussi,
et plus fréquemment, la transmission exclusive de l'anglais). Il est indéniable que ces calculs témoignent du fait que la population ontarienne
d'origine canadienne-française a subi une érosion considérable de son
héritage linguistique. Cependant, il est remarquable qu'elle se situe
dans un ordre de grandeur qui est proche de celui qui a affecté les
Québécois d'origine britannique (en 1986, 24 pour cent des Québécois
d'origine ethnique uniquement britannique avaient perdu l'anglais comme
langue maternelle), communauté qui passe pour réfractaire à la francisation.

Terminons cette section consacrée à la langue maternelle en mentionnant que si les statistiques des deux derniers recensements sur la
langue maternelle sont plus précises que celles qui ont été recueillies
auparavant, elles sont encore loin de rendre compte de la complexité
des modalités de l'acquisition de la/des langue(s) maternelle(s) en communauté franco-ontarienne. Ainsi, à la lumière des résultats d'une enquête réalisée en début de scolarité dans plusieurs écoles franco-
ontariennes[6], qui montre que la fréquence d'emploi du français et de
l'anglais par les parents et leurs jeunes enfants au foyer et par ces
mêmes enfants en dehors du foyer est fort variable, on est en droit de
supposer que l'ensemble des cas d'acquisition précoce et simultanée du
français et de l'anglais qui ont été mis au jour par le recensement,
forment en réalité un continuum qui va de la dominance du français sur
l'anglais à la dominance de l'anglais sur le français en passant par des
patrons d'acquisition plus équilibrés.

3. LES ONTARIENS FRANCOPHONES

Si l'on définit le terme francophone comme « qui parle communément
le français dans certaines circonstances de la communication » (c'est la
définition adoptée par le dictionnaire Robert qui précise qu'on peut le
parler comme une langue maternelle ou comme une langue seconde), il
est clair que l'ensemble des Ontariens francophones constitue un groupe
à la fois plus nombreux et linguistiquement plus hétérogène que
l'ensemble des Ontariens de langue maternelle française. Contrairement
aux deux ensembles d'Ontariens discutés plus haut, les statistiques du
recensement ne nous fournissent que des indications partielles sur la
taille de ce groupe. Ceci est dû au fait que le recensement ne pose
qu'une seule question sur le comportement communicatif des Cana-

diens, à savoir celle qui porte sur l'usage linguistique au foyer (quelle langue le/la répondant(e) emploie le plus souvent à la maison ?). Ceci dit, il pose aussi une question sur la connaissance du français et de l'anglais (le/la répondant(e) a-t-il/elle la capacité de tenir une conversation en anglais et/ou en français ?), qui nous permet de cerner l'ensemble plus large des individus qui ont la capacité de parler en français dans différentes situations (pas seulement à la maison).

En ce qui concerne l'usage linguistique au foyer, le recensement indique que la quasi-totalité des Ontariens qui déclarent employer le français en ce lieu sont des individus de langue maternelle française et que seulement 61 pour cent d'entre eux, en fait, communiquent en français au foyer (318 240 individus sur 522 400 en 1991). Nous reviendrons sur ces statistiques. Les données sur l'usage linguistique au foyer ne nous donnent donc qu'une image partielle de la francophonie ontarienne. Quant aux statistiques sur la capacité de converser en français, elles révèlent que presque tous les Ontariens de langue maternelle française (499 930 sur 522 400) déclarent pouvoir converser en français — les autres ne peuvent que comprendre le français (condition minimale pour déclarer le français comme langue maternelle, cf. plus haut). On peut donc inclure ce demi-million d'Ontariens dans l'ensemble de la francophonie ontarienne potentielle. On peut ajouter à ce groupe : i) les 555 710 Ontariens de langue maternelle anglaise (7,5 pour cent de l'ensemble des Ontariens de langue maternelle anglaise) qui ont la même capacité et qui peuvent donc concurrencer les Ontariens de langue maternelle française sur le marché des emplois requérant le bilinguisme ; et ii) les 127 650 Ontariens ayant une autre langue maternelle (6,7 pour cent des Ontariens de langue maternelle autre) qui possèdent aussi cette capacité et qui constituent également des concurrents potentiels des Ontariens de langue maternelle française sur le marché du travail. En tout, donc, la francophonie ontarienne potentielle s'élève à 1 183 290 individus (ensemble au sein duquel les individus de langue maternelle française sont minoritaires).

Quant aux Ontariens ayant une autre langue maternelle que l'anglais ou le français, il y a peu de variation d'un groupe linguistique à l'autre dans la proportion des répondant(e)s qui ont la capacité de converser en français. À ce sujet, il est étonnant de constater qu'à l'exception des Ontariens de langue roumaine (dont 23,3 pour cent peuvent converser en français), les locuteurs des langues romanes (langues génétiquement proches du français) ne se distinguent pas par des taux de capacité de converser en français supérieurs à ceux des Ontariens de langue maternelle anglaise. Cette constatation vaut aussi pour trois groupes réputés francophones (les Ontariens de langue maternelle vietnamienne, les Ontariens de langue maternelle khmère et les Ontariens de langue maternelle laotienne). En fait, seuls trois autres groupes se distinguent par des taux de connaissance du français oral supérieurs à la moyenne : les Ontariens de langue maternelle arménienne (21,9 pour cent), les Ontariens de langue maternelle arabe (22,6 pour cent) et les Ontariens qui déclarent un créole comme langue maternelle (69,4 pour cent). Comme Statistique Canada dans sa ventilation des données ne différencie pas les créoles anglais des créoles français (pour s'en tenir aux plus communs), ce dernier pourcentage est difficile à interpréter. Son caractère élevé est peut-être dû à la présence d'un contingent de plus de 1 000 Haïtiens en Ontario (en 1991), Haïti étant un pays des Caraïbes où le créole est particulièrement vivace et répandu.

UTILISATION DU FRANÇAIS DANS LES DIFFÉRENTS SECTEURS DE LA SOCIÉTÉ

Nous allons commencer par le foyer, espace social qui joue un rôle clef dans la reproduction linguistique des communautés minoritaires, car le plus souvent elles sont privées d'assise institutionnelle pour la transmission de leur héritage linguistique aux jeunes générations. Certains chercheurs sont d'avis que ce domaine social est un « baromètre » de la vitalité des communautés linguistiques minoritaires et de leur volonté de survivre[7]. Examinons les statistiques du recensement de 1991 en gardant cette idée à l'esprit. Comme dans le cas de la question sur la langue maternelle, on observe une ambiguïté au niveau de la formulation de la question sur l'usage linguistique au foyer (le/la répondant(e) doit identifier sa principale langue de communication en ce lieu) et du format de la case réponse (on offre plusieurs options). Il n'est donc pas étonnant que certains répondants n'ont pas tenu compte de la formulation de la question et ont sélectionné plusieurs options[8]. Quoi qu'il en soit, en 1991 les 522 400 répondants de langue maternelle française (unique, double, etc.) étaient répartis de la sorte : i) anglais langue de communication principale : 200 130, ii) français langue de communication principale : 289 980, iii) français et anglais : 27 105, iv) une ou plusieurs langues non officielles : 2 340, v) anglais, français et une langue non officielle : 730 et vi) français et une langue non officielle : 695. Si l'on regroupe les réponses où le français n'est pas mentionné, on obtient un total de 203 495 individus de langue maternelle française (38,9 pour cent) qui ne communiquent plus au foyer dans la langue qu'ils ont acquise en ce lieu (ce qui ne veut toutefois pas dire qu'ils sont assimilés, comme certains chercheurs le sous-entendent parfois — les statistiques sur la capacité de converser en français sont là pour nous le rappeler). Ce taux d'abandon de la langue maternelle au foyer est en légère augmentation par rapport à celui de 1986 et, malheureusement, il ne fait que confirmer, à la hausse, les taux que l'on a pu calculer avec les données moins précises des recensements antérieurs. Ce taux général cache une variation intéressante entre les différents groupes d'Ontariens qui ont déclaré le français comme langue maternelle : français langue maternelle unique (37,3 pour cent), français et anglais comme langues maternelles (60,5 pour cent), français et une autre langue (63,1 pour cent). On voit donc que l'acquisition simultanée du français et d'une autre langue maternelle a un effet catalytique sur l'abandon du français au foyer. En bref, pour reprendre l'idée du foyer baromètre, ces statistiques suggèrent qu'en communauté franco-ontarienne, la cellule familiale produit de moins en moins de locuteurs natifs du français, et donc que l'héritage linguistique de la communauté franco-ontarienne est à plus ou moins longue échéance menacé d'extinction.

Plusieurs études[9] ont déjà montré qu'en Ontario (et d'une façon plus générale hors du Québec) le processus d'abandon du français langue maternelle au foyer est pour une large part relié à l'exogamie linguistique (mariages entre francophones et anglophones). Contentons-nous de rappeler certains faits saillants. Tout d'abord, contrairement aux mariages endolinguistiques (entre deux conjoints francophones), les mariages exolinguistiques se soldent, dans la grande majorité des cas, par l'abandon de la langue française au foyer par le conjoint francophone et par la non-transmission du français aux enfants. Deuxièmement, au sein du groupe des Ontariens de langue maternelle française, la proportion des mariages exolinguistiques montre une tendance à l'augmentation (29 pour cent en 1971 et 38 pour cent en 1986). L'exogamie linguistique joue donc un rôle crucial dans l'érosion de la population de langue maternelle française en Ontario. Cela dit, il faut préciser que les mariages mixtes sont influencés par des facteurs sociolinguistiques plus larges qui, d'une part, déterminent leur occurrence et, d'autre part, limitent ou intensifient leur contribution à l'assimilation. Ainsi Bernard montre que lorsque l'environnement local est majoritairement francophone — plus de 60 pour cent — le taux de mariages mixtes tombe à un niveau marginal et que, dans les communautés francophones majoritaires, plus de la moitié des enfants de mariages mixtes communiquent toujours et souvent en *français* entre eux[10], alors que dans les localités où les francophones ne sont qu'une faible minorité, la communication entre frères et sœurs se fait dans 62,4 pour cent des cas toujours ou souvent en *anglais*[11] ! Par ailleurs, depuis l'établissement du réseau des écoles de langue française, l'abandon du français au foyer par les parents qui forment une union mixte (ou non mixte) n'a plus un caractère rédhibitoire pour la transmission du français. Depuis leur création, ces écoles ont accueilli un nombre, variable selon la localité, d'enfants élevés par des parents francophones qui ne leur parlent pas le français ou qui ne le font que marginalement, et qui donc s'en remettent à l'école pour la transmission du français à leur progéniture.

Nous venons de faire allusion au fait que la fréquence d'emploi du français par les enfants entre eux varie selon le niveau de concentration francophone local. En fait, l'influence de ce dernier facteur vaut pour un large éventail de situations de communication (à l'intérieur comme à l'extérieur de la cellule familiale). Par exemple, le recensement de 1981 révèle que le taux de maintien du français au foyer par les Ontariens de langue maternelle française varie de 96 pour cent (ce taux maximal s'observe dans le comté de Prescott où les francophones constituent une forte majorité : 75 pour cent) à 12 pour cent (taux minimal observé dans le comté de Grey où les francophones ne représentent qu'une infime minorité : 0,4 pour cent)[12]. Le taux provincial de maintien du français au foyer discuté plus haut occulte donc une variation inter-communautaire considérable. Plusieurs enquêtes à portée régionale ont à la fois confirmé et précisé cette variation. Mougeon, Brent-Palmer, Bélanger et Cichocki[13], dans une enquête réalisée auprès des élèves des écoles franco-ontariennes situées dans huit localités où les Franco-Ontariens sont plus ou moins minoritaires, ont trouvé que plus la communauté est minoritaire, moins on observe un taux de maintien du français élevé dans différentes situations de communication plus ou moins favorables à l'emploi du français (entre les parents, parents —> enfants, enfants —> parents, entre frères et sœurs, avec les amis, etc.). Cela dit, ils ont constaté aussi que les différences intercommunautaires sont plus ou moins importantes selon la situation de communication (p. ex. plus faibles lorsque les parents s'adressent à leurs enfants et plus fortes lorsque les enfants parlent entre eux). En communauté franco-phone minoritaire, le comportement linguistique des enfants semble donc plus influencé par l'environnement local que par celui des parents. Par contraste, l'étude de Mougeon et Beniak[14] fournit des données sur la fréquence d'emploi du français par un échantillon d'adolescents franco-ontariens et leurs parents de Hawkesbury et sa région (milieu à forte majorité francophone) qui montrent que les différences inter-générationnelles et intersituationnelles sont largement estompées, l'ensemble des répondant(e)s et de leurs parents rapportant un niveau de maintien du français très élevé en toute situation.

Si les choix communicatifs des jeunes générations franco-ontariennes ont été assez bien étudiés, ils n'ont fait toutefois l'objet que d'études ponctuelles qui tiennent compte certes des différences inter-générationnelles, mais qui ne nous disent rien sur l'existence d'un chan-gement du comportement de la même génération sur plusieurs décen-nies. Seule la poursuite des études antérieures pourra nous fournir des éléments de réponse à cette question. Une étude de ce genre vient d'être réalisée par Jürgen Erfurt[15] à l'école secondaire Confédération de Welland à l'aide du questionnaire employé en 1978 par Mougeon, Brent-Palmer, Bélanger et Cichocki[16]. Elle offre une comparaison des réponses des élèves de 9e et 12e années en 1978 avec celles des élèves de même niveau en 1994. Plusieurs des résultats montrent qu'il y a bel et bien eu changement dans le temps au niveau du comportement langagier des adolescents, mais aussi au niveau de la composition de la population de l'école. À ce sujet, on est frappé par une diminution de 50 pour cent des élèves issus de la classe ouvrière et une augmentation de 28 pour cent des élèves de la classe la plus élevée sur l'échelle socioprofessionnelle (ces derniers représentent maintenant 63 pour cent des 9e et 12e années !). Mougeon et Beniak[17] ont fait état de l'existence d'un clivage à dimension socioéconomique, au sein de la communauté francophone de Welland, relativement à l'emploi du français comme langue d'enseignement au secondaire : les parents de la classe ouvrière y sont nettement moins favorables que ceux de la catégorie socio-professionnelle la plus élevée. Il est donc raisonnable de supposer que ce changement reflète en partie une désaffection des parents franco-ontariens de la classe ouvrière pour l'école secondaire de langue française. On sait que ce type de clivage s'observe dans d'autres commu-nautés franco-ontariennes[18] ; il est donc important de savoir si ce type d'évolution s'observe dans d'autres écoles franco-ontariennes, en parti-culier dans celles qui se trouvent dans les communautés francophones minoritaires[19].

En ce qui concerne le comportement communicatif, on observe aussi une nette tendance au changement. Elle se traduit dans toutes les situations de communication interpersonnelle par une diminution consi-dérable du maintien du français (en 1978, 66 pour cent des parents communiquaient toujours ou souvent en français entre eux ; en 1994, il n'y en avait plus que 27 pour cent ; en 1978, 67 pour cent des élèves communiquaient avec leurs frères et sœurs toujours ou souvent en *anglais* ; en 1994, il y en avait 82 pour cent). Par contre, au niveau des attitudes envers le français, on constate qu'il n'y a pas de différence d'une enquête à l'autre et elles sont dans l'ensemble favorables (en 1978 et 1994, 66 pour cent des élèves ont déclaré que le français était important ou très important dans leur vie actuelle). Il serait intéressant d'essayer de déterminer si, comme l'estime Erfurt, l'absence de chan-gement est une illustration d'un paradoxe souvent observé en commu-nauté linguistique minoritaire, qui se traduit par le maintien d'attitudes positives ou optimistes envers la langue ancestrale, alors que les membres de la communauté l'abandonnent, ou si elle n'est pas aussi due à la présence accrue en 1994 d'élèves provenant d'un milieu socio-économique où l'on a des attitudes plus favorables au français.

En ce qui concerne l'utilisation du français dans les situations de communication en dehors de la cellule familiale, on peut aussi dé-plorer l'absence d'études diachroniques (en dépit de la nécessité de mesurer l'impact de la Loi 8) et, d'une façon générale, l'insuffisance de recherches détaillées sur le comportement communicatif des *adultes* dans ces situations. L'enquête de Bernard[20], par l'étendue et la précision de ses questions (elles sont en grande partie centrées sur le réseau institutionnel local : commerce, milieu de travail, agences gouvernementales, etc.) et sa dimension régionale (elle permet une comparaison entre la communauté francophone très majoritaire de Hearst et deux communautés relativement minoritaires : Kapuskasing et Cochrane — la deuxième étant plus minoritaire que la première), est un bon exemple d'étude qui mériterait d'être menée à nouveau et étendue à d'autres communautés. Il est remarquable que cette étude, comme les enquêtes sociolinguistiques en milieu scolaire franco-ontarien, confirme l'influence du niveau de concentration francophone local sur le comportement communicatif des Franco-Ontariens, et ce, dans presque toutes les situations de communication sur lesquelles on a recueilli des données. Plus la communauté francophone est minoritaire, moins les francophones communiquent en français en dehors du foyer, résultat qui s'explique en partie par le fait que dans les communautés francophones minoritaires, le réseau institutionnel local est largement sous contrôle anglophone.

Cela dit, l'ensemble de ces enquêtes révèlent aussi l'existence d'une variation *intracommunautaire* considérable (en particulier dans les communautés franco-ontariennes qui ne sont ni franchement minoritaires ni franchement majoritaires). Par exemple, après avoir calculé un indice général de maintien du français à partir des réponses fournies par leurs répondant(e)s adolescent(e)s à des questions concernant onze situations de communication de la vie de tous les jours, Mougeon et Beniak[21] constatent qu'à Cornwall, où les Franco-Ontariens représentent 35 pour cent de la population, on observe un continuum dans le maintien du français qui va de l'emploi quasi catégorique du français (.98 pour une valeur maximale de .100) à l'emploi quasi catégorique de l'anglais (.05) en passant par un large ensemble de valeurs intermédiaires. En plus de ces différences interindividuelles de fréquence d'emploi du français, on observe aussi des différences d'ordre qualitatif qui se traduisent par le fait que des répondants qui ont la même valeur indicielle (p. ex. .50) ont des patrons communicatifs bien différents. Certain(e)s répondant(e)s font montre d'un comportement communicatif fortement « compartimenté » (toujours ou souvent en français dans les situations reliées à la cellule familiale et toujours ou souvent en anglais dans les autres situations) ; d'autres, par contre, communiquent presque aussi souvent en français qu'en anglais dans toutes les situations de communication. Ces différences interindividuelles intracommunautaires nous renvoient à certains des facteurs évoqués plus haut (différences de mode d'acquisition du français comme langue maternelle, mixité linguistique du foyer, attitudes envers le français, etc.). Il y a là tout un champ de recherche qui mériterait des études approfondies.

COMPÉTENCE EN ANGLAIS

Si on admet généralement que la connaissance supérieure de l'anglais est un des traits qui différencient les Franco-Ontariens de leurs cousins québécois, peu d'études linguistiques détaillées ont toutefois été consacrées à cette question. Les études de Mougeon et Hébrard sur l'anglais parlé des élèves des écoles franco-ontariennes à Welland et Sudbury constituent une exception notable. Dans ces études, on montre qu'à la fin du secondaire, l'ensemble des élèves atteignent un niveau de compétence orale en anglais quasiment identique à celui des locuteurs natifs de cette langue[22]. Nous devons donc recourir aux données du recensement national pour obtenir une idée générale de la compétence en anglais des Franco-Ontariens. Nous avons vu plus haut que le recensement pose une question relative à la capacité de tenir une conversation dans les deux langues officielles du pays. En ce qui concerne la capacité de converser en anglais, la proportion des Ontariens de langue maternelle française qui détiennent cette faculté est très élevée (90 pour cent), le reste de la population ne pouvant converser qu'en français. Ces 90 pour cent incluent une majorité d'individus (86 pour cent) qui peuvent aussi converser en français, et donc que l'on peut qualifier de bilingues, et une minorité (4 pour cent) dont la compétence en français n'est que passive (parce qu'il ont perdu la capacité de parler en français ou parce qu'ils ne l'ont jamais possédée)[23]. En d'autres termes, les données du recensement indiquent que le bilinguisme a atteint un stade fort avancé parmi les Ontariens de langue maternelle française.

S'il est relativement réconfortant de constater que la bilingualisation généralisée des Franco-Ontariens n'a entraîné qu'une perte marginale de la compétence active en français, il ne faut pas croire pour autant que tous les Franco-Ontariens qui déclarent pouvoir converser en français et en anglais ont des compétences égales dans ces deux langues. En fait, plusieurs enquêtes réalisées dans différentes communautés ou écoles franco-ontariennes où on a demandé aux répondant(e)s d'auto-évaluer leur compétence orale en anglais et en français suggèrent que les Ontariens de langue maternelle française incluent, en nombre variable selon la communauté, des individus qui s'estiment plus compétents en anglais qu'en français (bilingues anglo-dominants), des individus qui s'estiment plus compétents en français qu'en anglais (bilingues franco-dominants) ainsi que des individus qui s'estiment autant compétents dans les deux langues (bilingues équilibrés). Par ailleurs, ces enquêtes révèlent que ces différences de niveau de bilinguisme sont reliées aux différences de fréquence d'emploi du français et de l'anglais mentionnées plus haut. En d'autres termes, un usage prépondérant du français tend à être associé au bilinguisme franco-dominant, un usage

plus égal des deux langues au bilinguisme équilibré, et l'usage prépondérant de l'anglais au bilinguisme anglo-dominant.

Plusieurs études ont montré que nombre de Franco-Ontariens ont
une perception positive du bilinguisme, soit comme une dimension de
l'identité personnelle[24], soit comme choix préférentiel par rapport à la
langue d'éducation, au milieu de travail et à la localité de résidence[25].
À ce sujet, Bernard[26] considère que ce faisceau d'attitudes et sa contrepartie comportementale (c.-à-d. l'usage linguistique bilingue) sont symp-
tomatiques d'une profonde mutation au sein de la communauté franco-
ontarienne qui se traduit par le fait que, d'anciennement subordonnée à
la religion catholique, la connaissance de la langue ancestrale est maintenant largement coupée de la foi et subordonnée à l'anglais et à la
culture anglo-américaine. Or, ces études ont montré aussi qu'il ne s'agit
que d'une tendance générale et qu'il y a aussi, en proportion variable,
dans les différentes communautés franco-ontariennes, des individus dont
le profil identitaire est nettement plus orienté vers le français que vers
l'anglais, et vice versa. La variation d'attitude et d'identité renvoie
donc à la variation au niveau de compétence linguistique, à la variation
dans les choix communicatifs et au milieu local. Dans plusieurs travaux
réalisés à partir d'enquêtes ethnographiques conduites en milieu scolaire franco-torontois[27], Heller et ses associé(e)s s'efforcent de relier
ces différents niveaux d'analyse, dans une perspective descriptive et
explicative. Il est à souhaiter que ce genre de recherche soit étendu à
d'autres communautés.

COMPÉTENCE EN FRANÇAIS

Si les études linguistiques sur la compétence en anglais des Franco-
Ontariens ne sont pas légion, la recherche sociolinguistique sur le français parlé en communauté franco-ontarienne est nettement plus avancée. Nous nous contenterons de faire état des principaux phénomènes
sociolinguistiques mis au jour par cette recherche et de signaler certaines nouvelles pistes de recherche ou les questions qui méritent d'être
approfondies[28]. Notre fil conducteur sera la question de l'émergence en
français ontarien de différents phénomènes sociolinguistiques qui représentent une divergence par rapport au parler souche (le français
québécois), et donc que l'on peut concevoir comme une manifestation
de la spécificité linguistique de la communauté franco-ontarienne[29].

1. STANDARDISATION

Nous avons fait allusion au fait que les communautés franco-ontariennes
incluent une proportion variable, mais croissante, d'individus qui abandonnent l'emploi de la langue maternelle dans les situations de commu-

nication qui devraient être normalement propices à son maintien (p. ex. les situations reliées à l'espace social du foyer). Étant donné que les jeunes générations franco-ontariennes sont maintenant dans l'ensemble scolarisées en français jusqu'à la fin du secondaire, cet abandon a pour conséquence que l'école tend à devenir le principal lieu de la transmission et de l'usage du français pour un nombre croissant de jeunes Franco-Ontariens. Il n'est donc pas étonnant que plus d'une demi-douzaine d'études sociolinguistiques avaient établi l'existence d'une tendance à la standardisation du français parlé par les jeunes générations franco-ontariennes qui est inversement reliée au niveau de maintien du français dans les espaces sociaux privés et informels (moins le maintien est élevé, plus la standardisation l'est). Il est remarquable que cette tendance se traduise par des différences interindividuelles ou intercommunautaires qui peuvent prendre un caractère spectaculaire. Ainsi, Mougeon et Beniak[30] ont trouvé que 99 pour cent des adolescents franco-ontariens de Hawkesbury emploient comme conjonction de subordination ou marqueur discursif la locution vernaculaire *ça fait que* (souvent réduite à *fait qu'* ou *ça fait*) — ex. : *c'est trop cher, (ça) fait que j'l'achète pas* — que 40 pour cent des adolescents de Cornwall en font autant et qu'à North Bay cette locution n'est employée que par 14 pour cent d'entre eux ! Dans les deux communautés franco-ontariennes minoritaires (la deuxième l'étant plus que la seconde), c'est en fait l'usage de la conjonction standard *alors* qui prédomine.

Dans un ordre d'idées similaire, les mêmes auteurs ont constaté l'absence totale d'emploi de la préposition *à* pour exprimer la possession (ex. : *le frère à ma mère*) — usage vernaculaire — dans le parler des adolescents qui délaissent le français dans les espaces sociaux privés et informels des trois communautés franco-ontariennes minoritaires de Cornwall, North Bay et Pembroke. Ces adolescents emploient systématiquement la préposition standard *de*. En revanche, dans ces mêmes localités, le parler des adolescents qui maintiennent le français dans ces mêmes espaces communautaires n'est pas dépourvu d'emplois du *à* possessif. On trouve une constatation similaire dans l'étude socio-phonétique de Thomas[31] sur un trait de la prononciation des jeunes Franco-Ontariens à Rayside et Sudbury. Les jeunes qui délaissent le français dans les espaces sociaux privés et informels ont moins souvent recours à la prononciation vernaculaire *oué* [we] dans des mots comme *moi* ou *toi* que ceux qui maintiennent le français dans ces domaines. Il appert donc que plus les jeunes locuteurs du français confinent leur emploi de cette langue au domaine scolaire, plus ils sont coupés du vernaculaire et plus leur français revêt un caractère standardisé. Compte tenu de la progression de l'abandon du français au foyer, ce phénomène est sans doute en passe de devenir un aspect majeur de la divergence du français ontarien par rapport au français québécois.

2. DIMINUTION DE LA STRATIFICATION SOCIALE DU LANGAGE

Dans chacune des nombreuses études sociolinguistiques qui ont été
consacrées à la variation dans le français parlé *au Québec*, on a découvert l'existence d'une corrélation régulière et étroite entre la fréquence
d'emploi des traits du français vernaculaire (et des traits standard équivalents) et le statut socioéconomique des locuteurs. Plus le statut socio-
économique des locuteurs est élevé, plus la fréquence d'emploi des
variantes standard est élevée ou, inversement, moins le statut socio-
économique des locuteurs est élevé, plus ils emploient les traits du
français vernaculaire. Dans les travaux sociolinguistiques, on désigne
cette corrélation par le terme « stratification sociale du langage ». En
revanche, les recherches sur le français parlé en Ontario ont démontré
que la corrélation entre le statut socioéconomique et la fréquence
d'emploi des usages standard ou vernaculaires est loin d'avoir un caractère aussi régulier et absolu, et qu'elle peut même tout simplement
disparaître. Nadasdi[32] a constaté que si, dans le parler des adolescents
de Hawkesbury, la fréquence du redoublement du sujet (ex. : *les gens
ils sont tannés de parler de ça*) — alternative familière et/ou populaire
aux sujets non redoublés (ex. : *les gens sont tannés de parler de ça*) —
est nettement corrélée aux origines sociales des adolescents, elle ne
l'est pas dans les trois communautés francophones minoritaires de
Cornwall, North Bay et Pembroke. En d'autres termes, dans ces trois
communautés, on est moins sensible à la marque sociostylistique du
redoublement du sujet qu'à Hawkesbury, et ceci se traduit par un nivellement de la stratification sociale sur ce point de la grammaire du
français.

Dans la même veine, Tennant, dans une étude consacrée à l'effacement (vernaculaire) *vs* la conservation (standard) du phonème /l/ dans
le français parlé des adolescents de North Bay, constate que la corrélation entre l'effacement de ce phonème dans les articles (ex. : *dans 'a
cave*) et le statut socioéconomique des locuteurs ne vaut que pour ceux
qui maintiennent le français à un niveau élevé ou moyen[33]. Qu'ils
proviennent d'un milieu socio-économique élevé ou plus bas, les
locuteurs qui communiquent rarement en français en dehors de l'école
effacent le phonème /l/ au *même* niveau de fréquence. Lorsque le maintien du français tombe en dessous d'un certain seuil critique, au niveau
communautaire ou individuel, il semble donc que la stratification sociale du langage tend à s'estomper, phénomène qui reflète peut-être une
diminution de la valeur utilitaire du français. Ce phénomène est aussi
un aspect de la divergence entre le français ontarien et le français
québécois. Toutefois, à la différence de la tendance à la standardisation
mentionnée plus haut, il n'a fait l'objet que de deux études et donc la
recherche devrait se poursuivre sur cette question.

3. CONSERVATION DES TRAITS DU VERNACULAIRE

Si le parler des jeunes générations franco-ontariennes fait montre d'une tendance plus ou moins accentuée à la standardisation, celui des générations plus âgées, par contre, peut illustrer la tendance inverse. On sait que, jusqu'à la fin des années 60, peu de Franco-Ontariens ont pu bénéficier d'une scolarité poussée *en français* et que l'expansion du français dans les domaines « officiels » de la société (médias, fonction publique, etc.) ne s'est produite qu'à partir des années 70. On comprend donc qu'il ne soit pas difficile de trouver, parmi les générations franco-ontariennes plus âgées, des individus qui ont été (très) peu exposés au français standard et dont le parler est caractérisé par une remarquable conservation des traits du français québécois/ontarien vernaculaire. Comme certains de ces individus ont pu néanmoins recevoir une scolarisation avancée principalement ou totalement prodiguée en anglais, et exercer une profession dans laquelle ils ne parlent pas ou peu le français, il s'ensuit que parmi les générations franco-ontariennes plus âgées, la fréquence d'emploi des traits du français vernaculaire et de leurs contreparties standard ne va pas toujours de pair avec le statut socioéconomique des locuteurs. Mougeon et Beniak ont attesté ce phénomène relativement à la prononciation diphtonguée *vs* monophtonguée des voyelles longues (p. ex. *char* [ʃaᵂR] *vs* [ʃɑ:R]), la diphtongaison *vs* monophtongaison de ces voyelles étant un bon indicateur du statut social en milieu francophone québécois[34]. On voit donc que la variation dans l'utilisation du français (à la maison, au travail, etc.) et dans la langue de scolarisation influence la stratification du langage parmi les générations franco-ontariennes plus âgées. Malheureusement, jusqu'à présent, seule cette étude de Mougeon et Beniak a tenté de défricher ce champ de recherche complexe.

4. RÉGULARISATION OU SIMPLIFICATION DE LA MORPHOLOGIE ET DE LA SYNTAXE

Le phénomène linguistique dont il est question ici se manifeste sous la forme d'une double tendance : i) le recours préférentiel à des formes ou des règles grammaticales qui constituent des alternatives plus simples ou plus régulières à des formes ou règles complexes ou irrégulières ; et ii) l'emploi de certaines stratégies discursives qui sont motivées par la recherche d'une « économie » de moyens linguistiques (p. ex. l'omission de certaines formes redondantes ou à faible rendement fonctionnel). Ainsi Mougeon et Beniak ont attesté l'emploi de formes verbales *non marquées* au pl. 3 du présent de l'indicatif et du futur (ex. : *les personnes sait qu'est-ce qu'il y a*)[35] et Mougeon a attesté une tendance à l'omission des pronoms réfléchis avec les verbes pronominaux (ex. : *je (me) souviens de ça*)[36]. L'étude de Nadasdi a établi une tendance à

régulariser la morphologie et la syntaxe des pronoms personnels objet ;
on les place à la droite plutôt qu'à la gauche du verbe (en français les c.
o. du verbe sont normalement postposés) et on emploie la forme accentuée du pronom (élimination de la distinction sujet *vs* objet) — ex. : *la
pollution commence à détruire nous autres* — ; et/ou une tendance à
l'élimination de certains d'entre eux (ex. : *ils ont pris la fille, pis ils
étaient pour (la) donner à King Kong pis après, il a venu (la) chercher*)[37].

Dans toutes ces études, les Franco-Ontariens qui font montre de
ces tendances sont ceux dont le maintien du français est peu élevé et
qui, par voie de conséquence, n'ont qu'une maîtrise partielle des difficultés de la morphologie et de la syntaxe de cette langue. Dans le parler
des locuteurs du français qui maintiennent cette langue à un niveau
élevé et/ou qui résident dans une communauté franco-ontarienne fortement majoritaire (comme à Hawkesbury), ces phénomènes sont absents
ou sporadiques. On peut donc supposer qu'il en est de même dans le
parler des Québécois et donc qu'ils constituent un aspect supplémentaire de la divergence du français ontarien par rapport au parler souche[38].

Cela étant, on doit préciser que les études qui ont attesté ces tendances ont été exclusivement centrées sur le parler des jeunes générations franco-ontariennes scolarisées en français. Au sein de ces générations, le français des individus scolarisés en français qui communiquent
rarement en cette langue (en dehors de l'école) fait donc montre de
deux tendances principales : la tendance à la standardisation discutée
plus haut et la tendance à la simplification dont il est question ici.
Lorsque ces deux tendances atteignent un stade avancé, on est en droit
de se demander si les locuteurs du français qui les manifestent sont
toujours des locuteurs natifs du français ontarien à part entière. En
effet, il est symptomatique que ces deux tendances ont été également
observées sur ces mêmes points de la langue (ou sur d'autres) dans le
français parlé de locuteurs du français langue *seconde*[39]. Quoi qu'il en
soit, on a vu plus haut qu'il y a aussi des individus qui communiquent
peu souvent en français parmi les générations franco-ontariennes plus
âgées et on devrait donc s'attendre à trouver des phénomènes de simplification dans leur français parlé, même si par ailleurs leur français reste
proche de la variété vernaculaire.

5. DIFFÉRENTES MANIFESTATIONS DE L'INFLUENCE DE L'ANGLAIS

On a vu plus haut que la connaissance de l'anglais est généralisée au
sein de la communauté franco-ontarienne, que le bilinguisme fait partie
de l'identité des locuteurs et qu'il est perçu positivement par nombre
d'entre eux. On a vu aussi que de nombreux membres de la commu-

nauté franco-ontarienne communiquent quotidiennement souvent en anglais dans les différents domaines de la société (pour certains locuteurs, l'anglais est en fait la langue de communication prédominante). Il existe donc, en communauté franco-ontarienne, un ensemble de facteurs qui font que, dans le discours ou dans la langue, on peut observer une variété d'usages qui témoignent de l'influence de l'anglais sur le français.

Nous allons dans un premier temps traiter des usages dus à l'influence de l'anglais qui distinguent les Franco-Ontariens des Québécois. Nous traiterons ensuite brièvement de ceux que l'on observe aussi en territoire québécois et qui ont sans doute en grande partie été importés en Ontario suite à l'immigration des Québécois.

Les recherches (socio)linguistiques sur les causes linguistiques et extralinguistiques des usages franco-ontariens dus à l'influence de l'anglais, permettent de dégager trois facteurs causaux principaux. D'abord, le français est dominé par l'anglais dans plusieurs secteurs de la société. Cette dominance a pour effet de réduire la disponibilité des mots français qui sont associés à ces domaines et d'« ouvrir la porte » à leurs équivalents anglais. En d'autres termes, les mots empruntés à l'anglais permettent de remplir des trous dans le vocabulaire des locuteurs du français ontarien. En voici quelques exemples tirés du corpus du français parlé à Welland[40] et du traité de Poplack sur le français parlé à Ottawa[41] : les mots *accountant, customer, dishwasher, high-rise, fridge, low rental, movie* et *real estate*. Les secteurs socioéconomiques qui correspondent à ces mots sont l'industrie, le commerce, la finance, l'immobilier et les médias.

Le deuxième facteur causal est d'ordre sociosymbolique. Weinreich et Haugen ont déjà remarqué que dans les communautés linguistiques minoritaires on emprunte aussi des mots au vocabulaire de base de la langue majoritaire, qui viennent concurrencer des mots du vocabulaire de base de la langue minoritaire[42]. Parmi ces emprunts observés dans les corpus de français ontarien, on peut mentionner la conjonction *so* qui fait concurrence aux mots *alors* et *ça fait que* (cf. plus haut), la conjonction *but* qui concurrence *mais,* le mot *slow* qui concurrence *lent(ement)*, l'interjection *sure !* qui concurrence *certain(ement) !*, et le mot *first* qui concurrence *premier* et *premièrement*. Intrigués par le fait que ce genre d'emprunt à la langue majoritaire ne peut être expliqué par la dominance de la langue majoritaire dans des domaines spécifiques de la société et qu'ils ne « remplissent pas des trous de vocabulaire », Weinreich et Haugen ont formulé l'hypothèse que ces emprunts, en quelque sorte « gratuits », auraient en fait pour fonction de symboliser la double appartenance linguistique et culturelle des membres hautement bilingues des communautés minoritaires et, donc, qu'ils ne seraient pas le résultat d'une méconnaissance du lexique de la langue minoritaire[43]. Une recherche sociolinguistique consacrée à *so*[44] fournit une confirmation empirique de cette hypothèse. En effet, on a découvert que *so* était employé surtout par les Franco-Ontariens qui communiquent à peu près aussi souvent en anglais qu'en français et qui se considèrent comme des bilingues équilibrés (les bilingues anglo-dominants et franco-dominants ne faisant qu'un emploi marginal de cet emprunt à l'anglais).

Le troisième facteur causal est le maniement quotidien de l'anglais par les Franco-Ontariens, qui entraîne ce que les linguistes appellent des phénomènes d'interférence. Les interférences de l'anglais se traduisent par des modifications du sens ou de la syntaxe de mots français dues à l'influence du sens ou de la syntaxe de mots français équivalents. Par opposition aux emprunts de mots anglais évoqués plus haut, ces phénomènes d'interférence sont des manifestations indirectes de l'influence de l'anglais ; par conséquent, les locuteurs en sont généralement moins conscients. En voici quelques exemples observés dans des corpus de français ontarien de Mougeon et Beniak : l'emploi de la préposition *sur* devant les mots *radio* et *télévision* — ex. : *j'ai vu ça sur la télévision* (anglais : *on television*) —, de la préposition *pour* après les verbes *attendre* ou *chercher* (anglais : *wait for* et *look for*) ; l'emploi du verbe *être* plutôt que du verbe *avoir* devant des mots comme *faim*, *peur*, ou des quantités telles que l'âge, la hauteur — ex. : *je suis peur, je suis 25 (ans)* (anglais : *I am scared, 25*, etc.) — ; l'emploi de l'adverbe restrictif *juste* en position préverbale — ex. : *Non, on juste commençait pis j'ai tombé* (anglais : *we were just beginning*).

Pour intéressante qu'elle soit en elle-même, cette classification des anglicismes relevés dans les corpus de français ontarien ne nous dit pas grand-chose sur la question importante de savoir à quel point chacun de ces anglicismes est diffusé dans le français ontarien et donc peut être considéré comme un trait typique de ce dernier. Pour répondre à cette question, il faudrait idéalement pouvoir répondre aux sous-questions suivantes : est-ce que tel ou tel usage est limité à une ou quelques communautés ou au contraire connaît-il un haut niveau de diffusion pancommunautaire ? Au sein des communautés où il est attesté, est-il utilisé par de nombreux locuteurs ou seulement par quelques-uns d'entre eux, par certains groupes sociaux plutôt que par d'autres ou par l'ensemble des catégories sociales ? Finalement, quelle est la fréquence de l'usage en question par rapport à celle de son ou de ses équivalents français (s'il en a) ? Il est impossible de fournir une réponse adéquate à toutes ces questions, car on a consacré trop peu d'études sociolinguistiques détaillées de cas spécifiques d'usages dus à l'influence de l'anglais. Contentons-nous de mentionner certaines des différences intéressantes qui ont été révélées par les études de cas.

Dans une étude consacrée au mot *high school* et à son équivalent *école secondaire* et réalisée à partir du corpus du français parlé à Welland[45], j'ai montré que *high school* est plus fréquemment employé que le mot *école secondaire* dans le parler des anciennes générations, mais que *high school* est en voie d'extinction dans le parler des jeunes générations ; ces dernières emploient majoritairement le mot *école secondaire*. J'ai récemment procédé à un rapide examen des corpus de français parlé par les adolescents à Hawkesbury, Cornwall, North Bay et Pembroke qui a confirmé les résultats de Welland : *high school* est employé dans les quatre communautés franco-ontariennes, mais il est nettement moins fréquent que le mot *école secondaire*. L'expansion récente du système des écoles secondaires de langue française dont bénéficient les jeunes générations franco-ontariennes y est sans doute pour beaucoup dans ce changement lexical intergénérationnel.

Dans leur étude consacrée à la conjonction *so* et ses équivalents *ça fait que* et *alors*, réalisée à partir des corpus de Hawkesbury, Cornwall, North Bay et Pembroke, Mougeon et Beniak ont découvert que *so* se retrouve dans le parler des locuteurs des trois communautés minoritaires mais pas dans la communauté fortement majoritaire de Hawkesbury[46]. En plus d'avoir trouvé que *so* est surtout employé par les locuteurs bilingues équilibrés, les deux auteurs ont également constaté que, parmi ces locuteurs bilingues, ce sont de loin les locuteurs de la classe ouvrière qui emploient le plus souvent *so*. Dans le parler des locuteurs bilingues équilibrés et issus d'un milieu ouvrier, le taux de fréquence de *so* est de 73 pour cent contre 18 pour cent pour *alors* et 10 pour cent pour *ça fait que* ! En français ontarien, *so* semble donc fonctionner à la fois comme marqueur d'identité bilingue et comme marqueur d'appartenance sociale. Il serait intéressant de vérifier si cette double fonction sociosymbolique vaut pour d'autres cas d'emprunts au vocabulaire de base de l'anglais. Quoi qu'il en soit, l'émergence de *so* dans le français des adolescents franco-ontariens est un exemple frappant de la divergence du français ontarien par rapport au québécois. En effet, dans son étude consacrée à l'emploi des connecteurs inter-propositionnels dans le français parlé de Montréal, Dessureault-Dober d'une part n'a pas trouvé de *so*, et d'autre part a constaté que les jeunes francophones de la classe ouvrière employaient majoritairement *ça fait que*[47].

Dans une recherche récente consacrée à l'emploi du mot *movie*, j'ai constaté en consultant les corpus de Hawkesbury, Cornwall, North Bay et Pembroke que, comme *so*, ce mot n'est employé que dans les trois communautés minoritaires. Toutefois, contrairement à *so*, *movie* est peu fréquent et ne constitue pas une menace sérieuse pour ses deux synonymes français *vue* et *film*, qui, comme au Québec[48], sont respectivement associés au parler de la classe ouvrière et au parler de la classe moyenne. *Movie* est donc un cas de divergence par rapport au français québécois qui est bien moins avancé que celui de *so*.

Dans un même ordre d'idées, on doit mentionner que, dans les corpus de français ontarien, on trouve de nombreux cas d'usage de mots anglais qui n'ont pas été observés en québécois mais dont la diffusion inter ou intracommunautaire est marginale ou nulle. Ils n'apparaissent qu'une seule fois dans les corpus ou encore ils ne sont employés que par un locuteur. Nombre de ces mots d'origine anglaise sont apparentés à ce que les linguistes appellent les alternances de code (*code switches*). Largement idiosyncrasiques, ces alternances sont des phénomènes de discours plutôt que de langue et on aurait tort de les considérer comme typiques du vocabulaire du français ontarien[49]. On peut regrouper les alternances de code observées dans les corpus de français ontarien sous deux types. Le premier correspond au recours à un mot anglais pour pallier l'ignorance momentanée (ou non) d'un mot français équivalent. Voici un exemple de ce type d'alternance de code tiré du corpus du français parlé à Welland : *Le gouvernement y ont une ... heu station ... un monitor qu'ils appellent.* Le deuxième consiste en l'emploi de mots anglais, à des fins de stratégie discursive socio-psychologique. Ainsi Heller[50] mentionne l'exemple de l'enseignant d'une école de langue française à Toronto qui termine une phrase française adressée à ses élèves par l'expression *all right ?* Normalement cet enseignant s'adresse à ses élèves exclusivement en français et il s'attend à ce que ses élèves en fassent autant lorsqu'ils lui adressent la parole. En employant *all right* plutôt que *d'accord*, il faillit à la règle. Cependant, il converge symboliquement vers ses élèves qui sont en grande majorité des bilingues équilibrés ou anglo-dominants et qui, entre eux, communiquent normalement en anglais. Ce faisant, il peut espérer une meilleure coopération de leur part. On peut contraster cette alternance avec celle produite par un élève de la même école qui répond « forty-three » à son enseignant qui lui demande pour le rappeler à l'ordre : « À quelle page sommes-nous ? » En répondant en anglais plutôt qu'en français, l'élève faillit lui aussi à la règle, mais il conteste ainsi de façon détournée l'autorité de son professeur. Contrairement au premier type d'alternances de code, ce deuxième type n'est pas motivé par le manque de familiarité avec tel ou tel mot français ; donc il peut impliquer n'importe quel mot anglais. Pour Heller, ces alternances de code s'inscrivent dans la dynamique des rapports communicatifs inter-groupes et sont une des façons dont les locuteurs bilingues peuvent se rapprocher ou s'éloigner symboliquement les uns des autres dans la communication.

Les quelques recherches sociolinguistiques consacrées à des cas d'interférence de l'anglais confirment l'idée que les « innovations » linguistiques dues à l'influence de l'anglais connaissent une diffusion inter et intracommunautaire variable. Ainsi Mougeon et Beniak ont découvert que dans les trois communautés franco-ontariennes de Cornwall, North Bay et Pembroke l'emploi de *sur* (plutôt que *à*) devant les mots *radio* et *télévision* se retrouve dans le parler de l'ensemble des adolescents (quel que soit leur niveau de maintien du français)[51], alors que l'emploi d'*être* pour *avoir*, devant des mots comme *peur, faim, quatorze* (ans), est limité au parler des adolescents qui communiquent rarement en français en dehors de l'école[52].

Terminons cette section par quelques remarques sur les usages dus à l'influence de l'anglais qui ne sont pas propres au français ontarien dans la mesure où on les retrouve aussi en français québécois. Il s'agit en grande partie de mots d'origine anglaise qui se sont intégrés au lexique du français québécois à une époque maintenant révolue, où celui-ci subissait une forte domination de l'anglais. En voici quelques exemples : *factrie/factory* synonyme d'*usine* ou de *manufacture, tough* synonyme de *dur, checker* synonyme de *vérifier, anyway* synonyme de *en tout cas* ou *de toute façon, truck* synonyme de *camion*, etc. Généralement typiques des registres familiers ou populaires, ces emprunts intégrés de longue date en français québécois, ont été importés en Ontario, on peut le supposer, au fur et à mesure de l'immigration des Québécois. Le fait que ces mots d'origine anglaise sont des traits typiques du français vernaculaire va de pair avec le fait que, parmi les jeunes Franco-Ontariens, ces emprunts sont plus fréquents chez les locuteurs de la classe ouvrière que chez ceux des autres classes et chez ceux qui maintiennent le français dans les espaces sociaux privés et informels par rapport à ceux qui ne le font pas. Ce résultat est conforme à la tendance à la standardisation évoquée plus haut et lui aussi symptomatique d'une divergence éventuelle du français ontarien par rapport au québécois[53]. Il est intéressant de mentionner que cette divergence se manifeste aussi au niveau de la prononciation de ces emprunts. Par exemple, dans notre corpus du français parlé à Welland, nous avons observé des prononciations anglaises pour des emprunts comme *hockey, party*, c'est-à-dire [hɒ'ki:], [pɒɹ'tI], qui se distinguent de la prononciation québécoise de ces mots [ɔke'], [parte']. Une étude détaillée du plus fréquent de ces emprunts, le mot *hockey*, a révélé que la tendance à prononcer ce mot à l'anglaise est nettement plus avancée dans le parler des jeunes locuteurs bilingues équilibrés ou anglodominants que dans le parler des anciennes générations moins bilingues. Par ailleurs, la prononciation à l'anglaise est nettement plus fréquente dans le parler des membres de la classe ouvrière que dans celui des autres classes. On peut rapprocher ces résultats de ceux relatifs à la montée de *so* dans le français des jeunes générations et se demander si la même combinaison de facteurs sociosymboliques ne joue pas dans les deux cas.

On retiendra donc de notre survol des recherches sur les usages dus à l'influence de l'anglais observables en français ontarien que ceux-ci ne forment pas un ensemble homogène quant à leurs caractéristiques linguistiques et quant aux facteurs démographiques et sociopsychologiques qui influent sur leur diffusion. Il est donc nécessaire de pousser plus loin les quelques recherches sociolinguistiques de cas qui ont amorcé l'exploration de cet aspect du parler franco-ontarien.

EXTRAITS D'ENTREVUES

Nous allons examiner ci-dessous des extraits d'entrevues réalisées avec quatre locuteurs du français ontarien. Dans ces extraits, les locuteurs produisent une narration en « réponse » à une question qui leur demandait de relater un moment de leur vie où ils ont eu une très grande frayeur (sujet de conversation propice à la production d'un discours plus spontané). Nous avons choisi ces quatre locuteurs de façon à donner une idée concrète de la divergence entre le français ontarien et le québécois et des différences interindividuelles observables au sein de la communauté franco-ontarienne. Les deux premiers locuteurs appartiennent aux générations franco-ontariennes plus âgées et sont « franco-dominants ». Leur français est donc proche du parler québécois souche. Toutefois, ils ne sont pas du même milieu social. Le premier est issu du milieu ouvrier, le deuxième est issu de la classe moyenne éduquée. Les deux autres locuteurs appartiennent aux générations adolescentes et sont respectivement bilingue équilibré et bilingue anglo-dominant. Ces deux derniers locuteurs nous fourniront un bon échantillon des différents aspects de la divergence entre le français ontarien et le québécois.

Le premier extrait est tiré d'une entrevue réalisée avec un locuteur de la communauté francophone de Welland. Ouvrier à l'usine Union Carbide, ce locuteur de 61 ans est né de parents agriculteurs dans une localité rurale du comté de Frontenac (Québec), où il a reçu un total de 6 années de scolarité (en français, bien entendu). Il est arrivé à Welland avec son épouse en 1945. À cette époque, il y avait pénurie d'emplois dans le comté de Frontenac, alors que Welland et sa région étaient en pleine expansion économique. Il ne possède qu'une connaissance rudimentaire de l'anglais et ne communique qu'en français avec les membres de sa famille. À ce sujet, il dit au début de l'entrevue: « ici, moé, j'comprends pas assez, t'sais... d... timber tout seul là, je serais pas capab' de faire mon affaire... là, ben... ça fait, on l'a les enfants [...] eux autres, i' parlent bien anglais asteure... quand on est mal pris, ben on va trouver les enfants (rires) ». De par son profil sociolinguistique, ce locuteur va nous donner une bonne idée du parler de ceux qui, parmi les Franco-Ontariens, sont restés proches du parler québécois *verna-*

culaire souche. Voici un bref résumé de l'échantillon de traits du français vernaculaire fourni par cet extrait :

Enquêteur : Pis, contez-moi comment c'est arrivé.
Sujet : Ah! Pour moé ça l'a été heu un défaut heu de... du char... pis y a queque chose qui a arrivé dans une roue du char. On s'en allait heu à peu près à cinquan... à soixante milles à l'heure, soixante, soixante et cinq... tout d'un coup ça a paru pa'eil comme si y a'ait eu un flat [flat]... ça fait qu'j'ai dit à ma femme : « modère, on l'a un flat [flat] pour moé »... pis là, a l'a ôté l'pied d'd'ssus l'gaz... pis là, l'char s'est mis à branler d'un bord à l'autre... pis là [x] était pus capab' d'conduire dans l'chemin... ça fait qu'moé, ben quand j'ai vu ça, a mettait pas heu... les... a pas voulu met' les brakes [breːk], a disait qu'a l'avait appris des heu des bons des maîtresses pour appren... apprendre à driver [draive] de pas met' les brakes [breːk] après avoir un flat [flat]... ça fait qu'a l'a fait 'ien qu'ôter l'gaz... a l'a pas mis 'es brakes [breːk]... là ben y'est venu un temps, ben qu'a était pus capab' d'conduire... pis là, ben, la peur nous a pris, nous autres en arrière, su' l'siège en arrière, hein ?... on s'est levé pour aller essayer d'pogner la roue pour i aider... pis en se l'vant d'bout, a l'a... on l'a viré assez vite.... ça a viré pis on l'a faite deux... fois l'tour... pis heu...
E : Vous avez dû avoir peur !?
S : Là, j'ai eu peur, oui, après... un r'coup qu'y'ont eu été re... sortis du char, mais l'char a r't... a reviré, y'a faite juste un tour, y'a revenu s'es roues... pis on était remonté la... la tête au... au... el derrière du heu... du char dans l'fossé, nous autres on était el devant su' l'bord du chemin.
E : Vous auriez pu tous vous tuer, là.
S : Ben oui...
E : Seigneur !
S : On aurait ben pu nous tuer...
E : Vous-êtes vous blessés ?
S : Pantoute, on a pas eu d'mal ni un ni l'autre[54].

Précisons que les caractéristiques du français québécois vernaculaire ont fait l'objet de nombreux travaux linguistiques qui ont établi leur originalité et leur historicité. Par souci de brièveté, nous nous abstiendrons de référer à ces études. En ce qui concerne la prononciation et la morphologie, on peut noter, en plus des réductions phonétiques assez fréquentes (ex. : *capab'*, *'ien que*, etc.), les traits suivants : *timber* pour *tomber* ; la « liaison » non étymologique en [l], ex. : *ça l'a été* pour *ça a été*, *on l'a un flat* pour *on a un flat* ; la prononciation *moé* pour *moi*, *ben* pour *bien*, *el* pour l'article *le* ; la conservation du *t* final dans le participe passé de *faire*, ex.: *on l'a faite deux fois l'tour* ; et la réalisation en *a* du pronom *elle* et en *i* du pronom *lui*. On doit aussi mentionner les prononciations suivantes, que nous n'avons pu rendre à l'aide du système de transcription orthographique élargie. Il s'agit de : i) la diphtongaison du son /ɑ/ dans des mots comme *gaz* et *char* prononcés respectivement [gɑ^{w}z] et [ʃɑ^{w}r], ii) la prononciation des mots *peur*, *arrière* et *siège* avec une voyelle fermée comme dans *eux* et *été* — prononciation qui est en nette régression en français québécois — et iii) la réalisation en [h] du *j* dans *j'ai eu*.

À ces phénomènes phonétiques, on peut ajouter les usages grammaticaux suivants : l'emploi de l'auxiliaire *avoir* au passé composé avec des verbes qui se conjuguent en français correct avec *être*, ex. : *queque chose qui a arrivé* ; l'emploi de la forme adverbiale *dessus* plutôt que de la forme prépositionnelle *sur*, ex. : *ôté l'pied d'd'ssus l'gaz* ; l'emploi de la forme indirecte du pronom objet avec le verbe *aider*, ex. : *pour i aider* ; l'emploi de *pantoute* ; l'emploi systématique de *pis*, forme réduite de *puis* là où le standard utiliserait *et* ou *et puis* ; et l'emploi non moins systématique de (*nous autres*) *on* à la place de *nous*.

En ce qui concerne le vocabulaire, on peut mentionner les quatre mots ou locutions d'origine anglaise : *driver* [draive] de l'anglais *to drive*, « conduire » ; *mettre les brakes* [bre:k] de l'anglais *to put on the brakes* ; *flat* [flat] de l'anglais *flat* (*tire*) et le mot *gaz* du mot anglais *gas(oline)* qui, dans ce contexte, désigne « la pédale d'accélération ». On peut remarquer que les trois derniers mots d'origine anglaise se retrouvent aussi en français québécois vernaculaire, mais pas le premier. Il est remarquable, du reste, que le locuteur n'utilise *driver* que lorsqu'il est question de l'apprentissage de la conduite (service non disponible en français à Welland) et qu'il emploie *conduire* dans un sens plus général. Pour ce qui est des mots français vernaculaires, on peut mentionner entre autres les emplois de : *astheure* ; *char* pour *auto(mobile)* ; *être capable de* pour *pouvoir* ; *pogner* pour *saisir* et *la roue* pour *le volant*.

Le deuxième extrait est tiré d'une entrevue réalisée avec un autre membre de la communauté francophone de Welland. Âgée de 57 ans, cette locutrice est originaire de la petite ville d'Orléans située entre Rockland et Ottawa. Elle est venue s'installer à Welland à l'âge de 22 ans. Elle a bénéficié de 14 années de scolarité presque entièrement en français : à l'école des sœurs d'Orléans jusqu'en 10ᵉ année, les années suivantes dans des couvents canadiens-français de la région d'Ottawa-Carleton. Elle est femme au foyer, mais elle a auparavant exercé la profession d'enseignante au niveau élémentaire. Elle estime avoir plus de facilité d'expression en français qu'en anglais. À la maison, avec son mari (médecin) et ses enfants, elle communique toujours en français. Par contraste avec le locuteur précédent, cette locutrice, de par son niveau d'éducation et ses antécédents professionnels, nous fournit une bonne illustration du français ontarien *standardisé*.

S : Une peur... ben j'avais... j'ai dû avoir quatorze, quinze ans dans c'temps-là ... pis, heu nous étions couchés en haut, nous étions dans notre heu, popa avait son magasin général dans c'temps-là, pis moman pis, pis popa avaient leur chambre en bas, pis nous autres les enfants nous étions en haut, pis t'à coup nous nous sommes éveillés et puis nous avons entendu quelqu'un tirer du fusil ... alors ça, ça j'me rappellerai tout l'temps d'ma vie... nous avons eu... j'pense qu'ça faisait un mois qu'c'était passé ça, p'on dormait pas, personne dans maison encore... on... y était... y faisait clair, là, le matin quand on tombait endormi.

E : Oui, oui.

S : C'est que, les gens... les... y avait quat' voleurs qu'étaient venus durant la nuit, pis c'était au début de mars, pis y avait une p'tite neige qui avait tombé puis l'auto était arrêtée à quelques maisons de chez nous pis... y avait le chauffeur qu'était resté assis dans l'auto puis y avait celui qui faisait la ronde autour de l'auto p'y avait deux voleurs qui étaient rentrés par le magasin en arrière... qui avaient pris une barre de fer, là, pis qu'avaient ouvert la porte et puis y avaient endormi l'chien probablement parce qu'on n'avait pas entendu l'chien... pis le chien là... après c'temps-là, le chien a toujours été comme endormi, y a jamais eu d'vie.

E : Ah, il l'avait drogué !?

S : Probablement que'que chose comme ça, alors sont entrés là, pis là sont venus pour probablement faire ouvrir le coffre-fort à moman, t'sais, et puis moman, elle, elle a entendu quelque chose p'a a dit à popa a dit : « Arthur, y a quelqu'un dans l'magasin » (énoncé chuchoté), fait qu'popa, lui, c'tait pas la première fois qu'y entendait moman dire ça, fait que, « ah », i' dit « j'pense pas », a dit « j'te l'dis », alors popa s'est levé puis en se l'vant fallait qu'i' traverse la salle à dîner, pis dans la salle à dîner, y avait une tab' là, pis s'est frappé su la tab' et pis ça a faite du bruit, alors celui qui était d'l'aut' côté d'la porte, là...

On peut remarquer que, d'une façon générale, cette locutrice se distingue du locuteur précédent par une standardisation relative plutôt que catégorique de son parler. Ainsi, pour ce qui est de la prononciation et des usages grammaticaux, on constate que si le locuteur utilise systématiquement la forme *a* pour le pronom personnel *elle*, la locutrice utilise cette forme mais aussi *elle*, une fois. Alors que le locuteur emploie systématiquement le pronom (*nous autres*) *on*, la locutrice commence son récit en employant *nous* et puis elle passe à *on* ou *nous autres on* (sans retourner à *nous*), quand elle se met à revivre l'événement et que son discours devient plus spontané. Tandis que le locuteur utilise systématiquement *pis*, la locutrice utilise cette forme, voire même la forme *p'* devant une voyelle, ex. : *p'on dormait pas*, mais elle emploie aussi la forme non réduite *puis* et la forme *et puis*. Si le locuteur emploie systématiquement le connecteur interpropositionnel (*ça*) *fait que*, la locutrice utilise cette forme et la forme plus standard *alors*. On remarque aussi que la locutrice emploie généralement l'auxiliaire *être* avec les verbes qui demandent cet auxiliaire en français correct, mais elle emploie *avoir* avec le verbe *tomber* (verbe particulièrement propice à l'emploi d'*avoir* en français québécois vernaculaire). Finalement, pour désigner le concept de « voiture automobile », la locutrice emploie le mot *auto*, plutôt que *char* (mais pas *voiture*, terme assez recherché en français canadien).

Le troisième extrait est aussi tiré d'une entrevue réalisée avec une locutrice de la communauté francophone de Welland. Âgée de 17 ans, elle est née à Welland où elle a été scolarisée en français. Son père est artisan à son compte et sa mère, femme au foyer. À la maison elle communique dans les *deux* langues (surtout en français avec sa mère, en anglais et en français avec son père, surtout en anglais avec ses frères et sœurs et ses amis, mais aussi avec ces derniers en passant du français à l'anglais — précision intéressante qu'elle nous a fournie spontanément). En ce qui concerne sa compétence linguistique, elle estime avoir autant de facilité d'expression en français qu'en anglais. On peut donc dire que cette locutrice représente un bon exemple de jeune francophone bilingue équilibrée : bilingue en matière de compétence langagière, bilingue de par son usage langagier et, sans doute aussi, bilingue de par son identité.

S : Mais j'ai jamais eu peur dans ma vie, except [ɛksɛpt], ben une fois j'ai, comme j'ai dit à la femme que, mon père y'avait un gros camion... un Bell là...
E : Oui.
S : Pis heu, c'était heu... t'sais la veille de Noël ou m'en rappelle pus, c'tait à [x] pis on était su mon mononcle heu Lu, Lucien Demers pis Laurent...
E : Oui.
S: Pis heu, les autres i', y'ont parti y'était quoi, six heures du matin, pis moi j'voulais marcher avec mon cousin, pis, so [so], j'ai marché avec mon cousin, voulaient qu'j'embarque dans le « truck » [tRœk] mais j'voulais pas, j'ai marché a'ec mon cousin, pis les aut' s'en v'naient, pis y'avait un char qu'était mal parké [paRke], dedans l'milieu d'la rue pis les autres l'ont frappé...
E : Ah !
S : Pis l'camion était toute fini, y'avait rien qui restait d'sus, comme, ma mère était à travers... d'la vit', pis les bucket seats ['bʌkɛt'si:ts] là, sontaient pas collés sur la, si peut-être s'ces sièges là étaient, y'auraient été collés...
E : Ouais.
S : A aurait pas r'volé dans la vit', so [so] heu, toute heu... son cou était toute coupé pis, heu s'son bord d'la porte était toute percé, on dirait [xxx] son bord à elle était fini...
E : Ouais
S : Pis heu, l'moteur c'est là moé j'm'assis toujours, y'une place là, pis l'moteur ... l'moteur y'était toute renversé de même, pis...
E : Ah !
S : Moé, j'ai commencé à pleurer pa'ce j'ai eu peur, t'sais ?
E : Ouais.
S: J'pensais si j'aurais été là j'aurais eu, t'sais, mes jambes auraient été finies, j'm'aurais faite couper les jambes, so [so], hein ?

[...]

E : Pis, ta mère a a-tu été pas mal blessée ?

S : Ben, a a été voir à l'hôpital t'suite, heu...

E : Ouais.

S : Avec un taxi, était juste coupée, comme, des places dans le cou, mais c'tait pas sérieux, on, elle, a pensait qu'a s'avait coupé une veine ou...

E : Ouais.

S : Quelque chose mais...

E : T'sais, juste le sang fait peur, hein ?

S : Ouais, so [so]...

E : C'est une providence.

S : Oh, là, là, j'ai toujours peur dans un char !

E : Oui.

S : Quand mon, quand mon ami conduit, j'sais pas heu, t'sais, j'ai déjà conduit l'char, comme heu avec mes [x] pis j'sus toujours après peser su le, les brakes [bRe:ks], comme, quand que j'vois que...

E : T'es nerveuse ?

S : Ouais, j'ai peur, j'ai ben peur dans l'char.

Cet extrait illustre deux tendances principales: i) la conservation du vernaculaire et ii) la fréquence assez élevée des usages dus à l'influence de l'anglais. La première tendance est sans doute en partie imputable aux origines familiales modestes de cette locutrice et au fait que, même si elle communique souvent en anglais, elle a appris le français au foyer et n'a pas abandonné l'usage de cette langue dans cet espace social. La deuxième tendance est autant attribuable à ses origines sociales qu'à son bilinguisme. En effet, nous allons voir que cette locutrice emploie aussi bien des emprunts à l'anglais que l'on retrouve en québécois — traits du vernaculaire — que des emprunts propres au français ontarien (y compris la conjonction *so* et d'autres emprunts au vocabulaire de base de l'anglais).

Soulignons tout d'abord les traits du vernaculaire qu'elle partage avec le premier locuteur : *moé* pour *moi* ; *ben* pour *bien* ; la conservation du /t/ en fin de mot, en l'occurrence dans *tout* [tʊt]; l'emploi systématique de *pis* pour *puis* ; de /a/ pour *elle* ; d'une forme adverbiale de préposition là où le standard emploie une forme prépositionnelle, en l'occurrence *dedans* pour *dans* ; de l'auxiliaire *avoir* (en l'occurrence systématique) avec les verbes qui exigent *être* (y compris les pronominaux) ; de la variante *char* et de *brakes* pour *freins*. Cela dit, on peut aussi noter que quelques traits plus vieillis ou socialement plus marqués typiques du parler du premier locuteur ne figurent pas dans le parler de cette jeune locutrice. Elle prononce avec une voyelle ouverte le mot *sièges* et la deuxième syllabe de *moteur*, et elle ne diphtongue pas (ou beaucoup moins que le premier locuteur) le /a/, ex. : *char* [ʃɑːR].

Autres traits du vernaculaire illustrés par son parler : l'emploi de la préposition *su* pour *chez*, ex. : *su mon mononcle*; de *mononcle* pour *oncle* ; du mot *truck* ; de *sontaient* pour *étaient* ; de *si j'aurais* pour *si j'avais* ; de *après* + infinitif, ex. : *j'sus toujours après peser* ; de *j'm'assis* pour *j'm'assois* ; de *de même* pour *comme ça* ; l'effacement de *que*, ex. : *c'est là moé (que) j'm'assis toujours* ; *pa'ce (que) j'ai eu peur* ; de *place* pour *endroit* et de *peser* pour *appuyer*.

Passons maintenant aux traits de son parler qui illustrent la divergence par rapport au français québécois. Il s'agit d'usages que l'on peut atttribuer à l'influence de l'anglais. On peut mentionner tout d'abord qu'elle prononce les mot *brakes* et *bucket seats* avec la marque du pluriel anglais /-s/ (à contraster avec la prononciation du mot *brakes* par le premier locuteur). On observe l'emploi fréquent de la conjonction *so* (à la fois comme conjonction mais aussi comme signe de tour de parole — autant de fonctions qui auraient pu être remplies par *ça fait que* ou *alors*). Plus loin dans l'entrevue, la locutrice emploie aussi la conjonction *but* et l'adverbe exclamatif *sure !*, deux autres exemples d'emprunts au vocabulaire de base de l'anglais. On note aussi l'emploi de *except* pour *excepté* ou *sauf*[55]. Finalement, on peut mentionner le recours fréquent à des usages de la conjonction *comme* pour introduire une idée, ex. : *pis l'camion était toute fini, y'avait rien qui restait d'sus, comme, ma mère était à travers... d'la vit'*, ou pour remplir une pause (plus ou moins l'équivalent de *t'sais* ou *là*), ex. : *Ben, a a été voir à l'hôpital t'suite, heu...* [E : Ouais] *avec un taxi, était juste coupée, comme, des places dans le cou, mais*, etc. Ces deux usages sont sans doute attribuables à l'influence d'emplois équivalents de la conjonction anglaise *like* et constituent des cas d'influence indirecte (interférence) de l'anglais.

Le dernier extrait que nous allons examiner provient d'une entrevue réalisée avec une locutrice adolescente de 15 ans, originaire de Pembroke. On sait que dans cette localité les Franco-Ontariens ne sont qu'une faible minorité (moins de 10 pour cent). Le père de la locutrice exerce la profession de maître de poste et sa mère occupe un poste de gestion à la compagnie de téléphone Bell. À la maison et en dehors de la maison, la locutrice communique toujours en anglais avec ses amis et ses frères et sœurs. Avec ses parents (deux individus de langue maternelle française qui communiquent entre eux en anglais), elle parle la plupart du temps en anglais et ce, en dépit du fait que ceux-ci ont choisi de la faire scolariser en français (au primaire comme au secondaire). Cette locutrice constitue donc un bon exemple de jeune Franco-Ontarienne anglo-dominante à qui on n'a que marginalement transmis le français au foyer et qui sous-utilise cette langue, puisqu'elle l'emploie presque exclusivement dans le contexte scolaire.

Lors de son entrevue, elle nous a raconté une longue histoire qui relate l'enlèvement de sa sœur aînée. La longueur même de la narration témoigne du fait que bien qu'elle sous-utilise le français, cette locutrice n'est pas dépourvue de capacité d'expression en français. On constate aussi que son débit est relativement rapide et qu'elle n'est pas trop hésitante. En fait, comme on va pouvoir le constater, c'est surtout au niveau de la spécificité de ses usages phonétiques, morphologiques, syntaxiques et lexicaux que l'on peut déceler des signes de sa maîtrise imparfaite du français. Nous présentons ci-dessous la partie de son histoire où elle raconte le moment le plus dramatique de l'enlèvement, tel qu'il fut rapporté par sa sœur aînée. Le début de cet extrait correspond au moment où la victime de l'enlèvement (désignée par *elle*) est dans la voiture du kidnappeur (désigné par *il*).

S : [...] après a dit : « O.K., tournez ici », puis il a pas écouté, pis a commencé à êt' très, sévère, puis heu comme, fâché, puis il commence à heu, comme, dit des méchants mots à elle, puis, après est allé dans un, un lieu, puis heu c'était comme un, forêt, puis y'avait pas trop, trop de, d'autos pis heu c'était comme ... toute heu noir parce qu'était à peu près neuf heures, puis alors il a dit à elle de sortir de l'auto, puis en arrière il a pris un heu sac de heu poubelle, comme un, garbage bag ['gɑɹbɨdʒ bæg], puis il a pris des bouteilles, comme, de liqueur, je sais pas qu'est-ce qu'il voulait faire avec ça mais, heu après il a dit de sortir, puis elle a sorti, puis l'homme a comme, t'allé sur l'aut' côté de l'auto, puis l'a pris heu, sa, son bras puis, il a commencé à tirer dans la forêt, puis elle a commencé heu à com, à batailler avec lui, puis, elle avait juste des, comme des clogs [klɒgz], t'sais, puis elle a, elle a pris ses ongles puis est allée dans l'homme, puis heu, il est allé : « oh ! » comme ça, pis heu elle a commencé à courir, puis après l'homme a couru après elle, mais l'a enlevé ses, ses clogs [klɒgz] qu'elle a pris, pis c'était comme un rue heu de gravel [gɹæ'vəɬ] pis c'était dur su' ses pieds pis un, un auto venait comme ça, comme sur le rue, puis elle a allé sur l'auto puis c'était encore en mouvement, puis elle a entré dans l'auto, puis elle a fermé, puis elle a tombé sur des cadeaux, je sais pas, comme, y'avait toutes des cadeaux en arrière de l'auto, pis elle a commencé à crier heu j'sais pas mais : « il veut, il veut me tuer », pis toutes ces choses, alors il a, apportée à Waltham, pis ça c'est où il demeurait pis là, c'est là où elle nous a appelés...
E : Est-ce qu'y ont attrapé l'aut' bonhomme ?
S : Heum, heum.
E : Heum, heum ?
S : Comme heu elle heu était en huitième année, je pense, pis à l'école Sainte-Jeanne d'Arc aussi...
E : Heum, heum.
S : Puis, ils heu les policiers ont v'nu pour le chercher de l'école, puis ils l'ont apportée à un heu comme heu une place où y'avait beaucoup d'autos, puis il a dit[56] : « Est-ce que tu peux heu, donner comme des heu idées sur heu quoi l'auto regardait, puis si tu peux trouver l'auto, dans, avec, dans tous les autos ici ? »

Cet extrait d'entrevue contient de nombreux exemples d'usages qui diffèrent de ceux que l'on a pu observer dans le parler des trois autres locuteurs. Ils sont tous d'une façon ou d'une autre attribuables à la sous-utilisation du français par cette locutrice et il est probable que la plupart d'entre eux sont aussi des cas de divergence par rapport au français québécois. On peut les regrouper en cinq catégories : i) morphologie et syntaxe simplifiées ou approximatives, ii) usage lexical approximatif ou manquant de spécificité, iii) recherche de l'économie discursive, iv) standardisation et v) usages dus à l'influence de l'anglais.

En ce qui a trait à la première catégorie, on peut mentionner : i) la simplification de la morphologie et de la syntaxe des pronoms objet — elle se traduit en l'occurrence par l'emploi d'une forme dative du pronom personnel objet placé après le verbe, ex. : *il a dit à elle de sortir de l'auto*, et ii) un flottement au niveau du genre qui se traduit par l'emploi d'un déterminant masculin ou d'un pronom masculin ou neutre (genres non marqués) à la place d'un article ou pronom féminin, ex. : *dans le forêt* ; *comme un rue* ; *les policiers ont venu pour le chercher* (*le* réfère ici à la sœur de la locutrice) ; *puis c'était encore en mouvement* (*c'* renvoie au nom *auto* — dans ce contexte on s'attendrait du reste à un pronom personnel plutôt qu'à un pronom démonstratif).

Relativement à la deuxième catégorie, on peut mentionner les exemples suivants : *elle est allée dans l'homme* (« elle s'est ruée sur l'homme » ?) ; *ses clogs qu'elle a pris* (« qu'elle avait pris » ?, « qu'elle a pris dans ses mains » ?) ; *comme un rue heu de gravel* (« un chemin/ une route ») ; *elle a allé sur l'auto* (« elle est allée vers » ?) ; *ont venu pour le chercher de l'école* (« sont venus la chercher à l'école ») ; *si tu peux trouver l'auto, dans, avec, dans tous les autos* (« parmi toutes les autos »).

Pour ce qui est de la troisième catégorie, on peut mentionner l'omission des pronoms objet direct ou indirect et du pronom réfléchi (on peut constater, en examinant les différents cas d'omission, que le contexte permet de « récupérer » les pronoms omis ; la locutrice en fait donc l'économie) : *il a commencé à (la) tirer dans le forêt*, puis *elle a commencé heu à com, à (se) batailler avec* lui ; *après il (lui) a dit de sortir* ; *elle a entré dans l'auto*, puis *elle (l')a fermé(e)* ; *il (l') a apportée à Waltham*. L'omission des pronoms objet va de pair avec la simplification de leur morphologie et de leur syntaxe. Les pronoms clitiques objet sont incontestablement une pierre d'achoppement pour les adolescents qui sous-utilisent le français[57].

En ce qui concerne la standardisation, on peut noter en premier lieu l'emploi presque catégorique de la forme *non réduite* des pronoms clitiques sujet *il(s)* et *elle*. Par contraste, dans les trois extraits examinés précédemment (y compris celui de l'ancienne institutrice éduquée chez les sœurs), on observe un emploi systématique de la forme réduite de *il(s)* (/j/ devant voyelle et /i/ devant consonne) et presque systématique de la forme *réduite* de *elle* (/a/ devant voyelle et consonne). Même si l'on tient compte du fait que la jeune locutrice de Pembroke est issue d'un milieu familial aisé, il est clair que l'on doit imputer son emploi quasi systématique du /l/ dans les pronoms *elle* et *il(s)* surtout au fait qu'elle n'emploie presque jamais le français dans les situations de communication informelles (p. ex. au foyer) tout en étant scolarisée en français[58]. Dans le même ordre d'idées, on peut aussi mentionner que la locutrice de Pembroke emploie presque tout le temps la forme non réduite de *puis* alors que les trois autres locuteurs emploient presque exclusivement *pis*. Au niveau de l'usage lexical, la standardisation est plus difficile à établir, car hormis le mot *auto* qui est employé plusieurs fois, les variantes standard figurant dans ce court extrait n'ont pas été employées assez souvent pour révéler une tendance. Quoi qu'il en soit, il est clair qu'il ne s'agit pas d'une standardisation absolue et que le parler de cette jeune locutrice n'est pas entièrement dépourvu de traits du vernaculaire (p. ex. l'emploi de *puis* plutôt que de *et* (*puis*) ; de *qu'est-ce que* pour *ce que* ; de *liqueur* pour *boisson gazeuse* ; de *y avait toutes des cadeaux* pour *y avait un tas de cadeaux* et d'*une place où* pour *un endroit où*)[59]. Ceci n'est pas étonnant, car cette locutrice est inscrite dans une école *franco-ontarienne* où elle côtoie des locuteurs ou locutrices (camarades, enseignants, etc.) qui ont conservé l'usage du français dans les situations de communication informelles. D'autre part, elle communique quand même de temps en temps en français avec ses parents.

Finalement, pour ce qui est des transferts de l'anglais, on peut mentionner : i) les cas où la locutrice a recours à un mot anglais pour pallier une carence de vocabulaire (le mot *clogs* pour *sabots* et le mot *gravel* pour *gravier* ou *gravelle*) ou quand elle n'est pas sûre d'avoir employé le bon mot (le mot *garbage bag* pour *sac à déchets*) ; et ii) plusieurs cas de transferts indirects de l'anglais : l'usage fréquent de *comme* comme introducteur d'idées et comme remplisseur de pause (notamment précédant ou suivant une hésitation) ; l'emploi de *sur l'autre côté* pour *de l'autre côté* — anglais *on the other side* ; de *il est allé* pour *il a dit* (en l'occurrence *il a crié*) — anglais *he went* ; l'emploi de *regarder* pour *ressembler/avoir l'air*, ex. : *sur quoi l'auto regardait* (pour *de quoi l'auto avait l'air*) — anglais *what the car looked like*[60] ; et iii) plusieurs indices d'une légère anglicisation de sa prononciation qui n'apparaissent pas dans notre transcription orthographique (certaines des consonnes occlusives sourdes et prévocaliques sont légèrement aspirées : *auto* = [ot^{h}o]).

Nous avons fait allusion plus haut au fait que lorsque les adolescents ne maintiennent plus le français à un niveau assez élevé, leur parler comporte des traits qui suggèrent qu'ils ne sont plus des locuteurs natifs du français ontarien à part entière. L'ensemble des usages dont on vient de faire état dans notre analyse du quatrième extrait d'entrevue constitue une illustration éloquente de ce phénomène. Les enquêtes auprès de la population des écoles franco-ontariennes dans les communautés francophones minoritaires ont montré que ces écoles incluent un nombre non négligeable, et semble-t-il croissant[61], de locuteurs du français semblables à notre quatrième locutrice. Scolarisés en français, mais délaissant l'emploi de cette langue en dehors du contexte scolaire, ces jeunes qui parlent un français « dévernacularisé » et moins que natif, sont une nouvelle composante de la communauté franco-ontarienne.

CONCLUSION

Au terme de la présente étude, on retiendra les faits suivants. Au sein de la communauté franco-ontarienne, on observe une variation inter-communautaire et interindividuelle considérable dans : i) les modes d'acquisition du français langue maternelle, ii) son maintien au foyer et dans les autres domaines de la société, iii) la connaissance de l'anglais, et iv) l'identification au bilinguisme. Comme nous l'avons montré dans la deuxième partie de notre étude, il est possible de relier les différences constatées à ces quatre niveaux de facteurs sociopsychologiques — ainsi que des différences relatives à d'autres facteurs sociologiques (statut socioprofessionnel, âge, etc.) — à l'émergence, sur de nombreux points de la structure du français parlé, de différences par rapport au français québécois vernaculaire, différences que l'on peut concevoir comme les traits de la spécificité linguistique ontaroise. Si l'on a fait de réels progrès au cours des vingt dernières années dans la description des différents aspects de cette spécificité et dans l'identification de ses corrélats sociologiques et psychologiques, il reste de nombreux aspects du français qui n'ont pas été décrits et des axes de recherches que l'on doit continuer à explorer. Espérons que le dynamisme de ces deux décennies de recherches passées va se poursuivre dans les années à venir.

*NOTES*_____

[1] Je tiens à remercier Françoise Mougeon pour sa lecture critique de cette étude.
[2] Roger Bernard, *Le choc des nombres : dossier statistique sur la francophonie canadienne* (Ottawa, Fédération des jeunes Canadiens Français, 1990, 311 p.), p. 172-174.
[3] Nous sommes arrivé à cette conclusion à partir de deux types de statistiques : la proportion des résidents de l'Ontario nés au Québec parmi la popula-

tion qui déclare communiquer en français au foyer selon les statistiques présentées par Roger Bernard (*Le choc des nombres...*, p. 76), et celle (31,3 pour cent) des résidents de l'Ontario dont la langue maternelle est le français et qui sont nés dans une autre province que l'Ontario (statistiques du ministère de la Citoyenneté de l'Ontario). En admettant que l'on trouve aussi un peu plus de 31 pour cent d'individus nés dans les autres provinces parmi la population qui déclare communiquer en français au foyer, on peut conclure que la quasi-totalité des Ontariens de langue maternelle française nés dans une autre province que l'Ontario vient en fait du Québec.

⁴ Voir, entre autres, Robert Choquette, *L'Ontario français : historique* (Montréal, Éditions Études Vivantes, 1980, 272 p.).

⁵ Thomas R. Maxwell, *The invisible French : the French in Metropolitan Toronto* (Waterloo, Wilfrid Laurier University Press,1977, 174 p.), p. 25.

⁶ Raymond Mougeon, Cora Brent-Palmer, Monique Bélanger et Wladyslaw Cichocki, *Le français parlé en situation minoritaire*, vol. I (Québec, Centre international de recherche sur le bilinguisme, 1982, 187 p.).

⁷ Voir, par exemple, Joshua A. Fishman, « Language spread and language policy for endangered languages », dans Peter H. Lowenberg (s. la dir. de), *Language spread and language policy : issues, implications, and case studies* (Washington, Georgetown University Press, 1987, 408 p.), p. 1-15.

⁸ On ne peut que déplorer l'ambiguïté ou le manque de précision de la plupart des questions linguistiques du recensement, vu l'impact négatif sur la qualité des données recueillies.

⁹ Voir, entre autres, Roger Bernard, *Le choc des nombres...* ; Raymond Mougeon et Édouard Beniak, *Linguistic consequences of language contact and contraction : The case of French in Ontario, Canada* (Oxford, Oxford University Press, 1991, 247 p.).

¹⁰ Roger Bernard, *Le choc des nombres...*, p. 73, 95.

¹¹ Ces statistiques concernent l'ensemble des Canadiens français et pas seulement les Franco-Ontariens.

¹² Ces statistiques sont tirées de Roger Bernard, *De Québécois à Ontarois : la communauté franco-ontarienne* (Hearst, Le Nordir, 1988, 185 p.). Nous n'avons pu les mettre à jour faute d'avoir trouvé, dans les données publiées des recensements de 1986 et 1991, des statistiques détaillées par région sur la langue parlée au foyer.

¹³ Raymond Mougeon, Cora Brent-Palmer, Monique Bélanger et Wladyslaw Cichocki, *Le français parlé en situation minoritaire*.

¹⁴ Raymond Mougeon et Édouard Beniak, *Linguistic consequences of language contact....*

¹⁵ Jürgen Erfurt, « L'avatar de l'identité linguistique chez les Franco-Ontariens : résultat d'une étude de cas », texte inédit (Leipzig, Institut für Romanistik, Université de Leipzig, 1995, 23 p.).

¹⁶ Raymond Mougeon, Cora Brent-Palmer, Monique Bélanger et Wladyslaw Cichocki, *Le français parlé en situation minoritaire*.

¹⁷ Raymond Mougeon et Édouard Beniak, « Language contraction and linguistic change : the case of Welland French », dans Nancy C. Dorian (s. la dir. de), *Investigating obsolescence* (Cambrige, Cambridge University Press, 1989), p. 287-312.

[18] Stacy Churchill, Brock Rideout, Mohindra Gill et Raymond Lamérand, *Costs : French language instructional units* (Toronto, ministère de l'Éducation de l'Ontario, 1978, 420 p.).

[19] Plusieurs enquêtes réalisées par Heller et ses collègues auprès des élèves des écoles de langue française de Toronto font état de la faible représentation des enfants de la classe ouvrière.

[20] Roger Bernard, « Comportement linguistique des Canadiens-Français dans trois villes du nord-est ontarien », dans Benoît Cazabon (s. la dir. de), *Langue maternelle, langue première de communication ?* (Sudbury, Institut franco-ontarien, Université Laurentienne, 1978, 135 p.), p. 109-133.

[21] Raymond Mougeon et Édouard Beniak, *Linguistic consequences of language contact...*, p. 75-79.

[22] Raymond Mougeon et Pierre Hébrard, *Rapport sur l'acquisition et la maîtrise de l'anglais parlé par les jeunes bilingues de Sudbury*, rapport de recherche (Toronto, CREFO, Institut d'études pédagogiques de l'Ontario, 1975, 141 p.) ; Raymond Mougeon, Pierre Hébrard et Suwanda Sugunasiri, « The acquisition of English by French Canadian students in Welland, Ontario », dans Jacob Ornstein et Robert St-Clair (s. la dir. de), *Bilingualism and bilingual education : New readings and insights* (San Antonio, Trinity University Press, 354 p.), p. 97-144.

[23] Il s'agit du taux général d'incapacité de converser en français. Le taux des locuteurs qui déclarent le français et une autre langue ou plusieurs autres comme langues maternelles est plus élevé (18,7 pour cent).

[24] Voir, entre autres, Roger Bernard, « Comportement linguistique des Canadiens-Français... », et *De Québécois à Ontarois...* ; Richard Clément, Renée Gauthier et Kimberly Noels, « Choix langagiers en milieu minoritaire : attitudes et identité concomitantes » (Ottawa, Université d'Ottawa, École de psychologie, 1992, 31 p.).

[25] Gabriel Bordeleau et Louis M. Desjardins, *L'avenir des étudiants franco-ontariens de 12e et 13e années* (Toronto, CAFO, 1976, 111 p.) ; Jürgen Erfurt, « L'avatar de l'identité linguistique... ».

[26] Roger Bernard, *De Québécois à Ontarois...*, p. 107-112.

[27] Monica Heller, « The role of language in the formation of ethnic identity », dans Jean Phinney et Mary Rotheram (s. la dir. de), *Children's Ethnic Socialization : Identity, Attitudes and Interactions* (Beverly Hills, Sage Publications, 1987, 328 p.), p. 180-200.

[28] Le lecteur trouvera aussi une synthèse de cette recherche dans Raymond Mougeon, « Le français en Ontario : bilinguisme transfert à l'anglais et variabilité linguistique », dans Didier De Robillard et Michel Beniamino (s. la dir. de), *Le français dans l'espace francophone* (Paris, Champion, 1993, 534 p.), p. 53-77 ; Alain Thomas, « Le français ontarien : portrait linguistique », dans Raymond Mougeon et Édouard Beniak (s. la dir. de), *Le français canadien parlé hors Québec : aperçu sociolinguistique* (Québec, Presses de l'Université, 1989, 262 p.), p. 19-35.

[29] Notre perspective sera donc similaire à celle de Bernard qui intitule son essai sur la communauté franco-ontarienne: « De Québécois à Ontarois ».

[30] Raymond Mougeon et Édouard Beniak, *Linguistic consequences of language contact...*, p. 199-212.

[31] Alain Thomas, « OI en franco-ontarien : étude sociophonétique », *Information communication. Travaux de recherche de la Société Voix et Parole,* Université de Toronto*, vol. III, 1982, p. 1-27.

[32] Terry Nadasdi, *Variation morphosyntaxique en langue minoritaire : les cas du français ontarien,* thèse de doctorat, Université de Toronto, 1994, 285 p.

[33] Jeff Tennant, *Variation morphophonologique dans le français parlé des adolescents à North Bay (Ontario),* thèse de doctorat, Université de Toronto,1994, 347 p.

[34] Raymond Mougeon et Édouard Beniak, « Social class and language variation in bilingual speech communities », à paraître dans Gregory Guy, John Baugh et Deborah Schiffrin (s. la dir. de), *Towards a social science of language : A festschrift for William Labov* (Amsterdam, Benjamins, 1995).

[35] Raymond Mougeon et Édouard Beniak, *Linguistic consequences of language contact...,* p. 91-109.

[36] Raymond Mougeon, « Paramètres extralinguistiques de la variabilité morphologique en français ontarien », dans Norbert Dittmar et Brigitte Schlieben-Lange (s. la dir. de), *Die Soziolinguistik in romanischprachigen Ländern* (Tübingen, Gunter Narr, 1981, 298 p.), p. 113-20.

[37] Terry Nadasdi, *Variation morphosyntaxique en langue minoritaire...,* p. 173-185.

[38] À l'appui de cette hypothèse, on peut aussi mentionner l'absence d'études consacrées à ces phénomènes dans les travaux sur le français québécois parlé.

[39] Pour une discussion de ces similarités, voir Édouard Beniak et Raymond Mougeon, « Recherche sociolinguistique... ».

[40] Raymond Mougeon, Édouard Beniak et Daniel Valois, *Répertoire classifié des emprunts lexicaux à l'anglais dans le français parlé de Welland (Ontario),* rapport de recherche (Toronto, CREFO, Institut d'études pédagogiques de l'Ontario, 1985, 111 p.).

[41] Shana Poplack, David Sankoff et Christopher Miller, « The social correlates and linguistic processes of lexical borrowing and assimilation », *Linguistics,* vol. XXVI, 1988, p. 47-104.

[42] Uriel Weinreich, *Languages in contact* (La Haye, Mouton, 1968, 149 p.) ; Einar Haugen, *The Norwegian language in America : a study in bilingual behavior* (Bloomington, Indiana University Press, 1969, 699 p.).

[43] *Loc. cit.*

[44] Raymond Mougeon et Édouard Beniak, *Linguistic consequences of language contact...,* p. 197-212.

[45] Raymond Mougeon, « Les corrélats externes des emprunts à l'anglais du français parlé à Welland (Ontario) » (Toronto, Département d'études françaises, Université York, 1992, 14 p.).

[46] Raymond Mougeon et Édouard Beniak, *Linguistic consequences of language contact....*

[47] Diane Dessureault-Dober, *ÇA FAIT QUE : opérateur logique et marqueur d'interaction,* mémoire de maîtrise, Université du Québec à Montréal, 1975, 153 p.

[48] Pierre Martel, « Les variables lexicales sont-elles sociolinguistiquement intéressantes ? », dans *Sociolinguistique des langues romanes,* vol. V (Aix-en-Provence, Université de Provence, 1984, 342 p.), p. 181-194.

[49] On doit toutefois garder à l'esprit que les corpus de français ontarien ont été recueillis à l'aide d'entrevues semi-dirigées et que les locuteurs interviewés n'ont pas toujours abordé les mêmes sujets. Le fait qu'un mot anglais n'a été employé qu'une fois n'est donc pas un critère infaillible de sa marginalité en français ontarien.

[50] Monica Heller, « Variations dans l'emploi du français et de l'anglais par les élèves des écoles de langue française à Toronto », dans Raymond Mougeon et Édouard Beniak (s. la dir. de), *Le français canadien...*, p. 153-70.

[51] Raymond Mougeon et Édouard Beniak, *Linguistic consequences of language contact...*, p. 192.

[52] Raymond Mougeon, Monica Heller, Édouard Beniak et Michael Canale, « Acquisition et enseignement du français en situation minoritaire : le cas des Franco-Ontariens », *La Revue canadienne des langues vivantes*, vol. LXI, n° 2, 1984, p. 315-335.

[53] Si les linguistes québécois sont généralement d'avis que les emprunts à l'anglais dont il est question ici font bel et bien partie des registres familiers du français québécois et donc remplissent une fonction stylistique, cette perception n'est pas partagée par tous les membres de l'élite québécoise. Certains d'entre eux les considèrent comme des stigmates de la domination anglophone sur les Québécois et préconisent leur éradication. La diminution de ces emprunts dans le parler des jeunes générations franco-ontariennes ne va donc pas nécessairement à contre-courant de l'évolution contemporaine du français québécois.

[54] Dans notre transcription de cet extrait et des extraits suivants, nous avons utilisé une orthographe élargie qui restitue l'essentiel des particularismes morphologiques et phonétiques des locuteurs. L'utilisation des virgules correspond à des pauses de courte durée. Les points de suspension représentent des pauses de durée plus longue. [x] signale un énoncé insuffisamment distinct pour être compris.

[55] Nous n'avons pas mentionné l'emploi de *parké*. Le verbe *parker* est rare en québécois. Il est possible que cette locutrice emploie ce mot parce qu'elle ignore (momentanément ?) le verbe *stationner*. Cette explication vaut sans doute aussi pour l'emploi du mot *bucket seats*.

[56] Ce *il* réfère-t-il aux policiers ou à l'un d'entre eux ? Si le référent est *les policiers*, la forme verbale *a* est un cas de nivellement de la distinction 3 sg./3 pl., autre cas de simplification morphologique que l'on peut observer çà et là dans le parler de cette locutrice.

[57] Terry Nadasdi, *Variation morphosyntaxique en langue minoritaire...*

[58] Jeff Tennant trouve que les sous-utilisateurs du français conservent plus fréquemment les /l/ effaçables dans tous les contextes où l'effacement est possible (ex. : les articles, les pronoms objet, etc.), pas seulement dans *il(s)* et *elle*. Il suggère aussi une explication supplémentaire pour la conservation du /l/ : le fait que les locuteurs L_1/F_2 ont un débit plus lent (*Variation morphophonologique...*), p. 313-316.

[59] Le lecteur s'étonnera peut-être du fait que nous n'avons pas inclus les cas d'emploi de l'auxiliaire *avoir* pour l'auxiliaire *être* que l'on trouve dans cet extrait. Ceci tient au fait que ces usages ont une origine ambiguë : i) sont-ils dus à la simplification morphosyntaxique ? (c'est manifestement le cas de l'emploi de *avoir* avec *aller*, usage inexistant dans le français des Québécois, et dans celui des Franco-Ontariens qui ont conservé le vernaculaire) ; ii) sont-ils

dus au fait que cette locutrice s'est plus ou moins approprié certains traits du vernaculaire ? (ce pourrait être le cas de l'emploi de *avoir* avec *venir* que l'on observe dans le français ontarien vernaculaire) ; ou iii) sont-ils dus à ces deux sources à la fois ?

60 Une autre tournure calquée équivalente est couramment employée par ce type de locuteur ; il s'agit de *comment x regarde*. *Comment* renvoie ici à l'adverbe anglais *like*.

61 Voir les résultats de l'enquête d'Erfurt à l'école secondaire Confédération à Welland : Jürgen Erfurt, « L'avatar de l'identité linguistique... ».

L'ethnologie. Bilan et perspectives de recherches en Ontario français[1]

Jean-Pierre Pichette
Département de folklore et ethnologie
Université de Sudbury

« L'ethnologie. Bilan et perspectives de recherches » : tel est l'angle sous lequel j'aimerais envisager les études ethnologiques du domaine franco-ontarien. Je rappellerai d'abord les grandes étapes du mouvement ethnologique dans cette province qui compte la plus importante minorité française du Canada ; je tenterai ensuite d'en dégager le sens par l'examen de ses principales caractéristiques ; enfin, après avoir identifié quelques-uns des besoins de la recherche tant en milieu franco-ontarien qu'ailleurs en francophonie nord-américaine, je proposerai un projet susceptible d'y répondre.

LE MOUVEMENT ETHNOLOGIQUE FRANCO-ONTARIEN

Tout d'abord, je relève un fait intéressant pour l'histoire de la discipline : c'est en Ontario que commencèrent les véritables études ethnologiques au Canada français sous l'impulsion de Marius Barbeau qui œuvra au Musée national du Canada pendant près d'un demi-siècle, soit de 1911 à 1957. C'est également à Ottawa, sous la direction de M. Barbeau, que Luc Lacourcière fit, auprès du maître, son apprentissage folklorique au cours de deux stages de formation et d'étude, en 1939 et en 1943. L'Ontario français, par la présence de la capitale fédérale sur son territoire, a vraiment joué le rôle d'incubateur de l'ethnologie franco-canadienne.

1. LE CENTRE FRANCO-ONTARIEN DE FOLKLORE

À la faveur des recherches qu'on y mène depuis plus de quarante-cinq ans, Sudbury s'est imposé comme le haut lieu du folklore franco-ontarien. Les premiers sondages que le père Germain Lemieux opérait modestement dans cette région en 1948, sous le patronage de la Société historique du Nouvel-Ontario, encouragèrent la fondation, cette même année, d'un Centre de recherche folklorique, puis son intégration en 1958 à la nouvelle Université de Sudbury. En 1972, une constitution juridique créait le Centre franco-ontarien de folklore (CFOF) ; son directeur, le père Lemieux, put alors entreprendre l'exploitation de la documentation orale accumulée dans ses archives pendant vingt-cinq ans. En 1981, le CFOF se détachait de l'Université afin de mettre davantage à la disposition du public ses archives sonores et sa collection d'objets traditionnels qui restituaient l'atmosphère de la vie quotidienne du début du siècle. Le Centre loge aujourd'hui à la Maison d'Youville, le plus vieil édifice de Sudbury, au cœur du quartier français. L'année 1990 fut marquée par une révision en profondeur de la mission du CFOF qui se résume ainsi : cueillette, conservation et diffusion du patrimoine oral des Franco-Ontariens. L'année suivante, le ministère ontarien de la Culture reconnaissait, par des subsides appropriés, la mission provinciale du Centre, qui se prépare à devenir le premier musée de l'oral en Ontario, au Canada et, fort probablement, au monde. Depuis 1991, un directeur général assiste le conseil d'administration dans l'exécution de cette mission. En 1993, Donald Deschênes a succédé à Anne-Marie Poulin à la direction générale du Centre.

C'est au Centre franco-ontarien de folklore que s'est réalisé de 1991 à 1994 l'Inventaire du patrimoine franco-ontarien (IPFO) avec l'aide financière du ministère de la Culture, du Tourisme et des Loisirs de l'Ontario. Cette vaste opération de ratissage du patrimoine bâti, inspirée du Macro-inventaire du patrimoine québécois, a rassemblé, dans une banque de données unique et fondamentale pour la connaissance de l'Ontario français, des milliers de documents bibliographiques et iconographiques relatifs au patrimoine agricole, religieux, domestique, commercial, communautaire, industriel et d'art populaire. Le rapport des deux premières années, portant sur le nord de la province et les comtés unis de Prescott et de Russell et intitulé *Répertoire du patrimoine franco-ontarien*, a été publié au printemps 1993 sous la direction de Serge Saint-Pierre[2].

2. LE DÉPARTEMENT DE FOLKLORE

De son côté, l'Université de Sudbury instituait en 1981 un Département de folklore, officialisant ainsi le programme d'enseignement lancé en 1975. À l'étude de la littérature orale, se superposèrent, par des ajouts périodiques, des cours sur les coutumes de la vie sociale et sur les arts et techniques de la culture matérielle, de façon à englober l'ensemble des sous-disciplines de l'ethnologie. La plus récente refonte de l'unité pédagogique, approuvée en décembre 1994, apportait d'importantes modifications : outre le parachèvement du programme et le changement de nom du département qui est devenu le Département de folklore et ethnologie de l'Amérique française, l'Université de Sudbury peut désormais octroyer des diplômes de premier cycle en ethnologie, soit un

certificat (30 crédits) et une concentration (36 crédits) disponibles tant
en mode d'enseignement en direct qu'à distance. Cette institution a
d'ailleurs été en 1986 la première et, jusqu'à présent, la seule à dispen-
ser des cours d'enseignement par correspondance ; depuis l'automne
1994, elle est également la première à proposer à sa clientèle par tout le
Canada un diplôme de premier cycle en ethnologie de l'Amérique française.

À côté des 3 800 enregistrements de la collection Lemieux qui
constitue la pierre d'assise du CFOF, le Département de folklore et
ethnologie inaugurait ses propres archives afin de sauvegarder le fruit
des enquêtes folkloriques contemporaines élaborées par ses étudiants
dans le cadre de leurs cours sous forme de travaux pratiques. Environ
350 collections ont ainsi été déposées à l'Université de Sudbury pour
un total approximatif de 15 000 enregistrements. Le contenu des collections de ces deux dépôts d'archives, comme d'ailleurs de toutes celles
qui renferment une documentation franco-ontarienne, a été décrit et
analysé dans le *Répertoire ethnologique de l'Ontario français* publié
aux Presses de l'Université d'Ottawa en 1992[3]. C'est sur cet ouvrage, à
la fois guide bibliographique et inventaire archivistique du folklore
franco-ontarien, que je fonde les remarques qui suivent.

La préparation de cet instrument de recherche, qui mettait en évidence la production écrite du fondateur de l'ethnologie franco-ontarienne,
déboucha sur le grand colloque de l'automne 1991 consacré aux cinquante ans de carrière de Germain Lemieux ; il coïncidait aussi avec la
parution du dernier tome de la série *Les vieux m'ont conté*, monumentale collection de trente-trois volumes de contes et récits traditionnels
(publiés de 1973 à 1993) qui demeurera pour longtemps l'entreprise
d'édition de littérature orale la plus extraordinaire du monde francophone. Les actes de ce colloque, tenu à l'Université de Sudbury, ont fait
l'objet d'une publication : *L'œuvre de Germain Lemieux, s.j. Bilan de
l'ethnologie en Ontario français*[4].

DU FOLKLORE À L'ETHNOLOGIE

On pourrait résumer l'évolution des recherches sur les traditions populaires en Ontario français en l'envisageant sous l'angle d'un passage
menant du folklore à l'ethnologie, tant il est remarquable qu'il n'y a eu,
plus particulièrement au cours du présent siècle, que des déplacements.

Le premier déplacement, le plus apparent aussi, s'apprécie d'après
la qualité des chercheurs-observateurs ; leurs intentions, on le sait, con-
ditionnent directement le regard qu'ils posent sur le monde ambiant.
Ainsi, les mémorialistes des XVIIe, XVIIIe et XIXe siècles, qu'ils aient
été militaires, touristes, missionnaires ou autres observateurs étrangers,
nous livrent le regard des autres à la recherche du pittoresque, les

chansons de voyageurs représentant l'attraction par excellence. Au milieu du XIXe siècle, une élite cultivée, composée surtout d'auteurs soucieux d'imprégner leurs écrits de couleur locale, se passionne pour la littérature orale ; elle produit une œuvre intelligente, utile, mais sans lendemain. Les Hubert LaRue, Ernest Gagnon, Marie-Caroline Watson-Hamlin, André-Napoléon Montpetit et Benjamin Sulte appartiennent à cette catégorie de préfolkloristes d'ici. Dans la première moitié du XXe siècle, un détachement de fonctionnaires québécois, installés dans la capitale fédérale, forme cercle autour de Marius Barbeau. Entraînés par l'enthousiasme du célèbre anthropologue, ils consignent quelques souvenirs de leur enfance « canadienne ». L'Ontario français, dont ils ne connaissent qu'Ottawa et sur lequel ils ne porteront qu'un regard occasionnel, n'est pour eux qu'un prolongement indistinct de leur province d'origine. Inspirée aussi par Barbeau, une deuxième génération de folkloristes surgit au tournant de la Deuxième Guerre mondiale. Véritables professionnels, ceux-ci rechercheront des parallèles ontariens des grands genres de la littérature orale et effectueront les premières enquêtes régionales. De ce groupe, dont font partie les François Brassard et Joseph-Médard Carrière, se distinguera le père Germain Lemieux qui, de Sudbury, occupera presque seul durant un demi-siècle l'avant-scène de l'ethnologie franco-ontarienne. Enfin, la création en 1981 du Département de folklore de l'Université de Sudbury suscitera, par l'enseignement et la recherche, les questionnements des Franco-Ontariens eux-mêmes, élargira les domaines d'intérêt et le territoire d'enquête, et favorisera l'émergence d'une première génération d'ethnologues franco-ontariens. La récente mise en œuvre d'un certificat et d'une concentration en folklore et ethnologie rapproche la réalisation de cet objectif.

De la qualité des chercheurs découlent les autres caractéristiques de cette mutation : déplacement des lieux d'enquête, des lieux de conservation et de l'objet de recherche. C'est ainsi que les témoins, qui étaient des spectateurs captifs des routes des voyageurs, des campements des missionnaires et des itinéraires touristiques pendant près de trois siècles, s'établiront dans les environs d'Ottawa au début de ce siècle, s'étendront à Sudbury et au Nouvel-Ontario dans les années 40, et commenceront à parcourir tout le territoire ontarien à compter des années 80. De même, ils déposeront les fruits de leurs cueillettes dans des centres d'archives déjà institués ou qu'ils créeront au gré de leurs cheminements : le Musée national d'Ottawa (fonds de Marius Barbeau et de ses collaborateurs au Centre canadien d'études sur la culture traditionnelle) et la Bibliothèque municipale de Montréal (fonds É.-Z. Massicotte) avant la guerre de 1939-1945 ; les Archives de folklore de l'Université Laval (une quinzaine de fonds marginaux) et le Centre franco-ontarien de folklore (fonds Germain Lemieux) après la guerre ; le Centre de recherche en civilisation canadienne-française de l'Université d'Ottawa et l'Institut franco-ontarien de Sudbury après 1970 ; le Département de folklore de l'Université de Sudbury depuis 1981.

Sans contredit, c'est l'objet de recherche qui s'avère le déplacement le plus significatif du mouvement ethnologique franco-ontarien. La prédominance du folklore, c'est-à-dire des grands genres de la littérature orale, dans les préoccupations des chercheurs, s'explique à mon avis de deux façons.

Premièrement, la formation humaniste des folkloristes a davantage orienté leurs recherches vers la langue, la littérature et l'histoire plutôt que vers la technologie et les sciences sociales ; d'où cette fascination, dès l'époque de Marius Barbeau, pour la chanson, très vivante et tôt attestée par les mémorialistes, le conte et la légende, ces genres étant par surcroît comparables en tant que littérature orale à la littérature écrite, à la langue correcte et à l'histoire officielle. À la faveur de l'institution d'un enseignement universitaire du folklore à Québec et à Sudbury, il se produira beaucoup plus tard une diffusion de l'intérêt qui s'étendra peu à peu à tous les genres mineurs de la littérature orale, selon les aptitudes et les compétences des professeurs chercheurs, à la vie sociale et, plus récemment, à la culture matérielle, pour finalement englober tout le champ de l'ethnologie.

À ce facteur épistémologique se greffe un facteur psychologique. En milieu minoritaire, me semble-t-il, les chercheurs doivent respecter cette démarche raisonnable qui prétend aller des genres vraisemblablement les plus menacés, ceux qui sont étroitement liés à la langue, vers ceux qui paraissent plus florissants, parce qu'elle correspond à l'idée reçue que le folklore concerne exclusivement le patrimoine moribond et nécessite par conséquent une intervention urgente. Cette conception dépréciative procure néanmoins l'avantage d'établir très rapidement des points de comparaison. En fait, tout se passe comme si la minorité devait constamment se prouver qu'elle est toujours vivante en montrant qu'elle a bien conservé les traditions de sa communauté d'origine, québécoise ou française. Il appert alors qu'on y privilégie la communication verticale, celle qui, inoculée par la tradition, renforce continûment l'appartenance nationale, ethnique et humaine, par opposition à la communication horizontale, celle qui régit temporairement les échanges quotidiens de cercles informes plus étroits.

En outre, cette démarche des pionniers du folklore s'appuie effectivement sur des opinions couramment admises et véhiculées dans la communauté franco-ontarienne, à savoir que la culture populaire canadienne-française se distingue nettement de celle des anglophones qui, par exemple, nous assure-t-on, ne chantent pas. Un épisode récent vient d'ailleurs fortifier cette assertion : lors de la grève des enseignants des écoles catholiques de Sudbury en 1985, des grévistes du secteur anglophone, se trouvant incapables de composer une chanson de contestation, auraient demandé à ceux du secteur francophone de leur en composer une, ou du moins de leur traduire celles que ceux-ci avaient composées pour l'occasion. À un siècle et demi d'intervalle, n'est-il pas étonnant de retrouver dans cette anecdote contemporaine la ré-édition précise de l'avis qu'exprimait en 1845 L.-O. Letourneux :

> [...] comme le disait si justement un de nos compatriotes : « Nos souvenirs, nos contes de vieilles, nos chansons, nos proverbes, nos superstitions, tout en nous est normand ou breton. Les contes de la Mer bleue, du Petit Chaperon Rouge, du Petit Poucet, etc. Les chansons : Dans les prisons de Nantes... À St-Malo, beau port de mer... C'est la belle Françoise... À Rouen, à Rouen... Encore les histoires des feux follets, de la Chasse-Galerie... du Lutin qui fait trotter les chevaux, etc. Ces contes, ces fadaises-là me font plaisir à entendre. C'est quelque chose que les Anglais ne savent pas, quelque chose par qu[o]i nous sommes distincts des Écossais[5].

Même s'il est peu nuancé, voilà bien un jugement qui traduit parfaitement la perception qu'ont les Franco-Ontariens de leur littérature orale comme signe d'appartenance ethnique.

POUR UNE ETHNOLOGIE DE L'AMÉRIQUE FRANÇAISE

S'il est impossible de prévoir exactement le sens du mouvement ethnologique en Ontario français, je puis tout de même indiquer les tâches ou les défis qui s'annoncent.

1) D'abord, par l'enseignement et les travaux de recherche, il faut continuer de faire reculer le concept du folklore perçu comme l'étude d'un passé révolu pour en venir à celle d'un patrimoine vivant ; l'élargissement de l'objet de recherche joue en cela un rôle de premier plan.

2) Ensuite, on maintiendra l'intérêt pour la recherche fondamentale, le terrain, en diversifiant les objets de recherche afin d'embrasser tous les domaines de l'ethnologie et en poursuivant la constitution de banques de données suffisantes pour favoriser la comparaison, ce qui fera découvrir la spécificité franco-ontarienne par rapport aux autres communautés françaises du Canada et par rapport aux groupes ethniques anglophones qui l'entourent.

3) En même temps que la cueillette qui se continuera et se diversifiera par l'entremise des travaux des chercheurs et des enquêteurs étudiants, il est indispensable de diffuser de façon sélective, sous forme d'anthologies et de répertoires, un corpus représentatif de la tradition franco-ontarienne. À la différence du conte populaire, auquel le père Germain Lemieux a réservé quinze des trente-deux volumes de sa collection *Les vieux m'ont conté*, la chanson populaire, pourtant plus an-

cienne, plus nombreuse et vivace, n'a pas encore connu de publication d'une telle ampleur, ni même reçu toute l'attention qu'elle mérite. Il en va de même pour tous les autres genres de la littérature orale, comme pour les coutumes de la vie sociale et les techniques de la culture matérielle.

4) Enfin, l'Ontario français devrait devenir le laboratoire où l'on pourra comprendre le processus d'intégration des minorités aux majorités, les relations d'échange, d'emprunt et de transfert culturels, le maintien ou l'érosion du patrimoine, où l'on pourra en somme cerner les indicateurs qui permettent de l'apprécier.

1. DES OUTILS DE RECHERCHE

La tradition française, on le sait de façon certaine, a débordé les frontiè-res géopolitiques et linguistiques du Canada français. On en a retrouvé des traces dans les cultures amérindienne, anglo-canadienne et anglo-américaine[6]. Pour en suivre la diffusion à la grandeur du continent, il nous faut des outils de recherche sûrs, des catalogues et des bibliogra-phies raisonnées. Contrairement à la chanson qui bénéficie des travaux de classification de Conrad Laforte, le conte et la légende pour la litté-rature orale, tout comme les champs coutumiers et matériels, n'ont pas encore de tels instruments de référence. L'absence de ces ouvrages mis en chantier par le regretté Luc Lacourcière se fait cruellement sentir et paralyse même à l'occasion les recherches qu'on voudrait entreprendre.

En voici un exemple tout personnel. Récemment, il m'était donné d'étudier un petit conte d'animaux publié dans un périodique ontarois et présenté comme typiquement amérindien par le journaliste d'après l'informateur sauteux qui l'avait raconté. Je soupçonnais pourtant une origine canadienne-française, mais je ne parvenais pas à localiser de version comparable. J'eus finalement et exceptionnellement accès au catalogue inédit des contes d'animaux préparé par Luc Lacourcière avec la collaboration de Margaret Low : j'y retrouvai effectivement plusieurs versions qui me permirent de replacer ce récit dans sa véri-table perspective et d'expliquer son origine canadienne-française[7]. Sans de tels outils, comment pourrait-on étudier sérieusement les transferts culturels qui s'opèrent dans les traditions qui nous occupent ?

Le moment me paraît donc propice à la relance de ces grands projets d'inventaires bibliographiques et de catalogues descriptifs qui, seuls, on le sait, nous permettront d'aller plus loin dans nos recherches. Pour toute justification, j'emprunte à un collègue littéraire le commen-taire suivant qu'il faisait à la parution d'un instrument de recherche en ethnologie :

Répertoires ou bibliographies, des ouvrages [de cette nature] fondent les études sérieuses : ils ouvrent les yeux sur un domaine, encouragent son exploitation, orientent les recherches avec précision ; ils font économiser du temps et de l'argent aux chercheurs, les stimulent, leur permettent de poser des questions opportunes et nouvelles et d'éviter les hypothèses farfelues aussi bien que les explications prématurées ; ils donnent de la profondeur aux études et assurent leur continuité[8].

2. LE PROJET ENCYCLOPÉDIQUE

Dans ce contexte, des échanges réguliers avec mes collègues dispersés un peu partout en Amérique du Nord me confirmèrent l'étonnante unité du fonds traditionnel issu de la culture canadienne-française et me révélèrent la nécessité et l'urgence d'un ouvrage de synthèse qui l'exprimerait avec ses variétés régionales.

C'est ainsi qu'est né le projet d'*Encyclopédie des traditions populaires de l'Amérique française*, qui vise ultimement à produire une somme des connaissances dans le domaine de la culture traditionnelle des Acadiens, des Québécois, des Franco-Ontariens et des autres Français d'Amérique[9].

Aux traditions (type I) proprement dites des trois grands champs ethnologiques, vie spirituelle (champ symbolique et expressif), vie matérielle (champ pragmatique) et vie sociale (champ coutumier), se joindront les attractions régionales (type II) qui les animent (musées, centres, festivals et fêtes populaires). De même, les personnalités (type III), c'est-à-dire des amateurs et des professionnels qui les ont transmises par leurs œuvres (préfolkloristes, folkloristes, ethnologues et autres chercheurs avec les artistes et les artisans de toutes disciplines), y seront présentées tout comme, enfin, les caractéristiques propres des populations françaises de chacune des régions incluses (type IV).

Pour réunir dans un seul ouvrage de référence tous ces éléments divers, mais essentiels à la compréhension de notre culture traditionnelle « distincte », la formule encyclopédique me semble procurer les plus grands avantages. C'est d'ailleurs le modèle utilisé par Maria Leach dans son *Standard Dictionary of Folklore, Mythology and Legend*[10], par les auteurs de l'*Enzyklopädie des Märchens*[11] et par Mircea Eliade dans *The Encyclopedia of Religion*[12] ; d'autres ouvrages s'y apparentent également : le *Dictionnaire des jeux* sous la direction de René Alleau[13], le *Dictionnaire des symboles* de Jean Chevalier et Alain Gheerbrand[14], le *Dictionnaire de météorologie populaire* de Jean-Philippe Chassany [15], etc.

Un grand nombre d'articles, peut-être un millier ou plus selon les projections permises à ce stade-ci, disposés dans l'ordre alphabétique des entrées retenues, décriront de façon synthétique l'origine, l'histoire et l'actualité des traditions populaires des Français d'Amérique. La liste des sources principales suivra avec les renvois, s'il y a lieu, à d'autres articles. Des cartes géographiques, des photographies et des illustrations seront insérées à leur place dans l'ouvrage. En appendice, on trouvera une bibliographie analytique des ouvrages fondamentaux et un index général qui donnera accès au sujet cherché (thématique, onomastique, toponymique, régional, etc.).

À l'heure où les Québécois, les Acadiens, les Franco-Ontariens et les autres Français d'Amérique expriment leur volonté commune de connaître, de reconnaître et de faire reconnaître la spécificité culturelle de leur enracinement sur ce continent, la synthèse de leur patrimoine traditionnel s'impose comme une urgente nécessité. Un tel ouvrage de référence, scientifiquement conçu et de consultation aisée, deviendrait un guide sûr et faciliterait la tâche aux individus et groupes intéressés par les traditions françaises nord-américaines : pédagogues, étudiants, journalistes et, bien entendu, chercheurs d'ici et d'ailleurs y trouveraient réponse à leurs questions et aussi matière à démarrer et à orienter de nouvelles recherches.

Ouvrage didactique par les descriptions claires et exactes qu'elle fournirait avec indication de leurs sources, l'*Encyclopédie des traditions populaires de l'Amérique française* serait encore un instrument de comparaison indispensable à l'échelle internationale, nationale ou régionale. Pour démêler l'écheveau de l'origine et de l'évolution de nos traditions et faire le bilan des divers apports culturels qui s'y sont greffés, autochtones ou ethniques (anglais, irlandais, écossais ou autres), l'*Encyclopédie* s'avérerait le canal obligé.

Un conseil de direction, composé de Jean-Claude Dupont de l'Université Laval, de Jean Daigle de l'Université de Moncton et de moi-même, assure au départ une représentation de l'Acadie, du Québec et de l'Ontario dans l'élaboration et l'exécution de cet ambitieux projet. Un comité scientifique d'au moins six membres, formé de spécialistes des régions à forte concentration française de l'Amérique, prolongera la représentativité de l'équipe de direction. Une fois le plan de travail arrêté, la réalisation du projet pourrait s'étaler sur une période de cinq ans et recourir à l'expertise d'une centaine de collaborateurs pour la rédaction des articles. Mais, auparavant, il nous faut compléter l'organisation de notre banque de données mise en place grâce à deux subventions de recherche : la première, de l'Université de Sudbury, a permis, par le repérage et le dépouillement des listes de chercheurs, des bibliographies et des catalogues d'archives, d'identifier environ 300 chercheurs et de rassembler les *curriculum vitæ* d'une centaine de contemporains parmi les plus actifs[16] ; la seconde subvention, de l'Université Laval, fut employée au dépouillement de 220 thèses de maîtrise et de doctorat en ethnologie réalisées à l'Université Laval et à la compilation d'une bibliographie d'environ 2 000 titres[17].

En présentant le premier cahier des *Archives de folklore* en 1946, Luc Lacourcière se proposait « comme objet d'étude le folklore des Français d'Amérique, dans son état actuel, ses sources européennes, ses créations, ses rapports avec les civilisations indiennes et saxonnes, ses modifications, et dans son caractère indéniable de signe ethnique ». Il affirmait que « le génie populaire français a[vait] imprégné de mille façons une partie considérable de la vie américaine », avant de conclure :

> Nous espérons que les études, enquêtes et documents que nous présentons ici permettront de fixer un jour l'état précis des coutumes et traditions qui sont l'expression la plus authentique de ce génie. Ils aideront, en tout cas, à définir la place exacte qu'occupe dans l'histoire du Nouveau-Monde et aussi dans l'histoire universelle cet ensemble particulier d'idées et de mœurs que constitue le folklore français d'Amérique[18].

Son projet, nous l'avons fait nôtre et nous espérons y consacrer le plus clair de nos énergies au cours des prochaines années. J'en appelle donc à la collaboration de tous les intéressés pour la réalisation de cette entreprise, qui ne pourra parvenir à son terme qu'avec l'appui de la communauté des ethnologues de l'Amérique française et des chercheurs en région appartenant à des disciplines connexes.

*NOTES*_____

[1] Cette communication reprend « Nouvelles perspectives de recherches en Ontario français », un texte préparé pour le colloque *L'ethnologie des francophones en Amérique du Nord. 1944-1994. Bilan et perspectives*, tenu à Québec du 8 au 11 septembre 1994, et dont les actes sont en cours de publication au CÉLAT de l'Université Laval.

[2] Serge Saint-Pierre (s. la dir. de) avec la collaboration de Michel Courchesne, Louise Gaudreault, Sophie Landry et Chantal Legault, *Répertoire du patrimoine franco-ontarien. Le Nord de l'Ontario et les comtés unis de Prescott et de Russell* (Sudbury, Centre franco-ontarien de folklore, 1993, [3]-viii-335 p.). Cette synthèse a été réalisée à partir des 200 dossiers ethnohistoriques consacrés à autant de lieux de l'Ontario français et des 13 500 photographies relatives aux 3 000 sites repérés au cours des deux premières années de recherche ; le second tome, qui comprendra les régions du Sud, de la Huronie et des autres parties de l'Est ontarien, est en voie de préparation.

[3] Jean-Pierre Pichette, *Répertoire ethnologique de l'Ontario français. Guide bibliographique et inventaire archivistique du folklore franco-ontarien*, coll. Histoire littéraire du Québec et du Canada français, n° 3 [Préface de René Dionne] (Ottawa, PUO, 1992, x-230 p.). Le « guide bibliographique » analyse en détail plus de 650 entrées et le « catalogue des archives » décrit

systématiquement le contenu de près de 250 collections localisées dans une douzaine de centres ; le tout est précédé d'une introduction qui met en contexte toute cette production documentaire.

[4] Actes du colloque tenu à l'Université de Sudbury les 31 octobre, 1er et 2 novembre 1991, textes rassemblés et publiés par Jean-Pierre Pichette (s. la dir. de) (Sudbury, Prise de Parole et Centre franco-ontarien de folklore, coll. Ancrages, 1993, 529 p.).

[5] L.-O Letourneux, «La société canadienne», dans James Huston (s. la dir. de), *Le répertoire national*, Montréal, Lovel et Gibson, vol. III, 1848 (Montréal, VLB éditeur, 1982), p. 284-285.

[6] À ce sujet, voir notre article « La diffusion du patrimoine oral des Français d'Amérique », dans Claude Poirier (s. la dir. de), avec la collaboration d'Aurélien Boivin, Cécyle Trépanier et Claude Verreault, *Langue, espace, société. Les variétés du français en Amérique du Nord* (Sainte-Foy, PUL, coll. Culture française d'Amérique, xvii-489 p.), p. 127-143.

[7] Mon examen de cette question fait l'objet d'un long article, « Le lynx et le renard. Un relais déroutant dans la transmission du conte populaire français en Ontario », à paraître en 1995, dans le premier cahier de la Société François-Xavier Charlevoix (Sudbury, Prise de Parole).

[8] René Dionne, « Préface », dans Jean-Pierre Pichette, *Répertoire ethnologique de l'Ontario français*, p. 10.

[9] Une première et brève description de ce projet apparaît dans la liste des projets patronnés par la Chaire pour le développement de la recherche sur la culture d'expression française en Amérique du Nord (CEFAN) ; voir le *Deuxième rapport annuel 1990-1991 de la CEFAN* (Sainte-Foy, Université Laval), p. 67. En mai 1992, il a fait l'objet d'un exposé au Congrès des sociétés savantes, à Charlottetown, devant les membres de l'Association canadienne d'ethnologie et de folklore.

[10] Maria Leach, *Funk & Wagnalls Standard Dictionary of Folklore, Mythology and Legend* (New York, Harper & Row, 1949, 2 vol. ; 1984, xvii-1236 p.).

[11] *Enzyklopädie des Märchens* (Berlin, W. de Gruyter, 1975, en cours de publication).

[12] Mircea Eliade, *The Encyclopedia of Religion* (New York, Macmillan, 1987, 16 vol.)

[13] René Alleau (s. la dir. de), *Dictionnaire des jeux* (Paris, Claude Tchou éditeur et Henri Veyrier, coll. Réalités de l'imaginaire, s. d., [13]-554 p.).

[14] Jean Chevalier et Alain Gheerbrand, *Dictionnaire des symboles* (Paris, Laffont, 1969, 844 p.).

[15] Jean-Philippe Chassany, *Dictionnaire de météorologie populaire* (Paris, Maisonneuve et Larose, 1970, xxiii-392 p.).

[16] Subvention générale de recherche, dont les fonds proviennent du Conseil de recherche en sciences humaines du Canada, obtenue en 1991 pour travaux exploratoires.

[17] Subvention obtenue en 1993, en partenariat avec Jean-Claude Dupont, dans le cadre du programme de « collaboration scientifique avec des chercheurs francophones nord-américains de l'extérieur du Québec » de l'Université Laval.

[18] « Présentation », dans *Les archives de folklore*, vol. I (Montréal, Fides, 1946, 202 p.), p. 7.

Repères pour une histoire littéraire de l'Ontario français

François Paré
Département d'études françaises
University of Guelph

STRATÉGIE DE L'INCERTITUDE

Les œuvres littéraires appartiennent toujours aux autres ; elles sont toujours en quelque sorte reprises et corrigées par ceux-là dont nous cherchons, au-delà de l'altérité, la tendresse et l'acquiescement. L'histoire littéraire, comme toute autre histoire, se joue dans les limites de ce qu'on pourrait appeler le domaine social, où les œuvres, les gestes et les événements singuliers (au fond, la vie tout entière !), soumis à l'interprétation, à la déformation, à l'oubli, à la structuration, prennent pour nous des formes à la fois familières et pourtant profondément inquiétantes. La mémoire est ainsi le lieu d'une certaine aliénation et, en même temps, d'une légitimation fondamentale. Dans le premier cas, la nature problématique de l'historiographie n'est pas sans conséquence pour les petites cultures en voie d'autonomisation, qui ne peuvent pas compter sur la légitimité d'un canon littéraire qui viendrait confirmer la transcendance de la culture elle-même sur la mort. Les grandes cultures actuelles peuvent bien se permettre, elles, de retoucher au passage un corpus d'œuvres majeures et de remettre en question le contenu entier de ce corpus, sans pour autant cesser de rayonner comme des cultures au-delà de leurs frontières historiques ou géographiques.

Mais qu'en est-il des nombreuses cultures en émergence pour qui la construction d'un discours identitaire à travers la littérature est d'emblée, avant même qu'elles aient pu commencer à s'affirmer, l'objet de la déconstruction et du scepticisme[1] ? En Ontario français, comme partout ailleurs dans les institutions culturelles fortement dépendantes, toute formation d'une histoire canonique de la littérature et le choix même des œuvres et des auteurs devant appartenir à cette histoire sont donc grandement suspects[2]. Et ils le sont d'entrée de jeu. Pourtant, il n'y a pas de projet plus important pour nous. De toutes les entreprises dont cet ouvrage est aujourd'hui l'écho, celle-ci domine en un sens largement les autres, parce que la littérature a été, depuis les premiers moments de conscience et d'affirmation collective, au cœur de cet espace communal qui, plus qu'ailleurs au Canada français, est fortement déterminé par l'imaginaire. Si une culture est avant tout un ensemble de discours, dont la synthèse et l'unicité nous échapperont toujours, il est essentiel de comprendre comment cet ensemble apparemment éclaté s'est manifesté et se manifeste encore à nous dans des lieux fondateurs de notre cohésion culturelle.

D'un autre côté, que dire de l'existence publique des œuvres littéraires ? Celle-ci n'a-t-elle pas une signification bien limitée dans un espace culturel comme celui de l'Ontario français ? Il se produit ici, en effet, un curieux et douloureux paradoxe. Dans les limites tangibles d'une petite culture, où les œuvres littéraires ne jouissent généralement pas d'une grande diffusion, ni d'une grande réverbération critique, écrire reste un geste immensément solitaire. Il est difficile alors de concevoir l'histoire littéraire dans ce contexte où les conditions de la « réception » des œuvres sont tout à fait singulières et ne correspondent en rien à ce que les théories récentes ont tenté de nous démontrer. Mais si l'œuvre est seule, l'écrivain, lui, ne l'est pas. Le paradoxe découle du désir, irrépressible et fondateur, des petites institutions culturelles de vivre dans le domaine public, malgré les déficiences flagrantes dans la diffusion des œuvres. Farouchement solitaire, l'écrivain marginalisé (Hubert Aquin ne nous l'a-t-il pas assez répété ?) se trouve aussitôt rappelé à son assomption dans la solidarité, dans son engagement toujours présumé envers sa communauté, elle aussi marginale.

Ici tout geste d'écriture est convié à l'histoire. Si cette œuvre n'est pas en son fonctionnement propre un lieu d'éclatement, une ouverture vers une réelle dissémination des idées, elle sera tout de même un point d'intersection, un point de rassemblement des souffrances et des passions accumulées de la communauté. Les petites cultures tendent donc à produire de la convergence et à nier le travail de la singularité, de la marginalité. Et pourtant elles sont tourmentées par leur impossibilité congénitale à se rassembler, par leur hétérogénéité. C'est pourquoi elles peuvent être des lieux d'oppression, l'histoire littéraire étant, parmi tous les discours qu'elles fabriquent sur elles-mêmes, le récit de cette oppression[3]. Et en même temps, dans cette pratique de la mémoire, où nous semblons chercher notre genèse en tant qu'objet de savoir, subsistent de terribles non-lieux.

Certains jours, il semble en effet que, nous tournant vers le passé, nous ne parvenions plus à mettre à jour que notre long refus de dire, notre obstination dans le silence, et qu'ainsi l'histoire de la littérature, telle que nous souhaiterions la formuler, ne soit plus que la lente et récurrente mise à mort de l'écrivain (et de *nous* à travers lui), non pas en tant qu'auteur, mais en tant qu'*écrivain* dans la plus belle sacralité de sa fonction. L'histoire littéraire à laquelle nous aspirions n'est plus alors que la succession de notre apparaître-disparaître dans l'ensemble de la parole humaine.

Bien plus, l'existence publique des œuvres littéraires, même dans les cultures fortement autonomes, n'est évidente pour les lecteurs que dans l'immédiateté de l'histoire présente. Quand nous nous penchons vers le passé, la circulation inquiétante des livres se fond en un relais rassurant des œuvres et des individus. Nous y déchiffrons nos mystérieux rapports de complicité, rapports qui représentent à divers moments du temps la genèse répétée de notre communauté[4]. Cette plénitude existe-t-elle en réalité ? Il faut croire plutôt que, dans l'histoire des œuvres auprès desquelles nous aimons construire notre espace culturel (même quand ces œuvres nous sont hostiles en tant que communauté organisée), il se cache toujours des zones ombragées, hétérogènes, des manifestations de l'inexplicable. Ce sont alors les signes d'une infinie absence, celle d'une communalité toujours à refaire, produite par notre regard suspect sur le passé. C'est de cet espace de la déréliction que naît le désir, « de cette difficulté, de l'absolu impensable, retourné en manque symbolique, nécessairement déçu, au plus intime de la conscience. Entre lui et l'espérance qui l'investit, selon la ligne asymptotique de l'échec, y a-t-il place pour autre chose que l'intermède surgeonnant du sacrifice ou de la poursuite[5] ? ». Or, dans ces repères pour une histoire littéraire qui s'inscrive, à son tour, dans l'histoire collective de l'Ontario français, je suis à l'affût de tels concepts de « sacrifice » et de « poursuite ». Cette histoire ne devrait pas être marquée par la fixité de ses frontières, ni même par la permanence de sa périodisation. Elle ne devrait pas être univoque. Qu'elle soit un lieu d'affirmation de notre existence communautaire depuis plus de cent ans à l'ouest de l'Outaouais, voilà qui est parfaitement légitime et même souhaitable. La postmodernité ne pourrait nier aux *sans-histoire* de la terre le droit même de se constituer dans l'histoire littéraire sous prétexte qu'il n'y a plus guère d'histoire possible.

Mais, en même temps, vu la faiblesse même des supports institutionnels, il me semble que nous ne pouvons pas, subjectivement, aborder l'étude d'une culture minorisée comme celle de l'Ontario français avec le même détachement que nous pourrions mettre en œuvre pour une littérature fortement institutionnalisée. D'une part, nous sommes partie prenante dans ce que nous observons. Cette histoire des œuvres littéraires sera celle même du langage critique, de tout le discours polyvalent qui continue à tous les jours d'émaner de la collectivité. Si l'historiographie est suspecte, c'est que toute distance objectifiante l'est aussi. Ces limites ne pourront qu'enrichir notre perspective, car l'histoire littéraire, ce sera alors celle même des échanges incessants entre la parole ponctuelle de subjectivités à l'œuvre (dont la mienne, parmi les plus suspectes) et les discours, acquis, oubliés, retrouvés, réappropriés, qui ont précédé et circonscrit cette subjectivité dans l'histoire, ce que Goffredo Parise appelle si bien, de part et d'autre, la « parole pauvre, c'est-à-dire essentielle » et la « logique de la richesse, c'est-à-dire du superflu[6] ».

Il y a eu, au cours des dernières années au Canada francophone, de nombreuses initiatives de grand mérite dans le domaine des études littéraires et de la légitimation des œuvres. De telles avances sont visibles en Ontario français. Si une littérature franco-ontarienne est bien apparue dès le milieu du XIXe siècle, surtout dans la région d'Ottawa, cette littérature s'est produite, non seulement en marge du Québec dont elle n'était alors qu'une voix appendicielle, mais dans un vide institutionnel quasi total. C'est cette histoire qu'il faut maintenant rédiger, malgré les carences de la documentation souvent fragmentaire et dispersée[7]. Il existe, bien sûr, des histoires schématiques de la littérature franco-ontarienne, de même qu'un certain nombre d'anthologies génériques[8]. Mais nulle proposition d'ensemble, capable de rapatrier dans le discours collectif un corpus d'œuvres dispersées, n'a véritablement vu le jour jusqu'à maintenant. La dernière initiative dans ce sens, celle de René Dionne dans un chapitre qu'il consacre à l'histoire de la littérature franco-ontarienne, va particulièrement loin dans le sens de la réappropriation des œuvres du passé, mais cette « esquisse historique » ne pourrait conduire à une véritable tradition d'enseignement de la littérature et de recherche dans notre culture tant que nous ne disposerons pas d'une histoire plus étoffée, plus engageante, de l'acte littéraire et de son institution depuis sa genèse[9]. Cette histoire est à faire, le présent texte visant maintenant à relever, en espérant qu'ils seront pris en charge par d'autres chercheurs et chercheuses, plus patients, les nombreux champs de recherche possibles dans cette histoire polyvalente des œuvres littéraires de l'Ontario français de 1610 à aujourd'hui.

LES PREMIÈRES INCURSIONS FRANÇAISES (1610-1867)

Je ne suis pas de ceux qui accordent une très vaste importance à la période de la grande exploration française en Amérique du Nord. Cette époque mythique de notre enracinement dans un territoire (qui finira par nous échapper presque totalement) est notre réclamation première et notre garantie de reconnaissance juridique en Amérique du Nord. C'est sur une telle construction imaginaire du passé que nous reposons en tant que collectivité. Mais, sur le plan strictement de la littérature, cette période que nous partageons avec le reste de la francophonie nord-américaine ne fait pas priorité. Dans les conditions difficiles des premières incursions européennes, les œuvres littéraires sont très rares et n'ont pour nous qu'une valeur documentaire. Une seule exception, sans doute, à ce jugement : *Le grand voyage au pays des Hurons*

(1632) de Gabriel Sagard, dont on a publié assez récemment dans la Bibliothèque québécoise une bonne édition critique, mériterait à lui seul une étude extrêmement poussée[10]. Fortement épris des cultures amérindiennes, linguiste avant l'heure, et surtout porté par le discours rationalisant du XVIIᵉ siècle à travers lequel il aperçoit tout le paysage de la Huronie, Sagard est l'auteur d'une œuvre complexe qu'il faudrait au moins parvenir à replacer, malgré sa singularité, dans le contexte des écrits missionnaires sur l'Ontario français. Une édition critique des « Relations » de Paul Le Jeune et de Jean de Brébeuf serait aussi extrêmement utile et permettrait de compléter le tableau du discours colonial français au début du XVIIᵉ siècle dans la région actuelle de Penetanguishene. Dans tout ce travail « archéologique », il nous faudrait maintenir, me semble-t-il, la différence capitale entre ce que Pierre Ouellet appelle « l'histoire racontée » et « l'histoire racontante » : « ... l'œuvre réside dans les transformations qu'elle opère sur un modèle de départ [celui, ici, du colonialisme] et dans celles qui s'opèrent sur elle en tant que nouveau modèle ; par conséquent dans la façon dont elle s'approprie le passé vu à travers la façon dont nous nous l'approprions elle-même comme passé[11] ». Sur cette période qui nous a précédés et sur laquelle repose souvent notre sentiment de former une communauté distincte, ce dernier stade de l'appropriation doit donc se prêter, à travers des textes comme ceux de Sagard et de Brébeuf, à une véritable analyse de nos politiques de représentation du régime colonial.

LE GRAND DÉMÉNAGEMENT OUTRE-FRONTIÈRE (1867-1910)

Dans le cas de cette seconde période où s'établissent, dans la région d'Ottawa, les premiers éléments d'une institution littéraire outaouaise (sinon franco-ontarienne), distincte de celle de Montréal ou de Québec, tout le travail reste à faire. Cette institution est directement liée, comme le souligne René Dionne, à l'arrivée importante de fonctionnaires d'origine québécoise à Ottawa après l'accord constitutionnel de 1867. Ces nouveaux arrivants, habitués à un certain nombre de lieux culturels, s'empressent de recréer à Ottawa des institutions (d'ailleurs bilingues, comme elles l'étaient à Montréal et à Québec à cette époque), qui leur servent à la fois de liens avec ceux qu'ils ont laissés au Québec et de tribune pour leurs écrits et discours. Plusieurs écrivains québécois d'importance ont ainsi enrichi, parfois pendant de nombreuses années, la nouvelle capitale fédérale. De ces écrivains, il faut retenir surtout les noms de Benjamin Sulte, arrivé à Ottawa en 1866 et auteur de nombreux recueils de poèmes, dont *Les Laurentiennes* (1870) ; de William Chapman en 1898, poète des *Québecquoises* (1876) ; de Rodolphe Girard, qui s'est réfugié à Ottawa en 1904 après la condamnation de son roman *Marie Calumet* et y passe plus de 35 ans ; et enfin de Régis

Roy, l'un des premiers dramaturges franco-ontariens d'importance, auteur entre autres de *On demande un acteur* (1896). Cette liste est loin d'être exhaustive et ne tient nullement compte des nombreux déménagements de part et d'autre de l'Outaouais dans les 50 premières années de la Confédération canadienne. L'œuvre de Chapman est disponible en édition critique depuis 1968[12]. Pour les autres écrivains mentionnés ici, surtout Sulte et Roy, il reste à accomplir un travail énorme de recherche en bibliothèque, d'édition et d'analyse de ces œuvres tout à fait polymorphes. Au-delà d'une simple étude sur l'œuvre de Régis Roy, cependant, il serait extrêmement important de tenter de retracer l'histoire réelle de la dramaturgie franco-ontarienne en examinant ses assises dans l'institution culturelle outaouaise au XIXe siècle et dans les écrits de Roy et de Rodolphe Girard, entre autres[13].

Cependant, ce qui distingue cette période de la fin du XIXe siècle des développements ultérieurs, c'est la mise en place d'un certain nombre de structures institutionnelles propres à la littérature, destinées à assurer la diffusion (même orale) et la permanence des œuvres. Ces institutions outaouaises, dont l'Institut canadien-français[14] (où Sulte s'est impliqué après son arrivée à Ottawa), le Club des Dix et le Club littéraire canadien-français (résultat du travail de Rodolphe Girard), font pendant à des structures semblables à Montréal et à Québec ; elles ont servi à transformer la capitale fédérale en un lieu d'animation important à la fin du XIXe et au début du XXe siècle. Ce sont de telles institutions, fortement imprégnées de rhétorique, si populaire dans les milieux politiques, qui serviront de fondation à l'ensemble de la production littéraire en Ontario français pendant près de cent ans et l'inscriront, dès les premiers moments, dans les modes de diffusion orale de la littérature.

Ici encore, comme dans le cas d'écrivains et d'œuvres singuliers, la recherche est manquante. Elle devrait prendre la forme d'une histoire de l'institution littéraire à Ottawa au XIXe siècle, histoire qui tiendrait compte du rôle important du fonctionnariat fédéral dans la production littéraire (et culturelle) de l'Ontario français, et de modèles de diffusion des œuvres propres aux régions frontalières.

Car, à cette époque, l'Ontario français ne saurait former véritablement un territoire ou même une communauté organisée ; il s'agit plutôt d'une « frontière », au sens de « limite » géographique et mentale d'un espace culturel canadien-français en expansion. Tête de pont idéologique, Ottawa sert très certainement, à la fin du XIXe siècle, de centre de discussion et de diffusion des idées sur toute la question de l'émigration canadienne-française vers l'Ouest et vers les États américains. Ce rôle reconnu d'Ottawa, cette position stratégique, résumant en elle-même tous les espoirs de conquête matérielle et idéologique du continent par les colons canadiens-français, attend toujours une étude d'envergure. Il semble que certaines institutions culturelles et littéraires de la capitale fédérale (l'Imprimerie du Canada à Ottawa, par exemple) aient été fondées spécifiquement dans le but de servir de tremplins pour la propagande messianique venant des cercles politiques et cléricaux[15].

Si enfin cette époque des véritables commencements de l'autonomisation de la littérature franco-ontarienne doit faire l'objet d'études et d'analyses diversifiées et approfondies, ce sera à travers le prisme des caractéristiques particulières aux communautés biculturelles, bilingues et minorisées. C'est dans un contexte d'abord enthousiaste, puis refroidi, de gestion des deux cultures et des deux langues que l'institution politique et culturelle de la capitale se fonde avant tout. L'œuvre entière de Benjamin Sulte ne peut être saisie en dehors d'un tel contexte d'ambivalence culturelle, une ambivalence qui sera toujours au cœur de tous les discours franco-ontariens.

En outre, cette littérature romantique, celle des poètes comme celle des orateurs, est avant tout orale, écrite pour être déclamée ; elle correspond largement à un idéal masculin de l'écrivain engagé dans la conduite des affaires publiques de sa société. C'est là que la littérature franco-ontarienne est née, dans les salons de l'Institut canadien-français, dans les salles de l'Université d'Ottawa et surtout sur les tribunes publiques et parlementaires, les *hustings* que les brillants orateurs comme Wilfrid Laurier sauront si bien mettre à leur main.

PAMPHLÉTAIRES ET ROMANCIÈRES (1910-1960)

Nous abordons ici une période beaucoup plus complexe de l'histoire politique et culturelle de la communauté franco-ontarienne. Elle correspond à une recherche intensifiée de l'identité collective, par rapport au Québec d'origine et par rapport aux vagues d'immigration anglophone qui se succèdent depuis la fin du XIXe siècle. Cette recherche résulte en grande partie de la détérioration progressive de la position sociopolitique des Franco-Ontariens et des luttes, scolaires et autres, qui en ont été la conséquence. Le père Charles Charlebois fonde ainsi *Le Droit* à Ottawa en 1913 ; l'Association canadienne-française d'éducation de l'Ontario (ACFÉO) s'était organisée trois ans plus tôt, afin de défendre les droits linguistiques et scolaires des 200 000 Franco-Ontariens.

Ces circonstances politiques donnent lieu à une multiplication de discours, manifestes et pamphlets. Certains de ces textes paraissent régulièrement sous forme de tirés à part, dont la distribution se fait dans les congrès des différents organismes communautaires. D'autres poursuivent la tradition oratoire commencée au XIXe siècle. Enfin, un grand nombre de pamphlets sont diffusés dans les chroniques journalistiques. Il est important pour toute histoire de l'écrit littéraire en Ontario français de tenir compte de ces manifestations souvent peu orthodoxes de l'écrit, car elles restent essentielles à toute perception des lieux de représentation collective dans la littérature.

Plusieurs de ces textes ont été soumis à un examen historiographique. Mais leur insertion dans une visée élargie de l'institution littéraire naissante en Ontario français n'a pas fait l'objet d'une étude approfondie. Pourtant, ce qui paraît évident, c'est que la structuration sociopolitique de la communauté franco-ontarienne vers 1910 a permis de déplacer le champ littéraire et de le situer dans une pratique, encore très vivante aujourd'hui, de ce qu'on a appelé à une certaine époque la littérature de combat. Un tel engagement social de l'écrivain était déjà au cœur des discours politiques du siècle précédent. Mais les revendications collectives subséquentes forcent les écrivains franco-ontariens à faire de cet engagement une caractéristique essentielle, non seulement de l'écriture elle-même, mais de toute l'institution culturelle. Autant, après 1910, la littérature franco-ontarienne s'autonomise, autant elle tend du même coup à attribuer à l'écrivain une « conscience historique[16] », une mission sociale et communautaire déterminante.

Quelques noms d'écrivains pamphlétaires s'imposent donc ici à la recherche. En premier lieu, c'est toute l'œuvre journalistique et poétique de Jules Tremblay qu'il faudrait soumettre à l'édition critique et à l'analyse. La tâche est en fait d'une grande urgence. Il est certain que le nom de Jules Tremblay est lié à celui de l'École littéraire de Montréal, dont il devient membre en 1909. Mais cet écrivain polyvalent est d'abord journaliste dans les journaux nouvellement fondés de la capitale fédérale. Sa contribution est considérable et dépasse certainement la simple valeur ethnographique. Pour lui, un peuple ne saurait exister et se développer sans que soit mise en œuvre la conscience historique de l'écrivain, présent dans le vécu collectif.

D'autres œuvres appellent un travail historiographique qui nous permettrait de mieux saisir leur influence réelle dans l'institution littéraire en émergence. Je songe aux écrits considérables de Séraphin Marion, aujourd'hui pris pour acquis ; pendant de nombreuses années, ces écrits sur l'histoire des « lettres canadiennes-françaises » ont permis de situer l'écriture pratiquée en Ontario français dans un cadre plus général, devant s'appliquer à l'ensemble du Canada français. Or ce cadre et les goûts particuliers de Séraphin Marion ont certes contribué à jeter les bases d'un corpus fondateur de la littérature franco-ontarienne, tout en excluant des œuvres jugées moins conformes à l'engagement sociopolitique exigé par la rhétorique nationaliste de l'entre-deux-guerres, dont L'appel de la race de Lionel Groulx (1922) était devenu le prototype.

Encore ici, la recherche devra éventuellement se concentrer sur les rapports encore mal compris entre l'institution littéraire outaouaise, fortement centrée sur l'Institut canadien-français et l'Université d'Ottawa, et le milieu littéraire montréalais. Il serait intéressant d'y retracer le rôle d'individus fort actifs comme Victor Barrette, journaliste prolifique au journal *Le Droit*, dès 1921, et Louvigny de Montigny, établi à Ottawa de 1910 à 1955, dont une grande partie de l'œuvre est écrite à partir d'une position marginale par rapport aux grands centres culturels québécois.

Rien de plus étranger à cette conception de l'engagement de l'écrivain que le travail d'un certain nombre de romancières et de conteuses établies à Ottawa après la fin de la Première Guerre mondiale. Toute étude de ce corpus, souvent teinté du romantisme à la mode, devra tenir compte d'un véritable réseau de femmes journalistes au Canada français entre 1920 et 1960 environ. Plusieurs de ces femmes sont aussi romancières et poètes. Certaines atteignent rapidement la gloire littéraire, comme c'est le cas de Gabrielle Roy après la publication de *Bonheur d'occasion*. La plupart restent des succès de librairie, sans pour autant s'inscrire dans un canon littéraire canadien-français dont elles semblent s'exclure d'emblée par leur manque évident d'intérêt pour la cause nationale. Ce réseau de femmes instruites, activistes, souvent liées au pouvoir par la presse et par le fonctionnariat (surtout fédéral), devrait faire l'objet d'une analyse soutenue, tant dans le contexte québécois que dans celui de l'Ontario français. Je ne mentionnerai que quelques noms parmi plusieurs, qui me semblent dignes d'intérêt : Marie-Rose Turcot, dont l'œuvre abondante, fortement marquée par l'idéologie conservatrice, reste totalement inexplorée, Michelle Le Normand, Charlotte Savary, Thérèse Tardif et Lucie Clément.

Enfin, l'écriture féminine se manifeste également dans le domaine de la littérature jeunesse où de grands noms comme Mme Alcide Lacerte [Emma-Adèle Bourgeois], Mariline [Aline Séguin Le Guiller] et Marie-Rose Turcot s'imposent comme des repères essentiels dans le développement du livre pour la jeunesse et du livre illustré au Canada français.

LES POÈTES DE L'INTIMITÉ (1910-1960)

C'est durant cette période relativement intense de production littéraire que la poésie devient progressivement, d'abord dans la région d'Ottawa, puis éventuellement dans le nord-est de la province, un des modes d'expression privilégiés de l'Ontario français. Cependant, à l'inverse de la poésie plus récente, cette écriture s'écarte résolument des grands débats nationalistes de l'heure, pour évoquer plutôt une recherche parfois mystique du bonheur individuel, ou encore pour faire état d'une vie quotidienne ritualisée par le retour des saisons et par les cycles de l'histoire.

L'œuvre poétique de Simone Routier, certes l'un des plus grands écrivains de l'Ontario français (avec Jules Tremblay) avant 1960, méri-

terait amplement une étude sérieuse. Cette œuvre, mystique à bien des
égards, n'a pas eu la faveur de la critique récente, dans la mesure sans
doute où elle fait usage d'un système de représentation religieux que
nous avons délaissé. Mais, dans tout travail « archéologique » qui vise-
rait à rédiger une histoire littéraire de l'Ontario français, il semble
évident qu'il faudra tenir compte de cette permanence de la tradition
religieuse dans notre culture.

Pour la poésie comme pour le roman, les relations avec le milieu
littéraire montréalais sont extrêmement importantes. Elles forment un
contexte déterminant pour ceux et celles qui désirent écrire en Ontario
français avant 1970, puisqu'il n'existe pas vraiment de lieux de diffusion de la littérature ailleurs qu'au Québec même. Ainsi, toute étude
des œuvres de Maurice Beaulieu (À glaise fendre en 1957 et Il fait clair
de glaise en 1958) et de Pierre Trottier (Le combat contre Tristan en
1927 et Poèmes de Russie en 1957, entre autres) devra tenir compte des
courants internationalistes qui ont marqué l'écriture poétique durant
cette période dans l'ensemble du Canada français.

En somme, comme on peut le voir, le travail ne manque pas ! Dans
notre volonté d'établir avec éclat après 1970 une institution littéraire
autonome et viable en Ontario français, nous avons eu tendance à laisser de côté une abondance d'œuvres littéraires qui non seulement auraient
dû faire l'objet d'études systématiques, mais auraient dû être réinté-
grées dans une histoire plus globale et plus ouverte de notre littérature.
Il n'est pas trop tard.

LA NAISSANCE DE L'INSTITUTION LITTÉRAIRE FRANCO-ONTARIENNE (1960-1994)

Cette dernière période de l'histoire culturelle de l'Ontario français est
de loin la plus connue et la mieux répertoriée. Elle correspond à une
expansion du territoire culturel à l'extérieur d'Ottawa, où l'activité
littéraire s'était jusqu'alors concentrée, jusqu'au Nord (Sudbury-
Timmins-Hearst) et plus récemment à Toronto. Cette géographie
triangulaire est certes devenue au cours des dernières décennies la
marque même de l'Ontario français moderne. On connaît bien les circonstances du développement de l'activité littéraire (poésie, théâtre et
chanson) dans la région de Sudbury après 1970. Cette mouvance assez
extraordinaire a fait l'objet de nombreuses études, surtout sur le
théâtre[17]. Il est important de souligner qu'avec la génération des poètes
et artistes de la Coopérative des artistes du Nouvel-Ontario (CANO), ce
n'est pas tant la littérature franco-ontarienne qui prenait naissance
(puisqu'elle existait déjà amplement), mais plutôt son institution
sociale, entièrement axée, pour CANO, sur le combat identitaire. En
même temps, l'émergence de Toronto, comme espace littéraire, est re-

lativement récente (autour de 1980). Elle est liée autant au développement remarquable du multiculturalisme qu'au transfert progressif du
pouvoir politique francophone d'Ottawa vers la capitale provinciale.

Ces développements cruciaux ne sont pas survenus, comme on l'a
pensé longtemps, dans un vide institutionnel total. Car la période qui a
immédiatement précédé la création de CANO a tout de même été marquée par la publication d'œuvres littéraires de très grande importance,
même si ces œuvres et leurs auteurs restaient souvent en marge des
revendications communautaires des Franco-Ontariens. Parmi celles-ci,
il faut mentionner évidemment celles de Gérard Bessette (*L'incubation*
et *Le semestre*), de Claire Martin (*Dans un gant de fer* et *La joue
droite*), de Cécile Cloutier et de Paule Saint-Onge (*Ce qu'il faut de
regret*). Ce qui manque en ce moment à la recherche, c'est surtout
l'établissement d'un contexte critique de la production et de la réception de ces œuvres dans le cadre d'une littérature franco-ontarienne de
plus en plus autonome. Nous ne pouvons plus nous permettre de couper
complètement l'énergie contre-culturelle de Sudbury, au début des
années 70, de la production littéraire qui a précédé directement cette
période, surtout dans la capitale fédérale.

À Toronto même, une histoire institutionnelle des enjeux littéraires
après 1970 est nécessaire, si l'on veut mieux saisir le rôle qu'ont dû
jouer certaines institutions culturelles (TVOntario, Radio-Canada, le
Collège universitaire Glendon de l'Université York, le Conseil des Arts
de l'Ontario, le Salon du livre de Toronto, le Prix Trillium) sur l'ensemble de la pratique littéraire franco-ontarienne. Concevoir Toronto
comme un lieu de diversification pluri-culturelle de la littérature franco-
ontarienne est une simplification, car la ville devient après 1980 le
point d'intersection d'une grande part des forces et des tensions qui
animent aujourd'hui tout l'Ontario français, de souche ancienne ou immigrante.

Ce qui est évident, c'est qu'une histoire de la littérature franco-
ontarienne, même problématique à l'extrême (ne serait-ce que par ses
lieux d'inclusion et d'exclusion), nous permettrait pourtant de mieux
saisir l'histoire des enjeux identitaires, d'une part, et des pratiques de
l'écriture, d'autre part, dans le contexte polymorphe d'une institution,
d'abord fortement enracinée dans la région d'Ottawa, puis installée
depuis peu dans des pôles géographiques à la fois complémentaires et
conflictuels. Il est impossible de comprendre la place qu'occupent des
écrivains aussi importants que Patrice Desbiens, Andrée Lacelle, Pierre-
Paul Karch ou Jean Marc Dalpé, par exemple, sans pour autant saisir
les lieux institutionnels qui déterminent la reconnaissance et la diffusion des œuvres. En effet, si les organismes subventionnaires se
déplacent vers Toronto après 1970, les instances critiques, elles, restent
largement implantées à Ottawa et ultimement à Montréal (et dans le cas

des écrivains torontois de source immigrante, à Paris). Ce n'est ici qu'un exemple de la complexité de la légitimation littéraire. En fin de compte, l'histoire littéraire de l'Ontario français ne pourrait s'écrire sans que l'ensemble des discours et des pratiques dont elle est constituée ne soit replacé dans un contexte infiniment plus grand, d'abord celui du Québec institutionnel des dernières décennies, puis celui de la francophonie.

Mais ce n'est pas tout. Depuis ses origines au XIXe siècle, la société franco-ontarienne est profondément accommodatrice et biculturelle. Ainsi, il apparaît évident que la littérature de l'Ontario français aura pour constante à travers le temps (voir, parmi d'autres, les œuvres de Gabriel Sagard, Benjamin Sulte, Gérard Bessette, Claire Martin, André Paiement, Jean Marc Dalpé, Pierre-Paul Karch, Andrée Lacelle, Daniel Poliquin, Hédi Bouraoui, Pierre Pelletier et Paul Savoie) la gestion symbolique et matérielle d'une double appartenance, d'une double langue, d'une double culture, souvent constitutives de l'identité. En 1988, Marc Haentjens suggérait que l'imaginaire franco-ontarien (par là il faut entendre l'identité collective telle que transmise par le discours) découlerait d'une plus grande saisie des rapports étroits et complexes entre le présent et le passé[18]. Cette saisie est en effet une priorité, car on ne peut guère imaginer une description du présent et de notre présence à la parole sans mise en cause des lieux d'oppression, de solidarité et de marginalité qui jalonnent notre histoire propre et celle de nos rapports avec les autres.

NOTES_____

[1] Ce problème n'est pas propre aux petites cultures ou aux cultures minoritaires, comme en fait foi un excellent article de Jacqueline Bel sur les manières diverses d'écrire et de problématiser l'histoire de la littérature néerlandaise, une littérature au corpus pourtant bien établi (« Honderd manieren om een literatuurgeschiedenis te schrijven », *Literatuur*, vol. XCXI, n° 1, 1991, p. 39-47). Mais la question des rapports entre la légitimation et l'aliénation est, elle, particulièrement aiguë dans le cas des cultures minoritaires.

[2] Comme le souligne Nicole Fortin, « l'histoire apparaîtra donc comme un concept problématique. Nullement parce qu'elle appartient à une époque révolue. Nullement parce qu'elle s'éclipse dans les théories nouvelles. Plutôt parce qu'elle continuera d'agir dans les textes et de formaliser la littérature, même là où l'on refuse de la nommer, même là où l'on rejette ouvertement la méthodologie qu'elle appelle » (*Une littérature inventée. Littérature québécoise et critique universitaire, 1965-1975* (Sainte-Foy, PUL, 1994), p. 61-62). Je renvoie le lecteur à cet ouvrage remarquable qui a le mérite d'être très lucide

sur les enjeux de l'institution littéraire. Voir en particulier le chapitre II, « Une histoire inventée », p. 53-117.

[3] Ainsi en est-il de la Suisse romande de Jean-Pierre Monnier : « Nos petites provinces, et peut-être justement parce qu'elles sont petites, vivent aussi d'exclusives, et le plus souvent, elles sont sournoisement entretenues par un murmure de bouche à oreille dont on s'obstinerait en vain à chercher les origines » (Jean-Pierre Monnier, « Parcours », *Écriture*, n° 38, automne 1991, p. 47).

[4] Je fais mienne l'analyse des rapports entre la littérature et la société qu'évoque si clairement Fernand Dumont dans son livre sur le XIXe siècle québécois : *Genèse de la société québécoise* (Montréal, Boréal, 1993, 393 p.).

[5] Betty Rojtman, *Une grave distraction* (Paris, Balland, 1991, 233 p.), p. 69.

[6] C'est dans un bref article publié dans le *Corriere della Sera* que Goffredo Parise élabore une curieuse théorie de la répression, entendue comme expression d'une pauvreté culturelle essentielle (« la provocazione della povertà »), s'opposant ainsi à l'engloutissement dans une culture américaine du superflu, de l'excès. Voir Goffredo Parise, « Nuovo potere e nuova cultura », *Opere*, vol. II, a cura di Bruno Callegher e Mauro Portello (Milan, Mondadori, 1989, 1699 p.), p. 1409-1411.

[7] Voir le commentaire pertinent de Jean Lapointe sur l'historiographie de l'Ontario français : « L'histoire des Franco-Ontariens ne constitue pas un corpus unifié qui aurait une reconnaissance unanime ; l'historiographie du groupe s'écrit au fur et à mesure que les expériences de solidarité se vivent. Cette revue de son histoire fait ressortir que la conscience d'appartenir à un groupe a toujours été un facteur important de son développement et que les écrits qui ont cristallisé la mémoire collective ont contribué au maintien et au développement de la conscience de ce groupe. Ces écrits sont épars et parlent d'une réalité fragmentée, toujours en devenir. » (« L'historiographie et la construction de l'identité ontaroise », dans Simon Langlois (s. la dir. de), *Identité et cultures nationales. L'Amérique française en mutation* (Sainte-Foy, PUL, 1995, 377 p.), p. 163.)

[8] En 1985, Paul Gay publiait *La vitalité littéraire de l'Ontario français* (Ottawa, Éditions du Vermillon, 1986, 239 p.). Cet ouvrage avait le mérite d'être la première tentative sérieuse de présenter le corpus franco-ontarien dans son autonomie par rapport au reste du Canada français. Cependant, ce livre contient de très nombreuses carences.

[9] René Dionne, « La littérature franco-ontarienne. Esquisse historique (1610-1987) », dans Cornelius J. Jaenen (s. la dir. de), *Les Franco-Ontariens* (Ottawa, PUO, 1993, 443 p.), p. 341-417. L'esquisse historique en question est très complète, bien que schématique. Elle offre aussi aux chercheurs une excellente bibliographie. Je m'en sers ici comme point de départ. Voir également mon survol, rédigé à l'intention du public européen : « Une littérature en quête d'existence : l'Ontario français », *La Licorne*, n° 27, 1993, p. 255-262.

[10] Gabriel Sagard, *Le grand voyage au pays des Hurons*, texte établi par Réal Ouellet (Montréal, Bibliothèque québécoise, 1990, 383 p.).

[11] Pierre Ouellet, « La notion de paradigme de l'histoire des sciences à l'histoire littéraire », dans Clément Moisan (s. la dir. de), *L'histoire littéraire. Théories, méthodes, pratiques* (Sainte-Foy, PUL, 1989, 284 p.), p. 9.

12 Voir aussi, entre autres, l'étude de Jean Ménard sur William Chapman, intéressante pour ses renseignements sur l'institution littéraire à Ottawa : *La vie littéraire au Canada français* (Ottawa, Éditions de l'Université d'Ottawa, 1971, 285 p.), p. 15-34.

13 Mettant l'accent sur les écrivains hullois, Jean Herbiet n'aborde pas vraiment de manière satisfaisante les pratiques d'écriture et de représentation théâtrale telles qu'on les retrouvait à Ottawa autour de la Salle académique de l'Université d'Ottawa, entre autres (« Le théâtre de langue française dans l'Outaouais », *Le théâtre canadien-français*, Archives des lettres canadiennes (Montréal, Fides, 1976, 1005 p.), p. 437-442).

14 Sur l'Institut canadien-français de Bytown (Ottawa), voir Madeleine Charlebois-Dirschauer, « La naissance des sociétés sœurs : l'Institut canadien-français et la Société Saint-Jean-Baptiste de Bytown (1852-1856) », *Solitude rompue*, textes réunis par Cécile Cloutier-Wojciechowska et Réjean Robidoux en hommage à David M. Hayne (Ottawa, Éditions de l'Université d'Ottawa, 1986, 429 p.), p. 38-46.

15 Voir Réjean Beaudoin, *Naissance d'une littérature. Essai sur le messianisme et les débuts de la littérature canadienne-française (1850-1890)* (Montréal, Boréal, 1989, 209 p.), p. 47-48.

16 Je reprends ici les distinctions très utiles que propose Michel Biron en parlant de la littérature belge francophone (*La modernité belge. Littérature et société* (Montréal, PUM, 1994, 425 p.), p. 22-23).

17 Voir Mariel O'Neill-Karch, *Théâtre franco-ontarien : espaces ludiques* (Ottawa, Éditions L'Interligne, 1992, 190 p.).

18 Marc Haentjens, « Récit d'un voyage naïf. À la recherche de l'imaginaire franco-ontarien », *Liaison*, n° 48, septembre 1988, p. 33-35.

Médias et altérité : l'espace public et l'Ontario français virtuel _____

Stéphan Larose
Département de sociologie, Université York
Greg M. Nielsen
Département de sociologie, Université Concordia

> Nos ancêtres croyaient faire partie d'un ordre qui les dépassait. Dans certains cas, il s'agissait d'un ordre cosmique, d'une grande chaîne des êtres, dans laquelle les êtres humains figuraient à leur place parmi les anges, les corps célestes et les autres créatures terrestres. Cet ordre de l'univers se reflétait dans les hiérarchies de la société humaine. Les gens étaient souvent confinés à un endroit donné, à une fonction et à un rang qu'il leur était pratiquement impensable d'échapper. La liberté moderne a fini par discréditer de telles hiérarchies[1].

Lorsque s'entrecroisent culture traditionnelle et culture moderne, il en ressort, pour paraphraser Charles Taylor, une lutte pour la reconnaissance des identités émergentes. Cette quête s'exprime souvent par une critique des structures d'exclusion propres à la société dominante. La culture opprimée cherche à corriger les injustices historiques qui ont jadis empêché l'expression authentique et la validation de ses histoires de vies, de ses images, de sa langue et de ses coutumes dans l'espace public. Le rapport entre reconnaissance et identité (qui suis-je ? ; pour qui suis-je ?) façonne le giron où il est permis à l'individu de réaliser l'instance la plus profonde de sa subjectivité.

Le virage subjectiviste de la modernité et l'inscription de l'individualisation radicale qui lui est propre dans le discours juridique des droits, ont créé un dilemme complexe pour les petites sociétés comme celle de l'Ontario français. Les politiques d'identité sont en général étrangement paradoxales. Elles luttent à la fois offensivement et défensivement. Elles visent la défense d'intérêts particuliers, l'autonomie d'un monde vécu et une représentation équitable pour tous au sein du système social qui les colonise. Plus la culture minoritaire fait la promotion de ce qui la différencie essentiellement des autres communautés, plus elle risque elle-même d'être exclusionniste. Par contre, plus timide se fait cette promotion, plus cette culture est sujette à la colonisation par le système contre lequel elle a énoncé ses réclamations initiales.

Dans cette étude, nous cherchons à montrer comment la vie française en Ontario obtient une reconnaissance virtuelle de son identité et de sa différence par les communications de masse. Nous n'entendons pas nous livrer à une étude approfondie du travail identitaire attribuable aux médias de langue française en Ontario. La presse écrite, la radio et la télévision forment un réseau plus complexe qu'il n'y paraît et une juste compréhension de leurs actions eût nécessité une analyse de contenu requérant elle-même un travail de longue haleine[2]. Par ailleurs, une telle entreprise ne saurait être réalisée sans la précision préalable de lignes théoriques directrices, d'un protocole de recherche nous indiquant les voies à emprunter. C'est à une exploration d'assises théoriques éventuelles que ce travail se consacre. Exploration, car il n'est pas question d'imposer un schème directeur finalisé, mais de proposer quelques hypothèses de travail.

Nous visons à insérer les institutions médiatiques de l'Ontario français dans le contexte plus global de l'évolution des politiques canadiennes de communication. Nous allons, dans un premier temps, esquisser un portrait de la répartition géographique des médias de langue française en Ontario aujourd'hui ; puis nous résumerons l'histoire de la politique de la radiodiffusion et de la télédiffusion publique dans le contexte canadien et québécois afin de mieux dégager l'évolution de l'infrastructure des médias francophones en Ontario, surtout depuis les années 60. Enfin, nous identifierons certains enjeux politiques auxquels il faut faire face en raison de la question nationale actuelle.

Il importe tout d'abord de discuter quelques concepts théoriques nécessaires à une juste compréhension de notre objet. Nous aborderons la rationalisation de la culture primaire ou du monde vécu, le dialogisme, c'est-à-dire la façon par laquelle les acteurs sociaux créent un sens à partir de perceptions contradictoires des symboles et des institutions publiques, et enfin le concept de l'agir communicationnel, qui recouvre l'ensemble des pratiques communicationnelles par lesquelles il y a recherche d'un consensus sur l'établissement des orientations normatives à suivre par la collectivité. Des définitions fortes et faibles de la vie française en Ontario sont proposées dans ce cadre théorique général. La rationalisation du monde vécu, c'est-à-dire le remplacement des unités de sens traditionnelles par la raison instrumentale des institutions, s'avérera un niveau premier et plus général de notre enquête. Il servira de point d'appui à une esquisse descriptive de l'évolution des politiques culturelles et des médias en Ontario, particulièrement des médias francophones.

MÉDIAS ET IDENTITÉ : LA PRÉSERVATION IDENTITAIRE À L'ÂGE DE LA RAISON INSTRUMENTALE

> Si l'éducation formelle tient encore le premier rôle dans l'acquisition d'une culture, l'on peut affirmer que les techniques de diffusion, et surtout la télévision, suivent de très près. Véhicules de culture, les journaux et revues, la radio et la télévision surtout constituent pour le citoyen moyen les grandes sources populaires d'approvisionnement culturel. Ils ont envahi le foyer, dont l'ambiance culturelle dépend aujourd'hui beaucoup plus de leur influence que de celle des parents. Sources inépuisables de culture (tous les genres d'expression artistique s'y trouvent intégrés : littérature, théâtre, musique, danse, etc.), les techniques de diffusion, quand elles s'adressent aux communautés qui s'identifient à cette culture, doivent transmettre cette culture dans sa langue propre. D'ailleurs, ne transmettre par leur truchement que la culture anglaise à une communauté de langue française, c'est la vouer à coup sûr à l'acculturation[3].
>
> Les conditions du milieu franco-ontarien ne favorisent guère l'éducation, l'animation et la diffusion culturelle et artistique. La multiplication des voies d'accès à la culture, qui concurrencent souvent victorieusement les canaux traditionnels comme la famille et l'école, rend en effet de plus en plus malaisée la vie en français et la culture canadienne-française. La seule issue consiste à assurer dans tous les foyers de diffusion une forte présence d'artistes et d'autres francophones bien enracinés dans leur culture. Cette présence doit se manifester partout, autant dans la production télévisuelle que dans l'école. Une culture vivante ne saurait se cantonner à la maison ou au club. Elle doit aussi vivre et se voir vivre à travers les média les plus actifs[4].

Ces deux textes ne pourraient être plus clairs. Les voies d'accès traditionnelles à la culture que sont la socialisation familiale, la socialisation communautaire et, d'une certaine façon, la scolarisation, se sont progressivement effacées dans nos sociétés occidentales au profit de ces nouveaux agents de socialisation, ou dirions-nous à la suite de Gilles Lipovetsky[5], de personnalisation, que sont les médias de masse. La rationalisation des espaces sociaux et la substitution des relations symboliques par lesquelles les générations précédentes s'inséraient dans un tissu social riche de réciprocités au profit de la prise en charge bureaucratique de nos « besoins », se sont avérées fatales pour moult moyens traditionnels de transmission de la culture. Pour des théoriciens comme Jean Baudrillard, le résultat est catastrophique : désertification, décomposition, disparition, implosion[6].

Les médias de masse jouent un double rôle dans ce processus. Force est d'admettre d'abord qu'ils participent à cette désertification tant redoutée du social et, donc, de l'isolement contemporain. L'usage régulier des journaux, de la radio et de la télévision nous affranchit de l'exigeante présence de l'autre et des autres. Ces médias nous offrent la possibilité d'acquérir des connaissances, de nous approprier des images et des énoncés multiples, sans pour autant avoir à échanger avec nos semblables, et donc sans avoir à contracter des obligations à leur égard. Nul doute pour ceux et celles désireux d'autonomie, et pour qui pèse la vie en tribu, que l'émergence de ces nouvelles voies d'accès à la culture soit alors vécue comme une libération.

Néanmoins, dépeindre les médias comme des facteurs d'isolement serait incorrect. Paradoxalement, cet isolement, dans les faits immédiats au milieu proche, procure une fenêtre inédite sur le monde, offre la possibilité de s'ouvrir à celui-ci et d'en devenir citoyen. Là où les relations sociales sont déjà passablement problématiques ou simplement inexistantes, les médias viennent combler sur un tout autre mode un manque à gagner culturel.

Loin de nous renvoyer à notre solitude, à une séparation fatale d'avec les autres, les médias de masse nous invitent plutôt à réaménager, mentalement bien sûr, les liens que nous entretenons avec le monde. Les médias se veulent ces nouvelles institutions par lesquelles il nous est permis de se raconter autrement. Ainsi dit et contrairement à la croyance répandue, les médias ne sont pas, ne sont jamais le simple reflet ou simple miroir de ce qui existe. Ils sont d'abord un lieu d'énonciation, un terreau fertile au discours et à la parole par quoi nous pouvons nous représenter autrement le monde dans lequel nous vivons. Les médias offrent prise à l'imagination et permettent à celle-ci de s'y déployer à loisir. Champ de représentations, ils ne sont pas tant espace d'écriture préalable en attente d'être saturé mais écriture, création même d'un espace imaginaire. Les médias sont source et esthétique d'identité.

À ce point, un tableau sommaire de l'état des médias en Ontario français n'est pas malvenu. Par médias, nous entendons les techniques de diffusion que sont la presse écrite (journaux et périodiques) et la presse électronique (radio et télévision). Ces techniques permettent toutes un usage personnalisé de leurs possibilités. Rappelons au passage que les moyens de diffusion de la culture sont multiples et ne se limitent pas au monde des médias. Salles de projection cinématographique, vidéoclubs, bibliothèques et tournées artistiques sont autant d'institutions assurant la diffusion de la culture. Une étude élargie, à un autre moment et dans un autre contexte, devra en tenir compte.

En date de décembre 1994, selon des informations recueillies auprès de l'Office des affaires francophones (OAF), voici ce qu'était le tableau des médias de langue française en Ontario : quatorze stations radiophoniques, deux stations de télévision, un quotidien, vingt-cinq hebdomadaires, mensuels et périodiques et soixante-neuf bulletins communautaires[7]. En ce qui a trait aux stations radiophoniques, on en compte trois privées, cinq communautaires[8] et six affiliées au réseau de la Société Radio-Canada (SRC). À ce nombre, il faudrait peut-être ajouter les radios étudiantes diffusant une programmation de langue française. La liste de l'OAF en dénombre cinq, une au niveau secondaire et quatre au niveau universitaire, lesquelles quatre sont dotées d'un permis de diffusion. De ce groupe, faut-il encore distinguer la radio universitaire de l'Université d'Ottawa, CHUO-fm, officiellement bilingue. Si elle partage avec ses sœurs des Universités Queen's, York et de Toronto un mandat communautaire et multiethnique, elle n'insère pas, à l'instar de celles-ci, sa programmation de langue française à l'intérieur des cadres limitatifs d'un tel mandat. Outre cela, elle se veut l'une des rares, sinon la seule radio, à diffuser du rock francophone et tout autre matériel ne trouvant pas place dans les stations radiophoniques dites standard.

Deux stations de télévision sont disponibles : CBOFT (SRC), localisée à Ottawa et diffusant sur tout le territoire ontarien, à l'exception des régions du Trytown et d'une partie du nord-ouest de l'Ontario ; La Chaîne française de TVOntario (TVO), localisée à Toronto et diffusant sur le câble quotidiennement. La Chaîne rejoint 75 pour cent des foyers ontariens[9]. La programmation de La Chaîne est toutefois disponible sur le service de base de TVO tous les dimanches. À ce nombre, il conviendrait peut-être d'ajouter cinq canaux communautaires mentionnés dans la liste de l'OAF. La programmation diffusée par ces postes de télévision est en totalité ou en partie de langue française.

Quant à la presse écrite, la liste de l'OAF fait état de vingt-six publications insérées, sans autre précision, sous la catégorie « journaux/ magazines ». De ce nombre, il y a, bien sûr, le quotidien *Le Droit*, sept publications s'apparentant à des périodiques et dix-huit journaux hebdomadaires et mensuels, répartis dans les régions de la province à forte concentration francophone. À ce nombre toujours, peut-être faudrait-il ajouter les dix journaux étudiants répertoriés dans la même liste. Certains d'entre eux sont bilingues, mais la plupart sont rédigés entièrement en français. On y compte quatre feuillets universitaires, dont *La Rotonde* de l'Université d'Ottawa, vieille déjà de 75 ans et tirant à près de 8 000 exemplaires.

L'information recueillie quant à la popularité de ces médias — lectorat, auditoire, cotes d'écoute — est pauvre et fragmentaire[10]. Pour les journaux, nous savons néanmoins que *Le Droit* d'Ottawa tire à quelque 45 000 exemplaires, *L'Express* de Toronto à 20 000, *Le Carillon* d'Hawkesbury à 8 000, *Le Nord* de Hearst à 4 000, *Le voyageur* de Sudbury à 5 000 et *Le Rempart* de Windsor à 2 000[11]. Intuitivement, nous sommes tentés de dire que les francophones vivant en Ontario s'intéressent peu aux médias de langue française. Un sondage BBM réalisé au printemps 1993 sur les habitudes d'écoute à la radio chez les francophones de la grande région d'Ottawa-Hull, révèle que près de

26,4 pour cent de ceux-ci préfèrent syntoniser les radios de langue anglaise. Si rien n'est dit sur la composition ontarienne et québécoise de ce pourcentage, nous avons toutefois l'intuition qu'une bonne majorité est ontarienne. La situation de la télévision ne devrait pas être fondamentalement différente. Les données de Statistique Canada de la même année sur la « répartition en pourcentage des heures d'écoute à la télévision, selon l'origine et le genre d'émission, et l'origine de la station[12] » révèlent que 42,1 pour cent des heures d'écoute des auditeurs ontariens de langue française sont consacrées à des émissions canadiennes contre 57,9 pour cent à des émissions étrangères, c'est-à-dire américaines. Rien n'est dit de la langue de diffusion, mais une comparaison avec les heures d'écoute des auditeurs ontariens de langue anglaise peut nous donner quelques indications. Leur temps d'écoute se répartit à 23,6 pour cent pour les émissions canadiennes et 76,4 pour cent pour les émissions étrangères. Si nous émettons l'hypothèse que les francophones ne consacrent aux émissions canadiennes de langue anglaise qu'un pourcentage de leurs heures d'écoute, au mieux, équivalent à celui de leurs compariotes de langue anglaise, à savoir 23,6 pour cent, il nous est permis de supposer que l'excédent des heures d'écoute chez les francophones, 18,5 pour cent et peut-être davantage, est consacré à des émissions de langue française. Une lecture accrue de ces mêmes données nous révèle que, chez les deux groupes linguistiques, les émissions d'actualités et d'affaires publiques remportent la palme des heures d'écoute consacrées à des émissions canadiennes avec 20,8 pour cent chez les francophones et 13,7 pour cent chez les anglophones. Quand il s'agit d'émissions à caractère comique et dramatique, les deux groupes se tournent massivement vers la télé américaine dans des proportions de 11,9 pour cent et 25,7 pour cent ainsi que de 17 pour cent et 30,4 pour cent, laissant loin derrière les heures d'écoute consacrées à des émissions canadiennes dans des proportions de 1 pour cent et 6,2 pour cent ainsi que 0,3 pour cent et 1,9 pour cent.

Roger de La Garde et Denise Paré soulignent que 81,5 pour cent des francophones de l'Ontario vivent au nord-est et à l'est de la province, mais ne comptent que pour 19 pour cent de la population de cette région. Alors que l'Ontario a connu une augmentation de ses unités médiatiques entre 1985 et 1990, le nord de l'Ontario a enregistré une baisse de 10 pour cent de ses unités. C'est dans les médias électroniques « que l'écart entre le pourcentage de la population [francophone] et la présence des médias est le plus marqué. Sur ce plan, la région [du Nord] est encore la plus favorisée, même si le pourcentage de ces médias a accusé une baisse sur son territoire, et la région [du Sud] demeure la plus défavorisée[13] ». Par contre, en termes de population *per capita*, la situation depuis une dizaine d'années se renverse nettement, au profit du sud et au détriment du nord de l'Ontario.

Rappelons qu'il ne s'agit là que de médias ontariens. Un portrait plus complet et plus détaillé de la situation aurait à prendre en compte la présence médiatique québécoise et la réception de TV5. Inversement, l'exemple du *Droit*, seul quotidien ontarien de langue française mais avec un lectorat aux deux tiers québécois, nous rappelle, cruellement peut-être, l'incapacité de la francophonie ontarienne à faire vivre certaines de ses propres institutions.

COUPURES ET DÉFIS POSÉS PAR UNE ÉVENTUELLE SOUVERAINETÉ QUÉBÉCOISE

Malgré son virage ultramoderne, l'espace public de l'Ontario français suinte toujours d'une double identité liée encore en partie à sa culture traditionnelle. Celle-ci se maintient par la persistance du sentiment de crainte d'assimilation linguistique de la communauté de langue française et par les réponses, transmises de génération en génération, au moyen de politiques communautaires de survivance, visant à calmer ce sentiment. Mais, mis à part un sentiment d'appartenance à une collectivité de langue française, les francophones d'aujourd'hui ne partagent que peu de choses avec leurs ancêtres. Même si certaines traditions canadiennes-françaises demeurent, les vieux préjugés et les autorités vétustes qui, hier encore, structuraient l'ordre social sont graduellement tombés en désuétude et ont été réduits à de simples éléments de folklore. Et peu de descendants d'Étienne Brûlé tiennent toujours à l'idée d'une race fondatrice.

De plus, notons que le principe constitutionnel selon lequel les francophones de l'Ontario sont membres d'un des peuples fondateurs fut mis à rude épreuve suite au rapatriement de la Constitution en 1982 et à la proclamation de la Charte canadienne des droits. Légalement, la charte accorde aux francophones de l'Ontario le statut de groupe linguistique minoritaire. Chose certaine, si nous analysons la question des politiques fédérales en matière de communication de masse d'un point de vue franco-ontarien et d'un point de vue québécois, au sens fort de chacun des deux termes, nous découvrons vite que les intérêts des uns n'ont que très peu à voir avec ceux des autres. Voilà un effet pervers du fédéralisme canadien. Celui-ci prétend protéger ses minorités francophones, mais, en fait, participe tellement à la division de leur culture politique respective, qu'aucune mobilisation commune ne semble possible[14]. Tel est le contexte politique à l'intérieur duquel ont évolué les décisions juridiques ayant trait à la gestion étatique des médias au Canada.

Une question vient rapidement à l'esprit. Les politiques de communication ont-elles bien protégé les intérêts des francophones contre l'américanisation de la programmation ? La culture américaine a-t-elle menacé de déteindre sur l'identité des francophones de l'Ontario ou du Québec autant qu'elle l'a fait sur celle des Canadiens anglais ? Lorsque plus d'un million de francophones se retrouvent, suite aux coupures de décembre 1990, sans service local de télévision, cela veut dire, en fait, qu'ils n'ont plus accès à un service de base dans leur langue. Si l'impact de ces coupures au Québec semble avoir été largement documenté[15], il n'en va pas de même chez les francophones hors Québec et, plus particulièrement, chez ceux de l'Ontario, qui perdirent leur station de télévision à Toronto.

Opérant avec un budget annuel de 3,5 $ millions, la station CBFLT comptait 54 employés qui furent congédiés au lendemain des coupures. Le mandat de couvrir l'Ontario revint à la station CBOFT d'Ottawa, dont la couverture se limitait alors à la région de la capitale nationale, soit les rives ontarienne et québécoise de la vallée de l'Outaouais, en allant au sud jusque vers Cornwall. À cette surcharge de travail s'ajoutèrent aussi des coupures de 4 $ millions. Ce qui laissa tout juste les moyens à CBOFT de maintenir deux équipes en poste à l'extérieur de la salle des nouvelles d'Ottawa[16].

Les anglophones du pays absorbent-ils le choc avec autant d'intensité ? Pourquoi les coupures de 1995 ont-elles été également distribuées aux deux réseaux, alors que les cotes d'écoute de langue française au Québec sont deux fois plus élevées que les cotes d'écoute de langue anglaise au Canada ? La récente purge de 1995 à la SRC fera en sorte que le réseau français se départira de 750 de ses 2 005 employés d'ici avril 1997, c'est-à-dire 37 pour cent des effectifs en place[17]. La haute direction de la SRC prétend malgré tout être capable d'offrir une télévision populaire et publique plutôt qu'élitiste et privée, comme le fait la chaîne américaine PBS. Peut-on toujours prétendre épargner le cœur du système public au Canada francais avec pareilles coupures ?

Aujourd'hui, Radio-Canada et les diffuseurs privés québécois produisent des séries dramatiques de qualité mondiale pour leur auditoire local et les marchés étrangers. Les succès de ces organismes se démarquent à cet égard de CTV et de CBC. Toutefois, la qualité de la programmation destinée aux Québécois en région et aux communautés francophones hors Québec demeure problématique. Les dramatiques québécoises sont presque toutes réalisées à Montréal. Cette concentration de la production renvoie aux régions un produit parfois dissocié de leur réalité, un produit que plusieurs ne cessent de dénoncer. Le système est nettement centralisateur et ne répond pas davantage aux besoins des Québécois en région qu'à ceux des francophones des autres provinces.

Le fédéralisme canadien est une fois de plus à la croisée des chemins et sa stratégie historique de diviser la francophonie canadienne, afin de mieux l'asservir par le biais d'Ottawa, risque de ne pas tenir le coup. Le type de réglementation des communications adopté par un Québec souverain découlera logiquement des résultats des négociations globales entre les deux partenaires. Les ententes sur la dette, le système monétaire et l'économie imposeront de nouvelles contraintes systémiques. Toutefois, même si le *statu quo* constitutionnel se maintient, on ne pourra pas pour autant prendre congé du débat sur le rôle dominant du Québec en matière de communications dans la langue française en Amérique.

En effet, on peut se demander si les restructurations qui feront suite à un OUI ou même à un NON lors du référendum, amélioreront le système de la radiodiffusion canadienne sous sa forme actuelle. Si le OUI l'emporte et que le Canada refuse de se laisser absorber par les États-Unis, le Québec pensera-t-il à conclure de nouvelles alliances avec ses communautés francophones voisines ? Peut-on espérer enfin gagner une autonomie institutionnelle qui permette de réaliser des émissions du genre « fait en Ontario », telles que proposées par les rapports des dernières années sur le développement culturel ? Dans l'éventualité d'un Québec souverain, le Québec et l'Ontario décideront-ils de recréer un autre service transnational à partir des vieilles infrastructures de Radio-Canada ? Sinon, le Québec choisira-t-il de faire pression sur Ottawa pour favoriser ses régions à travers le système existant ? Un tel choix, c'est-à-dire le *statu quo*, signifiera-t-il nécessairement la fermeture des services français en Ontario et ailleurs dans le reste du Canada, suite aux coupures de 1995 ?

Si c'est le système fédéral qui nous a menés dans ce cul-de-sac, les francophones de l'Ontario ne devraient-ils pas examiner les options québécoises sous un tout autre angle ? Les raisons de cette division dans les deux cultures politiques remontent sans doute à la rupture instituée par la révolution tranquille et à l'évolution de deux types de culture nationalitaire, celle des Franco-Ontariens, portée vers la préservation de l'héritage ethnique, et celle des Québécois, désormais orientée vers un nationalisme civique et territorial, quoiqu'encore très jeune. Il faut examiner de plus près ces définitions de l'identité.

AGIR COMMUNICATIONNEL ET IDENTITÉ NATIONALITAIRE

Une juste définition de la francophonie ontarienne et de l'hypothétique noyau qui l'unifie est à tout le moins complexe. Cette francophonie est géographiquement éparpillée, constituée d'une majorité francophone dite « de souche » dans le Nord, sujette à une forte influence québécoise dans l'Est, réinventée par l'arrivée récente d'une population aux origines ethniques diverses dans le Sud, ainsi que d'une population de jeunes anglophones quasi bilingues dans toutes les régions[18]. Parallèlement à l'évolution des technologies, organisations et politiques de communication, les francophones de l'Ontario ont vécu depuis les trente dernières années, autant au niveau individuel qu'au niveau collectif, une métamorphose de leur identité traditionnelle. Nous pensons ici au déclin, perceptible partout au Canada français, des croyances dans les grands méta-récits de la société traditionnelle catholique, promouvant jusqu'alors ruralité et fécondité. À travers le monde, les identités traditionnelles sont confrontées à ce double défi de la modernisation et de la globalisation. Les Ontariens parlant le français sont membres de la francophonie mondiale mais ils doivent aussi être envisagés en tant que groupe nationalitaire.

Afin d'éviter tout essentialisme, il nous importe de définir la culture française de l'Ontario en tant que processus dialogique, selon une expression que nous empruntons à Mikhaïl Bakhtine. Cette culture est ouverte et vivante, en transformation constante. La culture au sens dialogique comprend un nombre infini de niveaux où il est possible d'anticiper une réponse de l'autre. Dans la culture moderne, écrit Charles Taylor, nous nous attendons à développer, par la réflexion solitaire, nos propres opinions, points de vue et positions. Néanmoins, et pour des choses aussi fondamentales que notre identité, il ne pourrait être pris congé du dialogue que nous entretenons, silencieusement même, avec les autres et davantage avec celles et ceux qui comptent véritablement pour nous. « Et même quand nous survivons à certains d'entre eux, comme nos parents par exemple, et qu'ils disparaissent de nos vies, la conversation que nous entretenions avec eux se poursuit en nous aussi longtemps que nous vivons[19]. » Voici un élément important de la transmission de la culture qu'il nous faut prendre en considération. Une définition trop forte de la communauté risque de ne pas faire place à la diversité et à la profondeur dialogique des voix du monde vécu moderne[20].

Une approche dialogique nous oblige à considérer une définition ouverte de la culture, où plusieurs groupes, manœuvrant dans divers vastes horizons d'attente, laissent poindre un sentiment d'appartenance à l'Ontario français. Une définition trop forte de la communauté réduit les potentialités de l'ensemble des pratiques dialogiques qui y ont cours à un raisonnement instrumental cherchant à réunir les acteurs sociaux autour d'une lutte politique pour sauvegarder langue et institutions. Cette définition forte des Franco-Ontariens est sous-entendue par une référence non dite à la tradition communautaire. Et ce renvoi non dit à la communauté rejoint un pôle négatif de l'identité. Il s'agit, encore au niveau le plus profond, d'une référence à une non-reconnaissance historique et non pas à une définition positive de ce qu'est la vie française en Ontario.

J. Yvon Thériault montre comment l'État tend à réduire les demandes dialogiques de reconnaissance culturelle des francophones minoritaires à des catégories neutres et à faible asymétrie. La reconnaissance recherchée par les francophones minoritaires dans une définition forte de la communauté participe à la fois d'une identité ethnique (franco-ontarienne) et d'une identité pleinement nationale (peuple fondateur ou communauté de destin). Cette identité est nationalitaire. L'action sociale des francophones minoritaires s'apparente à celles des groupes ethnoculturels, mais elle se différencie aussi de celles-ci :

> Entre la nation et l'ethnie, il existe un vaste champ peuplé de groupes nationalitaires, c'est-à-dire de communautés de destin qui ont un niveau d'historicité plus fort que l'ethnie mais plus faible que la nation. Ces groupes participent à la logique ethnique dans la mesure où ils sont des communautés minoritaires inscrites dans une dynamique relationnelle avec d'autres groupes à l'intérieur de la nation [...] ils tentent alors de réintroduire dans le dispositif du pouvoir une communauté de destin que l'histoire et le développement de l'État moderne tendent à rejeter[21].

Réitérons l'importance de bien comprendre que la définition forte de la culture franco-ontarienne ne sera jamais plus qu'une typification idéale de quelques caractéristiques ethnoculturelles d'un ordre monologique, alors que la définition d'un Québec souverain relève plutôt d'un nationalisme civique. Danielle Juteau et Lise Séguin-Kimpton montrent que la structuration de l'identité minoritaire franco-ontarienne au sens fort renvoie davantage au pôle ethnique qu'au pôle national. Elles développent une définition de l'agir communicationnel selon laquelle « le sujet est construit à l'intérieur de systèmes spécifiques de différences : sa position et ses pratiques sociales sont déterminées par un agencement complexe de différenciations concrètes toujours médiatisées à travers la production d'un processus de signification vécu[22] ». Elles remettent l'évolution des médias en Ontario français dans le contexte de l'évolution de la nouvelle infrastructure de production politico-culturelle qui s'établit depuis 1970. Selon elles, le champ social francophone de l'Ontario est le produit d'un long et lent processus d'autonomisation culturelle au sein du tissu sociétal.

Nous convenons, avec Juteau et Séguin-Kimpton, qu'il faut éviter l'essentialisme en insistant sur une définition de l'action communicationnelle, mais leur manque de précision théorique doit être redressé. Il y a confusion entre les concepts d'agir communicationnel et d'action stratégique et les rapports de pouvoir institutionnel. C'est en effet l'optique wébérienne d'une critique de la raison instrumentale qui semble orienter leur approche. Elles confondent le système des institutions culturelles et l'action communicationnelle des agents sociaux. Ainsi, au lieu de s'engager dans une critique normative à un niveau dialogique (le niveau d'agencement), telle qu'annoncée dans leur introduction, elles acceptent une définition forte de la communauté « franco-

ontarienne » et prétendent expliquer la structuration identitaire au niveau des systèmes symbolique et matériel de ces institutions.

Or, l'action communicationnelle, comprise dans le sens plutôt
habermasien, consiste en des tentatives des acteurs sociaux d'obtenir
une compréhension mutuelle à partir des actes langagiers[23]. C'est donc
un processus dialogique. Le raisonnement communicationnel n'est pas
du même ordre que le raisonnement instrumental. Juteau et Séguin-
Kimpton présentent une définition théorique de la communication qui
ressemble davantage à la définition de la communication stratégique ;
c'est-à-dire la tentative par l'État de manipuler l'infrastructure
organisationnelle pour mieux servir les intérêts des acteurs sociaux.
Personne ne niera que les organisations culturelles et communicationnelles sont des lieux où un certain dialogisme puisse avoir lieu.
Mais ce ne sont pas ces institutions, rites et organismes qui finalisent
l'agir communicationnel. Au mieux, elles font de ce « Nous » franco-
ontarien l'expression d'un discours politico-culturel stratégique. Les
actions communicationnelles proprement dites restent encore peu
théorisées.

Serait-il donc préférable de ne pas définir la culture franco-
ontarienne ? Admettons une fois pour toutes que la culture est un processus dialogique et qu'elle est toujours en devenir. À la limite, la vie
française en Ontario devrait être comprise comme celle de l'ensemble
des gens faisant acte communicationnel en français. Dans l'univers
moderne de la communication de masse, il faut retenir que le dialogisme
s'obtient au moyen d'une projection virtuelle de ce qui fait son unité et
sa différence. L'identité moderne se forme ainsi selon la rationalisation
des mondes vécus à l'intérieur des territoires toujours relatifs de
l'Ontario, du Canada et du monde.

LA DIVISION DANS LA PRODUCTION DU SENS

La diversité culturelle existe en Ontario français. Comment est-elle
rendue possible ? Dans le va-et-vient entre les politiques d'identité, il
faut distinguer entre le travail relevant de l'espace public et celui relevant du monde vécu. Cette division dans la production de sens, entre
monde vécu et espace public, permet aux sociétés modernes d'accueillir
en leur sein des cultures diverses.

L'espace public moderne entreprend un travail jadis réservé au
monde vécu quotidien de la société traditionnelle dont parlait Taylor.
Le monde vécu donne prise à un sentiment d'identité à partir des symboles disponibles de la culture secondaire, c'est-à-dire ces vastes et
complexes réseaux de produits culturels que sont la langue et les diverses représentations qu'elle véhicule dans l'espace public. Le décou-
plement, la disjonction de nos cultures secondaire et première se

prépare depuis l'introduction des formes de reproduction mécanique et électronique des médias de masse. À une échelle globale, cette disjonction entre système et monde vécu provoque une crise autant dans l'organisation démocratique que dans la production de sens, comme le remarque justement Nicolas Garnham :

> Le contrôle des moyens de production et de distribution culturels est de plus en plus concentré mondialement, et la création des significations s'opère de plus en plus loin des lieux de consommation et d'action [...] Les gens en nombre croissant sont forcés d'utiliser des significations sur lesquelles ils n'ont que peu de contrôle, et qui peuvent s'avérer parfaitement inappropriées pour ce qui est de donner sens à leur vie [...] Au niveau de la production — ou de la création culturelle — le danger est de tomber dans le cynisme, et d'aggraver la séparation entre les intellectuels et le grand public au nom duquel inévitablement ils prennent la parole. De plus en plus, une industrie mondiale de la culture rend impossible le partage d'un contexte matériel, social ou politique commun entre le créateur et le consommateur de produits culturels[24].

Préstructurés et dominés par des intérêts économiques globaux, les grands médias commerciaux n'exercent pas les mêmes fonctions que les petits réseaux de communication communautaires et publics. La SRC, La Chaîne, la radio et la presse communautaire prises ensemble ne représentent qu'une minuscule proportion des supports de diffusion des produits culturels des médias de masse au Canada. En outre, le nombre de personnes consommant ces produits est proportionnellement très bas. Par contre, ces médias créent, pour celles et ceux qui le désirent, un lieu commun, un espace virtuel où la vie publique ontarienne se déroule en français.

À l'encontre des systèmes économique et administratif, les formes généralisées de la communication, auxquelles appartiennent les médias de masse, ne se séparent pas du langage et du monde vécu et offrent une spécialisation des processus de formation du consensus langagier relevant du monde vécu. La rationalisation des organismes publics de radio, de télédiffusion et de la presse écrite, consisterait en une tentative de réponse aux identités imprégnées dans les anticipations réelles et imaginaires des intervenants en provenance des divers mondes vécus en compétition pour des ressources limitées au sein d'un même système. Le conflit éclate lorsque les groupes s'affrontent autour d'interprétations divergentes des mêmes symboles et des mêmes institutions. Par ailleurs, le médium régulateur du marché, autour duquel gravitent d'autres sous-systèmes, pèse de tout son poids sur les organismes de communication et impose à ceux-ci des exigences appréciables.

L'espace public créé par ces médias électroniques relève du monde vécu, mais il est constamment assailli par les médiums régulateurs du pouvoir et de la monnaie. Il se définit comme le lieu d'élaboration d'une communauté linguistique, où existe pour tous les locuteurs une égalité des chances à se faire entendre. La création de l'espace public repose sur une rationalisation accrue des mondes vécus cohabitant ensemble, dans le but d'achever une unité médiatisée en retour par les médiums régulateurs de la monnaie et du pouvoir. L'argument de l'autonomie culturelle inhérente à chaque monde vécu ajoute à la pression exercée sur l'espace public, qui doit alors absorber les forces de rationalisation du système.

LA GENÈSE DE LA RADIO PUBLIQUE AU CANADA ET LE RETARD DE L'ONTARIO FRANÇAIS

Nous avons jusqu'ici soutenu la simultanéité de la transformation de la culture traditionnelle et de la transformation structurelle de la société. L'évolution de l'infrastructure de l'espace public depuis la fin du XIXe siècle comprend l'introduction des technologies électroniques de communication, l'essor du marketing et de la publicité, de la société de consommation et, plus récemment, la fusion de l'information et du divertissement, ainsi que l'avènement à l'échelle mondiale de l'autoroute électronique. Quelles sont donc les origines des politiques de radiodiffusion au Canada et comment l'Ontario a-t-il évolué dans ce système ?

Alors que l'article 92 (10) de la Loi constitutionnelle de 1867 donnait aux provinces le contrôle du secteur des communications[25], c'est la *Réglementation de la Télégraphie sans fil* (1906) qui créait le précédent juridique : « nul ne pouvait établir un poste de télégraphie sans fil [...] sans permis accordé à cette fin par le ministre de la Marine et des Pêcheries[26] ». Le gouvernement canadien prit sa première mesure législative en matière de communication électronique au début du siècle. Malgré la force de cette mesure, la radio et ses possibilités culturelles n'ont pas été prises en compte par l'État au départ ; celui-ci ne joua au début qu'un rôle juridique dans le développement de la radiodiffusion. Mais les innovations techniques et l'accroissement rapide de l'auditoire de la radio durant les années 20, l'importance grandissante du médium et son influence culturelle américanisante, incitèrent éventuellement l'État fédéral à jouer un rôle beaucoup plus direct.

La Canadian Broadcasting Corporation (CBC) est née des recommandations de la Commission Aird (1928-1929) et des pressions d'un groupe nationaliste pan-canadien, la Ligue de la radio (1932), qui appuya les recommandations de la commission. Celle-ci proposait de diffuser des émissions canadiennes originales et de donner aux régions un droit de regard sur les contenus de ces émissions. Ce faisant, on espérait concilier régionalisme et unité canadienne et contrebalancer ainsi la pénétration des émissions américaines. Dans son histoire des origines de la radiodiffusion au Québec, Michel Fillion note que les Québécois ont eu accès aux émissions de radio et de télé américaines dès la naissance de la programmation locale. Mais les Québécois sont toutefois demeurés fidèles à leur programmation locale, ce qui n'a pas été le cas des Canadiens anglais. Fillion fait aussi remarquer que les conclusions du rapport de neuf pages de la Commission Aird ne sont pas le résultat d'une vaste consultation populaire[27]. Les membres de la commission frayaient avec les élites politiques et religieuses qui partageaient leur vision fédéraliste.

L'idéal d'un système public ne fut que partiellement atteint. L'étatisation de la radio fut contestée devant les tribunaux par le Québec en 1931, soutenu par l'Ontario, le Nouveau-Brunswick et le Manitoba, sur la base d'une question de juridiction constitutionnelle. Elle fut également attaquée par la Canadian Association of Broadcasters (CAB), qui rallia divers groupes représentant les intérêts commerciaux de la radiodiffusion, tels l'Association canadienne des manufacturiers et les réseaux américains de radiodiffusion. L'argument des radiodiffuseurs privés se modifia au cours des années. Suite à l'institutionnalisation de la radiodiffusion publique, ceux-ci n'ont jamais cessé de réclamer une réglementation claire, quant au partage des marchés publicitaires locaux. Ils cherchent encore aujourd'hui à exercer un plus grand contrôle sur la juridiction locale de la radiodiffusion, tout en laissant le marché national au secteur public.

Malgré l'opposition des groupes commerciaux, un consensus devait néanmoins s'effectuer autour du principe d'une radiodiffusion publique. Au demeurant, la radio privée n'avait guère produit d'émissions de qualité ; elle diffusait plutôt des émissions américaines qui coûtaient nettement moins cher. Les provinces perdirent leur procès et, en 1932, l'État fédéral créa la Commission canadienne de radiodiffusion (CCR), qui servit de modèle à la Canadian Broadcasting Corporation (1936) et à Radio-Canada (1938). « À partir de ces dates, le gouvernement fédéral exerce un contrôle absolu sur la radiodiffusion et, [...] il ne sera fait allusion aux provinces qu'en termes de principales divisions géographiques[28]. »

Le long retard, qui dura presque vingt ans avant l'arrivée des services médiatiques dans l'Ontario français vers les années 50, s'explique par une série de contradictions. Au départ, l'introduction d'une politique nationale de radiodiffusion fut dominée par l'intérêt primordial du Canada anglais à se protéger des productions culturelles américaines. Ensuite, seule la province de Québec avait pris l'initiative d'aller en cour pour obtenir le contrôle du contenu de la radio de langue française. L'Ontario français se trouvait dans un rapport dialectique avec les

réclamations politiques des Québécois. En même temps, le Québec
n'était perçu qu'à partir d'un discours régionaliste. C'est ce double
contexte culturel, composé de régions et de nations, qu'il faut
préalablement étudier pour situer l'évolution de la radio publique en
Ontario.

D'une part, les dépenses pour la programmation et l'infrastructure
technique du réseau national excédaient les revenus de Radio-Canada,
ce qui excluait en grande partie la possibilité d'une autonomie
régionale telle que l'avait prévue la Commission Aird. D'autre part, la
tentative d'une représentation de tous les intérêts canadiens à l'intérieur
d'un cadre central, une application de la vision pancanadienne de Laurier, eut pour effet de faire resurgir les contradictions culturelles entre
anglophones et francophones à travers le Canada. Ainsi, les régions
anglophones réagirent vivement et massivement à travers le Canada
lorsque la Commission canadienne de radiodiffusion diffusa chaque
jour une heure de programmation en français[29].

Il semble alors quelque peu ironique qu'une si forte impulsion vers
la fragmentation, la division en réseaux anglais et français, émane des
régions anglo-canadiennes. Pour les francophones minoritaires à
l'extérieur du Québec, le bilinguisme fut encore autre chose. Travailler
dans la langue de l'autre devient un fait pris pour acquis. Le symbole
prend donc une interprétation instrumentale et surtout politique. Avant
1940, il y avait moins de trois heures par semaine de programmation en
français dans l'Ouest canadien sur un total de 115 heures disponibles au
réseau national. Jusqu'en 1956, avec vingt-cinq postes au réseau français, dont douze affiliés, la Colombie-Britannique, le sud de l'Ontario
et une bonne partie des Maritimes n'avaient pas de service en français.
Le réseau national ne comptait que deux postes dans le nord de l'Ontario
et deux au Nouveau-Brunswick. Vers 1942, les francophones des Prairies conjuguèrent leurs efforts pour former un réseau privé, Radio-
Ouest-Française, affilié à Radio-Canada. Il faut noter, à la suite de
Raboy, que l'expansion rapide du système technique au Québec et au
Canada français est due en partie au fait que l'État devait absolument
améliorer ses relations avec le Québec après la crise de la conscription
de 1942[30].

PRESSE ÉCRITE, RADIO ET TÉLÉVISION EN ONTARIO FRANÇAIS : LE CAS DE CJBC, 1950-1994

Si la presse écrite en Ontario traîne une longue histoire[31], la presse
électronique, elle, est venue sur le tard. Il faudra attendre 1952 pour
qu'un premier signal radio en langue française soit diffusé en Ontario.
La télévision, c'est-à-dire Radio-Canada, ne s'installera qu'en 1958. Et
les villes d'Ottawa et de Toronto devront attendre jusqu'en 1964 pour

accueillir leur station radiophonique affiliée à la Société Radio-Canada, CBOF à Ottawa et CJBC à Toronto.

Non sans peine cependant. Neuf années d'efforts acharnés et soutenus ont précédé l'obtention d'une radio de langue française à Toronto. Ces réclamations se répartissent en quatre temps. En 1954, un groupe de Canadiens français de la région de Welland forme le comité Alouette dans le but d'entendre sa langue sur les ondes radiophoniques[32], mais il faudra attendre les audiences publiques de la première Commission Fowler en 1957, où plusieurs groupes et associations, tels l'Alliance française, l'Alliance canadienne, le Ciné-club de Toronto, l'Université de Toronto, déposèrent des mémoires en faveur de la création d'une radio de langue française. De solides arguments militaient en leur faveur : une population de langue maternelle française de 67 000 personnes dans un rayon de 100 milles autour de Toronto et de 163 000 parlant le français dans le même rayon ; l'existence de deux stations de la CBC aux mains des anglophones. Il était par conséquent normal, juste et souhaitable de créer une station radiophonique de langue française dans la Ville reine. À la suite des audiences de la Commission Fowler, on recommande la dissolution du réseau Dominion (réseau national privé assisté à l'origine par la CBC pendant plus d'un quart de siècle), et dès 1958, quelques émissions francophones se greffèrent à la grille horaire de CJBC, station clef du réseau Dominion devenue alors « bilingue ». « Bilingue », bien qu'il n'y eût alors et jusqu'en avril 1962 qu'une demi-heure de français par jour. La ration quotidienne passa à une heure en juillet 1962 et à trois heures et demie en janvier 1963.

Non contents de l'extension des heures de diffusion, d'autres groupes se forment afin d'obtenir une station radiophonique de langue française. En 1959, la Société Saint-Jean-Baptiste de Welland soumet un mémoire accompagné de 2 000 signatures au bureau des gouverneurs de la Société Radio-Canada. Rien de concret n'en résulte et il y a alors création du Comité de la radio-télévision française de la péninsule du Niagara. Une campagne plus aggressive prend forme. En 1960, un regroupement de francophones de Niagara, de Welland, de Saint Catharines et d'Hamilton présente, par l'entremise de l'Association canadienne-française d'éducation de l'Ontario, un second mémoire, cette fois-ci à Marcel Ouimet, directeur général à la SRC de la radiodiffusion française. Le document est accompagné de 120 lettres personnelles et de plus de 3 000 signatures. Mais le tout reste lettre morte.

En 1963, des délégués de Toronto, Oshawa, Hamilton, Welland, Penetanguishene, Brantford, Galt, Niagara et Saint Catharines fondent l'Association de radio-télévision française du sud de l'Ontario. Insatisfaits de la situation du français sur les ondes, les délégués de l'ARTF réclament une station radiophonique unilingue française et susceptible de rejoindre les auditeurs de Belleville à Fort Érié. Il y aura une nouvelle présentation d'un mémoire, à l'été 1963, à Radio-Canada, tiré à 450 exemplaires, 300 en français et 150 en anglais, et distribué à nombre de politiciens, dont plusieurs députés et ministres du gouvernement du Québec, finalement mis au courant de l'affaire. Il faudra attendre un changement de gouvernement à Ottawa pour que bougent les choses. L'élection du gouvernement Pearson bouscule la vision anglo-conformiste « d'un pays, une langue, une culture » du gouvernement Diefenbaker et favorise plutôt une vision bilingue et biculturelle du pays. Dans un élan de promotion de l'unité nationale, CJBC passe au service français de Radio-Canada en octobre 1964.

La nouvelle station francophone eut droit à une couverture médiatique très défavorable. Les auditeurs anglophones perdaient une station et des gens perdaient leur emploi. Étaient aussi décriés les coûts exorbitants d'un tel projet, l'alimentation du mouvement séparatiste québécois, le traitement de faveur accordé à une minorité pourtant moins nombreuse que bien d'autres et la conspiration ourdie contre le bon ordre et le sens commun. Deux étudiants qui disaient craindre la création d'un ghetto électronique pour les francophones du sud de l'Ontario présentèrent une pétition de 300 noms contre le transfert de CJBC au réseau français. Un député libéral, Ralph Cowen, présente une demande en justice pour obtenir la révocation du permis d'exploitation de la station. Une seule langue devait suffire au Canada. Et il ne pouvait qu'être anticonstitutionnel d'opérer une radio française à Toronto, ville anglo-saxonne. Cette demande sera déboutée.

La mise au monde controversée de CJBC annonce de grands bouleversements sociopolitiques : la promotion de la dualité linguistique et culturelle d'un océan à l'autre ; l'affirmation nationale au Québec ; la revendication d'identités francophones territorialisées dans les autres provinces ; l'émergence, donc, d'une certaine « franco-ontariennité » au sens fort du terme. Rapidement on comprend qu'une presse écrite et électronique vigoureuse doit constituer le fer de lance de la cause identitaire franco-ontarienne.

La vie culturelle des Franco-Ontariens, rapport rédigé en 1969 par le Comité franco-ontarien d'enquête culturelle, se veut ici un point de repère. Les multiples recommandations proposées quant au « rôle des techniques de diffusion de la culture de masse » suggèrent l'émergence, fut-elle difficile et mal assurée, d'une communauté imaginée[33]. Le comité soulève le cas du journal *Le Droit*, seul quotidien francophone de l'Ontario. Reconnaissant au *Droit* « une mission spéciale vis-à-vis de l'ensemble des Franco-Ontariens[34] », en l'occurrence celle de rapporter de l'information qui les concerne, le comité recommande « que *le Droit* concentre désormais ses efforts sur les plans provincial et régional pour atteindre le plus grand nombre possible de Franco-Ontariens[35] ».

Ce dernier énoncé laisse poindre un appel à l'unité, à l'unification d'individus ne se connaissant pas mais capables, dans la mesure où ils disposent des moyens médiatiques nécessaires, de poser dans l'imaginaire l'existence d'autrui. Ce faisant, ces individus transcendent les limites de leur paroisse, joignent les rangs d'un groupe plus populeux, quoique linguistiquement délimité, les Franco-Ontariens. La mission sera d'autant plus difficile et cruciale que *Le Droit*, ainsi que les quelques autres journaux francophones, sont plus souvent qu'autrement l'unique source de vulgarisation de la culture française pour un très grand nombre. Pour cette raison et pour d'autres, l'identité sécrétée par la presse franco-ontarienne ne saurait être exempte d'inquiétude et d'espoir, de fragilité et de ténacité. Nombre de journaux sont nés au cœur des luttes et des combats menés par la minorité française. « L'entreprise journalistique en Ontario français porte les stigmates du lutteur[36]. » Plusieurs vocables en témoignent: *La Sentinelle, Le Ralliement, La Justice, La Défense, Le Rempart*. Et cette lutte est menée pour « le maintien de tous nos droits » ; encore là, les vocables y font écho : *Le Moniteur, Le Droit, L'Ontario français, L'Ordre*. Et si, depuis un siècle et quart, le ton a changé, les journaux franco-ontariens poursuivent chacun à leur façon « un idéal commun : défendre les intérêts des Franco-Ontariens, renseigner ces derniers et promouvoir une fierté que l'on dit désormais *ontaroise*[37] ».

Promouvoir la fierté franco-ontarienne, écrire un espace où les francophones peuvent s'imaginer ensemble, voilà bien la mission d'un quotidien, la diffusion des hebdos, dont le rôle est essentiellement de rapporter des nouvelles locales, étant limitée à leur région immédiate. C'est toujours dans ce même esprit que le rapport de 1977 sur les arts dans la vie franco-ontarienne, *Cultiver sa différence*[38], présenté au Conseil des Arts de l'Ontario, conçu dans l'espoir d'assurer la promotion d'œuvres franco-ontariennes et la création en Ontario français, propose la circulation dans la presse franco-ontarienne d'une chronique d'information sur les réalisations artistiques franco-ontariennes. En plus d'assurer un rôle bénéfique dans la diffusion artistique, une telle chronique aurait pour effet de raffermir parmi les lecteurs un sentiment d'identité commune.

Les médias électroniques peuvent-ils faire de même ? En 1969, l'infrastructure de la presse électronique se limite à peu : six stations de radio et une seule station de télévision de langue française, soit CBOFT, une station de Radio-Canada à Ottawa[39]. Les francophones du Sud sont privés de télévision française, tandis que ceux du Sud-Ouest n'ont ni radio, ni télévision de langue française. Mentionnant au passage que, selon le rapport annuel de la Société Radio-Canada, 10,4 pour cent des francophones du pays ne pouvaient pas capter une station du réseau télévisé français et 5,1 pour cent, une station de radio, le Comité franco-ontarien d'enquête culturelle déclare : « c'est justement en Ontario que se trouve le groupe le plus imposant de personnes privées de la télévision en leur langue[40] ».

Étendre le réseau, donc. Mais là ne s'arrêtent pas les réclamations du comité d'enquête. Déjà les gens rencontrés par le comité se plaignaient du contenu purement québécois, voire montréalais, de nombre d'émissions d'affaires publiques. Le comité reprend l'argument dans une perspective nationalitaire, en réclamant des stations existantes et futures d'entretenir entre elles des relations plus étroites. Plus précisément, il recommande :

> Que les stations de radio et de télévision de langue française en Ontario continuent d'être alimentées par Montréal, mais que l'on mette sur pied des centres de production locaux et régionaux (Ottawa, Toronto, Windsor et Sudbury) afin de former un réseau franco-ontarien de radio et de télévision. Ce réseau, tout en respectant les normes de qualité reconnues par Radio-Canada, aura la responsabilité des affaires publiques ontariennes et du développement des talents locaux[41].

La question du contenu trop québécois/pas assez ontarien est particulièrement importante, car elle est révélatrice de l'émergence d'une identité nationalitaire. Dire de Radio-Canada que c'est « la radio et la télé des autres[42] » ou dire que le francophone de l'Ontario ne s'y retrouve pas parmi tous ces postes américains et canadiens-anglais, n'est-ce pas constater, ou souhaiter, l'existence d'une communauté que l'on imagine franco-ontarienne ?

Augmenter le contenu franco-ontarien (non pas francophone) et établir une programmation d'envergure provinciale sont des leitmotiv dans les rapports consultés. On y recommande aussi que la population française de l'Ontario soit éventuellement desservie par des Franco-Ontariens. Dans le rapport de 1969, il s'agissait d'abord de souhaiter la formation d'annonceurs, de réalisateurs et de journalistes, ainsi que la disponibilité de ressources éducatives appropriées. Le rapport de 1977 souligne que, plus que des agents de diffusion culturelle, les médias offrent des débouchés pour les artistes et les créateurs franco-ontariens. Deux ans plus tard, le rapport *Dépêche-toi soleil* recommande carrément « une politique d'embauche qui donne la priorité aux Franco-Ontariens[43] ».

Bien sûr, tout cela n'est que recommandations à saveur militante s'articulant autour des outils médiatiques existants ou à se donner. Ces revendications, bien qu'elles reposent sur la conscience de l'importance de pareils outils, ne disent encore que peu de chose sur les possibilités identitaires de la télévision. Presse électronique et presse écrite ne parlent pas le même langage et favorisent l'émergence de subjectivités différentes l'une de l'autre[44]. Les communautés télévisuelles sont volatiles, ne se forment que dans l'instantané, leurs membres ayant le pouvoir de voyager d'une chaîne à l'autre d'un seul mouvement de doigt ; elles sont aussi plus étendues. C'est ce qui faisait dire à Jacques Bensimon, au moment de l'ouverture de La Chaîne française de TVO, en 1986 : « il faut se brancher sur l'extérieur pour ne pas que notre réalité passe seulement par le goulot de la francophonie québécoise mais débouche également sur la francophonie mondiale[45] ». Bien sûr, cela ne l'empêchait pas non plus de voir en La Chaîne un centre communautaire électronique, poursuivant ainsi une tâche déjà entamée par la presse écrite : « Il faut arriver à lier toutes les communautés franco-ontariennes, à relier la réalité de tous ces francophones dispersés aux quatre coins de la province. » Tout comme la presse écrite, et de façon plus efficace encore, la télé permet à une population francophone dispersée sur un large territoire de se rejoindre et de se donner une image d'elle-même dans l'instantané.

CONCLUSIONS : REMARQUES QUANT AUX MULTIPLES DÉFIS LIÉS À LA FRAGMENTATION

Multipliant les voies d'accès à la culture, les médias concurrencent victorieusement les moyens de transmission traditionnels que sont la famille et l'école. Pour souhaitable qu'il soit, ce processus n'en est pas moins ambivalent de par ses conséquences. S'il met en péril les identités traditionnelles, il sonne le glas pour certaines conceptions et pratiques du vivre ensemble que pouvaient encore entretenir certaines petites collectivités ou minorités linguistiques. Celles-ci, pour vibrer au diapason de ce nouvel imaginaire multimédia, devront faire leur deuil, si ce n'est pas déjà fait, des échanges symboliques qui fabriquaient jadis un tissu social qui n'existe déjà plus.

Si ce n'est pas là le moindre des défis, il ne s'agit pas du seul non plus. La pluriethnicité grandissante de la francophonie ontarienne nous force à remettre en question les rapports langue/ethnie. Les enfants d'Étienne Brûlé vivent et partagent leur francité avec d'autres Ontariens, d'origine égyptienne, marocaine, algérienne, malienne, européenne ou autre. Une alliance réussie ne pourra être réalisée sans un certain remue-ménage imaginal chez les francophones dits de souche. Les médias de langue française devront s'ajuster à ce nouveau panorama ethnolinguistique s'ils désirent devenir des pôles d'attraction substantiels. Nous prenons pour exemples le journal l'*Express* de Toronto (20 000 lecteurs dont le 1/3 n'est pas de langue maternelle française) ainsi que CJBC (35 000 auditeurs), qui n'auraient certes pas connu un tel rayonnement s'ils n'avaient délesté au préalable les thèmes de prédilection de la culture de survivance. Ce qui ne les empêche pas, bien sûr, d'élever le ton lorsque le commande le climat politique, mais jamais sous prétexte de défendre la « cause » franco-ontarienne.

Autre défi : l'autoroute électronique. Le véhicule des ondes offre la possibilité de vivre virtuellement en français, de se parler, d'échanger, d'imaginer et de communiquer avec autrui en faisant fi des distances. L'autoroute électronique offre encore des possibilités autrement plus prometteuses, à condition bien sûr d'y aménager des lieux où les usagers pourront y vivre en français, c'est-à-dire créer des banques de données et des publications électroniques en français, ainsi que des babillards électroniques conçus à l'usage des francophones. En Ontario, les réseaux *chaîNET* et *Village électronique francophone* se veulent justement autant d'environnements offrant des occasions uniques d'échange. Le premier permet aux usagers de tout connaître sur la programmation de La Chaîne française de TVO ; le deuxième, développé en collaboration avec le ministère de l'Éducation et le Centre franco-ontarien de ressources pédagogiques, poursuit une mission plus spécifiquement pédagogique[46]. Et cela ne saurait être qu'un commencement. Alors que l'on mise de plus en plus sur l'intelligence des environnements, les nouvelles socialités seront virtuelles ou ne seront pas.

L'effet le plus pervers de la non-reconnaissance d'une identité serait l'intériorisation de l'image de sa propre infériorité, « de sorte que même si certains des obstacles objectifs à leur progression disparaissent, elles [les identités] peuvent être incapables de tirer parti de ces possibilités nouvelles ». Les nouvelles technologies sont-elles les clefs de l'avenir pour la vie française en Ontario ou le cheval de Troie porteur d'une nouvelle colonisation ? Dans sa forme la plus extrême, « le défaut de reconnaissance ne trahit pas seulement un oubli du respect normalement dû. Il peut infliger une cruelle blessure, en accablant ses victimes d'une haine de soi paralysante[47] ». Et l'isolement de la culture première ne saurait être une option valable. Dans le combat des effets destructeurs de la non-reconnaissance, une place devra être faite à la reconstruction de ces institutions de l'espace public, autant de fenêtres ouvertes sur le monde.

*NOTES*_____

[1] Charles Taylor, *Grandeur et misère de la modernité*, trad. de l'anglais par Charlotte Melançon (Montréal, Bellarmin/L'essentiel, 1992, 150 p.), p. 13.

[2] Un travail semblable sur la presse écrite a déjà été réalisé. L'auteur, Paul-François Sylvestre, répertorie 108 journaux publiés en Ontario sur une

période de 125 ans, excluant les journaux étudiants et les revues d'organisme. « Les journaux de l'Ontario français. 1858-1983 », *Documents historiques n⁰ 81* (Sudbury, Société historique du Nouvel-Ontario, Université de Sudbury, 1984, p. 59.).

3 *La vie culturelle des Franco-Ontariens*, Rapport du comité franco-ontarien d'enquête culturelle (Ottawa, 1969, 259 p.), p. 201.

4 Rhéal Beauchamp, Pierre Savard et Paul Thompson, *Cultiver sa différence. Rapport sur les arts dans la vie franco-ontarienne* (Toronto, Conseil des Arts de l'Ontario, 1977, 225 p.), p. 161.

5 Gilles Lipovetsky, *L'ère du vide : essai sur l'individualisme contemporain* (Paris, Gallimard, 1983, 246 p.), p. 246.

6 Pour Baudrillard, ce processus de codification est irréversible. Pour bien savoir de quoi il retourne, le lecteur pourra consulter plus spécifiquement *L'échange symbolique et la mort* (Paris, Gallimard, 1976, 347 p.).

7 Office des affaires francophones, « Les médias francophones de l'Ontario » (Toronto, décembre 1994, n. p.).

8 Des projets sont aussi dans l'air à North Bay, Hawkesbury et Toronto. Adrien Cantin, « Avant que la radio de Penetang ne rende l'âme », *Le Droit*, samedi, 10 décembre 1994, p. 29.

9 TVOntario existe depuis ving-cinq ans. Pour l'année 1992-1993, les dépenses relatives aux émissions de La Chaîne étaient de 16,7 $ millions contre 25,7 $ millions pour le service anglophone de TVO. À cela s'ajoutent des dépenses communes de 16,2 $ millions liées à des services partagés et au soutien de la production des deux réseaux. Pour une description détaillée de TVO et de La Chaîne, voir le Rapport annuel 1992-1993 de TVOntario. Voir aussi Christopher Harris, « Teaching Television Some New Tricks », *Globe and Mail*, 4 mars 1995, p. C-1, pour la distribution des coupures de 7,7 $ millions depuis 1993.

10 Il existe néanmoins certaines études à ce sujet, quoique non restreintes à l'Ontario, notamment le livre *Un avenir incertain*, publié par la Fédération des jeunes Canadiens français. Il en ressort le truisme routinier : qu'il s'agisse de la télé, de la radio, des vidéocassettes, du cinéma ou des spectacles en général, les jeunes francophones sont plus souvent qu'autrement à l'écoute des médias de langue anglaise. On consultera aussi « À l'ère des communications électroniques. Le français est le grand perdant dans les médias », *Le Nord*, vol. XII, n⁰ 9, Hearst, mercredi 13 mai 1992, p. H4.

11 Nous tenons cette information d'un reportage de l'émission *Objectif Ontario*, diffusé à l'automne 1994 sur les ondes de la télévision de la SRC.

12 Statistique Canada, *L'écoute de la télévision*, Catalogue annuel n⁰ 87-208 (Ottawa, ministère de l'Industrie, des Sciences et de la Technologie, 1994), p. 34.

13 Roger de la Garde et Denise Paré, « Les médias de communication et le développement des communautés francophones », dans Fernand Harvey (s. la dir. de), *Médias francophones hors Québec et identité : analyses, essais et témoignages* (Québec, IQRC, 1992, 356 p.), p. 93.

14 Voir l'article d'Hubert Guindon, « De l'usage " canadien " des minorités », *Possibles*, vol. XIX, n⁰ 2, p. 172-185. Guindon critique les politiques trudeauistes dont l'objectif principal était de créer des minorités franco-

canadienne et anglo-québécoise afin d'écraser les aspirations nationales des Québécois.

[15] Voir Greg Nielsen, « Les institutions imaginaires et le processus démocratique », *Société/Society*, vol 15, n° 2, 1991, p. 25-30; et « L'impasse Canada-Québec et le sort de Radio-Canada : l'autonomie culturelle ou la mort ! », *Cahiers de recherches sociologiques*, à paraître.

[16] Sur cette question, voir entre autres, dans le journal *Le Droit*, les articles suivants : Pierre Roberge, « Manque à gagner de 108 millions $. Le couperet tombe à Radio-Canada », 6 décembre 1990, p. 41 ; Robert Bousquet, « Coupures à Radio-Canada. Les francophones deviennent de plus en plus isolés », 7 décembre 1990, p. 17 ; Robert Bousquet, « Coupures à Radio-Canada. Un coup dur pour les francophones hors Québec », 7 décembre 1990, p. 16 ; Adrien Cantin, « Coupures à Radio-Canada », 7 décembre 1990, p.28.

[17] Paule des Rivières, « Purge à la SRC », *Le Devoir*, 16 mars 1995, p. A 1.

[18] Sur la question de l'assimilation et de la repartition géographique de la population francophone, voir Raymond Mougeon, *The International Review of Sociology of Language*, 1994 ; et Fernand Ouellet, « L'évolution de la présence francophone en Ontario : une perspective économique et sociale », dans Cornelius J. Jaenen (s. la dir. de), *Les Franco-Ontariens* (Ottawa, PUO, 1993, 443 p.), p. 127-200.

[19] Charles Taylor, *op. cit.*, p. 49.

[20] Voir les remarques provocantes de Jean Lafontant, « Interrogations d'un métèque sur la sibylline et dangereuse notion d'identité collective », *Sociologie et sociétés*, vol. XXVI, n° 1, 1994, p. 47-58.

[21] J. Yvon Thériault, « Entre la nation et l'ethnie : sociologie, société et communautés minoritaires francophones », *Sociologie et sociétés*, vol. XXVI, n° 1, 1994, p. 22.

[22] Danielle Juteau et Lise Séquin-Kimpton, « La collectivité franco-ontarienne : structuration d'un espace symbolique et politique », dans Cornelius J. Jaenen (s. la dir. de), *Les Franco*-Ontariens, p. 265-304.

[23] Jürgen Habermas, *Théorie de l'agir communicationnel*, t. I (Paris, Fayard, 1987, 2 vol.), p. 302.

[24] En anglais dans le texte. Passage traduit par Louis Jacob dans Marc Raboy, Ivan Bernier, Florian Sauvageau et Dave Atkinson, *Développement culturel et mondialisation de l'économie : un enjeu démocratique* (Québec, IQRC, 1994), p. 88.

[25] Voir Alain Laramée, *La communication mass-médiatique au Canada et au Québec : un cadre politique* (Montréal, Les Presses de l'Université du Québec, 1989), p. 289.

[26] Robert Fowler, *Rapport de la Commission royale d'enquête sur la radio et la télévision* (Ottawa, L'Imprimeur de la Reine, 1957), p. 297.

[27] Michel Fillion, *Radiodiffusion et société distinctes au Québec : des origines de la radio jusqu'à la révolution tranquille* (Montréal, Méridien, 1994), p. 27-37.

[28] Jean-Guy Lacroix et Benoit Lévesque, « L'unification et la fragmentation des appareils idéologiques au Canada et au Québec : le cas de la radio-télévision », *Cahiers de socialisme*, n° 5, 1980, p. 117.

[29] Toronto, McClelland and Stewart, 1965.

[30] Marc Raboy, *Missed Opportunities : The Story of Canada's Broadcasting Policy* (Montréal, McGill-Queen's Press, 1990, 471 p.), p. 123.

[31] Paul-François Sylvestre, *op. cit.* L'auteur en fait remonter les débuts à 1858, lors de la création du journal *Le Progrès* d'Ottawa. Il fait néanmoins remarquer la disponibilité à Windsor, dès 1825, de journaux francophones publiés à Détroit.

[32] Pierre Fortier et Clermont Trudelle, « Ici Radio-Canada. Une voix française qui étonne l'Ontario », *Cap-Aux-Diamants*, n° 23, automne 1990, p. 34. Nous tenons aussi à remercier François X. Chamberland et Simone Fadel pour les entrevues qu'ils ont bien voulu nous accorder sur l'histoire de CJBC.

[33] Dans un sens proche de ce qu'a suggéré Benedict Anderson quant au rôle joué par les médias écrits dans la constitution des nations modernes. Voir *Imagined Communities. Reflections on the Origin and Spread of Nationalism* (Londres, Verso, 1983, 160 p.).

[34] *La vie culturelle...*, p. 203.

[35] *Loc. cit.*

[36] Paul-François Sylvestre, *Les journaux de l'Ontario français...*, p. 10.

[37] *Loc. cit.*

[38] Rhéal Beauchamp *et al.* L'impact des rapports remis périodiquement aux institutions étatiques est plutôt négligeable. Ainsi le rapport du Groupe de travail pour une politique culturelle des francophones de l'Ontario, *RSVP ! Clefs en main*, connu aussi sous le nom du *Rapport du groupe Grisé*, est resté lettre morte après son dépôt le 30 septembre 1991 (Toronto, L'Imprimeur de la Reine pour l'Ontario, ministère de la Culture et des Communications, 1991, 66 p.).

[39] Il faudra attendre quelques années avant que Toronto et Windsor n'obtiennent les leurs, et ensuite quelques autres, pour finalement les perdre en 1990.

[40] Beauchamp *et al.*, *Cultiver sa différence...*, p. 211.

[41] *Ibid.*, p. 212.

[42] *Ibid.*, p. 169.

[43] *Dépêche-toi soleil... La parole aux Ontarois(es)*, Le rapport, Séminaire de l'EUMC (Ottawa, 1980, 63 p.), p. 9.

[44] Nous faisons bien sûr référence aux travaux de pionnier de Marshall McLuhan. Les modes de représentation littéral et analogique suggèrent des configurations imaginaires et des subjectivités fortement distinctes l'une de l'autre. Voir *La galaxie Gutenberg : la genèse de l'homme typographique* (Montréal, Éditions HMH, 1967, 428 p.) ; *Pour comprendre les médias : les prolongements technologiques de l'homme* (Montréal, Éditions HMH, 1968, 390 p.).

[45] *Bonjour chez-nous, Un centre communautaire électronique*, Rockland, Ontario, vol. XI, n° 39, p. 6. Aussi Thérèse Lior, « Une voie électronique qui unifiera la collectivité de la province », *Le Rempart*, 20e année, n° 22, Windsor, 28 mai 1986, p. 12. Sur La Chaîne française de TVO toujours, on pourra consulter l'entrevue réalisée par Robert Prévost, « Jacques Bensimon. Questions et réponses », *Liaison*, mars 1992, p. 33-35.

[46] « Autoroute électronique. Unir technologie et psychologie », *Liaison*, janvier 95, p. 6-7.

47 Charles Taylor, *Multiculturalisme : différence et démocratie* (Montréal, Auber, 1994, 142 p.).

Le « parapluie du Québec » :
Le Droit de 1967 à 1994[1]

Lucie Tardif-Carpentier

Les francophones hors Québec ont longtemps été considérés comme les soldats placés aux avant-postes de la francophonie en Amérique, protégeant ainsi leurs frères du Québec contre les dangers que la masse anglophone apporte à leur langue et à leur culture. Cependant, depuis une trentaine d'années, ce rôle semble s'être inversé et les Québécois sont peut-être devenus, pour plusieurs, le « parapluie » qui protège les francophones hors Québec.

Les deux groupes ont toujours entretenu des liens très étroits. Les Canadiens français de l'Ontario ont pu compter sur leurs voisins du Québec à plusieurs reprises, entre autres lorsque leurs droits linguistiques furent bafoués[2]. Cette relation privilégiée prit fin avec les États généraux du Canada français en 1967, lorsque les Québécois choisirent d'assurer la sauvegarde de la langue et de la culture françaises à l'intérieur de leur province, laissant de côté les francophones hors Québec.

Quelle sera la nature des relations entre les Québécois et les Franco-Ontariens à partir de cette rupture ? Plus précisément, comment les Franco-Ontariens verront-ils désormais les Québécois ? Cette étude trace l'évolution de l'opinion des associations franco-ontariennes et du quotidien *Le Droit* au sujet des Québécois, à partir des États généraux de 1967 jusqu'à l'invitation de l'Association canadienne-française de l'Ontario au chef de l'opposition à Ottawa, Lucien Bouchard, à prendre la parole à son congrès général en juin 1994.

Nous croyons que l'opinion des Franco-Ontariens face aux Québécois peut être un signe de leur dépendance morale et politique envers cette majorité de Canadiens français. Puisque les Québécois représentent 86,1 pour cent des francophones au Canada, sans eux, les autres minorités de langue française au pays perdent tout leur poids politique[3]. Les années qui ont suivi la rupture de 1967 ont été marquées de conflits entre les deux groupes mais, au fur et à mesure que les Franco-Ontariens se forgeaient une identité propre, en dépendant moins des Québécois, les relations commencèrent à s'améliorer. Cette réconciliation est aussi en partie attribuable à la volonté du gouvernement Lévesque de redevenir défenseur de la francophonie canadienne.

L'histoire des relations entre les Québécois et les Franco-Ontariens demeure un domaine assez peu exploré. Cependant, même s'il n'existe pas d'ouvrage de synthèse sur le sujet, quelques historiens se sont tout de même intéressés à la question. Lors de l'ouverture des Conférences Vanier en 1977[4], dans une communication intitulée « Aperçus sur la situation culturelle au Canada français », Pierre Bourgault présenta sa vision du Québec face au Canada français. À son avis, un Québec souverain profiterait aux autres minorités de langue française et il n'existe pas de différence importante entre les Canadiens français, qu'ils soient du Québec ou de l'Ontario. Pour compléter l'aperçu de la vie culturelle du Canada français, Pierre Savard situa les Franco-Ontariens par rapport au Québec. En définissant ce qu'était un Franco-Ontarien, l'historien constata que, même s'il existait beaucoup de ressemblances entre les Québécois et les Franco-Ontariens, « un fossé culturel va s'élargissant entre le Québec et l'Ontario français[5] ». Quelques années plus tard, un historien de l'Ontario français, Robert Choquette, répond à la question « Qu'est-ce que l'Ontario a reçu du Québec français[6] ? ». L'Ontario a reçu beaucoup du Québec, notamment une population et un clergé catholiques francophones. Les Franco-Ontariens ont aussi bénéficié de l'appui politique du Québec. Choquette remarque avec regret que le Québec s'est éloigné des Franco-Ontariens, qui doivent désormais compter sur les gouvernements fédéral et provincial. Plus récemment, le sociologue Roger Bernard s'est penché sur la question de l'immigration des Québécois en Ontario. Dans ses ouvrages, *De Québécois à Ontarois* et *Le Travail et l'espoir*[7], il tente de comprendre ce qui pousse les Québécois à immigrer en Ontario et ce qu'ils deviennent dans leur province d'adoption.

Lors d'un colloque sur les relations entre l'Ontario et le Québec, au Collège universitaire Glendon, en 1989, la question des relations entre Franco-Ontariens et Québécois est soulevée une fois de plus. Rolande Soucie, alors présidente de l'ACFO, fait alors un survol de ces relations. Elle observe qu'en général, le Québec et l'Ontario ont entretenu de bonnes relations. Cependant, le Québec n'aide plus suffisamment les minorités francophones canadiennes ; elle demande donc au gouvernement de l'Ontario de convaincre le Québec de mieux protéger ces groupes[8]. Enfin, dans une récente étude, Pierre Savard analyse les relations entre Franco-Ontariens et Québécois depuis 1867. Des premières années de la Confédération jusqu'en 1910, les relations sont bonnes entre les deux groupes et il y a une forte immigration québécoise en sol ontarien. La période la plus riche en événements marquants se situe, selon l'historien, entre l'instauration du règlement XVII (1912) et les années 60. Les Canadiens français du Québec aident leurs compatriotes de l'Ontario dans leur lutte contre ce règlement et plusieurs sections d'organismes canadiens-français sont créées en Ontario. Cette période se termine pendant les années 60 avec la montée du sentiment indépendantiste au Québec, qui cause plusieurs tensions entre les Canadiens français du Québec et ceux de l'Ontario. Par contre, avec l'arrivée du Parti québécois au pouvoir en 1976, une nouvelle phase débute. Les relations entre Franco-Ontariens et Québécois seront meilleures mais différentes des relations précédentes : les deux groupes entretiendront « des rapports libres de toute forme de sujétion[9] ».

Grâce à ce survol historiographique, on se rend compte que très peu d'auteurs se sont penchés sur les relations entre Québécois et Franco-Ontariens et qu'aucun n'a effleuré la question de l'opinion franco-ontarienne envers les Québécois.

L'étude de l'altérité en histoire, bien que passionnante, n'est pas très répandue. En ce domaine, la conception de René Rémond est la plus acceptée[10]. Rémond se penche sur l'opinion de la population française envers les États-Unis, afin de mieux comprendre les Français. C'est-à-dire qu'il étudie l'opinion d'un sujet face à un objet dans le but de mieux comprendre ce sujet. Les sources utilisées dans l'étude de l'altérité sont diverses : périodiques, littérature, récits de voyage, correspondance, médias électroniques, journaux, etc. Ces derniers sont, surtout pour l'histoire très récente, les intruments les plus utiles mais, puisque les quotidiens constituent un corpus documentaire énorme, il faut, pour s'en servir, une méthode. La majorité des historiens choisissent des événements importants ou des moments de « crise » afin de mesurer l'opinion. Ainsi, Claude Galarneau retrace l'opinion canadienne à travers des événements français[11] ; Aline Angoustures s'arrête, de son côté, à « des périodes d'événements susceptibles de capter l'intérêt[12] ».

Quant à nous, notre recherche a été effectuée essentiellement dans un journal, *Le Droit*, qui est la voix de bon nombre de Franco-Ontariens. Dès sa fondation par les oblats de Marie-Immaculée en 1913, *Le Droit* « se déclare l'organe de la minorité ontarienne, le défenseur de sa religion, de sa langue et de ses droits[13] ». Pour notre part, nous avons choisi des événements susceptibles d'inciter les Franco-Ontariens à donner leur opinion sur leurs voisins québécois. Pour chaque événement, nous avons consulté le journal pendant une période assez large et qui s'étale avant, pendant et après l'incident, afin de bien cerner le débat. L'opinion exprimée ne sera pas celle de tous les Franco-Ontariens, mais celle d'un journal qui les représente et qui les influence.

Il importe ici de noter que *Le Droit* a lui-même subi, au cours de la période étudiée, de profonds changements, tant dans son organisation que dans sa politique. La distribution du journal tend aussi à se limiter à la région de l'Est ontarien. Dans les années 60, *Le Droit* lance une dernière offensive afin de regagner les lecteurs du nord de la province, mais cet échec entraîne la fermeture des bureaux de North Bay, Sudbury et Sturgeon Falls. « Désormais, sa vocation restera régionale, sa masse de lecteurs (près des deux tiers) demeure maintenant dans l'Outaouais québécois[14]. » En 1982, la mauvaise situation financière du quotidien oblige les oblats à le mettre en vente. Au printemps de 1983, le journal est acheté par l'importante compagnie *Unimédia*, propriétaire du *Soleil* de Québec et du *Quotidien* de Chicoutimi. Néanmoins, un oblat siège toujours au Conseil d'administration et le président d'*Unimédia*, Jacques Francoeur, promet de garder « l'orientation francophone, l'inspiration chrétienne et le caractère apolitique du *Droit*[15] ». En juin 1987, *Unimédia* passe aux mains de *Hollinger*, une multinationale canadienne dont le propriétaire est Conrad Black. Deux ans plus tard, l'impression du journal est confiée à un imprimeur du Québec et des bureaux sont ouverts du côté québécois. Cependant, l'administration générale et la salle principale des nouvelles demeurent à Ottawa.

Le Droit subit donc des changements importants de 1967 à 1994 et il compte de plus en plus de lecteurs du côté de l'Outaouais québécois. Toutefois, il est important de noter que *Le Droit* demeure très sensible aux intérêts des Franco-Ontariens et qu'il tente de rester fidèle à sa clientèle ontarienne. Dans le journal des dernières années, deux communautés coexistent, celle de l'Ontario français et celle de l'Outaouais québécois.

Dans la première section de ce travail (1967-1980)[16], nous nous pencherons sur les événements suivants : les États généraux du Canada français (1967), l'échec de la Charte de Victoria (1971), la Superfrancofête (1974), l'accession du Parti québécois au pouvoir (1976), le discours de Claude Morin sur les minorités francophones hors Québec (1977) et le référendum sur la souveraineté-association (1980). La seconde partie (1981-1994) retracera la remise en question de la place du Québec dans le Canada avec l'Entente constitutionnelle (1981), l'entente du lac Meech (1987-1990), le référendum de Charlottetown (1992), l'élection du Bloc québécois comme parti d'opposition à la Chambre des communes et les relations entre les Franco-Ontariens et Lucien Bouchard (1993-1994).

À titre d'information complémentaire, nous avons puisé dans le fonds d'archives de l'Association canadienne-française de l'Ontario (ACFO)[17], le plus important organisme franco-ontarien, et dans celui de la Fédération des francophones hors Québec (FFHQ)[18] afin de dégager l'opinion de ces organismes sur les événements ci-haut mentionnés. Les fonds d'archives manuscrites de notables franco-ontariens présents aux États généraux de 1967 ont aussi été consultés, comme ceux de Robert Barsalou, de Rémy Beauregard et de Roland Bériault.

PREMIÈRE PARTIE : FRÈRES DEVENUS ENNEMIS (1967-1980) ?

1. RUPTURE DE 1967

Du 22 au 26 novembre 1967, ont lieu à Montréal les États généraux du Canada français qui se définissent comme « une vaste Assemblée Nationale du peuple canadien-français, [...] en vue de dégager et d'exprimer la volonté du peuple canadien-français sur son avenir politique et constitutionnel[19] ». L'élite franco-ontarienne attend la tenue des États généraux avec impatience, car elle est consciente de leur importance pour l'avenir du Canada français : « C'est le premier rassemblement qui s'opère au-delà des partis politiques dans le but précis de parvenir à une conscience claire des lignes de force qui entraînent la nation canadienne-française vers son avenir[20]. »

Ces États généraux marquent une rupture entre les Canadiens français du Québec et ceux des autres provinces. À partir de cette date, on utilisera de moins en moins le vocable « Canadien français » et, de plus en plus, on distinguera les Québécois des Franco-Ontariens. Au lendemain des États généraux, les délégués franco-ontariens ont plutôt une opinion négative des Québécois[21]. Ils se sont sentis mis de côté, voire insultés, par les délégués québécois. Cependant, il faut noter que cette opinion négative ne couvre pas toute la population québécoise, ainsi que l'explique *Le Droit* qui précise que les États généraux ne représentent pas la population québécoise[22].

2. L'ÉCHEC DE VICTORIA (1971)

Au début des années 60, certains politiciens croient nécessaire d'amender et de rapatrier la Constitution canadienne. Déjà en 1964, lors d'une conférence fédérale-provinciale, le gouvernement canadien avait proposé une formule d'amendement de la constitution, mais cette formule avait été rejetée par le Premier ministre du Québec, Jean Lesage. En 1971, le gouvernement fédéral fit une deuxième tentative lors de la Conférence de Victoria, tenue du 15 au 18 juin. Cette conférence donna lieu à quelques réactions de la part de certains Franco-Ontariens sur la place du Québec et des Québécois à l'intérieur du Canada. En parcourant le journal *Le Droit* des mois de mai et juin, on retrouve une multitude d'articles sur la Conférence de Victoria. Il est apparent que cette conférence revêtait une grande importance pour *Le Droit* et que ses journalistes auraient bien voulu qu'un accord y fût signé[23]. On se rend compte, en lisant le quotidien, que les journalistes en veulent à ceux qui ont fait échouer la Charte. Ils semblent avoir une mauvaise opinion des Québécois nationalistes mais, encore une fois, leur sentiment de frustration n'est pas dirigé vers l'ensemble de la population du

Québec[24]. *Le Droit* blâme également les Canadiens anglais en dénonçant leur incompréhension et leur mauvaise volonté envers les Canadiens français[25].

3. LA SUPERFRANCOFÊTE (1974)

Du 13 au 24 août 1974, a lieu à Québec la Superfrancofête. Ce mini-
sommet de la francophonie regroupe des jeunes de plusieurs pays ainsi
que du Canada. Lors d'un défilé dans les rues de Québec, les Franco-
Ontariens se font huer, parce qu'ils portent fièrement le drapeau canadien. Cet incident sera très mal accepté par les jeunes Franco-Ontariens
présents : « pour la première fois, les francophones hors Québec ont eu
l'amère expérience d'être rejetés publiquement par des Québécois[26] ».

    Il est intéressant de voir les réactions que provoque cet incident
fâcheux dans *Le Droit*. Sur une dizaine d'articles publiés sur ce sujet au
cours des mois d'août et septembre 1974, le quotidien en emprunte huit
de la Presse canadienne et un du journal *L'Évangéline*, du Nouveau-
Brunswick. Le seul article signé par un journaliste du *Droit* sur la
Superfrancofête ne fait pas mention de cet incident. Ce mutisme est
surprenant. Comment se fait-il que *Le Droit* ne se donne même pas la
peine d'écrire un article pour défendre les Franco-Ontariens, alors
qu'habituellement il ne rate pas une occasion de le faire ? Cela nous
laisse croire que les Franco-Ontariens n'ont pas une si mauvaise opinion des Québécois, sinon les journalistes du *Droit* se seraient sûrement
servis de cet incident afin de dénoncer l'attitude de ces derniers.

4. L'ÉLECTION DU PARTI QUÉBÉCOIS (1976) ET LE DISCOURS DE CLAUDE MORIN SUR LES MINORITÉS FRANCOPHONES (1977)

En 1976, le Parti québécois de René Lévesque accède au pouvoir. Ce
parti ouvertement souverainiste a tenté sa chance aux deux élections
précédentes en prônant la séparation du Québec. Lors de la campagne
de 1976, le PQ modifie quelque peu sa stratégie en rassurant le peuple
québécois : l'indépendance sera acquise par étapes et seulement avec la
permission des électeurs. Robert Bourassa, Premier ministre du Québec,
déclenche la campagne électorale le 18 octobre 1976 en annonçant la
tenue d'élections le 15 novembre. Pendant quatre semaines, *Le Droit*
publie de nombreux articles qui indiquent qu'il suit de très près cette
campagne. Il est clair que le journal favorise le Parti libéral. En effet,
l'accession éventuelle du PQ au pouvoir fait peur aux militants francophones hors Québec pour qui l'indépendance serait désastreuse[27].
Cependant, les Franco-Ontariens comprennent rapidement que la
victoire du PQ ne mène pas nécessairement à la séparation. Dès lors,
ils voient qu'ils pourront peut-être profiter de cette situation ; leurs

appréhensions se calment[28]. Cinq mois plus tard, le PQ modifie sa politique envers les francophones hors Québec, ce qui a de quoi rassurer quelques Franco-Ontariens. Le 14 avril 1977, Claude Morin, ministre des Affaires inter-gouvernementales dans le gouvernement Lévesque, annonce la nouvelle politique lors d'un discours à Saint-Boniface.

Avant 1977, le Parti québécois avait une politique plutôt radicale envers les francophones hors Québec ; il leur proposait de venir s'établir au Québec, s'ils voulaient survivre. Lors de son discours, le ministre affirme que « le Québec et les Québécois doivent reconnaître leurs responsabilités morales envers les minorités francophones, et cela même s'ils ne peuvent avoir de responsabilité juridique ou politique[29] ». Morin annonce même qu'il essaiera de négocier des ententes avec les autres premiers ministres provinciaux pour favoriser des échanges entre les Canadiens français du Québec et ceux des autres provinces canadiennes. *Le Droit* semble percevoir ce discours positivement, mais les leaders des francophones hors Québec croient tout de même que ceux-ci doivent prendre leur avenir en main sans nécessairement se sentir obligés de compter sur le Québec[30].

5. LE RÉFÉRENDUM SUR LA SOUVERAINETÉ-ASSOCIATION (1980)

Comme promis, le Parti québécois annonce la tenue d'un référendum. Le 20 mai 1980, les Québécois doivent répondre à la question : « Accordez-vous au gouvernement du Québec le mandat de négocier l'entente proposée entre le Québec et le Canada[31] ? » La FFHQ ne veut pas appuyer le côté du Non[32], tandis que l'ACFO affirme sa neutralité[33] et que *Le Droit* penche vers le Non[34]. Les députés franco-ontariens sont tout à fait pour le Non[35], alors que l'opinion des lecteurs qui écrivent au journal est partagée[36]. Il faut retenir ici que même si, en général, les Franco-Ontariens n'appuient pas la souveraineté, ils laissent aux Québécois le soin de choisir[37]. Certains Franco-Ontariens profiteront du débat référendaire québécois pour faire entendre encore une fois leur mécontentement, non pas à l'égard des Québécois, mais plutôt à l'égard de leur gouvernement provincial. Un groupe de Franco-Ontariens suivra le Premier ministre, William Davis, lors de son voyage pour prôner le Non au Québec, en précisant et en rectifiant ses propos sur la situation des francophones en Ontario[38].

La période 1967-1980 constitue donc une phase négative dans les relations entre Franco-Ontariens et Québécois. Toutefois, l'opinion que *Le Droit* se fait des Québécois n'est pas si mauvaise. Il est vrai qu'après les États généraux, certains Franco-Ontariens sont frustrés, mais ils n'en veulent pas à tous les Québécois. Aussi remarque-t-on une amélioration de l'opinion franco-ontarienne de 1967 à 1980, surtout envers les souverainistes, qu'on semble accepter un peu mieux.

SECONDE PARTIE : QUELLE PLACE POUR LE QUÉBEC DANS LE CANADA
(1981-1994) ?

1. L'ENTENTE CONSTITUTIONNELLE (1981)

Le Premier ministre du Canada, Pierre E. Trudeau, avait promis aux
Québécois que si le NON l'emportait au Référendum, le Canada se
doterait d'une nouvelle constitution. Il convoque donc les provinces au
début novembre 1981 à cet effet. La place du Québec dans le Canada
est encore une fois remise en question. Avant la conférence fédérale-
provinciale, la Cour suprême annonce qu'il est légal de rapatrier la
Constitution unilatéralement, mais que, moralement, le gouvernement
canadien devrait consulter les provinces. Un journaliste du *Droit* souligne l'enjeu de ces négociations : « il s'agit de trouver un compromis
susceptible d'éviter l'éclatement du pays ou, pour le Québec en particulier, d'éviter la mise en œuvre d'une réforme unilatérale où ses intérêts
ne seraient absolument pas protégés[39] ».

La conférence a lieu à Ottawa du 2 au 6 novembre. Dans la nuit du
5 au 6, Trudeau réussit à convaincre neuf provinces (sauf le Québec) de
signer le projet. Les premiers ministres s'entendent pour que, désormais, il faille l'accord de sept provinces comptant pour 50 pour cent de
la population pour rapatrier la constitution ; ils donnent leur consente-
ment à l'enchâssement de la Charte des droits et libertés. Le Québec
désirait que l'unanimité soit requise pour amender la constitution et il
se méfiait de la Charte des droits et libertés, qui donnait trop de pouvoir
aux juges de la Cour suprême, majoritairement anglophones. Enfin,
dans le domaine scolaire, le fait que toute minorité linguistique importante puisse recevoir une éducation soit en anglais, soit en français,
allait à l'encontre de la Loi 101 de 1977[40]. Les Franco-Ontariens sont
déçus, en partie parce que leur partenaire, le Québec, a été mis de
côté[41]. Il leur apparaît impératif que le Québec signe cet accord, sans
quoi, à leurs yeux, il n'est pas valide[42].

2. L'ACCORD DU LAC MEECH (1987-1990)

Lorsque Brian Mulroney accède au pouvoir, un de ses désirs est que le
Québec signe la Constitution canadienne. C'est dans ce but qu'il aborde
les négociations du lac Meech. Le 3 juin 1987, les premiers ministres
provinciaux et Mulroney s'entendent sur l'Accord du lac Meech. Cette
entente permettrait notamment au Québec de réintégrer la Constitution
canadienne en tant que « société distincte ». Pour entrer en vigueur,
l'entente, signée le 3 juin 1987, devait être approuvée par les dix provinces en l'espace de trois ans, la date limite étant fixée au 23 juin
1990.

Le Droit penche en faveur du Québec et affirme clairement qu'il revient aux autres provinces canadiennes d'accepter l'entente proposée, puisque le Québec a déjà fait des compromis[43]. « Les provinces dissidentes devront décider au cours des prochains jours si leur vision du Canada se veut suffisamment généreuse pour accommoder la spécificité québécoise[44]. » Au mois de juin 1990, une conférence fédérale-provinciale de la dernière chance se tient à Ottawa. Les provinces réussissent presque à s'entendre, mais les assemblées législatives du Manitoba et de Terre-Neuve ne ratifient pas l'entente. Au lendemain de l'échec de Meech, l'éditeur du *Droit* dresse un bilan de la « politique éditoriale fédéraliste » du journal en se demandant :

> Quelle ligne de conduite le quotidien *Le Droit* va-t-il adopter maintenant que le Québec s'est vu refuser son entrée dans la famille constitutionnelle canadienne et que ses élites s'apprêtent à redéfinir le nouveau type de partenariat qu'elles souhaitent établir avec les autres composantes de l'ensemble canadien[45] ?

Il précise que 70 pour cent des lecteurs du journal sont québécois et 30 pour cent franco-ontariens. L'éditeur affirme que *Le Droit* défendra l'Outaouais québécois, favorisera des liens étroits entre l'Ontario et le Québec et encouragera fortement cette province à être très généreuse envers les Franco-Ontariens et les autres francophones hors Québec. Quant aux députés franco-ontariens, ils veulent que Meech soit ratifié pour que le Québec adhère à la Constitution canadienne. Comme le souligne Don Boudria, député fédéral de Glengarry-Prescott-Russell, « ce qui reste primordial à mes yeux c'est la réintégration du Québec dans la Constitution[46] ». Même si Meech s'avère un échec, les Franco-Ontariens survivront, soutient Bernard Grandmaître, député provincial d'Ottawa-Est, qui n'a « jamais grandi avec le parapluie du Québec au-dessus de [sa] tête[47] ». Tous ne démontrent pas autant d'optimisme. Jean-Robert Gauthier, député d'Ottawa-Vanier, se montre plutôt inquiet en « indiquant qu'il ne croyait pas que le Canada puisse survivre sans le Québec[48] ».

En 1987, les Franco-Ontariens ont été tentés de faire comme plusieurs groupes de Canadiens, c'est-à-dire qu'ils ont critiqué l'Accord du lac Meech, car il ne leur concédait pas suffisamment de droits[49]. En 1990, ils comprennent que le but fondamental de l'entente est la réintégration du Québec dans la Constitution. Dès lors, ils appuient l'accord[50]. Les Franco-Ontariens espèrent, encore une fois, que le Québec adhérera à la Constitution canadienne et ils voient en l'Accord du lac Meech une reconnaissance de la dualité linguistique au pays. Ils ne peuvent cacher leur déception face à l'échec de l'entente qu'ils interprètent comme « le rejet [...] de la thèse de deux peuples fondateurs[51] ».

En conséquence, ils devront « s'ouvrir de façon plus évidente à la société québécoise, principal foyer linguistique du peuple francophone au Canada [52] ».

3. L'ACCORD DE CHARLOTTETOWN (1992)

En 1992, Brian Mulroney tente une dernière fois d'en arriver à une entente constitutionnelle avec toutes les provinces à la Conférence de Charlottetown. Un accord est signé le 22 août et présenté à la population canadienne, lors d'un référendum le 26 octobre : 55 pour cent des Canadiens se prononcent contre et 45 pour cent en faveur[53]. Les Franco-Ontariens sont partagés. *Le Droit* et la majorité des associations donnent rapidement leur appui[54] ; l'ACFO met plus de temps à se décider, mais finit par appuyer l'accord[55]. Si certains Franco-Ontariens hésitent, c'est pour manifester leur mécontentement face à leur gouvernement provincial[56]. Une des raisons les plus importantes qui les poussent à opter pour le Oui, c'est qu'ils souhaitent que le Québec fasse à nouveau partie de la Constitution canadienne.

4. L'ÉLECTION DU BLOC QUÉBÉCOIS (1993) ET LES RELATIONS ENTRE LUCIEN BOUCHARD ET LES FRANCO-ONTARIENS (1994)

Le dernier événement choisi est l'élection du Bloc québécois à la Chambre des communes (octobre 1993) et ses relations avec les Franco-Ontariens (mai-juin 1994). Somme toute, l'élection du Bloc québécois et le fait qu'il soit devenu l'opposition officielle à Ottawa ne provoquent pas énormément de réactions de la part des Franco-Ontariens. En parcourant *Le Droit*, on trouve beaucoup plus d'articles contre le Parti de la Réforme ; le Bloc québécois ne semble pas tellement faire peur aux Franco-Ontariens.

L'invitation que l'ACFO lance au chef de l'opposition de venir prononcer un discours à son congrès annuel suscite beaucoup de désaccord de la part des députés franco-ontariens[57]. Les membres de l'ACFO semblent être d'accord pour inviter Bouchard, ce qui, de toute façon, est conforme à la tradition de l'association[58]. Les délégués écoutent attentivement le discours du chef du Bloc, car ils sont conscients de l'éventualité d'un Québec souverain et ils veulent savoir ce qu'il adviendrait des minorités francophones au Canada si le Québec accédait à l'indépendance[59].

CONCLUSION

Il est évident que les relations qu'entretiennent les francophones du Québec et ceux de l'Ontario entre 1967 et 1980, fait prendre conscience à ces derniers qu'ils doivent prendre leur avenir en main. C'est d'ailleurs ce que les Franco-Ontariens font[60]. Au cours de la période s'étalant de 1981 à 1994, les francophones de l'Ontario se sentent déçus à plusieurs reprises par le Canada anglais, ce qui a pour effet de les rapprocher encore plus des francophones du Québec. Ils s'associent à leur partenaire québécois en dénonçant l'incompréhension des provinces anglophones envers les Canadiens français.

Nous constatons que, de 1967 à 1994, l'opinion des Franco-Ontariens envers les Québécois s'améliore quelque peu. À notre avis, cette amélioration s'explique par deux facteurs. Premièrement, les Franco-Ontariens se prennent plus en main et comptent moins sur l'aide des Québécois. Ils se sentent donc moins menacés par des événements remettant en question la place du Québec dans le Canada. Une remarque s'impose. Si l'opinion du *Droit* envers les Québécois ne subit pas d'évolution extraordinaire de 1967 à 1994, elle évolue passablement envers les « séparatistes ». En 1967, les journalistes du *Droit* en veulent aux indépendantistes alors qu'en 1994, ils les comprennent mieux et n'ont pas envers eux la même animosité.

Pour comprendre l'évolution de l'opinion franco-ontarienne envers les Québécois de 1967 à 1994, il faut la mettre en parallèle avec la situation des francophones en Ontario. En 1967, ceux-ci bénéficient de très peu de droits : si le Québec devient indépendant, ils n'ont aucune garantie que les gouvernements fédéral et provincial ontarien les protégeront. Toutefois, au cours de ces années, les Franco-Ontariens acquerront certains droits importants[61]. En conséquence, la situation en 1994 est très différente. Si le Québec devient souverain et que le pourcentage de francophones au Canada passe de 24,8 pour cent à 4,5 pour cent[62], plusieurs Franco-Ontariens ont quand même l'impression que leur survie n'est pas en danger.

Les Franco-Ontariens semblent donc, peu à peu, poursuivre leur destin différemment de leurs voisins québécois sans cependant briser les liens qui les unissent. Ne serait-il pas juste de se demander si les Québécois peuvent, ou plutôt s'ils veulent encore compter sur les francophones hors Québec, sur les Franco-Ontariens en particulier, pour leur servir de défenseurs aux avant-postes ? Ou inversement, les Franco-Ontariens devront-ils cesser de compter sur le « parapluie du Québec » ?

*NOTES*_____

[1] Cet article résume un mémoire de maîtrise dirigé par Pierre Savard et déposé au département d'histoire de l'Université d'Ottawa au mois d'août 1994.

[2] Pierre Savard, « Relations avec le Québec », dans Cornelius J. Jaenen (s. la dir. de), *Les Franco-Ontariens* (Ottawa, PUO., 1993), p. 231-263.

[3] Statistique Canada, Recensement 1991, *Estimation de la population selon la première langue officielle parlée.*

[4] Robert Vigneault (s. la dir. de), *Langue, littérature, culture au Canada français* (Ottawa, Éditions de l'Université d'Ottawa, 1977, 116 p.).

[5] Pierre Savard, « Les Franco-Ontariens face au Québec », dans R. Vigneault (s. la dir. de), *Langue, littérature...*, p. 33.

[6] Robert Choquette, « Qu'est-ce que l'Ontario a reçu du Québec français? », *Mémoires de la société généalogique canadienne-française*, vol. XXXV, nº 1, mars 1984, p. 36-46.

[7] Roger Bernard, *De Québécois à Ontarois. La communauté franco-ontarienne* (Hearst, Le Nordir, 1988, 185 p.) ; *Le travail et l'espoir : migrations, développement économique et mobilité sociale Québec/Ontario, 1900-1985* (Hearst, Le Nordir, 1991, 396 p.).

[8] Rolande Soucie, « Entre voisins de longue date », *Vingt ans de relations entre le Québec et l'Ontario (1969-1989)* (Toronto, GREF, 1989), p. 83-89.

[9] Pierre Savard, « Relations avec le Québec », dans Cornelius J. Jaenen (s. la dir. de), *Les Franco-Ontariens* (Ottawa, PUO, 1993, 443 p.), p. 232. Marcel Martel s'est aussi intéressé à la question des relations entre Québécois et Franco-Ontariens. Cependant, son étude se termine avec les États généraux de 1967.

[10] René Rémond, *Les États-Unis devant l'opinion française (1815-1852)*, vol. II (Paris, A. Colin, 1962, 967 p.).

[11] Claude Galarneau, *La France devant l'opinion canadienne (1760-1815)* (Québec, PUL., 1970), p. 1.

[12] Aline Angoustures, « L'opinion publique française et l'Espagne 1945-1975 », *Revue d'histoire moderne et contemporaine*, vol. XXXVII, oct.-déc. 1990, p. 673.

[13] Laurent Tremblay, *Entre deux livraisons, 1913-1963 : Histoire du journal Le Droit* (Ottawa, Le Droit, 1963), p. 19.

[14] Voir « Une page d'histoire : de la révolution tranquille jusqu'au début de l'ère spatiale », *Le Droit*, 27 mars 1993, p. S18. Déjà, dans les années 40, les lecteurs québécois dépassent en nombre les lecteurs franco-ontariens : « Une page d'histoire : le déplacement du combat ontarien vers le Québec », *Le Droit*, 27 mars 1993, p. S41.

[15] Voir « Une page d'histoire: de 1983 à aujourd'hui », *Le Droit*, 27 mars 1993, p. S26.

[16] La césure a été fixée à 1981, parce qu'à partir de ce moment on remarque un certain changement dans l'opinion exprimée dans *Le Droit*.

[17] L'ACFÉO jusqu'en 1968.

[18] La FFHQ devient la Fédération des communautés francophones et acadiennes du Canada (FCFAC) en 1991.

[19] Voir « Discours prononcé par F.-A. Angers », *Action Nationale*, vol. LVII, nº 6, fév. 1968, p. 40.

[20] Jules Labelle, « Les États généraux du Canada français », *Le Droit*, 18 nov. 1967, p. 3.

[21] *Idem*, « La résolution de l'autodétermination : conflit possible entre les délégués du Québec et ceux des autres provinces », *Le Droit*, 24 nov. 1967, p. 3 ; *idem*, « Les jeunes Franco-Ontariens et les États généraux : les déléga-

tions d'outre Québec n'ont pu s'exprimer librement », *Le Droit*, 30 nov. 1967, p. 1 et 3 ; « L'Institut canadien-français se retire des États généraux », *Le Droit*, 29 nov. 1967, p. 1-2.

[22] CRCCF, *Déclaration de l'ACFÉO en marge des États généraux du Canada français*, Fonds ACFO, C 2/355/5, le lundi 27 novembre 1967; « Des résolutions cuisinées à l'avance », *Le Droit*, 30 nov. 1967, p. 1.

[23] Jean-Guy Bruneau, « La Conférence de la *crédibilité* », *Le Droit*, 12 juin 1971, p. 3 ; Marcel Gingras, « À Victoria, une priorité, la constitution », *Le Droit*, 10 juin 1971, p. 6.

[24] Marcel Gingras, « Le refus du Québec », *Le Droit*, 24 juin 1971, p. 6.

[25] *Idem*, « Un premier juillet pas très gai », *Le Droit*, 30 juin 1971, p. 6.

[26] Pierre Savard, « Relations avec le Québec », dans Cornelius J. Jaenen (s. la dir. de), *Les Franco-Ontariens*, p. 248.

[27] Paul Terrien, « La campagne au Québec 76 — La *Gazette* prédit une débâcle libérale », *Le Droit*, 5 nov. 1976, p. 1 ; Pierre Tremblay, « La clarté des options », *Le Droit*, 6 nov. 1976, p. 6.

[28] Guy Lacombe, « Le PQ et les minorités francophones », *Le Droit*, 18 nov. 1976, p. 6.

[29] « Sort des minorités francophones : Québec ne sera jamais indifférent — Morin », Manitoba (Presse canadienne), *Le Droit*, 15 avril 1977, p. 1.

[30] Pierre Tremblay, « Le Québec et les minorités », *Le Droit*, 16 avril 1977, p. 6.

[31] Paul-André Linteau *et al.*, *Histoire du Québec contemporain*, t. II, *Le Québec depuis 1930* (Montréal, Boréal, 1989), p. 726.

[32] Noël Fortin, « L'attitude des provinces anglophones ne laisse pas le choix : la FFHQ n'appuiera pas le NON », *Le Droit*, 31 mars 1980, p. 1 ; CRCCF, Fonds FFHQ, C 84/51/4, *Sommaire de ce que pourrait comprendre un zoom.*

[33] Rémy Beauregard, « La FFHQ et le référendum québécois : une position pour le moins ambiguë », *Le Droit*, 7 avril 1980, p. 7.

[34] Pierre Tremblay, « La FFHQ et le référendum », *Le Droit*, 20 mars 1980, p. 6 ; Pierre Tremblay, « Le référendum : une option pour le fédéralisme », *Le Droit*, 10 mai 1980, p. 6.

[35] Voir « Éthier craint pour les francophones hors Québec », Québec (Presse canadienne), *Le Droit*, 10 mai 1980, p. 2 ; « Pour la survie de la francophonie hors Québec — Roy : vibrant appel aux Québécois », *Le Droit*, 6 mai 1980, p. 26 ; « Un oui tuerait le français hors Québec », Ottawa (Presse canadienne), *Le Droit*, 13 mai 1980, p. 21 ; Yvan Sinotte, « Déclaration sur la question référendaire : Gauthier bout de rage à l'endroit de la FFHQ », *Le Droit*, 7 avril 1980, p. 12.

[36] Paul de Bellefeuille, « Les OUI de fierté », Les lecteurs nous écrivent, *Le Droit*, 30 avril 1980, p. 6 ; Claude DeLadurantaye, « Venez faire un tour chez nous. Les lecteurs nous écrivent », *Le Droit*, 6 mai 1980, p. 6 ; Alice Laurendeau, « Le lendemain du référendum. Les lecteurs nous écrivent », *Le Droit*, 10 avril 1980, p. 6 ; Yvon Morrissette, « Un choix pour le Québec. Les lecteurs nous écrivent », *Le Droit*, 4 jan. 1980, p. 6 ; S. N. Mungall, « Le Québec à un carrefour politique. Les lecteurs nous écrivent », *Le Droit*, 7 avril 1980, p. 6 ; André Roy, « Le pouvoir avant toute chose. Les lecteurs nous écrivent », *Le Droit*, 25 avril 1980, p. 6.

37 CRCCF, Fonds ACFO, C2/484/4, *Procès-verbal du 30e Congrès général de l'ACFO. Les options constitutionnelles des Franco-Ontariens* (Sudbury, 5, 6 et 7 octobre 1979), p. 5.

38 Claude Papineau, « Le débat référendaire et les francophones hors Québec : réunion spéciale afin d'en arriver à une position commune », Ottawa (Presse canadienne), *Le Droit*, 21 mars 1980, p. 5.

39 Michel Gratton, « Conférence constitutionnelle : les règles du jeu ont bien changé », *Le Droit*, 2 nov. 1981, p. 7.

40 Paul-André Linteau *et al.*, *Histoire du Québec contemporain*, vol. II, *Le Québec depuis 1930*, p. 742.

41 Michel Gratton, « Trudeau-Lévesque : Le combat débute à peine. La politique fédérale », *Le Droit*, 6 nov. 1981, p. 7 ; « Réaction de la FFHQ : la Charte est nettement insuffisante », Ottawa (Presse canadienne), *Le Droit*, 6 nov. 1981, p. 5 ; Yvan Sinotte, « J.-R. Gauthier est furieux : Pourquoi forcer le Québec et non l'Ontario ? », *Le Droit*, 7 nov. 1981, p. 1.

42 CRCCF, Fonds ACFO, C 2, 34e versement, *Mémoire de l'intervenante ACFO devant la Cour suprême du Canada* ; CRCCF, Fonds FFHQ, C 84/14/15/6, *Les francophones de l'extérieur du Québec et les négociations constitutionnelles* (Ottawa, 1987) ; Pierre Tremblay, « La voix des arrangements n'est pas bloquée », *Le Droit*, 6 nov. 1981, p. 6.

43 André Préfontaine, « Quand un Non devient un Oui », *Le Droit*, 19 mai 1990, p. 18.

44 *Idem*, « Plat indigeste pour Québec », *Le Droit*, 18 mai 1990, p. 22.

45 Gilbert Lacasse, « *Le Droit* après Meech », *Le Droit*, 30 juin 1990, p. 14.

46 France Pilon, « Les députés locaux se disent soulagés », *Le Droit*, 12 juin 1990, p. 21.

47 Mariloup Malboeuf, « Le souhait du député Gérard [*sic*] Grandmaître : Le Québec devrait rester à l'intérieur du Canada », *Le Droit*, 24 mai 1990, p. 24.

48 Gisèle Goudreault, « J.-R. Gauthier compare Bouchard au cheval de Troie », *Le Droit*, 28 mai 1990, p. 10.

49 CRCCF, Fonds FFHQ, C 84-21/3/2, *Lettre du président de la FFHQ (Yvon Fontaine) au premier ministre Brian Mulroney*, le 2 mars 1988 ; CRCCF, Fonds ACFO, C 2-43/2, *Mémoire présenté au Comité spécial de la Réforme constitutionnelle : les Hors-la-loi*, février 1988.

50 CRCCF, Fonds ACFO, C 2 55/7/25, *Présentation de l'ACFO au Comité spécial de la Chambre des communes sur le projet de résolution d'accompagnement à l'Accord du Lac Meech présenté par le gouvernement du Nouveau-Brunswick*, mai 1990, p. 3 ; Diane Paquette-Legault, « À moins que la crise constitutionnelle soit résorbée : conséquences néfastes à prévoir pour les francophones de l'Ontario », *Le Droit*, 4 mai 1990, p. 18.

51 Rolande Soucie, « Qu'en est-il de l'après Meech hors du Québec ? Lettre à la communauté franco-ontarienne », *Le Droit*, 26 juin 1990, p. 25.

52 Rolande Soucie, « Qu'en est-il de ...», p. 25.

53 Michel Hébert, « C'est Non ! », *Le Droit*, 27 oct. 1992, p. 3.

54 Adrien Cantin, « Mauvaise humeur et peu d'enthousiasme », *Le Droit*, vendredi, 2 oct. 1992, p. 19 ; Gilbert Lacasse, « L'ACFO n'a pas le choix », *Le Droit*, 2 oct. 1992, p. 1; *idem*, « Voter Non, c'est voter perdant », *Le Droit*, 24

oct. 1992, p. 2 ; Gilbert Lavoie, « Deux peuples fondateurs », *Le Droit*, 21 août 1992, p. 12 ; *idem*, « Gare à la peur et aux ouï-dire », *Le Droit*, 22 oct. 1992, p. 20. Le Comité national d'action pour le statut de la femme, l'Union culturelle des Franco-Ontariennes, l'Association des enseignantes et des enseignants franco-ontariens, la Fédération de la jeunesse canadienne-française, la Fédération nationale des femmes canadiennes-françaises et la Fédération des communautés francophones et acadiennes du Canada (FCFAC) se prononcent tous en faveur de l'accord.

[55] *Procès-verbal de la réunion du conseil provincial tenue le 4 octobre 1992 (Toronto)*, p. 9.

[56] Rolande Soucie, « Oui aux forces vives de la francophonie », *Le Droit*, 22 oct. 1992, p. 21.

[57] Paul Gaboury, « La main tendue à Lucien Bouchard : Boudria réplique à l'ACFO : Les poules n'invitent pas le colonel... », *Le Droit*, 26 mai 1994, p. 3 ; Denis Gratton, « Congrès de l'Association canadienne-française de l'Ontario, le 3 juin : L'invitation à Lucien Bouchard fait jaser », *Le Droit*, 25 mai 1994, p. 3.

[58] Denis Gratton, « Marleau s'emmêle : son allocution a embarrassé les délégués au congrès de l'ACFO », *Le Droit*, 6 juin 1994, p. 1 ; Murray Maltais, « Congrès de l'ACFO : Un changement s'imposait », *Le Droit*, 7 juin 1994, p. 16.

[59] Joël-Denis Bellavance, « L'ACFO prendra la main tendue par Lucien Bouchard : le Bloc québécois aura du pain sur la planche », *Le Droit*, 8 juin 1994, p. 5.

[60] Voir Pierre Savard, « Relations avec le Québec », *op. cit.*, p. 248.

[61] 1968 : bilinguisme à l'Assemblée législative de l'Ontario et droit à l'éducation en français à l'élémentaire et au secondaire. 1969 : Loi sur les langues officielles (fédéral). 1977 : premier procès en langue française devant un tribunal ontarien. 1982 : Charte des droits et libertés. 1984 : parachèvement des écoles séparées françaises. 1986 : Loi 8 sur les services en français (*Un Canada à redéfinir : La francophonie ontarienne à l'heure des choix*, ACFO prov., 1991, p. 4 -5).

[62] Statistique Canada, Recensement 1991, *Estimation de la population selon la première langue officielle parlée*.

Perspectives

Réflexions critiques d'un chercheur————————

Roger Bernard
Faculté d'Éducation
Université d'Ottawa

INTRODUCTION[1]

À la lumière des tentatives avortées des bilans des dernières décennies, présenter l'état de la recherche sur les communautés francophones hors Québec n'est pas une mince affaire. Procéder à un bilan critique, comme je me propose de le faire, est probablement une entreprise périlleuse qui risque de décupler le nombre de mes détracteurs : ceux-ci n'hésiteront pas à relancer l'attaque. Ce sera de bonne guerre ! Du choc des idées, des idéologies et des clans, surgiront sûrement des problématiques nouvelles, qui alimenteront les recherches des jeunes chercheurs. Assez de complaisance et de courbettes ! Redressons-nous ! L'heure est aux défis, des défis méthodologiques et intellectuels. Fini le misérabilisme de ces pauvres chercheurs des communautés minoritaires, qui sont supposément pris entre l'arbre et l'écorce, pour reprendre une expression de Normand Frenette[2].

Ma présentation peut se diviser en deux grandes parties relativement distinctes, mais à certains moments les deux parties s'entremêleront pour laisser place à des réflexions plus personnelles que critiques. En premier lieu, j'aborderai la situation de la recherche en Ontario français pour tenter d'en faire le bilan par la critique des bilans qui doivent normalement présenter les résultats de la recension des écrits des chercheurs. En deuxième lieu, je présenterai les aléas du développement et de la construction d'une idée dans le monde relativement marginalisé de la recherche en milieu minoritaire. Pour conclure, je reprendrai les principales idées de ma présentation pour résumer très succinctement.

LA RECHERCHE EN ONTARIO FRANÇAIS

À partir des bilans ou des états généraux de la recherche, il est très difficile de se représenter d'une façon précise la situation véritable du développement de la recherche en Ontario français durant les dernières décennies. Le premier constat est certainement à l'effet que ces bilans sont en général essentiellement thématiques, à la fois trop descriptifs et trop vagues. Ils ne constituent pas des outils efficaces de recherche pour les chercheurs. À la lecture de ces ouvrages, il devient évident que les résultats des recensions des écrits sont plutôt mitigés et que les savoirs qui s'en dégagent sont plutôt minces. Est-ce vraiment l'hypothèse à retenir ? Est-ce que ces ouvrages reflètent bien l'état de la recherche en Ontario français ? Est-ce qu'ils rendent justice aux chercheurs ?

Trois situations peuvent expliquer ces faiblesses. Premièrement, il se peut fort bien que les recherches sur la francophonie ontarienne ne soient pas assez « scientifiques » (l'accusation est de Donald Dennie[3]) pour conduire à la préparation de bilans sérieux qui reprendraient de façon systématique les savoirs savants présentés. Si c'était le cas, nous pourrions parler de la faiblesse des études et de l'incompétence des chercheurs. Deuxièmement, il se pourrait fort bien que les bilans ne soient pas vraiment « scientifiques », qu'ils soient plus descriptifs qu'analytiques et qu'ils ne rendent pas vraiment justice aux chercheurs. Dans ce cas, nous pourrions parler de la faiblesse des bilans. Troisièmement, ils se pourrait fort bien que la faute se trouve des deux côtés : les bilans et les recherches ne sont pas assez « scientifiques » pour satisfaire aux canons de la méthodologie et les bilans ne sont que le reflet de ces faiblesses. Ma lecture des recherches et des bilans me conduit à pointer du doigt les bilans présentés depuis une vingtaine d'années, bilans et états généraux de la recherche qui n'ont pas toujours été à la hauteur de la situation. Effectivement, les bilans ne sont pas constitués à partir de véritables recensions des écrits savants des chercheurs de l'Ontario français. Conséquemment, ces derniers n'ont pas à leur disposition une somme des recherches antérieures. S'ils veulent réaliser un projet original et scientifique, ils doivent reprendre depuis le début, répertorier les études, préparer une bibliographie, élaborer une recension pour en dégager les problématiques, pour ainsi situer leur problème de recherche à l'intérieur de l'ensemble des recherches répertoriées. C'est un travail documentaire, long et ardu, qui guette immanquablement tous ces pionniers de la nouvelle recherche. S'ils ne respectent pas ce processus, ils recommencent en croyant innover. Ils reprennent d'une décennie à l'autre les mêmes problématiques de recherche sans tabler sur les résultats des recherches antérieures. Ils sont victimes des bilans et des états de la recherche qui n'en sont pas et, malheureusement, d'une génération de chercheurs à l'autre, les savoirs stagnent et les chercheurs piétinent.

Depuis le début des années 70, décennie de l'émergence de la recherche en milieu minoritaire francophone, une seule équipe de chercheurs a été responsable de la préparation de deux grandes recensions de ces recherches. En 1982, Jean Lapointe et J. Yvon Thériault, du département de sociologie de l'Université d'Ottawa, remettaient au Secrétariat d'État du Canada un rapport intitulé *D'une question linguis-*

tique à un problème sociétal : revue de la littérature [sic] sur la franco-phonie hors Québec. En 1994, Jean Lapointe, J. Yvon Thériault et Linda Cardinal, du même département, publiaient *État de la recherche sur les communautés francophones hors Québec, 1980-1990,* document qui avait d'abord été élaboré pour le projet *Vision d'avenir* de la Fédération des jeunes Canadiens français. Ce document a été utilisé pour la préparation du livre *Le déclin d'une culture*[4], lorsque j'étais directeur de la recherche pour la Commission nationale d'étude sur l'assimilation (1989-1992). Pour étayer mes réflexions critiques, mes propos porteront essentiellement sur le rapport publié en 1994, rapport qui se veut une analyse-synthèse de la recherche durant la décennie quatre-vingt.

D'entrée de jeu, les auteurs annoncent qu'ils veulent dégager les principales problématiques des travaux les plus importants qui ont marqué le champ sociopolitique de connaissances des communautés francophones hors Québec. En d'autres mots, ils veulent faire le bilan des principaux ouvrages de la décennie. Quelques paragraphes plus loin, ils se ravisent, proposant une « lecture » particulière de ces écrits, lecture qui risque de sombrer dans l'interprétation subjective, selon les dires des auteurs, mais qui sera supposément plus utile et plus éclairante qu'une « sèche recension[5] », qu'une « froide typologie » relevant d'une objectivité présumément « fictive ». En quelques phrases, nous passons de la recension objective à une lecture subjective qui gardera néanmoins, tout au long de son élaboration, les allures et les prétentions de l'objectivité de la recension.

Dans les six chapitres de l'ouvrage, les auteurs utilisent le concept de problématique de la recherche à mauvais escient. De façon générale, dans la section relative à la problématique, les auteurs ne présentent pas de problématiques, se contentant d'énumérer des thèmes de la recherche ; ils présentent des sujets de recherche, mais il ne s'agit pas de problématiques de recherche dans le sens habituel et scientifique du terme. La meilleure façon de découvrir une problématique de recherche est certainement d'identifier l'hypothèse de la recherche qui est l'assise centrale du travail scientifique, le résultat de la formulation du problème de recherche et le point de départ de la vérification. De l'hypothèse, nous pouvons remonter à la question et de la question de recherche découvrir la problématique, même si le processus normal d'élaboration d'une recherche scientifique suit le cheminement inverse. La problématique de la recherche tente donc d'établir des liens de causalité entre les phénomènes ou les variables à l'étude. Si le chercheur s'intéresse à la « continuité linguistique » en milieu minoritaire, il est fort probable qu'il expliquera cette continuité ou discontinuité par différents facteurs. Quels sont ces facteurs ? Quelles sont ces variables ? Quelle méthodologie le chercheur a-t-il utilisée ? Est-ce que les résultats sont valides ? Est-ce que l'analyse est juste ?

Les analystes qui préparent des « bilans » ou des « états » de la recherche doivent s'efforcer de découvrir les problématiques même lorsque ces dernières ne sont pas explicites ; ils doivent arriver à les démasquer et à les reformuler, sans quoi ils réussiront à préparer des ouvrages intéressants, mais ce ne seront pas des bilans de la recherche. C'est un travail long et difficile qui exige une lecture en profondeur, un esprit de synthèse et un effacement devant le travail scientifique. Oui, Charles Castonguay s'intéresse aux liens entre l'exogamie et l'anglicisation et il en va de même pour Réjean Lachapelle. Il n'est pas suffisant d'annoncer que les chercheurs « s'intéressent à », « s'attachent à », qu'ils se « préoccupent » de questions importantes. Non ! À l'intérieur des analyses de Castonguay, quels sont les véritables liens entre l'exogamie et l'anglicisation ? Est-ce qu'il réussit à établir un lien de causalité ? Quelle proportion de l'anglicisation s'explique par l'exogamie ? Est-ce que l'explication de l'anglicisation par l'exogamie est la même en milieu majoritaire québécois qu'en milieu minoritaire ontarien ? Est-ce que dans certaines situations particulières l'anglicisation précède l'exogamie ? Dans ces cas, est-ce que l'anglicisation s'explique par l'exogamie ? Est-ce que les analyses de Castonguay et de Lachapelle ont dépassé les études de corrélation et de régression linéaire pour établir de véritables liens de causalité entre les phénomènes à l'étude ? À partir de quelles bases de données et de quelles techniques d'analyse statistique arrivent-ils à établir des relations de causalité ? Est-ce que l'échantillon est représentatif ? Est-ce que l'outil de collecte de données a été validé ? Par quel processus ? Est-ce que les techniques d'analyse sont appropriées?

En regard des bilans de la recherche, il n'est pas suffisant d'affirmer que les chercheurs s'intéressent à la question linguistique, qu'ils ont découvert des mécanismes très fins de développement et qu'ils ont tracé le portrait le plus récent du français en parlant des publications de Mougeon et de Beniak[6]. Quels sont ces mécanismes très fins ? Quel est ce portrait du français ? Quel est ce modèle d'étude très prometteur ? Je répète : l'analyse des bilans est, en général, trop vague. À l'intérieur de nos travaux de recherche, nous devons reprendre la recension des écrits et refaire le travail des analystes que nous croyons à tort déjà réalisé.

Dans d'autres cas, les affirmations des chercheurs sont prises au pied de la lettre comme des démonstrations, sans commentaires critiques, sans questionnement. Dans le deuxième chapitre, les auteurs parlent du bilinguisme additif comme d'une « conception beaucoup plus réaliste du bilinguisme dans le domaine de l'éducation dans la mesure où il ne conduirait plus à un appauvrissement de la langue française[7] » . Il s'agit bel et bien d'une affirmation et non d'une démonstration scientifique. La question du bilinguisme qui conduit à l'assimilation linguistique demeure entière : dans des conditions adverses qui entraînent normalement le bilinguisme soustractif et conséquemment l'assimilation linguistique, comment l'école minoritaire peut-elle développer un bilinguisme additif ? Il y a dans ce domaine particulier très loin de la coupe aux lèvres !

Dans ce même chapitre, ils présentent les résultats d'une étude de Simon Laflamme et Jacques Berger qui, supposément, remettent en cause certains aspects des analyses de Mougeon : ils ont découvert une homogénéité idéologique autant chez ceux et celles qui réussissent le test de compétences linguistiques que chez ceux et celles qui échouent, et ils ont constaté que la maîtrise de la langue (définie par un test) ne semble pas dépendre de la seule fréquence[8]. Les auteurs ne présentent aucun commentaire critique, ne se demandent pas si le test est un indicateur valide de la maîtrise de la langue (certains spécialistes contestent la validité de ce test), si la mesure des attitudes est adéquate et acceptable (dans l'étude de Laflamme et Berger, il y a des problèmes en regard de la mesure des attitudes) et s'il y a nécessairement un lien étroit entre les attitudes et les comportements. En situation minoritaire, il n'est pas improbable d'observer des relations négatives entre les comportements langagiers et les attitudes en regard de l'importance de la langue : moins les jeunes utilisent le français dans la vie courante, plus ils considèrent que la langue est une valeur primordiale ; plus le milieu est minoritaire, plus les jeunes considèrent la langue importante, mais moins ils l'utilisent. Il est possible que le texte de Laflamme et Berger ne prouve rien. Avant d'infirmer vingt ans de recherche, il faut au moins préparer une recension critique de l'étude en question : affirmation n'est pas démonstration !

Dans certains cas, plus rares, l'analyse est complète ; elle rend justice aux auteurs et devient un outil de recherche efficace pour les chercheurs. Le traitement réservé à Maurice Saint-Germain et à Marc Lavoie[9] est exemplaire d'une véritable recension : la présentation des résultats est élaborée, les détails méthodologiques ne sont pas escamotés et le tout se termine par un commentaire critique très approprié, même si d'autres chercheurs pourraient contester la validité des résultats.

Avant de passer à la deuxième partie de ma présentation, celle qui portera sur le développement d'une idée, j'aimerais reprendre de façon plus succincte deux autres problèmes que je relève dans les bilans : le premier a trait aux commentaires méthodologiques et le deuxième porte sur l'appartenance ethnoculturelle des chercheurs.

La question méthodologique est centrale à la recherche scientifique, mais malheureusement, de façon générale, les méthodologies ne sont à peu près jamais présentées à l'intérieur des bilans et encore bien moins critiquées. Cette lacune est très sérieuse parce qu'elle permet de

mettre sur le même pied tous les documents, qu'il s'agisse du rapport
annuel d'une association ou d'études scientifiques ayant exigé plusieurs
années de recherche et de rédaction. Si le bilan ne présente pas les
détails méthodologiques et les processus de validation, la différenciation
n'est plus possible et les chercheurs en sortent perdants. Les recherches
sérieuses, celles qui respectent les canons de la méthodologie scientifique, celles qui reprennent les techniques d'analyse les plus sophisti-
quées et les plus appropriées, risquent d'être abaissées au rang de la
recherche de la dernière mode qui, la plupart du temps, est planifiée et
organisée en fonction du prochain contrat en respectant les dernières
directives de la rectitude politique des agences subventionnaires. C'est
le nivellement par le bas, le dénominateur commun le plus commun qui
fait que la recherche scientifique devient, par ignorance, une recherche
comme toutes les autres ; il ne faut surtout pas porter de jugement de
valeur : nous pourrions découvrir des recherches plus valides et plus
fiables que d'autres, et conséquemment, nous devrions alors faire des
choix et exclure ces études du domaine de la recherche scientifique.
Dans l'état actuel des choses, cette classification et cette différenciation
ne sont pas possibles parce que les bilans ne présentent pas les
méthodologies et les techniques d'analyse des données; ils ne présentent pas non plus les processus de validation des outils de collecte
ou les méthodes d'échantillonnage. C'est le système de blanchiment de
la commandite au détriment de la recherche scientifique. Les chercheurs en sont les grands perdants. Ils doivent reprendre l'initiative du
jeu, parce que la probité du travail intellectuel en est l'enjeu. Plus il y a
de recherches commanditées et plus la définition des problématiques
échappe aux chercheurs, plus il y a censure et autocensure inconsciente.
Dans bien des cas, les chercheurs ont perdu l'initiative des recherches
au détriment des différents ministères et organismes qui définissent les
problématiques et nomment les comités d'orientation. Il est possible
que la valeur scientifique de la recherche commanditée soit la même
que la recherche non commanditée, mais dans les deux cas, il faut en
faire la preuve, sans la prendre pour acquise, simplement parce que le
document est publié.

Une idée qui refait surface constamment est à l'effet que les ouvrages scientifiques réalisés par des chercheurs franco-ontariens sont
entachés par l'appartenance ethnoculturelle des chercheurs : plusieurs
chercheurs sont à la fois chercheur-analyste et membre actif de la communauté qu'ils décrivent, situations qui peuvent nous séparer de
l'objectivité scientifique[10] . C'est une idée absurde et une attitude mé-
prisante ! La valeur intrinsèque d'un ouvrage scientifique et son rayonnement ne devraient pas être tributaires de l'appartenance ethnique du
chercheur. Est-ce que l'on reproche aux chercheurs québécois d'analyser
la société québécoise ? Est-ce que l'on reproche à Fernand Braudel de

s'intéresser à la France ? Est-ce que son histoire française est dévalorisée parce qu'il est Français ? Est-ce que la sociologie québécoise de Fernand Dumont est moins valable parce qu'il est Québécois ? Est-ce que l'histoire du Québec de Jean Hamelin est moins scientifique parce que Jean Hamelin est Québécois ? La qualité et la contribution d'un ouvrage scientifique sur l'Ontario français ne devraient pas être tributaires du sentiment d'appartenance culturelle de l'auteur. Je répète pour qu'il n'y ait pas de doute : c'est faire preuve de mépris et d'ignorance que d'établir la valeur scientifique d'un ouvrage en regard de l'appartenance culturelle ou raciale de l'auteur. Si l'ouvrage n'est pas scientifique, c'est parce que l'auteur n'a pas respecté les canons de la méthode scientifique. L'idée est simple, mais la preuve est plus complexe. C'est sur cette envolée que je mets fin à la première partie de ma présentation ! J'ose espérer que du choc des idées surgiront de nouvelles problématiques de recherche !

LE DÉVELOPPEMENT D'UNE NOUVELLE IDÉE

Je travaille au développement et à la construction d'une idée depuis plus de vingt ans. Je ne suis pas certain d'avoir réussi, d'avoir pu élaborer durant toutes ces années une idée relativement neuve. Une chose est maintenant très claire : il est fort probable que ce sera la seule idée originale de ma vie professionnelle, mais le doute persiste ; je ne suis pas complètement rassuré à l'effet qu'il s'agisse bel et bien d'une idée, et encore moins rassuré qu'il s'agisse d'une idée originale. Avant de conclure, j'aimerais refaire la genèse de cette idée et ouvrir par une phrase percutante de Judith Schlanger : « La pensée neuve naît immergée dans la culture, par les schématismes conceptuels, par l'évidence des questions, par la forme et la force de ce qui a déjà eu lieu et peuple l'espace du sens[11]. »

La pensée neuve émerge donc de la culture, s'inscrit dans un prolongement naturel des schématismes conceptuels déjà élaborés et, de plus, elle est régie par les intérêts et les valeurs des champs intellectuels propres à l'idée. Dans mon cas, je peux identifier deux champs majeurs et deux champs mineurs. La sociologie et les études franco-ontariennes représentent les champs majeurs, alors que la démographie et l'histoire constituent les champs mineurs. Il ne suffit pas d'avoir une bonne idée : il faut d'abord faire la preuve que son idée explique la réalité dans le sens traditionnel du positivisme ; c'est le stade de l'énonciation discursive et de la démonstration scientifique ; nous pourrions alors parler de l'efficacité de l'idée. Même si l'idée est bien énoncée et que la démonstration est convaincante, l'idée neuve doit franchir une autre étape : le stade de l'acceptation. Schlanger considère ce mouvement essentiel : « sans assentiment une idée n'est ni comprise ni reçue, ni par conséquent intellectuellement intégrée[12] ». Une idée neuve émane d'une culture, mais elle doit aussi s'inscrire dans une culture. Je reprends avec vous l'étape de l'énonciation d'une idée en regard de l'évolution de la culture franco-ontarienne.

Depuis le début des années 60, l'Ontario français connaît des changements culturels profonds et irréversibles. Ces changements s'expliquent en partie par des mutations démographiques internes et des mouvements politiques externes. L'histoire de l'Ontario français révèle trois grandes idées-forces qui constituent le noyau dur de la culture à trois moments différents : la culture religieuse de la société canadienne-française, la culture bilingue de l'Ontario français moderne et la culture médiatique de la postmodernité des jeunes francophones. Un retour à l'histoire de l'Ontario français est essentiel pour bien situer l'idée que je veux énoncer.

Des premières migrations québécoises vers le Haut-Canada au XIXe siècle jusqu'au milieu des années soixante, la religion catholique est au centre de la culture canadienne-française, l'élément intégrateur des valeurs et de la vision du monde. L'Église catholique est l'institution centrale : son idéologie et son pouvoir traversent toutes les institutions et influencent fortement l'ensemble des rapports sociaux. Les valeurs religieuses et traditionnelles dominent la pensée et la vie sociales.

Les Franco-Ontariens d'alors s'identifient comme des Canadiens français appartenant à la société canadienne-française qui inclut le Québec. Les éléments d'identité regroupent les caractéristiques suivantes : la religion catholique, la langue française, la culture canadienne-française, l'origine rurale et québécoise. La langue française et la culture canadienne-française sont importantes parce qu'elles sont étroitement liées à la religion catholique, élément ethnoculturel profond. C'est l'association à la religion, selon l'adage « la langue gardienne de la foi, la foi gardienne de la langue », qui confère à la langue et la culture une valeur absolue, mais la religion est effectivement la valeur dominante, le noyau dur de la mosaïque culturelle des Canadiens français de l'Ontario. Dans l'univers pratique de la vie courante et la représentation symbolique qui s'en dégage, la langue française ne représente pas une valeur en soi. À l'intérieur de la culture religieuse des Canadiens français, autant du Québec que de l'Ontario, la langue française est subordonnée à la religion catholique qui constitue l'élément central de la culture. Cette analyse, développée longuement par Jean-Charles Falardeau pour expliquer les déboires du français au Québec, comprend essentiellement deux éléments dans deux positions différentes : la religion catholique, qui occupe la position de domination, et la langue française qui occupe une position de sujétion. C'est en analysant les données de ma thèse de maîtrise, il y a maintenant près de vingt ans, que j'ai eu l'idée de transposer la structure de l'argumentation de Falardeau pour comprendre le processus de bilinguisation de la culture des Franco-Ontariens et expliquer, en partie, les déboires de la langue française en Ontario. Avant d'élaborer cette première idée en regard de la culture bilingue des Franco-Ontariens, j'aimerais compléter mon analyse de la culture religieuse et traditionnelle des Canadiens français de l'Ontario et ainsi amorcer l'énonciation d'une deuxième idée : les relations de correspondance et de réciprocité entre les éléments matériels et intellectuels de la culture. J'en suis aux premières étapes de l'élaboration de cette nouvelle idée et les prochains paragraphes en constituent l'énonciation.

À l'époque de la société traditionnelle, les Canadiens français se différencient non seulement par les éléments intellectuels de la culture (valeurs religieuses, idéologie agriculturiste, ultramontanisme, langue française, culture canadienne-française), mais très souvent les différences et les frontières de l'identité individuelle et ethnique sont inscrites dans les éléments matériels de la culture : ils sont regroupés dans des villages homogènes ; ils préfèrent cultiver des terres basses ; l'Église est au centre du village ; l'organisation spatiale de la ferme est différente ; les techniques de construction et l'architecture des bâtiments se distinguent des autres ; les couleurs ne sont pas les mêmes ; ils attellent les chevaux différemment ; les outils des patenteux les particularisent. Les différences se voient et s'entendent : en d'autres mots, elles se matérialisent.

La culture, dans son sens anthropologique, n'est pas réservée à l'univers de la littérature, des beaux-arts et des œuvres de l'esprit; elle regroupe un ensemble d'éléments matériels (outils, technologie, objets, architecture, etc.) et intellectuels (connaissances, valeurs, savoirs, idées, etc.) qui sont à la fois des éléments d'intégration et de différenciation des individus et des communautés.

Les éléments matériels et intellectuels de la culture ne sont pas séparés l'un de l'autre en différents niveaux de culture, mais sont imbriqués dans une relation de correspondance et de réciprocité. Les représentations du monde, les idées et les valeurs sont exprimées dans une langue, dans des objets, dans des outils, donc dans l'ensemble des productions individuelles et collectives qui correspondent à une société à une époque donnée. Dans ce sens, nous pouvons dire que la dimension idéelle de la culture transparaît à travers la matérialité, mais en même temps, la matérialité est vivante, incarnant l'idéel. La culture implique toujours un processus de matérialisation, de représentation matérielle d'une idée, et un processus d'intellectualisation, de représentation symbolique de la matérialité. Une culture est bien vivante lorsque ces deux processus sont à l'œuvre.

La transition d'une société traditionnelle, rurale et agricole à une société moderne, urbaine et industrielle a presque complètement modifié le milieu de vie des Canadiens français de l'Ontario. Les changements démographiques, notamment la minorisation, la dispersion, la migration, la faible fécondité et l'exogamie, vont provoquer des changements culturels profonds et irréversibles. Cette nouvelle conjoncture fait que la culture religieuse et traditionnelle va céder la place à une culture plus moderne et moins religieuse. Nous sommes témoins de la première grande rupture culturelle : les éléments matériels de la culture canadienne-française sont remplacés graduellement par les éléments matériels de la culture majoritaire nord-américaine. Pour l'Ontario français, les éléments intellectuels de la culture sont séparés des éléments matériels ; la matérialité de la vie courante n'incarne plus la dimension intellectuelle de la culture.

Pire encore ! Plusieurs éléments matériels de la culture de l'Ontario français sont confinés au musée, reliquat du patrimoine. Les éléments de différenciation sont remplacés par des éléments qui témoignent de la ressemblance et de l'inclusion : c'est l'étape de l'accommodement et de la cohabitation à l'heure de la postmodernité.

Au Québec, c'est le contraire qui se produit : la culture intellectuelle s'incarne dans une matérialité où tout est redéfini en termes québécois : qu'il s'agisse de l'histoire, du patrimoine, de la poésie, de la chanson, du cinéma, de l'architecture, de la mode, de la gastronomie, du goût, des aromes, de l'identité ou de la langue, tout est reconceptualisé en fonction d'instituer une matérialité québécoise qui doit correspondre à l'idée d'un pays, le Québec. Si le Québec considère qu'il est essentiel de construire ou du moins de constituer une matérialité pour supporter l'idée d'un pays de moins en moins imaginaire, nous pourrions, en regardant l'évolution de l'Ontario français, nous demander s'il est possible, en situation très minoritaire, de maintenir une culture intellectuelle très vivante sans le support d'une matérialité propre pour incarner la dimension symbolique de la culture. Quels sont les éléments de la matérialité qui sont essentiels au maintien d'une culture intellectuelle ? Voilà où j'en suis dans l'énonciation de cette nouvelle idée ! Maintenant, je reviens à la première idée que j'ai commencé à élaborer il y a plus de vingt ans, celle liée à la culture bilingue des Franco-Ontariens.

Avec la révolution tranquille, l'Ontario français connaît une deuxième rupture culturelle accompagnée du passage de la société canadienne-française qui éclate à une communauté franco-ontarienne à la recherche de son identité. Les régionalismes sont à l'honneur et l'identité franco-ontarienne commence à poindre : les Canadiens français de l'Ontario deviennent de plus en plus des Franco-Ontariens. Alors que le Québec prend le virage de la francisation, et que l'appartenance québécoise s'installe graduellement, l'Ontario français s'engage dans la voie de la bilinguisation.

La deuxième rupture a trait à la séparation de la langue française de la religion catholique. Comme au Québec, les Franco-Ontariens détachent progressivement la religion catholique de la langue française et de la culture canadienne-française en croyant pouvoir établir la langue française comme valeur culturelle centrale. Des facteurs démographiques et politiques expliquent, en partie, ce glissement culturel qui dévoile une désintégration du noyau dur traditionnel. Pour de nombreux Franco-Ontariens, la langue française demeure une valeur essentielle, parce qu'elle se retrouve maintenant à l'intérieur de l'univers du bilinguisme canadien, qui devient effectivement l'élément central de la mosaïque culturelle de l'Ontario français. Il ne s'agit pas d'un simple bilinguisme fonctionnel, phénomène linguistique, mais plutôt d'un processus culturel de bilinguisation qui touche les fondements de la personnalité et délimite les frontières de l'identité franco-ontarienne : l'acteur social est bilingue dans sa nature intérieure; il intériorise le bilinguisme ; il devient bilingue parce qu'il vit intégralement le bilinguisme.

D'autre part, le contexte social, idéologique et pratique exige une maîtrise de l'anglais, et l'idéal est de comprendre l'anglais, de l'écrire et de le parler comme les anglophones. En même temps, on tolère le baragouinage en français. La pratique quotidienne démontre amplement que la langue française, celle des Franco-Ontariens, souvent restreinte à la sphère privée et réservée à l'école et à la famille, est dévalorisée par rapport à l'anglais, langue publique et mondiale. La langue française et la culture canadienne-française sont des valeurs dominantes si elles sont rattachées à la connaissance et à la maîtrise de l'anglais. La francité est alors légitimée par le bilinguisme ; elle n'est pas en elle-même une valeur fondamentale.

Le Franco-Ontarien est francophone, mais il est un francophone bilingue ; il fréquente l'école de langue française, mais elle est bilingue ; l'écriteau présente un texte en français, mais il est accompagné d'une version anglaise. Le français a rarement droit de cité par lui-même. Pour plusieurs Franco-Ontariens, la réalité s'appréhende et s'exprime par l'anglais avant d'être traduite en français ; d'ailleurs, en Ontario, le français est très souvent une langue de traduction qui a comme point de départ l'anglais. Dans la culture bilingue des Franco-Ontariens, la francité est liée et subordonnée au bilinguisme, comme elle était liée et subordonnée à la religion catholique à l'époque de la culture religieuse des Canadiens français.

Dans l'univers du bilinguisme franco-ontarien, la langue française, qui était déjà régionalisée et dévalorisée, est maintenant dissociée de la culture française. C'est l'étape de la secondarisation du français, la troisième grande rupture culturelle. Pour de nombreux jeunes Franco-Ontariens, le français demeure la langue maternelle, mais il devient effectivement une langue seconde, enseignée comme un outil de com-

munication, mais un outil plus ou moins efficace dans le contexte
ontarien. Inconsciemment et naturellement, l'anglais, qui était au point
de départ la langue seconde, se transforme subrepticement en langue
première, celle qui exprime les réalités fondamentales de la vie, celle
dont les mots portent une charge émotive, celle qui baigne dans une
culture et une histoire ; en d'autres mots, la langue de Shakespeare.
Pour plusieurs francophones minoritaires, Molière est rentré à Ver-
sailles; ils ont le français comme langue maternelle, mais l'anglais
comme langue première. De la bilinguisation de l'univers culturel, nous
passons maintenant à la secondarisation de la langue française.

   Les jeunes francophones de l'Ontario ne sont plus à l'heure du
bilinguisme culturel. Ils ont assumé ce bilinguisme ; ils l'ont intério-
risé ; il fait partie de la vie quotidienne comme les autres éléments de la
culture. Les jeunes francophones de l'Ontario sont de plus en plus à
l'heure de la culture médiatique. Les médias sont omniprésents ; malheureusement, l'espace médiatique est occupé par la culture de la majorité, qu'elle soit québécoise, canadienne-anglaise ou américaine. Les
jeunes Franco-Ontariens ne se voient pas ; médiatiquement, ils n'existent
pas ou si peu. La production et la reproduction d'une culture propre à
l'Ontario français sont compromises.

   Les changements des dernières années témoignent d'un processus
culturel réductionniste en regard du maintien de la langue française et
de la culture canadienne-française en milieu minoritaire. De société
canadienne-française, incluant le Québec, l'Ontario français est passé à
un groupe ethnique, les Franco-Ontariens. Dans le contexte actuel de la
postmodernité, du multiculturalisme, des politiques d'inclusions inter-
culturelles et de la primauté des droits individuels, et en tenant compte
des changements démographiques et de l'évolution politique du Canada
durant les dernières décennies, il est fort probable que les Franco-
Ontariens deviendront un groupe linguistique minoritaire. Je termine
cette partie de ma présentation par une question : est-ce qu'il est possible d'instituer une communauté culturelle autour d'une langue
seconde ? Je laisse la réponse aux jeunes chercheurs.

CONCLUSION

Dans le domaine de l'invention intellectuelle, il y a au moins deux
grands moments : l'énonciation et l'acceptation. Durant les dernières
années, j'ai consacré beaucoup de temps et d'énergie à l'énonciation
d'idées pour expliquer l'évolution de l'Ontario français. J'ai l'impression
que les idées que j'ai développées et élaborées permettent de mieux
comprendre ce qui se passe réellement : il doit y avoir correspondance
étroite entre l'idée et la pratique des acteurs. Toutefois, sans l'intégration
intellectuelle et culturelle, l'idée n'est ni comprise ni reçue. Dans le

développement d'une idée, le stade de réception et d'acceptation est aussi important que le stade de l'élaboration. Schlanger affirme que « les subjectivités qui accueillent comptent autant à cet égard, que la subjectivité qui pose[13] ». J'ai peut-être développé une idée neuve ; je le saurai probablement dans dix ou quinze ans, si elle réussit à franchir le stade de l'assentiment. Entre-temps, je poursuivrai inlassablement mon travail intellectuel jusqu'à la fin de ma carrière en retenant l'hypothèse que je contribue peut-être à l'invention intellectuelle.

En revenant aux bilans, je formule un souhait : que les analystes s'efforcent de découvrir les problématiques des chercheurs, même lorsque ces dernières ne sont pas explicitées : c'est un travail long et difficile qui exige une lecture en profondeur, un esprit de synthèse et un effacement devant le travail scientifique. Les chercheurs de l'Ontario français ont un besoin urgent d'un véritable bilan des recherches des dernières décennies.

*NOTES*____

[1] Avant de passer à l'attaque et d'entrer dans le vif du sujet, j'aimerais remercier le groupe de recherche du Collège Glendon pour l'honneur qu'il me fait et la confiance qu'il m'accorde en m'invitant à participer à cet ouvrage en regard de la recherche sur la francophonie ontarienne. Un merci spécial à Madame Jean Burnet, professeure de sociologie du Collège Glendon, maintenant à la retraite, à qui je dois vraiment d'avoir poursuivi mes études universitaires. La lettre d'encouragement qu'elle m'a adressée, il y a vingt-cinq ans, lorsque j'amorçais mes études en sociologie au Collège Glendon, a changé le cours de ma vie. Je lui en serai toujours reconnaissant et je la prie d'accepter mes remerciements les plus chaleureux.

[2] *États généraux de la recherche sur la francophonie à l'extérieur du Québec* (Ottawa, PUO, 1995), p. 107.

[3] *Ibid.*, p. 32.

[4] Roger Bernard, *Le déclin d'une culture* (Ottawa, La Fédération des jeunes Canadiens français, 1990, 198 p.).

[5] Linda Cardinal, Jean Lapointe et J. Yvon Thériault, *État de la recherche sur les communautés francophones hors Québec, 1980-1990* (Ottawa, PUO), p. 12.

[6] *Ibid.*, p. 30

[7] *Ibid.*, p. 51-52.

[8] *Loc. cit.*

[9] *Ibid.*, p. 74-80.

[10] *Ibid.*, p. 12.

[11] Judith Schlanger, *L'invention intellectuelle* (Paris, Fayard, 1983), p. 225.

[12] *Ibid.*, p. 247.
[13] *Ibid.*, p. 242.

Bibliographie des thèses sur l'Ontario français————————

Bibliographie des thèses sur l'Ontario français _____

Jean Yves Pelletier

Cette bibliographie ne prétend pas à l'exhaustivité et nous n'avons pas tenu compte des travaux de baccalauréat ni de certains mémoires de maîtrise. Nous avons également mis de côté les thèses en cours. L'index qui accompagne notre bibliographie permettra au lecteur de s'y référer et de trouver rapidement les thèses susceptibles de l'intéresser.

SOURCES BIBLIOGRAPHIQUES

Bibliothèque nationale du Canada, *thèses canadiennes sur microfiche/ Canadian theses on microfiche*, Ottawa.

BISHOP, Olga B., Barbara I. IRWIN et Clara G. MILLER, *Bibliography of Ontario History, 1867-1976*, vol. I et vol. II, Ontario Historical Studies Series, Toronto, University of Toronto Press, 1980, 1760 p.

BONIN, Lionel, HALLSWORTH, Gwenda et Ashley THOMSON, *The Bibliography of Northern Ontario/La Bibliographie du Nord de l'Ontario, 1966-1991*, Toronto et Oxford, Institut nord-ontarien de recherche et de développement, Dundurn Press, 1994, 426 p.

DIONNE, René, *La littérature régionale aux confins de l'histoire et de la géographie*, Sudbury, Prise de Parole, coll. Ancrages, 1993, 87 p.

Dissertation abstracts international, University Microfilms International, Ann Arbor, Michigan.

DOSSICK, Jesse John, *Doctoral Research on Canada and Canadians, 1884-1983/Thèses de doctorat concernant le Canada et les Canadiens, 1884-1983*, Ottawa, National Library of Canada/Bibliothèque nationale du Canada, 1986, 559 p.

GERVAIS, Gaétan, Gwenda HALLSWORTH et Ashley THOMSON, *The Bibliography of Ontario History/La bibliographie d'histoire ontarienne, 1976-1986*, Toronto et Oxford, Dundurn Press, 1989, 605 p.

JAENEN, Cornelius J. (s. la dir. de), *Les Franco-Ontariens*, Ottawa, PUO, 1993, 443 p.

REYNOLDS, Michael, *Guide to theses and dissertations : an annotated international bibliography of bibliographies*, Detroit, Gale Research Co., 1975, 599 p.

ROBITAILLE, Denis et Joan WAISER, *Theses in Canada : A Bibliographic guide/Thèses au Canada : guide bibliographique*, Ottawa, Bibliothèque nationale du Canada/National Library of Canada, 1986, 72 p.

THWAITES, James D., *Thèses en sciences de l'éducation (universités du Québec et universités francophones ailleurs au Canada)*, Québec, Université Laval, Institut supérieur des sciences humaines, Cahiers de l'ISSH, coll. Instruments de travail, n° 9, 1973, 159 p.

REVUES DÉPOUILLÉES

Cultures du Canada français, Francophonies d'Amérique, Laurentian University Review/Revue de l'Université Laurentienne, Ontario History, Revue de l'Université d'Ottawa, Revue d'histoire de l'Amérique française, Revue d'histoire littéraire du Québec et du Canada français, Revue du Nouvel-Ontario.

BIBLIOGRAPHIE DES THÈSES

ACAL, Alice, *A study of (the) mutual attitudes of English (speaking) Canadian children and French (speaking) Canadian children in two elementary schools and the relation of the attitudes of these children to their sociometric status*, thèse de maîtrise, Toronto, Université de Toronto, 1949, 35 p.

BARBER, Marilyn [Jean], *The Ontario Bilingual Schools Issue, 1910-1916*, thèse de maîtrise, Kingston, Université Queen's, 1964, 178 p. [A fait l'objet d'un article : « The Ontario Bilingual Schools Issue : Sources of Conflict », *Canadian Historical Review*, vol. XLVII, n° 3, septembre 1966, p. 227-248.]

BARBIER-TAINTURIER, Marie-Hélène, « Chroniques du Nouvel-Ontario » d'*Hélène Brodeur. Le roman régionaliste en question autour du personnage d'Alexandre*, mémoire de maîtrise, Dijon, Université de Bourgogne, 1987, 215, 44 p.

BEATTIE, Christopher [Fraser], *Minority Men in a Majority Setting : Middle-Level Francophones at Mid-Career in the Anglophone Public Service of Canada*, thèse de doctorat (science politique), Berkeley, University of California at Berkeley, 1970, 425 p. [Thèse publiée sous le titre de *Minority Men in a Majority Setting*, Toronto, McClelland and Stewart, The Carleton Library, n° 92, 1975, xi-224 p.]

BEAULNE, François, *Le processus d'extinction du règlement XVII en Ontario*, thèse de maîtrise (science politique), Ottawa, Université d'Ottawa, 1970, 275 p.

BENOÎT, Frère, é.c, *Un siècle d'enseignement français en Ontario*, thèse de maîtrise (lettres), Montréal, Université de Montréal, 1945, x-193 p.

BERNARD, Roger, *Les Québécois du Nouvel-Ontario. Analyse sociologique d'un sentier migratoire entre le Québec et le Nord-Est de l'Ontario*, thèse de doctorat (sociologie), Montréal, Université McGill, 1987, 452 p. [Thèse publiée sous le titre *Le travail et l'espoir. Migrations, développement économique et mobilité sociale Québec/Ontario, 1900-1985*, Hearst, Le Nordir, 1991, 396 p.]

————, *Le comportement linguistique des Canadiens français de trois villes du Nord-Est de l'Ontario*, thèse de maîtrise (sociologie), Ottawa, Université d'Ottawa, 1978, xviii-178 p.

BERTRAND, André, *La bourgeoisie franco-ontarienne de la Côte-de-Sable, 1891-1910 : mythe ou réalité ?*, thèse de maîtrise (histoire), Ottawa, Université d'Ottawa, 1989, 139 p.

BINDSEIL, G.[erhart] A.[ndré], *The minority-language group in a university system : the case of francophones (Franco-Ontarians) in Ontario. A geographical analysis*, thèse de doctorat (éducation), Toronto, University of Toronto, 1991, xvi-321 p.

BLAIS, Gérald, *Le Collège du Sacré-Cœur, Sudbury, Ontario*, thèse de maîtrise (histoire), Ottawa, Université d'Ottawa, 1968, ix-89 p.

BOIVIN, Cosette, *Le capitaine Joseph-Damasse Chartrand (1852-1905)*, thèse de maîtrise (lettres françaises), Ottawa, Université d'Ottawa, 1975, 360, [x] p. [Voir C. Marcoux-Boivin, *Chartrand des Écorres*, Hull, Éditions Asticou, 1979, 191 p.]

BOUCHARD, Daniel, *La Société historique du Nouvel-Ontario, 1942-1992*, thèse de maîtrise (histoire), Sudbury, Université Laurentienne, 1993.

BOULAY, Gérard, *Du privé au public : les écoles secondaires franco-ontariennes à la fin des années soixante*, thèse de maîtrise (histoire), Ottawa, Université d'Ottawa, 1985, 118 p. [Voir G. Boulay, *Du privé au public : les écoles secondaires franco-ontariennes à la fin des années soixante*, Sudbury, Société historique du Nouvel-Ontario, *Documents historiques n° 85*, 1987, iv-79 p.]

BOURDON, Léo Michel, *Dix-sept. Une étude du combat mené contre le règlement XVII : échec des moyens juridiques, réussite des moyens politiques*, thèse de maîtrise, Ottawa, Université d'Ottawa, 1981, ix-151 p.

BOURGEOIS, Pierre P., *Essai sur l'animation culturelle en milieu scolaire: théorie et pratique*, mémoire de maîtrise (éducation), Toronto, University of Toronto, 1990, i-81 p.

BRAULT, Lucien, *Ottawa, capitale du Canada : de son origine à nos jours*, thèse de doctorat, Ottawa, Université d'Ottawa, 1941, 423 p. [Thèse publiée sous le titre *Ottawa. Capitale nationale du Canada : de son origine à nos jours*, Ottawa, Éditions de l'Université d'Ottawa, 1942, 308 p.]

BROUARD, Josée, *Étude de la connexion par connecteurs en écriture discursive chez les élèves francophones ontariens du cycle intermédiaire*, thèse de maîtrise, Ottawa, Université d'Ottawa, 1988, vi-82 p.

CADIEUX, Lorenzo, *Le Père Joseph-Marie Couture, s.j., missionnaire de l'Ontario-Nord et premier aviateur canadien (1885-1949)*, thèse de doctorat (histoire), Québec, Université Laval, 1958, xxi-263 p. [Voir L. Cadieux, *De l'aviron à l'avion : Joseph-Marie Couture*, Montréal, Éditions Bellarmin, 1961, 136 p.]

CARLTON, Richard A. [ustin Michael], *Differential Educational Achievement in a Bilingual Community*, thèse de doctorat (sociologie), Toronto, University of Toronto, 1967, vi-341 p. [Voir R. A. Carlton, *Differential Educational Achievement in a Bilingual Community*, Toronto, University of Toronto Press, 1967.]

CARR, Paul R., *The Problematic of Franco-Ontarian University Education : Computing Visions of Minority Rights*, thèse de maîtrise (éducation), Toronto, Institut d'études pédagogiques de l'Ontario, 1991, 50 p. [Voir P. R. Carr, « French-Language University Education : Competing Perspectives in Ontario », dans *Higher Education Group Annual*, Department of Higher Education, Institut d'études pédagogiques de l'Ontario, mai 1992, p. 112-138.]

CARRIÈRE, Laurier, *Le vocabulaire français des écoliers franco-ontariens*, thèse de doctorat (pédagogie), Montréal, Université de Montréal, 1952, 116 p.

CARTWRIGHT, Donald G. [ordon], *French Canadian Colonization in Eastern Ontario to 1910 : a study of process and pattern*, thèse de doctorat (géographie), London, Université Western Ontario, 1973, xiv-333 p. [Voir D. G. Cartwright, « Institutions on the Frontier : French Canadian Settlement in Eastern Ontario in the Nineteenth Century », dans *The Canadian Geographer/Le Géographe canadien*, vol. XXI, n⁰ 1, 1977, p. 1-21 ; voir aussi *Historical Papers/Communications historiques*, 1978.]

CASTÉRAN, Nicole, *Écologie et agriculture pré-industrielle dans l'Est ontarien*, thèse de maîtrise (géographie), Ottawa, Université d'Ottawa, 1985, x-133 p. [Voir N. Castéran, « Les stratégies agricoles du paysan canadien-français de l'Est ontarien (1870) », dans *Revue d'histoire de l'Amérique française*, vol. XLI, n⁰ 1, été 1987, p. 23-51.]

CAVANAGH, Thomas, *Le Droit and the Bilingual-school question, 1913-1918*, thèse de doctorat (histoire), Ottawa, Université d'Ottawa.

CAYEN, Jean-Yves, *Les régionalismes au sein de l'Association canadienne-française de l'Ontario*, mémoire de maîtrise (sociologie), Montréal, Université de Montréal, 1984, 116 p.

CHARPENTIER, René, *Attitudes des étudiants d'un collège vis-à-vis du bilinguisme. Analyse contextuelle*, thèse de maîtrise (sociologie), Ottawa, Université d'Ottawa, 1973, xxiv-142 p.

CHOQUETTE, Robert, *The Roman Catholic Church and English-French Conflict in Ontario : 1897-1927*, thèse de doctorat (sciences religieuses), Chicago, University of Chicago, 1972, 385 p. [Voir R. Choquette, *Language and Religion : A History of English-French Conflict in Ontario*, Ottawa,

University of Ottawa Press, 1975, 264 p. ; *Langue et religion : histoire des conflits anglo-français en Ontario*, Ottawa, Éditions de l'Université d'Ottawa, 1977, 268 p.]

CICHOCKI, Vladislaw, *Linguistic Applications of dual scalling and variations studies*, thèse de doctorat (linguistique), Toronto, University of Toronto, 1986, 221 p.

COMEAU, Gayle, *The Role of the Union Saint-Joseph du Canada in the Organization of the Association canadienne-française d'éducation d'Ontario*, thèse de maîtrise (histoire), Montréal, Université de Montréal, 1982, xv-142 p.

CORRIVEAU, Céline, *Le leadership franco-ontarien de la région d'Ottawa-Carleton : étude de sa structure et de son idéologie*, thèse de maîtrise (science politique), Ottawa, Université d'Ottawa, 1981, v-121 p.

COSTISELLA, Christian, *Histoire du diocèse d'Ottawa (1847-1967) — sociologie et vie religieuse*, thèse de doctorat (histoire), Marseille, Université d'Aix-en-Provence, 1976, ix-356 p.

COUSINEAU, Wilfrid, *Historique de la Seigneurie de Treadwell*, thèse de maîtrise (histoire), Ottawa, Université d'Ottawa, 1943, 168 p.

CROTHALL, W. [illiam] Robert, *French Canadian Agriculture in Ontario, 1861-1871 : a Study of Cultural Transfer*, thèse de maîtrise, Toronto, University of Toronto, 1968, x-139 p.

CUTHBERT BRANDT, Gail, *J'y suis, j'y reste : French Canadians of Sudbury, 1883-1913*, thèse de doctorat, Toronto, Université York, 1976, xiv-287 p. [Voir G. Cuthbert Brandt, « The Development of French-Canadian Social Institutions in Sudbury », dans *Laurentian University Review/Revue de l'Université Laurentienne*, vol. XI, n° 2, février 1979, p. 5-22.]

D'AMOURS, Michel, *Étude socio-économique d'une communauté francophone du Nord-Est ontarien : Moonbeam, 1912-1950*, thèse de maîtrise (histoire), Ottawa, Université d'Ottawa, 1985, viii-140 p. [Voir M. D'Amours, *Moonbeam 1913-1945*, Sudbury, Société historique du Nouvel-Ontario, *Documents historiques n° 71*, 1980, 84 p.]

DAVISON, John Morris, *New Ontario and the Association canadienne-française d'éducation d'Ontario, 1909-1928*, thèse de maîtrise (histoire), Kingston, Université Queen's, 1988, v-136 p.

de la RIVA, Paul, *Les ouvriers mineurs canadiens-français de l'INCO : 1886-1930*, thèse de maîtrise (histoire), Sudbury, Université Laurentienne, 1995, xii-280 p.

DENNIE, Donald, *La paroisse Sainte-Anne-des-Pins de Sudbury (1883-1940) : étude de démographie historique*, thèse de maîtrise (histoire), Sudbury, Université Laurentienne, 1985, vi-199 p. [Voir D. Dennie, *La paroisse Sainte-Anne-des-Pins de Sudbury (1883-1940) : étude de démo-*

348 JEAN YVES PELLETIER

graphie historique, Sudbury, Société historique du Nouvel-Ontario, *Documents historiques nᵒ 84*, 1986, 115 p.]

───────, *Sudbury, 1883-1946 : A Social Historical Study of Property and Class*, thèse de doctorat (sociologie), Toronto, University of Toronto, 1989. [Voir D. Dennie, *Sudbury, 1883-1946 : A Social Historical Study of Property and Class*, Ottawa, Carleton University Press, 1989, xi-438 p.]

DESJARLAIS, Lionel, *Le bilinguisme et la connaissance du vocabulaire à l'école primaire*, thèse de doctorat (éducation), Ottawa, Université d'Ottawa, 1954, 107 p.

DIGNARD, Serge, *Camille Lemieux et l'Ami du Peuple (1942-1968)*, thèse de maîtrise (histoire), Sudbury, Université Laurentienne, 1982, xii-150 p. [Voir S. Dignard, *Camille Lemieux et l'Ami du Peuple (1942-1968)*, Sudbury, Société historique du Nouvel-Ontario, *Documents historiques nᵒ 80*, 1984, 85 p.]

DUGUAY, Mireille, *La loi de 1986 sur les services en français, du manifeste au symbolique*, thèse de maîtrise (science politique), Ottawa, Université d'Ottawa, 1991, viii-179 p.

DUTRISAC-SODARO, Francine, *Pour la mise en œuvre efficace d'une politique d'aménagement linguistique*, travail de maîtrise (éducation), Toronto, University of Toronto, 1993, iv-55 p.

FARMER, Diane, *Dynamique interne et développement communautaire : une étude comparative (Hearst et Rockland)*, thèse de maîtrise (sociologie), Ottawa, Université d'Ottawa, 1984, ii-116 p.

───────, *Dynamique culturelle et espace sociétal : le cas des centres culturels en Ontario français*, thèse de doctorat (sociologie), Toulouse, Université de Toulouse Le Mirail, 1990, 502 p.

FARMER, Diane R. [uth], *Widowhood in the Parish of Notre-Dame : An Examination of Death and Remarriage in Mid-Nineteenth Century Lower Town*, mémoire de maîtrise, Ottawa, Université Carleton, 1981, [6] 122 p.

FARRELL, John K. [evin] A. [nthony], *The history of the Roman Catholic Church in London, Ontario, 1826-1931*, thèse de maîtrise (histoire), London, Université Western Ontario, 1949, v-203 p. [A fait l'objet d'articles sur Mᵍʳ Fallon, dont un dans *Report of the Canadian Catholic Historical Association*, 1968, p. 73-90.]

FARROW, Norman Douglas, *Political Aspects of the United Farmers Movement in Ontario*, thèse de maîtrise, London, Université Western Ontario, 1938, 390 p.

FITZPATRICK, M. [ichael] J. [oseph], *The Role of Bishop Michael Francis Fallon and the Conflict between the French Catholics and Irish Catholics in the Ontario Bilingual Schools Question, 1910-1920*, thèse de maîtrise (histoire), London, Université Western Ontario, 1969, v-188 p.

FORGET, Réjean, *Les opinions des Franco-Ontariens de Welland sur les origines du déblocage de l'éducation en français en Ontario*, thèse de maîtrise, Montréal, Université de Montréal, 1973, ix-237 p.

FORTIN, Benjamin, *Le Québec, les minorités françaises et le fédéralisme canadien, 1960-1973*, thèse de maîtrise, Ottawa, Université d'Ottawa, 1976, 147 p.

FORTIN, Marcel, *Le théâtre d'expression française dans l'Outaouais, des origines à nos jours (1967)*, thèse de doctorat (lettres françaises), Ottawa, Université d'Ottawa, 2 vol., 1985 [c. 1986], vii-462 et 214 p.

FRÉGEAU, Johanne, *Les représentations spatiales dans les créations théâtrales franco-ontariennes*, thèse de maîtrise (géographie), Ottawa, Université d'Ottawa, 1984, vii-152 p.

FRENETTE, Normand, *Les Franco-Ontariens et l'accès aux études postsecondaires. Une étude descriptive, comparative et longitudinale*, thèse de doctorat (éducation), Montréal, Université de Montréal, 1992, xxii-354 p.

GAFFIELD, Chad [Charles Mitchell], *Cultural Challenge in Eastern Ontario : Land, Family and Education in the Nineteenth Century*, thèse de doctorat (histoire), Toronto, University of Toronto, 1978, 296 p. [Voir C. M. Gaffield, « Schooling, the Economy and Rural Society in Nineteenth-Century Ontario », dans Joy Parr, *Childhood and Family in Canadian history*, Toronto, McClelland and Stewart, 1982, p. 69-92 ; *Language, Schooling and Cultural Conflict. The Origin of the French-Language Controversy in Ontario*, Kingston et Montréal, McGill-Queen's University Press, 1987, xviii-249 p. Ce dernier ouvrage a été traduit sous le titre *Aux origines de l'identité franco-ontarienne. Éducation, culture, économie*, Ottawa, PUO, coll. Amérique française, 1993, 284 p.]

GAGNÉ, Jacques Réal, *Personalizing the educational experience and the Hall-Dennis report*, thèse de doctorat, Ann Arbor, University of Michigan, 1972, vii-296 p.

GALVIN, Martin J. [ohn], *Catholic-Protestant Relations in Ontario, 1864-1875*, thèse de maîtrise (histoire), Toronto, University of Toronto, 1962, [2]-251 p.

GARCEAU, Marie-Luce, *Les conditions de vie des Franco-Ontariennes de 45 à 64 ans*, thèse de doctorat (sociologie), Montréal, Université du Québec à Montréal, 1995.

GASTON III, Leroy Clifton, *Crucifix and Calumet : French Missionary Efforts in the Great Lakes Region, 1615-1650*, thèse de doctorat, New Orleans, Tulane University, 1978, 603 p.

GERVAIS, Gaétan S., *L'expansion du réseau ferroviaire québécois (1875-1895)*, thèse de doctorat (histoire), Ottawa, Université d'Ottawa, 1979, lix-538 p. [Voir G. Gervais, « Le réseau ferroviaire du Nord-est de l'Ontario, 1881-1931 », *Laurentian University Review/Revue de l'Université Laurentienne*, vol. XIII, no 2, février 1981, p. 35-63.]

GIGNAC-PHARAND, Elvine, *La littérature pour enfants écrite par des femmes du Canada français (1975-1984)*, thèse de doctorat, Ottawa, Université d'Ottawa, 1991, 356 p.

GIGON, Nathalie, *Rôle du milieu et vie associative locale francophone dans l'Est ontarien*, thèse de maîtrise (géographie), Ottawa, Université d'Ottawa, 1993, ix-156 p.

GODBOUT, Arthur, *Les francophones du Haut-Canada et leurs écoles avant l'Acte d'Union*, thèse de doctorat (éducation), Ottawa, Université d'Ottawa, 1969, xvii-284 p. [Voir la série d'articles que publia A. Godbout dans la *Revue de l'Université d'Ottawa*, vol. XXXIII, nos 3-4, 1963, p. 245-268, p. 462-479 ; vol. XXXVI, no 4, 1966, p. 678-697 ; vol. XXXVII, no 1, 1967, p. 80-100 ; et *L'origine des écoles françaises dans l'Ontario*, Ottawa, Éditions de l'Université d'Ottawa, 1972, xvi-183 p.]

GOULSON, Carolyn Floyd, *An Historical Survey of Royal Commissions and Other Major Governmental Inquiries in Canadian Education*, thèse de doctorat (éducation), Toronto, University of Toronto, 1966, v-509 p.

GRATTON, Denis, *La culture politique de l'Association canadienne-française de l'Ontario*, thèse de maîtrise (science politique), Québec, Université Laval, 1977, 165 p.

_____, *Production de la différence : le cas ontarois*, thèse de doctorat (science politique), Québec, Université Laval, 1990, vii-255 p.

GRAVEL, Jacques, *Quelques aspects de la vie des Franco-Ontariens durant les années de la Grande Dépression (1930-1939)*, travail de maîtrise, Toronto, Université York, 1980.

GRENIER, Roméo, *La participation des Franco-Ontariens dans la vie économique de l'Ontario*, thèse de science commerciale, Montréal, École des Hautes Études Commerciales, 1937, 63 p.

GUÉNETTE, René, *Histoire de Sturgeon Falls (1868-1960)*, thèse de maîtrise (histoire), Québec, Université Laval, 1966, xi-101 p.

GUINDON, René, *Essai d'analyse interne d'un discours idéologique*, thèse de maîtrise (sociologie), Ottawa, Université d'Ottawa, 1971, 138 p.

HACHÉ, Denis, *La vitalité ethnolinguistique des élèves franco-ontariens dans un contexte pancanadien*, thèse de doctorat (éducation), Montréal, Université de Montréal, 1995.

HACHÉ, Jean-Baptiste, *Language and religious factors in Canadian ethnic politics in education : (a) case study in power mobilization*, thèse de doctorat, Toronto, University of Toronto, 1976, x-377 p.

HALFORD, Peter W. [allace], *Le français du Canada au XVIIIe siècle d'après le témoignage de Pierre-Philippe Potier, s.j.*, thèse de doctorat, Strasbourg, Université de Strasbourg, 1988, xix-452 p. [Voir P.W. Halford, *Le français des Canadiens à la veille de la Conquête. Témoignage du père Pierre Philippe Potier, s.j.*, Ottawa, PUO, coll. Amérique française, 1994, 389 p.]

HÉLÈNE DE LA PROVIDENCE, Sœur, *Simone Routhier. Sa vie, son œuvre*, thèse de maîtrise (lettres françaises), Montréal, Université de Montréal, 1965, xv-120 [1] p.

HOGAN, Brian [Francis], *Salted with Fire : Studies in Catholic Social Thought and Action in Ontario, 1931-1961*, thèse de doctorat (histoire), Toronto, University of Toronto, 1986, 462 p.

HOPKINSON, Marvin Walter, *The London region and the French-Canadian question, 1864-1890*, thèse de maîtrise (histoire), London, Université Western Ontario, 1969, vi-316 p.

HOULE, Normand G., *Les conséquences de la culture canadienne-française sur la gestion : Étude comparative des cultures canadienne-française et canadienne-anglaise basée sur les dimensions culturelles d'Hofstede*, thèse de maîtrise (administration des affaires), Ottawa, Université d'Ottawa, 1991, 158-56-11 p.

HULL (Jr.), Alexander, *The Franco-Canadian Dialect of Windsor, Ontario : A Preliminary Study*, thèse de doctorat, Ann Arbor, University of Michigan, 1955, 451 p.

JACKSON, John D. [avid], *Toward a Theory of Social Conflict ; A Study of French-English Relations in an Ontario Community*, thèse de doctorat, [East] Lansing, Michigan State University, 1967, 510 p. [Voir J. D. Jackson, *Community and Conflict : A Study of English-French Relations in Ontario*. Toronto et Montréal, Holt, Rinehart and Winston, 1975 ; édition révisée en 1988, Toronto, Canadian Scholars' Press, viii-216 p. Voir aussi « Institutionalized Conflict : The Franco-Ontarian Case », dans D. Glenday, H. Guindon et A. Torowetz, *Modernization and the Canadian State*, Toronto, Macmillan, 1978, p 247-279.]

JUTEAU-LEE, Danielle, *The Evolution of an Ethnic Urban Parish*, thèse de maîtrise (sociologie), Toronto, University of Toronto, 1967.

KODIKARA, Ananda, *Schooling, Politics and the State : The Pattern of Postsecondary Schooling Changes in Ontario from Post-World War II (1945) up to the Bovey Commission (1985)*, thèse de doctorat (éducation), Toronto, University of Toronto, 1986, 293 p.

LABELLE, Marielle, *La production de l'appropriation dans les organismes de femmes francophones dans le nord de l'Ontario : 1850 à 1950*, thèse de maîtrise (sociologie), Ottawa, Université d'Ottawa, 1984, ii-87 p.

LABERGE, Daniel Gene, *Language retention among the members of the French Club in Thunder Bay*, thèse de maîtrise, Thunder Bay, Université Lakehead, 1980.

LAFLEUR, Guy, *Griefs et mouvements sociaux ; approche sociologique du malaise étudiant à l'Université d'Ottawa*, thèse de maîtrise (sociologie), Ottawa, Université d'Ottawa, 1971, xvii-107 p.

LAJOIE, J. [oseph] Jean G. [uy], *A Study of the Ryerson-Charbonnel Controversy and its Background*, thèse de maîtrise (études religieuses), Ottawa, Université d'Ottawa, 1971, vii-75 p.

LALIBERTÉ, G.-Raymond, *L'Ordre de Jacques-Cartier ou l'utopie d'un césarisme laurentien*, thèse de doctorat (science politique), Québec, Université Laval, 1980, 596 p. [Voir G. R. Laliberté, *Une société secrète : l'Ordre de Jacques- Cartier*, Montréal, Éditions Hurtubise HMH, coll. L'homme dans la société, 1983, 395 p.]

LALONDE, André N., *Le règlement XVII et ses répercussions sur le Nouvel-Ontario*, thèse de maîtrise (histoire), Québec, Université Laval, 1964, xi-101 p. [Voir A. N. Lalonde, *Le règlement XVII et ses répercussions sur le Nouvel-Ontario*, Sudbury, Société historique du Nouvel-Ontario, *Documents historiques n°s 46-47*, 1965, 71 p.]

LAMOTHE, Maurice, *La chanson populaire ontaroise de 1970 à 1990 : ses produits, sa pratique*, thèse de doctorat (études françaises), Sherbrooke, Université de Sherbrooke, 1993, 446 p. [Voir M. Lamothe, *La chanson populaire ontaroise, 1970-1990*, Montréal/Hearst, Triptyque/Le Nordir, 1994, 391 p.]

LANG, John B., *A lion in a Den of Daniels : A History of the International Union of Mine, Mill and Smelter Workers in Sudbury, Ontario, 1942-1962*, thèse de maîtrise (histoire), Guelph, Université Guelph, 1970, iv-335 p.

LAPALME, Lucie L.[ilas], *Des implications socioculturelles et sociolinguistiques des programmes d'immersion française pour leur clientèle francophone, anglophone et francogène*, thèse de maîtrise, Toronto, University of Toronto, 1993, vii-153[18] p.

LAPALME, Victor, *Les Franco-Ontariens et la politique provinciale*, thèse de maîtrise (science politique), Ottawa, Université d'Ottawa, 1968, v-131 p.

LAPOINTE, Claire, *Sœur Paul-Émile, femme de lettres*, thèse de maîtrise (lettres françaises), Ottawa, Université d'Ottawa, 1970, ix-189 p.

LAPORTE, Luc, *Le journal Le Droit : miroir de l'identité franco-ontarienne*, thèse de maîtrise (histoire), Québec, Université Laval, 1986, vi-102 p.

LASSERRE, Elisabeth, *La néo-stylistique : le cas de Patrice Desbiens*, thèse de doctorat (linguistique/littérature), Toronto, University of Toronto, 1995, [vii]-354 p.

LAUE, Ines, *Les médias francophones en situation minoritaire en Ontario. Étude sociolinguistique du français au sein des stations de radio et de télévision à Toronto*, thèse de maîtrise (linguistique), Leipzig, Université de Leipzig, 1994, 57-[34] p.

LEBEL, Gilles, *Administration financière des écoles séparées d'Ottawa*, thèse de maîtrise (sciences sociales), Ottawa, Université d'Ottawa, 1956, iii-60 p.

LEDUC-PARK, Renée-Marguerite, *«L'incubation» est-il un nouveau roman ?*, thèse de maîtrise, Hamilton, Université McMaster, 1973, iii-114 p.

LÉGER, Raymond Joseph Jules, *Critical teaching behaviours of the Ontario French-language Elementary school teachers perceived by pupils*, thèse de doctorat (éducation), University Park (State College), Pennsylvania State University, 1971, 136 p.

LEMAY, Rita (Sœur Saint-Henri-du-Sauveur, c.n.d.), *Mgr Armand-François-Marie de Charbonnel et les écoles séparées d'Ontario, 1850-1860*, thèse de maîtrise (histoire), Ottawa, Université d'Ottawa, 1967, 171 p.

LEMAY, Roger, *Une enquête préliminaire des préférences ethniques à Ottawa*, thèse de maîtrise, Ottawa, Université d'Ottawa, 1952, 105 p.

LEMIRE, Denise, *Les services préscolaires de langue française dans Ottawa-Carleton : une pseudo-priorité*, thèse de maîtrise, Ottawa, Université d'Ottawa, 1990, viii-186 p.

LÉTOURNEAU, Réginald, *Pourquoi l'enseignement du français dans les high schools d'Ontario est-il en partie une faillite ?*, thèse de maîtrise, Ottawa, Université d'Ottawa, 1932, 51 p.

LÉVESQUE, Denis R., *Évolution des services à l'enfance exceptionnelle dans les écoles séparées françaises d'Ottawa, 1934-1973*, thèse de doctorat (éducation), Ottawa, Université d'Ottawa, 1974, xxiii-271 p.

LEWESE, Abrioux, Anne, *Love in the Works of Claire Martin*, thèse de maîtrise, Hamilton, Université McMaster, 1973, iv-65 p.

LISCIO, Lorraine, *L'imagerie et la structure dans la poésie de Guy Lafond*, thèse de maîtrise, The University of Vermont, 1974, vii-79 p.

LUCAS, Rex A., *Occupational Orientation of High School Entrants in a Bi-Ethnic Railroad Town*, thèse de maîtrise, Montréal, Université McGill, 1950, 226 p.

MAHEU-LATOUCHE, Louise-Nicole, *«L'incubation» de Gérard Bessette*, thèse de maîtrise (lettres), Vancouver, University of British Columbia, 1970, 126 p.

MARCHAND, Micheline, *La colonisation de Penetanguishene par les voyageurs, 1825-1871*, thèse de maîtrise (histoire), Sudbury, Université Laurentienne, 1988, x-191 p. [Voir M. Marchand, *Les voyageurs et la colonisation de Penetanguishene (1825-1871)*, Sudbury, Société historique du Nouvel-Ontario, *Documents historiques n° 87*, 1989, 121 p.]

MARSOLAIS, Jeanne, *Naissance et mort de l'amour dans les romans et nouvelles de Claire Martin*, thèse de maîtrise, Montréal, Université McGill, 1972, 150 p.

MARTEL, Marcel, *Les relations entre le Québec et les Franco-Ontariens. De la survivance aux Dead Ducks, 1937-1969*, thèse de doctorat (histoire), Toronto, Université York, 1994, 320 p.

MARTIN, J. [ean] P. [ierre], *Sudbury, étude économique et humaine de la ville et de son bassin*, thèse de doctorat, Paris, Université de Paris, 1971. [Voir J. P. Martin, « Une situation difficile : les Canadiens français à Sudbury, remarques géographiques », dans *Laurentian University Review/ Revue de l'Université Laurentienne*, vol. III, n° 4, 1971, p. 6-13.]

MARTINEAU, Gloriana J. [eanne], *La survivance française dans (les comtés de) Prescott et Russell*, thèse de maîtrise (études françaises), Montréal, Université McGill, 1947, viii-144 p.

MARY OF ST. GENEVIEVE, Sister, *Problems connected with the origin and establishment of separate schools in Canada West (1841-1852)*, thèse de maîtrise (éducation), Ottawa, Université d'Ottawa, 1960, xviii-140 p.

MASSOT, Alain, *Dimensions de l'assimilation des étudiants francophones à l'Université d'Ottawa*, thèse de maîtrise (sociologie), Ottawa, Université d'Ottawa, 1973, xxi-232 p.

MAXWELL, Thomas R. [obert], *French population in Metropolitan Toronto : a study of ethnic participation and ethnic identity*, thèse de doctorat (sociologie), Toronto, University of Toronto, 1971, ix-263 p. [Voir T. R. Maxwell, *The Invisible French : The French in Metropolitan Toronto*, Waterloo, Wilfrid Laurier University Press, 1977, 174 p. Cette thèse a aussi fait l'objet d'articles : « The Invisible French : The French in Metropolitan Toronto », dans Jean L. Elliot, *Two Nations, Many Cultures. Ethnic Groups in Canada*, Scarborough, Prentice-Hall, 1979, p. 114-122 ; « La population d'origine française de l'agglomération métropolitaine de Toronto. Une étude sur la participation et l'identité ethnique », dans *Recherches sociographiques*, vol. XXI, 1971, p. 319-344.]

McMAHON, John Robert, *The Episcopate of Pierre-Adolphe Pinsonneault, First Bishop of London, Upper Canada, 1856-1866*, thèse de maîtrise (histoire), London, Université Western Ontario, 1982, 282 p.

MERCER, Warwick M. [McMillan], *The Windsor French : study of an urban community*, thèse de maîtrise, Windsor, Université de Windsor, 1974, viii-157 p.

MILLER, Gordon V., *Dix années de défrichement : Farming in East Hawkesbury Township, Prescott County, Ontario, 1860*, thèse de maîtrise (histoire), Ottawa, Université d'Ottawa, 1992, 80 p.

MIQUELON, Dale, *The Baby Family in the Trade of Canada, 1750-1820*, thèse de maîtrise, Ottawa, Université Carleton, 1966, viii-195 p.

MOÏSE, Claudine, *Mise en discours de l'identité chez les Franco-Ontariens de Sudbury*, thèse de doctorat (sociolinguistique), Montpellier, Université de Montpellier, 1995, 400 [1500] p.

MOREY, Elizabeth M., *Claire Martin à travers son œuvre*, thèse de maîtrise, Calgary, University of Calgary, 1973, 93 p.

MYLES, John F. [rank], *Community Determinants of Language Assimilation among the French Canadians*, thèse de maîtrise (sociologie), Ottawa, Université Carleton, 1970, ix-68 p.

NOAH, Imeyen A., *La symbolique des animaux dans les contes ontarois*, thèse de doctorat (lettres françaises), Ottawa, Université d'Ottawa, 1986, 455 [2], 4 p.

OUELLETTE, Pierre, *La mécanisation des activités forestières dans la région de Kapuskasing, 1928-1980*, thèse de maîtrise (histoire), Sudbury, Université Laurentienne, 1994, xiii-216 p.

PARENT, Huguette, *L'hôpital Saint-Joseph de Sudbury*, thèse de maîtrise (histoire), Sudbury, Université Laurentienne, 1985, 170 p.

PERREAULT, Paul, *Errol Bouchette. Sa pensée, son œuvre*, thèse de maîtrise, Trois-Rivières, Université du Québec à Trois-Rivières, 1976, 124 p.

PERRON, Rhéal , *A study of the non-repeating grade IX bilingual pupils of Sudbury in the private and public secondary schools*, thèse de maîtrise (éducation), Toronto, University of Toronto, 1965, vi-175 p.

PILON-DESJARDINS, Nicole, *Jules Tremblay, poète parnassien*, mémoire de maîtrise *ès* arts (Lettres françaises), Ottawa, Université d'Ottawa, 1993, 61 p.

PLANTE, Ronald, *Histoire et fiction : pôles et convergences, études des Chroniques du Nouvel-Ontario d'Hélène Brodeur*, thèse de maîtrise (études françaises), Waterloo, Université de Waterloo, 1995, vi-123 p.

POISSANT, Guylaine, *Rapports sociaux et contraintes de vie : étude des femmes d'une communauté francophone du nord-est de l'Ontario*, thèse de doctorat (sociologie), Montréal, Université du Québec à Montréal, 1992, 357 p. [Voir G. Poissant, *Portraits de femmes du Nord ontarien*, Hearst, Le Nordir, 1995, 174 p.]

POTVIN, Monique, *La frontière et l'espace vécu chez les Ontarois de la région d'Ottawa-Hull*, thèse de maîtrise (géographie), Ottawa, Université d'Ottawa, 1981, 107-82 p.

POULIN, Gilles, *L'origine géographique des étudiants de l'Université d'Ottawa*, thèse de maîtrise, Ottawa, Université d'Ottawa, 1971, ix-135 p.

PRÉVOST, Michel, *La belle époque de Caledonia Springs — Gloire et déclin de la plus importante ville d'eaux au Canada (1835-1915)*, thèse de maîtrise (histoire), Ottawa, Université d'Ottawa, 1985, vii-158 p. [Voir M. Prévost, *Caledonia Springs — Gloire et déclin de la plus importante ville d'eaux au Canada (1835-1915)*, Hull, Éditions Asticou, coll. Les hiers, 1986, 142 p.]

PRINCE, Suzanne, *Alfred Garneau. Édition critique de son œuvre*, thèse de doctorat, Ottawa, Université d'Ottawa, 1974, vii-730 p.

RAY, D. [avid] Michael, *Settlement and rural out migration in easternmost Ontario, 1783-1956*, thèse de maîtrise (géographie), Ottawa, Université d'Ottawa, 1961, 242 p.

RIVET, Laurier R., *La Saint-Jean-Baptiste à Ottawa, 1853-1953*, thèse de maîtrise (histoire), Ottawa, Université d'Ottawa, 1976, xiii-171 p.

ROBERTSON, Barbara [Mae], *The Socio-cultural determiners of French language maintenance : the case of Niagara Falls, Ontario*, thèse de doctorat, Buffalo, State University of New York at Buffalo, 1980, ix-159 p.

ROBITAILLE, Lyne, *Le profil de l'enseignante franco-ontarienne des années 1940-1960 : Sudbury*, thèse de maîtrise (éducation), Sudbury, Université Laurentienne, 1992, 79 p.

ROSSIGNOL, Martin, *Monographie de la ville d'Ottawa*, thèse de maîtrise, Montréal, Université de Montréal, 1948.

RUANO, Carlos R., *Ontario'(s) Regulation XVII and its immediate implications for the Ontario School System, 1912-1927*, thèse de maîtrise (science de l'éducation), Atlanta, Georgia State University, 1992, xi-56 p.

SAINT-DENIS, Yves, *Édition critique de L'appel de la race*, thèse de doctorat (lettres françaises), Ottawa, Université d'Ottawa, 1992, 4 vol., 1422 p.

SAINT-PIERRE, Rose-Hélène, *Comment trois entreprises ontariennes en sont-elles venues à l'implantation d'un programme d'alphabétisation en français*, thèse de maîtrise (science de l'éducation), Québec, Université Laval, 1995, 47 [2] p.

SÉGUIN-KIMPTON, Lise, *La langue gardienne de la foi. Enjeux, stratégies derrière le souci de préserver la langue française minoritaire en Ontario : 1900-1930*, thèse de doctorat, Ottawa, Université Carleton, 1991, 454 p.

SILVER, Arthur Isaac, *Quebec and the French-Speaking Minorities, 1864-1917*, thèse de doctorat (histoire), Toronto, University of Toronto, 1973, v-602 p. [Voir A. I. Silver, *The French Canadian Idea of Confederation, 1867-1900*, Toronto, University of Toronto Press, 1982, 257 p.]

SZMIDT, Yvette, *L'interrogation totale dans le parler franco-canadien de Lafontaine, Ontario — ses formes et ses modalités intonatives*, thèse de doctorat, Toronto, University of Toronto, 1976, iv-274 p.

TESSIER, Maurice F., *Use of information sources by French speaking farmers in Ontario*, thèse de maîtrise (science), Guelph, Université Guelph, 1972, vi-95 p.

TÉTRAULT, Guy [Gérald], *The role behavior of francophone school trustees in Ontario*, thèse de doctorat (éducation), Toronto, University of Toronto, 1993, xii-153 p.

THIBAUDEAU, Huguette, *Les femmes dans l'œuvre de Claire Martin*, thèse de maîtrise, Vancouver, University of British Columbia, 1975, 125 p.

THOMAS, Alain, *Variations sociophonétiques du français parlé à Sudbury*, thèse de doctorat, Toronto, University of Toronto, 1982, 455 p.

TREMBLAY, Louis, *L'Académie De-La-Salle d'Ottawa au XXe siècle : problèmes d'accréditation et clientèle scolaire*, thèse de maîtrise (histoire), Ottawa, Université d'Ottawa, 1969, xiii-149 p.

WELCH, David [Henry], *The Social Construction of Franco-Ontarian Interests towards French Language Schooling, 19th century to 1980s*, thèse de doctorat (éducation), Toronto, University of Toronto, 1988, viii-400 p.

WILLIAMSON, Lloyd Paul, *The image of Indians, French Canadians and Americans in authorized Ontario high school textbooks, 1890-1930*, thèse de maîtrise, Ottawa, Université Carleton, 1969, v-129 p.

WOODRUFF, James Frederick, *Present and future settlement in the Hearst-Nipigon region*, thèse de doctorat, Ann Arbor, University of Michigan, 1952, vi-148 p.

WRENN, Phyllis Margaret, *Declarative melodic structures in Canadian French as spoken at Lafontaine, Ontario*, thèse de doctorat, Toronto, University of Toronto, 1974, viii-326 p.

Index _____

Université (Voir Bindseil, Massot)
Vocabulaire français (Voir Brouard, Carrière, Desjarlais)
Voyageurs (Voir Marchand)

2. LIEUX

Basse-ville d'Ottawa (Voir Farmer)
Caledonia Springs (Voir Prévost)
Côte-de-Sable d'Ottawa (Voir Bertrand)
Est ontarien [région de l'] (Voir Cartright, Castéran, Gaffield, Gigon)
Hawkesbury (Voir Miller)
Hearst (Voir Farmer, Poissant, Woodruff)
Kapuskasing (Voir Carlton, Ouellette)
Lafontaine (Voir Szmidt, Wrenn)
London (Voir Farrell, Fitzpatrick, Hopkinson)
Moonbeam (Voir D'Amours)
Niagara Falls (Voir Robertson)
Nipigon (Voir Woodruff)
Nord-Est ontarien [région du] (Voir Bernard, Labelle, Lalonde, Myles, Poissant)
Nouvel-Ontario (Voir Barbier-Teinturier, Lalonde, Plante)
Ottawa (Voir Bertrand, Brault, Corriveau, Costisella, Farmer, Potvin, Rivet, Rossignol, Tremblay)
Outaouais (Voir Fortin)
Penetanguishene (Voir Marchand)
Prescott [comté de] (Voir Gaffield, Martineau, Miller)
Rockland (Voir Farmer)
Russell [canton de] (Voir Gaffield, Martineau)
Sturgeon Falls (Voir Guénette)
Sudbury (Voir Cuthbert Brandt, de la Riva, Dennie, Dignard, Lang, Martin, Moïse, Parent, Robitaille, Thomas)
Tecumseh (Voir Jackson)
Thunder Bay (Voir LaBerge)
Toronto (Voir Fraser, J.-B. Haché, Juteau-Lee, Maxwell)
Treadwell (Voir Cousineau)
Welland (Voir Forget)
Windsor (Voir Hull, Mercer)

3. ORGANISMES/INSTITUTIONS

Académie De-La-Salle [Ottawa] (Voir Tremblay)
Association canadienne-française d'éducation de l'Ontario [ACFÉO]
ou Association canadienne-française de l'Ontario (ACFO) (Voir Cayen, Davison, Gratton)

Collège du Sacré-Cœur [Sudbury] (Voir Blais)
Conseil de la vie française en Amérique [CVFA] (Voir Martel)
Diocèse d'Ottawa (Voir Costisella)
Diocèse de London (Voir Farrell, Fitzpatrick, Hopkinson)
Hôpital Saint-Joseph [Sudbury] (Voir Parent)
International Nickel Company [INCO] (Voir de la Riva)
L'Ami du Peuple [hebdomadaire] (Voir Dignard)
Le Droit [journal] (Voir Cavanagh, Laporte)
Ordre de Jacques-Cartier (Voir Laliberté)
Paroisse Notre-Dame [Ottawa] (Voir Farmer)
Paroisse Sacré-Cœur [Toronto] (Voir Juteau-Lee)
Paroisse Sainte-Anne-des-Pins [Sudbury] (Voir Dennie)
Société historique du Nouvel-Ontario [SHNO] (Voir Bouchard)
Société Radio-Canada, station CJBC-Toronto (Voir Laue)
Société Saint-Jean-Baptiste [d'Ottawa] (Voir Rivet)
Union Saint-Joseph du Canada [Union du Canada] (Voir Comeau)
Université d'Ottawa (Voir Lafleur, Massot, Poulin)
TVOntario, La Chaîne française (Voir Laue)

4. PERSONNALITÉS

Baby/Bâby/Babie [famille] (Voir Miquelon)
Bessette, Gérard (Voir Leduc-Park, Maheu-Latouche)
Bouchette, Errol (Voir Perreault)
Brodeur, Hélène (Voir Barbier-Tainturier, Plante)
Chartrand, Joseph-Damasse (Voir Boivin)
Couture, Joseph-Marie [père] (Voir Cadieux)
de Charbonnel, Armand-François-Marie [Mgr] (Voir Lajoie, Lemay)
Desbiens, Patrice (Voir Lasserre)
Fallon, Michael Francis [Mgr] (Voir Farrell, Fitzpatrick, Hopkinson)
Garneau, Alfred (Voir Prince)
Groulx, Lionel [chanoine] (Voir Saint-Denis)
Lafond, Guy (Voir Liscio)
Lemieux, Camille (Voir Dignard)
Martin, Claire (Voir Lewese, Marsolais, Morey, Thibaudeau)
Pinsonneault, Pierre-Adolphe [Mgr] (Voir McMahon)
Potier, Pierre-Philippe [père] (Voir Halford)
Routhier, Simone (Voir Hélène de la Providence)
Ryerson, Egerton (Voir Lajoie)
Sœur Paul-Émile, née Louise-Marie Guay (Voir Lapointe)
Tremblay, Jules (Voir Pilon-Desjardins)

Table des matières

III. Langue et culture

IV. Perspectives

• Cap-Saint-Ignace
• Sainte-Marie (Beauce)
Québec, Canada
1995

« L'IMPRIMEUR »